肯斬倉廩東都尚緑

取宋品粹生所令

辛夾三D陳嶸湛

丛书名题签：陈炜湛

作者简介

杨 卫

土族，陕西师范大学西北少数民族研究中心中国少数民族史方向博士，湖南怀化学院教授，主要从事中国少数民族史、民族文化史方面的研究。主持完成国家社会科学基金项目"清朝对青海藏区社会的治理研究"1项，在《中国藏学》《西北民族研究》《西南民族大学学报》等刊物发表学术论文20余篇。

本书为

国家社会科学基金西部项目"清朝对青海藏区社会的治理研究"（12XZZ003）

最终成果

青藏高原东部边缘民族多样性研究

何国强　总主编

国家出版基金项目
NATIONAL PUBLICATION FOUNDATION

清朝对青海藏区社会的治理研究

杨　卫　著

暨南大学出版社
JINAN UNIVERSITY PRESS

中国·广州

图书在版编目（CIP）数据

清朝对青海藏区社会的治理研究/杨卫著. —广州：暨南大学出版社，2022.7
（青藏高原东部边缘民族多样性研究/何国强总主编）
ISBN 978 - 7 - 5668 - 3386 - 0

Ⅰ. ①清… Ⅱ. ①杨… Ⅲ. ①藏族—民族地区—社会秩序—研究—青海—清代 Ⅳ. ①D674.4

中国版本图书馆 CIP 数据核字（2022）第 059787 号

清朝对青海藏区社会的治理研究

QINGCHAO DUI QINGHAI ZANGQU SHEHUI DE ZHILI YANJIU

著 者：杨 卫

出 版 人：张晋升
责任编辑：黄圣英　詹建林
责任校对：孙劭贤　林　琼　林玉翠
责任印制：周一丹　郑玉婷

出版发行：暨南大学出版社（511443）
电　　话：总编室（8620）37332601
　　　　　营销部（8620）37332680　37332681　37332682　37332683
传　　真：(8620) 37332660（办公室）　37332684（营销部）
网　　址：http://www.jnupress.com
排　　版：广州市天河星辰文化发展部照排中心
印　　刷：深圳市新联美术印刷有限公司
开　　本：787mm×1092mm　1/16
印　　张：22.25
字　　数：385 千
版　　次：2022 年 7 月第 1 版
印　　次：2022 年 7 月第 1 次
定　　价：102.00 元

总　序

文化是人类适应环境的基本方式。藏族与睦邻的纳西、门巴、珞巴、独龙等民族共同适应青藏高原的大环境和各自区域的小环境，创造了特定的文化。自 1996 年始，本人在川、滇、藏交界区调研民族文化，起初独自一人，后来带学生奔波，前后指导了 20 多篇学位论文。我把学生带到边陲，避免在东部扎堆，完成学术接力，为他们夯实发展的基础，不少人毕业后申请课题、发表论著，我自己也在积累经验，不断追求新目标，把研究范围扩大到川、青、藏交界区。

最近数年间，我组织调研、汇集书稿。2013 年，推出"芜野东南的民族"丛书第一系列 7 册①，分简体字和繁体字两个版本；2016 年，推出第二系列 4 册，为简体字版本。两个系列约 400 万字，展示了喜马拉雅与横断山区的绚丽文化。然而，一套丛书的容量有限。专家诚恳地建议我们做下去。我们也想做下去，就继续调研、总结经验②、坚持写作。在国家出版基金管理委员会的支持、主管部门的关怀以及暨南大学出版社的组织安排下，"青藏高原东部边缘民族多样性研究"丛书终于落地生根。可以说以上成果为"守正创新"③劲风所赐，使我们得以回报社会各界的支持。

多年的栉风沐雨带来满目的春华秋实，因此不能不提到作者们付出的心血。静态地看，有三套丛书的储量。动态地看，知识向四面八方传递不可计量。犹如向湖心抛入巨石，起初引起水波，继而泛起涟漪，很长时间，水面不平静，每位作者的故事还在演绎：调查中的实在品质，如耐心记录、细致观察，获得原始资料的喜悦，以及发现问题、精巧构思、层层铺垫，形成厚实的民族志，里面有对社会结构的描绘，有对动力因素的探索，力

---

① 简体版获第四届中国大学出版社图书奖优秀学术著作一等奖，并引出 3 篇论文评价，即黄淑娉《论青藏高原东部和东南部民族研究的推陈出新》[《青海民族大学学报（社会科学版）》2014 年第 2 期]、徐诗荣和嵇春霞《原生态画卷：青藏高原东南部的民族文化——评"芜野东南的民族"丛书》(《出版发行研究》2014 年第 8 期)、胡鸿保《"芜野东南的民族"丛书赞》(《共识》2014 秋刊)。对此网络媒介也有报道。

② 参见何国强：《我们是怎么申请到这个项目的》，载《书里书外》，中山大学出版社，2014 年。

③ 朱侠：《坚持守正创新，勇担使命任务》，国家出版基金网站，2020 年 1 月 15 日，https：//www. npf. org. cn/detail. html？id = 1962&categoryId = 26。

图使民族映像清晰化，谋求历史逻辑统一。这就是研究西藏所需要的不怕吃苦、执着干练的科学精神，不仅要有勤奋坚韧的品格，还需要友情与互助。除了作者自身的因素和亲友的鼓励，其他因素，包括编辑的专业素养、调查地友好人士的支持，也值得珍惜、怀念。

本套丛书当中，有的是在博士学位论文基础上的再研究，有的是专题写作。坎坷的研究经历使我们深切地感到，一本书要能接地气，讲真话，不经过艰辛的精神劳动就不可能诞生，学术水平的高低不仅是社会环境的造就——与政治经济、理论方法及时代需求有关，也是作者本人的造诣——与研究者的主观努力分不开。整套丛书至少有三个令人鼓舞的闪光点：

1. 坚持实证研究，奉献一手资料和田野感悟

19世纪中叶，国际学界开始涉足青藏高原东部地区。中华人民共和国成立后，分别于20世纪50年代、80年代和90年代组队到该地区进行民族识别和社会历史调查，丰富了《民族问题五种丛书》的内容。新资料、新方法打开了人们的眼界，但是带着旧思维看问题的境外人士仍不在少数。改革开放以后，至今川、滇、藏与川、青、藏两个交界区某些地方依然谢绝外籍人士，收集资料的重任落到国内学者身上，我就是在这种情形下进藏的。环顾四周，当年的同道已不知所向，幸好凝聚了一批新生力量，绳锯木断、水滴石穿，不言放弃。通过田野调查获得的原始资料和珍稀感受为写作提供了优质素材，这使本套丛书能够以真实性塑造科学性，以学术性深化思想性，达到材料翔实、学理坚固、观点新颖、描述全面。

2. 体现人类学知识的应用与普及

最近20年来，国家加大了对人文与社会科学的投入，各门学科取得长足的发展，这是毫无疑问的。然而伴随着专利、论文数量的增长，一些不尽如人意的事情也出现了：文章浅尝辄止，漫然下笔的多，周密论证的少，还有重复研究等浪费资源的现象。人类学倾向微观考察，对充实中观、引导宏观有所作为，中山大学自从复办人类学系以来，格勒率先走上青藏高原，紧跟着就是我们的团队。

本套丛书是西藏研究的新产品。作者们博采众长，引入相关概念，借助人类学理论方法的指导凝视问题，通盘考虑，揭示内涵。虽然各册研究目标不一，但是在弄清事实、逻辑排比、分析综合、评判断义，以及疏密叙述等项上一起用力，展示自己的德、才、学、识。有些问题提出来亟待深化，如应该如何凸显民族志对于区域文化研究的重要作用，应该如何发

挥民族志的特长，等等。

目前，理论与实际脱节的现象正在转变，自发的、自觉的研究队伍扩大了，这是对我们已经做出努力的积极回应，也是"青藏高原东部边缘民族多样性研究"丛书充满生命力的证据。这项研究继续向纵深发展，必然要求研究者保持多读书、尚调查、勤思考、免空谈的学风。

3. 突出出版界和人文与社会科学界的精诚合作

本套丛书凸显了一个浅显的道理：多年积累的田野资料不会自动转化为社会公认的产品，需要紧扣"民族特色"提炼选题，科学搭配，形成整体效应。所以丛书各册保持自身特色，如文化源流、田野实践、社会分工与异化劳动、传统生计、地方与国家、不同资源的合理利用、小民族大跨越等，同时贯穿了再造区域民族志的主旋律。一句话，把各册放在青藏高原东部民族多样性的大题目下合成整体色彩，依靠国家出版基金的扶持，实现"好纱织好布""好料做好菜"的目标，达到"雪中送炭""锦上添花"的双重效果，对出版人与研究者都是双赢。

总之，本套丛书具有继往开来、别开生面的寓意，弥补了同类作品的某些不足，激励着新人奔向祖国最需要的地方，关注各民族在历史上与现实中与自然、社会发生关系的过程，推动顶层设计，产出有效政策，建设西南边陲。当然，我们也应清醒地看到本套丛书的不足，保持虚心接受意见、不断追求高品质的诚恳态度。

古文字学家陈炜湛教授乃治学、书艺两全的专家，一向支持我的田野研究，多次题写书名给予奖掖。为了表达对本套丛书作者实地研究西藏的钦佩，肯定编辑人员的辛勤劳动，陈教授特用甲骨文和金文写成书名。看到丛书名十五字，字体淳厚中正、古意盎然，我由衷感激。

何国强

2022 年 2 月
于中山大学康乐园榕树头

前　言

　　青海，因其境内有国内最大的咸水湖——青海湖而得名。青海湖古称"西海"，又称"鲜水"或"鲜海"，今青海蒙古语称为"库库诺尔"，藏语称为"措温波"，意思都是蓝色的或青色的湖（海）。今青海地区属于古文献中记载的"西羌之地"，由于青海湖一带早先属于卑禾羌的牧地，故又称为"卑禾羌海"。从文献记载来看，汉代称青海为"仙海"，北魏以后始称"青海"。青海是中华民族的母亲河——黄河的发源地，也是长江、澜沧江的发源地，故有"江河源""三江源"的美誉，也是今学术界所谓之甘青河湟地区的发源地；青海还是古昆仑文化的发祥地，境内西部横亘着巍巍昆仑山，有古神话中的"其状如人，虎齿豹尾，善啸，蓬发戴胜""司天之厉及五残"的西王母的传说及遗迹。

　　历史上，中央王朝对青海地区之开发及施政，由来已久。西汉元狩二年（前121），汉武帝派骠骑大将军霍去病带兵深入河湟谷地，围歼匈奴；元鼎五年（前112），将军李息、郎中令徐自为率军征讨羌人，西汉王朝封先零羌首领杨玉为"归义羌侯"，并在今西宁市建立了具有军事和邮驿性质的"西平亭"，第二年开始设置"护羌校尉"；元康年间，汉宣帝派后将军赵充国出兵湟中打击先零羌，出现"赵充国屯田"于河湟；后于神爵初年（前61），在河湟地区增设允吾（今青海省海东市民和县暖治沟一带）、破羌（今青海省海东市乐都县老鸦城）、安夷（今青海省海东市平安县）、临羌（今青海省西宁市湟源县城东南；一说在今青海省西宁市湟中县通海堡）、浩门、河关（今青海省海南州贵德县一带）、允街（今甘肃省兰州市云登县境）；第二年，设置"金城属国"，安置归属的羌人。自此，青海河湟地区被正式纳入中央封建王朝的治理体系中。

　　青海地区具有非常重要的军事战略地位及意义。作为青藏高原的一部分，青海境内地貌、地形复杂，既有辽阔的草原、终年不化的雪山、一望无垠的戈壁滩，还有茂密的原始森林、大片的高寒草甸和沼泽湿地。从地理位置来看，青海北部、东部与甘肃省毗邻，东南部与四川省相接，南部、西南部与西藏自治区相连，西北部同新疆维吾尔自治区接壤，是我国从东部通向西北部的交通枢纽。纵观各个历史阶段，青海地区彰显出其地理位置的重要性，成为中原王朝与少数民族政权争夺的重点区域。如唐朝时，青海是"唐蕃古道"的重要中转站，在复杂的西北少数民族关系中，青海地区因位于唐朝与吐蕃王国之间，属于二者之间的过渡地带，成为唐蕃争夺的焦点地区。也因为唐蕃的关系，青海留下了许多传说故事，如文成公主入藏，途经青海时，"日月山""倒淌河"的形成；也留下了以"诗圣"杜甫为首的文人墨客们的作品，如"君不见，青海头，古来白骨无人收。新鬼烦冤旧鬼哭，天阴雨湿声啾啾"等，此中也能一瞥那时唐蕃关系的复杂性，这也更加突出了当时青海地区战略位置的重要性。

青海地区自古以来就是一个多民族聚居的地方。从文献记载最初的"西羌之地"开始，到两汉时期汉军的进入，军屯、民屯的兴起发展；西晋时期辽东鲜卑慕容部在其首领吐谷浑的带领下，建立了以今青海、甘肃甘南、四川西北地区为统治范围的吐谷浑王国；至唐代，吐蕃王国攻灭吐谷浑王国，尽占青海之地；及元明清时期，蒙古族逐渐进入青藏高原，并成为今青海五大世居少数民族之一。迄今为止，五个世居少数民族藏族、蒙古族、土族、回族、撒拉族和汉族一起，在这片土地上和谐共处，共同为青海的繁荣发展做出自己的贡献。正因为青海历史上多民族聚居的特点，本地文化中也有多元文化因子并存，互相吸收，彼此影响，成为中国传统文化中别具特色的绚丽一笔。

明清之际，因西藏地区藏传佛教势力间的争斗，致使蒙古族势力大量深入青藏高原，并最终建立了以顾实汗①及五世达赖喇嘛为首的甘丹颇章地方政权，开始控制整个西藏及青海大部分藏区社会②，同时也开始了与中央王朝——清朝之间的频繁交往。然而，通过清政府对青藏地区的最初了解和认识，掌握了此地"惟知有蒙古，而不知有厅卫营伍官员"③的事实。对此，清政府如何一步步改变局面，最后将青海藏区社会完全掌控于自己的

---

① 顾实汗，又作顾始汗、固始汗，本书统一为"顾实汗"，但引用资料中尊重原文。
② 此时之青海藏区社会分为两部分，一属西宁卫所辖之藏族聚居区，一为其余藏族聚居区。需要注意的是，首先，雍正朝之前，青海藏区社会主要附属于和硕特蒙古的管辖范围之下，相较于和硕特蒙古的活跃，青海藏区社会的状况并没有特别地凸显出来；其次，雍正朝平定罗卜藏丹津反叛事件之后，青海藏区社会随着与和硕特蒙古之间关系的逐渐密切，其社会状况逐步进入人们视野；最后，整个清朝时期，除了在以顾实汗为首的甘丹颇章政权时期，青海藏区社会处于和硕特蒙古的统辖之下外，自雍正朝罗卜藏丹津事件后，青海藏区社会并没有形成一个统一的社会组织或政权，而是各藏族部落各自为政，互不统属。因此，自雍正朝开始，清朝政府对青海藏区社会之治理，主要以处理藏族部落内部纠纷、蒙古部落之间的矛盾为主。
③ 顾祖成等编：《清实录藏族史料（一）·世宗实录》卷二〇，拉萨：西藏人民出版社，1982年，第295-299页。

治理之下，这是我们本书要探讨的重点问题。

整体来看，首先，清朝建立之初，因国内局势还不稳定，清政府暂时无暇花大功夫顾及青海地区，尤其是因顾实汗主动示好，故对青海地区藏族的治理主要以沿用明代旧制为主。但其治理区域也较为有限，主要是以处于西宁卫控制下的一些地区为主。此时清政府对青海藏族的政策，主要以羁縻为主。其次，至康熙末年，随着清政府国内危机的逐渐解除，其逐渐将目光转向青海地区，尤其是雍正初年，当罗卜藏丹津①在青海地区有所行动时，其行为完全掌握在清政府手中，以致罗卜藏丹津事件的发生、平定完全按照清政府提前的布置及所设定的策略而行。这一阶段，清政府对青海的政策开始由松到紧，逐渐加强了对其的管理和控制。再次，在罗卜藏丹津事件后，清政府正式着手加强了对青海地区乃至青海藏族部落的管辖，如重新设立土司制度，在藏族部落中设立土司制度下的千百户；设置青海办事大臣；充分认识到藏传佛教对藏族部落控制中的重要性，对藏传佛教采取扶持的态度，发挥藏传佛教在对青海藏族部落管理中的作用，等等。最终，通过乾隆、嘉庆、道光、咸丰、同治朝的延续治理，清政府逐渐将青海地区及青海藏族部落掌控在手中。

有清一代，对青海地区的建置进一步加强，清政府对青海地区的关注远远超过前代，究其原因，我们认为：第一，明代初建，蒙元后裔在北方的实力并没有衰败，故而当时明代的重点防御在北方，对于当时相对比较稳定的青海地区，无暇顾及；第二，明末清初，蒙古族势力渐入青海地区，且与青海藏族之间的关系越来越密切。清初，北方的准噶尔蒙古噶尔丹成为严重威胁清统治的一股势力，而青海的和硕特蒙古在顾实汗去世后也心怀叵测。随着国内形势的渐趋稳定，清政府也渐渐开始关注青海，并关注青海的藏族部落。其对青海藏区社会的治理策略，随着蒙古族和藏族势力的盛衰变化而变化，即此与"扶番抑蒙""扶蒙抑番"政策间的转换相关。"扶番"是为了扶持藏族，削弱蒙古族势力，最后达到让蒙藏二族互相制约的效果；"扶蒙"，是在青海藏族势力太强时，对蒙古族采取扶持的羁縻政策，意欲让其逐步强大起来，以求蒙藏势力达到平衡，从而互相制衡。在对蒙藏进行治理之时，此政策的采用是出于当时西北战略的需要，也是西北边境安定的重要策略之一。

经过清代前期、中期的治理，最后于嘉庆朝，青海藏区社会出现"番

---

① 亦称"罗布藏丹津"，本书统一为"罗卜藏丹津"。

族分生、熟、野番三种。熟番五十四族，田赋视齐民。生番十九族，畜牧滋生。野番八族，其汪食代克一族……"① 的具体记载，到光绪朝，记载中多以"生番""熟番"为主，而关于"野番"的记载逐渐消失，说明"野番"—"生番"—"熟番"的转化已经完成了。依此而言，有清一代对青海藏区社会的治理是较为成功的，值得后人借鉴。

总之，清代对青海藏区社会的治理及控制，经历了一个由松（以羁縻之法"因俗而治"）到紧（土司制度、《番例六十八条》等的实行），之后因国内外形势的压力（近代以来），清政府无暇顾及青海藏区社会，致使其最后自然发展的过程，而罗卜藏丹津事件成为清代对青海藏区社会治理之政策与策略转变的关键因素，通过罗卜藏丹津事件的善后政策及后朝的努力，清政府便逐渐控制了青海藏区社会。此过程的最终完成，与年羹尧、杨应琚、那彦成等清朝官员的精心治理是分不开的。清代对于青海藏区社会治理的得与失、成与败，值得今人关注。

杨卫

2022 年 2 月于湖南怀化金海花园

① 《二十五史（11）·清史稿（上）》卷六四《志三九·地理一一·甘肃·西宁府》，上海：上海古籍出版社、上海书店，1986 年，第 300 页。

目 录
Contents

绪　论

一、选题理由、研究意义及国内外研究现状述评

(一)选题理由

首先,本书以"清朝对青海藏区社会的治理研究"为题,其中关于"青海藏区社会"的理解,笔者以为主要包含如下内容:其一,明朝中后期大量蒙古族人进入青藏高原地区,自明末在西藏建立以和硕特蒙古首领顾实汗(1582—1655)为首的蒙藏联盟地方政权始,青海藏区社会主要附属于和硕特蒙古的管辖之下,相较于和硕特蒙古在这一时期的活跃,青海藏区社会相对比较稳定,在当时其发展状况并没有因特别凸显而进入人们的视野;其二,整个清朝,除了以顾实汗为首的甘丹颇章政权时期及其后一段时间,青海藏区社会处于和硕特蒙古的统辖之下外,自雍正朝平息罗卜藏丹津事件后开始,青海藏区社会与统辖者和硕特蒙古之间是存在着矛盾的,其社会状况随着两者矛盾的逐步出现甚至激化,从而逐步展现在人们眼前;其三,罗卜藏丹津事件之后,青海藏区社会逐渐从和硕特蒙古的统辖下分离出来,并开始登上青海地区的历史舞台。然而,需要特别强调的是,自青海藏区社会逐步从和硕特蒙古统辖下分离出来后,一直没有形成一个统一的、整体的青海藏区社会的组织或政权,而是各藏族部落互不统属,各自为政,独立发展。

此外,还需要特别说明的是,按说清代郭罗克[①]藏族部落属于四川省管辖,但因与其关系较为密切的都是当时青海的其他藏族部落或者是过往青海的一些内地商旅等,即其出现在史籍记载中时,其活动基本都在青海地区的范围内,故我们也将其纳入本书研究范围之中。

其次,基于以上对题目的分析及相关概念的定义,本书选题理由如下:第一,青海藏区社会的大部分地方在清朝初期是属于西藏藏区社会统辖下的,而当时的西藏藏区社会又处在以和硕特蒙古顾实汗为首的蒙藏联盟的甘丹颇章政权管辖之下。所以,这一时期整个青藏藏区社会基本是一个整体。在此,我们通过对其与清朝政府关系之研究,可以探讨清朝中央政府对西藏蒙藏联盟的地方政权的态度及为实现中央王朝的在场而采取的各项

---

① 即今天青海省果洛藏族自治州的果洛藏族部落,又称为"三果洛"。文献中对其记载不一致,有"俄洛克""郭罗克""果罗克""果洛克"等,均为藏语音译,本书依据藏文发音,统一为"郭罗克"。

行动与措施。第二，清政府作为中央政权，是绝对不允许边疆地区尤其是少数民族地区，出现民族联盟的地方政权的。蒙藏联盟的甘丹颇章政权的存在，成为清朝中央政府在西南、西北边疆地区的一个心腹之患，更何况此政权最初还控制着西藏藏区社会及青海藏区社会的大部分地方，且大有继续发展、壮大之势。而在整个中国封建专制王朝史上，中央王朝对地方政权的治理，多以羁縻、抚绥为主。在具体的治理过程中，中央政府一般都会采取分而治之之策，辅以羁縻、抚绥之法，最终使之绥服，进而收归中央管辖。我们的研究，也可以从其治理边疆地区少数民族地方政权的过程中，了解清朝初期在其对全国的统治还不十分稳固的前提下，清朝中央政权是如何采取各种行动与措施及政策，一步步稳固其在中原乃至全国地区统治的。第三，当罗卜藏丹津事件被平息，青海藏区社会下的藏族部落状况逐渐浮现于人们的视野之后，在青海地区蒙藏势力对比中，还是以蒙古族势力较为强劲的背景下，清朝中央政权采取了哪些措施对此进行制衡，具体是如何实施的，出现了什么样的效果？青海地区蒙藏势力的对比，出现和之前不一样的情况，是由什么原因而导致的呢？面对这种状况，清朝中央政权又是如何调整自己的治理策略的？从某种程度上来说，清朝初期对青藏藏区社会的治理，其实是从清代中央政权对西藏蒙藏联盟的甘丹颇章地方政权的治理开始的。但自雍正朝始，随着青海藏区社会从和硕特蒙古势力的统辖下分离出来，其发展状况逐渐清晰并展现在人们视线之下。此后，清朝政府对青海藏区社会的治理，以羁縻之法处理藏族部落内部纠纷、蒙藏部落之间的矛盾为主。

最后，针对以上两方面内容，我们以为，本书重点应以清代中央王朝对青海藏区社会的治理为主。具体研究过程中，在第一、二章通过研究展现清朝中央政权与青海藏区社会之间的关系。如前所言，此时青海藏区的大部分地方处于西藏管辖之下，即处于顾实汗与五世达赖喇嘛联合建立的甘丹颇章政权管辖之下，由厄鲁特蒙古①和硕特部对其实施具体管辖。这两章内容中，主要探讨顾实汗时期西藏的甘丹颇章地方政权与清朝中央政府之间的关系，即以顾实汗、五世达赖喇嘛为主的甘丹颇章统治者与皇太极、顺治、康熙帝之间的关系。通过对以上问题的探讨，我们可知，清朝初入中原之际，因其为少数民族所建政权，在中原及全国其他地区之影响并不

---

① 厄鲁特蒙古在元代称为斡亦剌，明代称瓦剌，清代称卫拉特、厄鲁特、漠西蒙古等，属于历史上的西部蒙古。

强大，故其对全国的统治根基还不是十分牢固。在此前提下，清代中央王朝在处理与西藏甘丹颇章地方政权之间的关系时，从最初皇太极、顺治、康熙中期对甘丹颇章政权进行观察并实行以绥服为主的羁縻政策，到其在中原的统治基础逐步稳定之后，于康熙后期开始逐步加强对西藏地方及青海地区的控制。这期间存在中央王朝对地方政权宣布王朝在场的举动，如顺治帝分别给顾实汗、达赖喇嘛文书，并请达赖喇嘛入京弘法等。同时，也存在地方政权通过观察认清形势后，对中央政府表示臣服之举，如顾实汗、达赖喇嘛、班禅经常遣使入京进贡，顺治九年（1652）在顾实汗等人劝说下，五世达赖喇嘛入京弘法等。至康熙中后期，清朝的边患逐一被解，尤其是在处理了噶尔丹对青藏高原的觊觎之后，清朝对青藏地区的控制和管理政策由以前的绥服、羁縻开始逐步收缩，即其"扶番抑蒙"之策开始逐步在青藏地区各个领域中展开。第三章展示了从雍正年间平息了青海蒙古亲王罗卜藏丹津的叛乱开始，清朝便借此契机加强对青海藏区社会的控制和管理。通过"因俗而治"的思路，清政府依照蒙藏习惯法制定了一系列法律法规条文，加强了对青海蒙藏部落的管辖和治理。在治理过程中，政策上有由"扶番抑蒙"到"扶蒙抑番"的转变，而此政策的转变是依据蒙藏势力的大小进行调配的。之所以如此，就是想让青海地区的蒙藏势力间达到一种平衡，让其相互制衡，以求青海地区的稳定。雍正年间将青海藏区社会完全从西藏地方政权的控制下分离出来后，乾隆年间加强了对青海藏区社会的治理，一直到同治年间，清朝对青海藏区社会的治理，在平衡、制衡之间的轨道上正常运行。同治后期始，随着国际局势的变化，清政府对边疆地区的统治逐渐开始弱化，以致到光绪宣统年间，只能任由地方势力自然发展。总之，在第三章及其后章节的研究中，能体现出清政府对西藏藏区社会、青海藏区社会不同的管辖与治理方式。更为重要的是，研究清代自雍正朝开始加强对青海藏区社会藏族部落的管辖与治理，对今天维护青海藏区社会稳定有着一定的借鉴作用。

（二）研究意义

在现今的藏学研究领域，学者们大多将目光投向对西藏问题的研究上，这一直以来也是一个很热门的研究范围，但对于青海藏族及其社会与历代封建中央王朝关系的研究和关注则相对较少，当然这囿于相关资料的缺乏。不过有部分史料显示，清王朝建立之后，通过执行相关策略、方针，逐渐将青海藏区社会从和硕特蒙古的统辖下分离出来，最终控制了青海藏区社会。在此过程中，清朝中央政府所采取的相关政策、措施及策略，都起到了使青海地区稳定、发展的作用。这些政策、措施及策略在实施过程中所起到的作用，应该为学界及研究者所关注。总体而言，清代对青海藏区社会的治理还是很成功的。因此，细究清代治理青海藏区社会的策略方针等，可以清晰了解到清朝在维护青海地区的稳定、妥善处理青海地区的各种矛盾以及管辖与治理青海藏族部落方面的成功之处，故此研究有着非常重要的历史意义和现实意义。

我们以为，清朝对青海藏区社会治理的成功之处值得今人借鉴。特别是清代自雍正朝开始，对青海藏区社会的治理与对西藏地方的治理，其间是有较大的区别的，即清政府对二者所采取的治理策略、方式方法等方面都有很大不同。这些治理措施及策略方面的不同点，对于今天达赖集团鼓吹的"大西藏"谬论是最有力的批驳。① 但到目前为止，与本书内容密切相关的研究却尤为少见，可以说本书的研究弥补了前人研究中这一方面的不足。同时，通过对这一问题的研究，既可以促进人们对清代青海藏区社会历史及发展状况的了解，也可通过对清朝政府在青海藏区社会采取的各种政策、策略、方针的探究，再现清朝中央政权与青海藏区社会之间的关系，从而有力地批驳诸如"（中央）王朝与藏族地区只有贡施关系，而不存在臣属关系"之类的谬论。

针对青海藏区经济社会发展还处于相对滞后的状态，国务院于 2008 年提出《关于支持青海等省藏区经济社会发展的若干意见》，以此来促进和推动藏区小康社会的建设、和谐社会的构建。所以，现阶段构建和谐社会，离不开科学、有效的社会管理。研究清代历史上对这一地区藏族部落社会的治理，可为今天藏区的建设以及西部大开发提供更翔实的历史依据，对于我们今天探索对青海藏区社会有效的治理方法和手段、构建科学的治理体系，及如何推动青海藏区社会和谐发展仍旧有一定的借鉴价值及现实意义。

---

① 此外，关于藏区，即藏族聚居区。邓前程认为：今天我们常说的藏族地区，由于地缘关系和民族认同等方面的原因，如卫藏、康区和安多藏区，它们彼此之间有一定联系和文化共性，存在着相互影响关系。但需要说明的是，藏族的这种地域分布和行政上的分隶关系，是与藏民族的这一稳定共同体的形成历史，以及它与中原中央王朝之间的关系决定的。在民族地域分布上，受吐蕃王朝的强势东扩及藏传佛教熏陶，青藏高原东缘地区的原住民或融入藏民族之中，或分化组合成新的民族，从而使该地域内形成藏族与其他民族杂居态势。而在行政上，吐蕃纳入中原中央王朝之后，元、明、清三朝均在这片地域内分别设治实施管理。（邓前程：《一统与制宜：明朝藏区施政研究》，北京：人民出版社，2011 年，第 1 页）本书认同其观点。

（三）国内外研究现状述评

近年来，"藏学"研究无论在国内还是国外，都取得了很多重大的进展和成就。在国内，涉及清代青海藏族研究著述的主要有：陈庆英主编《藏族部落制度研究》（中国藏学出版社，1995 年），该书收录了中国藏学家（包括港澳台学者）的学术专著、具有重要价值的藏学文献（包括现代学者辑录的历史文献）、译成汉文的藏文学术名著和获得博士学位的藏学论文（对于优秀的硕士研究生论文酌情予以收录）等。该书力图从社会制度的发展演变出发，以马克思主义关于人类社会的发展学说为指导，说明藏族部落地区解放以前社会制度发展演变的进程，以及作为保留着血缘部落组织形式，但实质上早已进入封建社会成为地区部落的藏族部落在政治、法律、军事、经济、宗教信仰和社会文化方面的特点。对整个藏族部落的习惯法、部落制度进行了详尽的整理和研究，为研究者研究藏族部落制度及习惯法提供了资料。陈庆英主编《中国藏族部落》（中国藏学出版社，2004 年），该书认为从藏族的古代传说和文献资料以及 20 世纪初在敦煌出土的古藏文文献来看，藏族的氏族部落组织起源很早。藏族在原始社会时期同其他民族一样经历了漫长的氏族部落阶段，氏族起源的神话传说、氏族部落崇拜的神祇和宗教、部落形态下的文化生活，以及部落间的交往和战争，构成了藏族远古史的主要内容。该书在 20 世纪 50 年代至 60 年代初国家组织的少数民族社会历史调查所收集的大量资料的基础上，通过实地调查访问和参考有关藏汉文史料，进行综合分析，以现今的行政区划为横断面，对藏族部落的分布和组织系统做了比较全面的阐述，又将散见于唐、宋、元、明时期的汉文史料中的西北藏族部落附列于后。该书对有资料记载以来的整个藏族部落的状况进行了记述、考证，为研究者提供了藏族部落的整体状况，是一部比较全面系统的关于藏族部落的学术资料性专著。陈光国《青海藏族史》（青海民族出版社，1997 年），依据正史及民间文献资料，从历史学的角度出发，对青海藏族的发展状况做了简单的归纳，也可算作第一部青海藏族发展简史。黎宗华、李延恺《安多藏族史略》（青海民族出版社，1992 年），该书既论证了安多藏族社会发展的形态，追述安多藏族的族源，又展现安多藏族发展的历史轨迹，并从中总结某些可资借鉴的经验，具有一定的现实意义。整体而言，以上专著中均涉及青海藏区社会藏族部落及其发展变化的状况。

除以上外，国内研究还产生一批学术论文，按照其内容可以分为以下几个主要类别：

第一，对青海藏族以及藏族族源的相关探讨，如陈光国《青海藏族族源初探》（《民族学研究·第三辑》，1982年），对青海藏族的来源问题进行了探讨。石硕《论藏族关于自身族源的三个传说及其价值》（《西藏研究》2001年第3期），对藏族口口相传的关于其族源的三种说法进行了研究，认为在藏族关于自身起源的三种传说中，猕猴与罗刹女结合衍生藏族人无疑是最具广泛性、民间性和本土性的一个传说。尽管这一传说在后世的藏文佛教史籍中被附会了种种佛教成分，但正如有学者指出的那样，"它的基本情节应是更古老时代传说的一个内容"。所以，在藏族关于自身来源的传说中，猕猴与罗刹女结合衍生藏族人应是最古老和最具价值的传说。

第二，对清代治理青海藏区社会实施的政策及管理措施进行的探讨研究。如吴均的《论安木多地区的政教合一制度》（《青海民族学院学报》1982年第4期）。安木多藏区是否曾有过政教合一制的统治，或说这个统治早已消灭，近来有所争论。有的根据事实，认为在安木多藏区，直至中华人民共和国成立前，仍旧存在着政教合一制的统治形式；有的根据国家行政建置，认为这种统治形式，在地方基层行政建置实施之日起，已不复存在。通过研究，吴均以为，安木多地区的政教合一有三种形式："西纳模式""隆务模式""郭隆模式"，认为青海藏区社会中，还是存在政教合一统治的。周伟洲《清代甘青藏区建制及藏族社会研究》（《中国历史地理论丛》2009年第3期），文章一方面对清朝于雍正二年（1724）平定罗卜藏丹津之乱后，在明朝的基础上，重新在青海、甘肃藏区设置的土司制度的情况做了较为详细的论述，并对其特点和流变进行探索；另一方面，将甘青藏区划分为七个大的区域，即河（黄河）北西宁府所辖地区（包括所属西宁县、碾伯县和大通卫等），西宁办事大臣所辖玉树地区，河南贵德、循化厅所辖地区，青海湖地区，凉州平番县（庄浪卫）地区，大夏河以拉卜楞寺为中心的地区及洮河流域以卓尼杨土司为中心的地区，较为详细准确地列出清代甘青藏区藏族的分布、人口及经济类型。在此基础上探讨甘青藏区的社会组织，并将其划分为三种类型，即居于城镇、营汛或其附近，主要从事农业和半农半牧生产的藏族社会组织；居地离城镇、营汛较远，以游牧为生的藏族社会组织，以及以大寺院为中心的"政教合一"的藏族社会组织。何峰《从〈番例〉看清王朝对青海藏区的管理措施》（《青海社会科学》1996年第2期），把清代雍正年间罗卜藏丹津叛乱被平息之后，依据蒙藏民间习惯法所制定的《番例六十八条》分为五个大的方面分别进行探讨，等等。

第三，对罗卜藏丹津叛乱及清政府应对等问题的研究。如王钟翰《年羹尧西征问题——简论雍正西北民族政策》（《青海社会科学》1990 年第 4 期），文章依据《年羹尧奏折》，认为长期以来国内外史学界每以年羹尧之奉命西征青海，尽毁喇嘛寺庙，多杀喇嘛僧人为摧残藏传佛教（俗称喇嘛教）的罪魁祸首；加之年羹尧恃拥立功，妄自骄蹇，又不避嫌远疑，卒遭杀身灭门之祸，成为历史上罪不容诛的一大罪人。作者提出关于年羹尧西征青海问题，所需注意的有两点：一是年羹尧出任川陕总督与胤禛夺嫡有关；二是对年羹尧西征青海，毁寺庙、杀喇嘛的事实真相等问题的研究。周伟洲《西宁办事大臣考》（《西北民族大学学报》2011 年第 1 期），认为清代西宁办事大臣（又称"青海办事大臣"）正式设置于雍正三年（1725）平定青海蒙古罗卜藏丹津叛乱之后。清朝设置西宁办事大臣的原因：一是为安辑、管理青海蒙古及藏族（时称"西番"或"番"）；二是重视当时青海蒙藏地区的重要战略地位，西防准噶尔，南护卫藏。蒲文成《试谈雍正"癸卯之乱"的历史渊源》（《西藏研究》1985 年第 1 期），对罗卜藏丹津叛乱的经过、性质及当时川陕总督年羹尧、兵部侍郎常寿、四川提督岳钟琪等奉命征剿的情况，以及对叛乱的历史渊源等方面进行研究，等等。

第四，对清朝治理藏区社会进行立法的思想、原则等的研究。以陈光国《论清朝对藏区法制的立法思想和立法原则》（《青海社会科学》1997 年第 3 期）等文为主，认为其治理仍旧依照"因俗而治"等。

第五，对清代青海地区经济方面进行的研究。以翟松天、崔永红《青海经济史（古代卷）》（青海人民出版社，1992 年）等为主，其中对青海藏族社会经济也有涉及。

第六，对藏族社会的风俗习惯、宗教信仰、教育等方面的研究。如马戎《试论藏族的"一妻多夫"婚姻》（《民族研究》2000 年第 2 期），作者介绍了国内外学者在"一妻多夫"婚姻方面的研究成果，特别介绍了美国学者戈德斯坦结合藏族土地继承制度和劳役制度来分析婚姻形式的研究；同时，联系藏族的婚姻禁忌、妇女社会地位等方面分析了藏族"一妻多夫"婚姻的产生原因与影响因素。何峰在《论藏族经院教育》（《青海民族学院学报》1999 年第 4 期）中认为，经院教育是藏族传统教育的重要内容。之后从教学内容、师生条件、教学方法、教育制度等方面就藏族经院教育做了系统的探讨和研究，认为其中不乏合理性与科学性因素，对现代教育有一定的借鉴意义。

　　国外学者的研究成果主要有：日本佐藤长的《关于罗卜藏丹津叛乱》（《史林》1972 年第 6 期），认为罗卜藏丹津事件可以说是规模较小的、历史上常见的边境异民族叛乱之一。其被镇压后青海和硕特的活动被大幅度限制，其存在的意义完全改变。石滨裕美子《罗卜藏丹津"叛乱"再考》（《蒙古学资料与情报》1989 年第 1 期），认为对于 1723 年开始发生于青海的所谓罗卜藏丹津叛乱，正如先学佐藤长曾经在其《关于罗卜藏丹津叛乱》一文开头部分精辟地指出的那样："可以说是规模较小的、历史上常见的边境异民族叛乱之一。"可是，佐藤氏在其论文中又说：这次"叛乱"被镇压后，"青海和硕特的活动被大幅度限制，其存在的意义完全改变"，基于此，笔者不能不认为它有巨大的历史意义。加藤直人《清朝的异民族统治与罗布藏丹津的叛乱》（《社会科学辑刊》1987 年第 6 期），认为罗卜藏丹津叛乱是由青海的诸王及其所属的西藏人和穆斯林所进行的，这反映出民族间的矛盾。其失败的原因，在于其求援军于准噶尔，而最终无论是准噶尔对青海的援助还是其立场声援，都化为乌有。还有，年羹尧在事前的调兵遣将奏了功效，西宁周边守备坚固，甚至可以举出尽管有内应却攻不下清军阵地的例子，等等。他还在其论文《罗卜藏丹津叛乱与清朝》（上、下）（《青海民族学院学报》1993 年第 3 期、第 4 期）中认为雍正元年（1723），青海蒙古和硕特部首领罗卜藏丹津对于清朝不许他干预西藏的控制权和引起族内混乱方面的规定深感不满，遂掀起叛乱。这次叛乱的结果，不仅加强了清朝对青海以及包括喀木（康区）在内的藏族地区的影响力，更重要的是这一事件成为该地区历史的重大转折点。

　　除了以上对罗卜藏丹津事件的相关研究外，还有在青海地区的游记中记载的有关清代青海藏区社会藏族部落内部的相关情况。如法国的古伯察在民国年间写成的《鞑靼西藏旅行记》（中国藏学出版社，2006 年）。古伯察是法国遣使会传教士，1839 年入华。1843 年 5 月 25 日从西湾子出发，途经内蒙古、宁夏、甘肃、青海，长途跋涉，于 1846 年 1 月 29 日到达拉萨。该书正是描述他从西湾子到拉萨，再从拉萨到四川成都的一段经历，将其间的曲折辗转与风物山川娓娓道来。其传奇经历，在于他虽然不是西方进入西藏的第一人，却是从那里活着出来的第一人。

　　从以上对国内前人研究成果的整理来看，研究者们"仁者见仁，智者见智"，但其研究一是侧重于对清代青海藏族的研究，二是多限于清朝对整个青海地区实行的相关制度、某一政策以及对藏族部落的相关人类学考察研究方面，而将清代中央政府如何治理青海藏区社会，以及为此而采取的各种措施、方略等问题置于一个整体框架内进行全面研究，还显得十分单薄，尤其是还没有在中央政府对青海藏区社会的治理问题上进行断代史方面的研究。

至于国外学者的研究，一般来说，因资料的欠缺和对青海藏族历史及发展状况认识的限制，其研究成果总体而言不是很客观，往往是就看到的某一条资料或某一现象进行较为片面的论述，缺乏从各个层面和视角进行的客观分析，也缺乏从当时的背景和现实出发对相关事件的认识。如日本的佐藤长等人的研究中，忽略了中华民族的概念，认为罗卜藏丹津事件是"边疆异民族叛乱"，这种说法须引起注意。另外，许多外国人的游记其实是因当时其所在国政府觊觎青海而写成的，其游记的写作具有一定的政治目的及自己猎奇的想法和看法，尽管其中也记载了一些反映当时藏族部落生活的内容，但从总体而言，这些游记都还不足以展示青海藏区社会的真实状况，需要研究者"去伪存真"，用扬弃的态度去甄别、运用。

二、主要内容、基本思路、研究方法、重点难点和基本观点

（一）主要内容

本书研究的主题是清朝对青海藏区社会的治理，主要包括清朝对青海藏区社会的管辖与治理，并探讨清朝的治理对青海藏区社会的经济状况、文化教育等形成的影响。通过研究，旨在厘清清朝治理青海藏区社会的状况，探讨清朝治理青海藏区社会的成功经验，为今天青海藏区社会的稳定与发展提供一些意见与建议。本书分绪论、正文、结语等内容，具体如下：

绪论部分，主要从选题缘由、研究意义、国内外研究现状等方面论证本课题的可研究性。

第一章，先是对宋元明时期青海地区历史状况的描述，再探讨明朝中期之后蒙古势力进入青藏地区，在和硕特蒙古顾实汗与西藏五世达赖喇嘛联合下建立了甘丹颇章政权，从而控制了整个西藏藏区及青海藏区的大部分地区的情况。后以探讨大金政权入关，清朝建立初期皇太极、顺治帝时与青藏高原蒙藏联盟地方政权之间的关系为主。本章着重阐述清朝中央王权在西藏地方宣告自己对西藏的主权所有，同时向控制青藏地区的甘丹颇章政权宣告中央王朝在场，并依据青藏地区现实对其实行羁縻之法，以此逐步加强对青藏地区的管辖与治理等内容。

第二章，主要探讨康熙朝时对青藏地区的管辖与治理。在整个清代历史上，康熙朝是一个非常重要的时期，通过康熙朝对全国的治理，清王朝基本肃清了自清朝建立以来的各个边患，在中原地区站住了脚。而在青藏地区，康熙出兵西藏阻止了喀尔喀蒙古噶尔丹与受沙皇俄国支持的策妄阿拉布坦对青藏地区的觊觎，此事成为清王朝治理青藏地区社会的一个重要转折点。之后，康熙朝在青藏高原地区的治理中，主要以"扶番抑蒙"政策为主。此政策的实施，致使顾实汗的孙子即青海地区蒙古亲王罗卜藏丹津产生不满情绪，于是，开始在青海酝酿着一场较大的政治风暴。

第三章，探讨了清王朝治理青海藏区社会的转折点——清政府对罗卜藏丹津事件的平定，及其后对青海藏区社会的治理状况。这是清朝中央政权开始对青海藏区社会进行治理的标志性阶段，在清代名将年羹尧的筹谋下，其与岳钟琪等将领很快平息了这次叛乱。自此开始，清政府依照前朝治理经验，确定了在青海地区的管控继续以羁縻、抚绥策略为主，并依据年羹尧的提议，决定对蒙、藏部落分而治之，此后青海藏区社会开始从和硕特蒙古的控制下逐渐分离出来，并登上了历史舞台；另外，清政府还依照明制开始在青海藏区社会藏族部落中加强了土司制度下千百户等职务的设置，由此逐步加强对青海藏区社会的管辖与治理；以"因俗而治"的方式，制定了相关法律制度等，从而在对青海藏区的治理中做到有法可依、有律可循。

第四章，如果说雍正朝在平定罗卜藏丹津事件后扭转了清朝中央政权在青海藏区社会的施政与治理局面的话，那么整个乾隆朝就是在雍正朝的基础上，巩固并加强了对青海藏区社会的治理。在延续前朝治理策略的基础上，乾隆朝开始进一步细化各项治理措施，并加强了对青海地区的行政设置。同时加强了对玉树、郭罗克藏族部落的管辖，如派人去玉树藏族部落清查人口，在郭罗克藏族部落中加强了土司、千百户的设置等，进一步加强了对青海藏区社会的管辖力度。另外，乾隆朝谨慎对待这一时期逐渐凸显出来的蒙藏部落之间的矛盾，并在此问题上继续沿袭前朝所实行的"扶番抑蒙"政策。总体而言，雍正朝通过平息罗卜藏丹津事件将青海藏区社会逐步从和硕特蒙古统辖下分离出来，乾隆朝接着雍正朝加强了这种分离，同时也加强了对青海藏区社会的治理力度。我们以为，此即清朝中央政权在青藏地区对蒙藏势力实行分而治之策略的成功体现。

第五章，嘉道时期承袭了乾隆朝对青海藏区的社会治理，并且在该治理颇有成效的基础上，对青海藏区社会的治理进行平稳过渡。这一阶段，和硕特蒙古势力真正衰落下去，清政府对蒙藏部落治理策略发生改变，开始"扶蒙抑番"，在处理蒙藏部落之间的纠纷时，鼓励且要求蒙古部落自保、自强、自救，试图让和硕特蒙古势力通过自身努力得到恢复，与藏族部落间形成相互制衡的局面。同时，面对青海藏区社会势力的发展，那彦成等青海官员继续在羁縻、抚绥思想的指导下，做了很多工作，如进一步加强藏族部落中千百户的设置，加强对投诚藏族部落的管理、控制等，这些措施也进一步加强了对青海藏区社会的治理，致使这一时期很多以前被称为"野番"的藏族部落先后投诚，成为"生番"甚至"熟番"，最终处于清政府的统辖之下。

第六章，近代以来清朝政府面临着极度严峻的国内外局势，在疲于应对此局势的情况下，对于青海藏区社会的治理，主要托付给青海官员，而青海官员却主要借助以前所设千百户等，继续以羁縻之法对青海藏区社会进行控制与治理。然而，很明显的是，随着中央王朝统治势力的不断弱化，清王朝对青海藏区社会各方面的治理也在逐步弱化，尤其是土司权势过大，千百户不听清朝官员的话，开始形成一方独大等状况。直至宣统年间，随着清代中央王朝统治势力的彻底弱化，对于青海藏区社会，只能任由其自然发展。

结语部分，主要思考清朝治理青海藏区社会的成功之处及弊端。总体来说，清代对青海藏区社会的治理还是很成功的，致使整个清代中后期，青海藏区社会一直处于各方面较为稳定、缓慢发展的状况。具体而言，有清一代治理青海藏区社会，经历了从开始—加强—平稳过渡—弱化—任由其自然发展的过程。本部分对这个过程中所涉及的相关问题进行了分析，并且简单比较了清代对西藏藏区社会、青海藏区社会治理过程中的异同。

（二）基本思路

首先，简单梳理宋元明以来青海地区的历史发展状况，并探讨清代初建时青藏藏区社会的发展状况，此为本书的主要研究思路。我们将以官方资料记载为主，进行本课题的探究。

其次，主要探讨自清代雍正朝开始，其对青海藏区社会进行治理的各种政策、策略、方法及效果，这也是本书研究的重点。在此研究过程中，再将清代中原王朝对青海、西藏藏区社会所实行的管理政策及方式进行对比研究，探究清代对两地的治理方式方法的不同及由此而产生的影响。

最后，本书主要依据能搜集到的所有文献及档案资料，尽力如实展现清代管理下的青海藏区社会内部的相关情况。

（三）研究方法

第一，传统史志结合的方法。展现所有能找到的有用的正史、地方史志以及藏文文献中的有关记载，并加入地方档案馆所藏档案资料进行补充和佐证。

第二，民族学的实地访谈法，去搜集一些民间口碑资料以及档案资料，以便在论证中有效利用。如郭罗克抢劫活动中的相关资料、藏族部落间冲突之档案资料等，可对本书研究加以论证和佐证。

第三，尽力将前二者结合起来，把史志、档案资料与民族学的实地调查糅为一体。但把调查资料、档案资料与史志资料结合起来，难度较大。

（四）重点难点

重点：第一，探讨清代治理青海藏区社会所采取的政策和策略及其成功之处，此为本书的最重要之处，也是本书的亮点所在；第二，探讨和论述清代的管辖和治理对青海藏区社会形成的影响。

难点：首先，本书写作时遇到的首要问题是资料的搜集较有难度，文献资料的严重缺乏，给本书的写作带来很大困难。其次，进行田野调查也有很多不便之处。最后，在写作思路、写作方法和技巧方面还不是很成熟，这也是完成本书的一大难点。

（五）基本观点

第一，笔者在前人研究成果的基础上，将利用一些能搜集到的档案资料和藏文文献进行论证，力求对清代治理青海藏区社会的诸多方面进行更为细化的研究，从而将清朝中央政府治理青海藏区社会的主导思想、采取的措施及行动、各种政策及其成效，详尽地展现出来。

第二，目前学术界对青海藏区社会的研究成果中，对青海藏族多元文化的内涵的研究较为薄弱。从历史发展的线索来看，青海地区自古以来就是一个多民族共同聚居的地带，因此几个世居少数民族的文化中，都有彼此文化的印迹，这需要研究者在研究时加以重视。清朝中央政府在对其进行治理时，很注重"因俗而治"。正因此，在青海各民族文化中，保留有很多古老的文化遗迹。在长期的交往、交流中，青海各少数民族文化互相影响，互相吸收，最终形成一种融合性的、较为独特的青海文化。如正史、档案、民间口碑传说中，将郭罗克藏族部落对附近藏族部落及过往商旅进行的抢劫活动视为游牧文化中获得经济收入的一部分，而我们需要将其作为特殊时期、特殊环境下的特殊经济状况的一种必然现象来认识。

第三，本书研究中，涉及清朝中央政府对边疆少数民族地区治理的两种状况，其一为康熙帝及其之前，清政府与西藏甘丹颇章政权之间的关系；其二为雍正朝及其之后对青海藏区社会的治理。前一种实际上是宗藩关系，是对纯少数民族地区地方政权的间接管辖，清朝中央政权在宣告了其在场之后，确定了宗主身份，通过派驻藏大臣，与西藏地方政府共同治理青藏藏区社会。后一种是在多民族聚居区直接管辖，清朝中央政权先宣告其在场，之后通过治理，逐步将其纳入自己直接统辖的范围之中，与内地相比较，其治理主要以羁縻、抚绥为主，设置土司及千百户等，之后由西宁办事大臣直接管辖为主。我们以为，以上两种其实均为封建专制统治下，中央政权对边疆少数民族地区进行治理的方式。一般来讲，封建专制统治下，中央王朝对边疆少数民族地区的治理，多采用羁縻、抚绥之法，利用当地人来管理当地人。在此指导思想下，便出现了土官制度、土司制度及其下千百户的设置等，土官、土司、千百户等俨然成为封建中央政权在边疆少数民族地区实施统治的代言人。此后，中央政权便会利用这些设置的职官，使其及属民进一步向化，最终将此区域及属民，依照管理内地的方式等同起来进行治理，这是一个较为长期的过程，但在中央政权具体实施过程中，却一直行之有效。此问题具体到本书研究的重点内容：清朝对青海藏区社会的治理方面，具体表现如下：其一，雍正朝平息罗卜藏丹津事件后，通过《青海善后事宜十三条》，依照明制在青海藏区社会加强了对"熟番""生番""野番"中千百户的设置。关于此三种番，《明史》载"番有生熟两种，生番犷悍难制；熟番纳马中茶，颇柔服"[1]。到了清代，记载发生变化"番族分生、熟、野番三种，熟番五十四族，田赋视齐民。生番十九族，畜牧滋生。野番八族，其汪食代克一族"[2]。而且，此时还可以"疏清募熟番补屯丁"[3]。从以上记载看中央政府对青海藏区社会的认知，清朝较明朝更进一步，故清朝对青海藏区社会的治理策略更为有效。其二，至咸丰八

① 《二十五史（10）·明史》卷三三〇《列传》二一八，上海：上海古籍出版社、上海书店，1986年，第939－943页。
② 《二十五史（11）·清史稿（上）》卷六四《地理志·西宁卫·循化厅》上海：上海古籍出版社、上海书店，1986年，第300页。
③ 《二十五史（12）·清史稿（下）》卷三三〇《列传》一一七，上海：上海古籍出版社、上海书店，1986年，第1227－1229页。

年（1858）五月，"野番"环湖八族投诚，之后，宣统三年（1911）八月对于藏族部落的记载为"番有生熟两种，生者最不易制，此患之切于边陲者也"①，说明经过有清一代之治理，青海藏区社会藏族部落由"野番"转化为"生番"，"生番"向化为"熟番"，这个过程的完成是较为成功的，也再度证明清朝对青海藏区的治理是较为成功的。

第四，中央王朝对边疆地区的管辖中，对于土官、土司制度及扶持藏传佛教、建立政教合一统治等策略的实施，是在羁縻、抚绥的基础上进行的，这些制度及策略的推行，实际上主要是针对边疆少数民族地区的，但其实行有利有弊。因地处偏远，中央政权对其内部状况了解不多，故而鞭长莫及，中央政府只能采取"以当地人治理当地人"的方式，扶持和利用当地少数民族中的头人、藏传佛教中的高僧大德，或在当地有一定影响力的人，封给其官职，给予其一些利益，让其替中央政府治理当地少数民族民众。但我们必须清醒地认识到，这种羁縻、抚绥之举，虽在其实行初期的确起到了良好的效果，可假以时日就会形成一股较强劲的地方势力，并逐步开始有组织、有计划、有预谋地以地方为中心做一些与中央政府相悖而行的举动。因此，羁縻、抚绥之法的实行，也需要制衡，必须据实情决定该收还是该放。正如土官、土司制度在明代实行以来，的确为中央政府控制地方做出了一定的贡献，但到了清代雍正朝，有些地方土司因偏于一方而形成以土司为中心的地方统治，俨然成为"土皇帝"，并逐步和中央政府作对，故而雍正帝下令"改土归流"。这说明土司制度在有些地方发展到雍正朝时，其历史使命已经完成了，再存在下去，弊大于利。直至民国时期，青海地区仍旧用土司制度下千百户的设置管辖藏区社会，到中华人民共和国成立才逐步废除，但其影响在今天仍旧存在于藏区社会。

另外，明代在对西藏地区施政时，就已认识到藏传佛教的作用与影响，故而采取"多封众建"之举，以致明末清初在西藏藏区出现教派之争，从而有了以和硕特蒙古为首的甘丹颇章政权的出现。但自明末至整个清代，在中央政府的扶持下出现了于藏传佛教中格鲁派独大的局面，甚至到了清末，格鲁派已经出现了如下问题：宣统元年（1909）闰二月壬辰"西宁办事大臣庆恕奏：接准达赖喇嘛文称，从前赏给各呼图克图名号，原为各守清规，清净焚修起见。近察有塔尔寺阿嘉呼图克图，不但不守清规，又背

---

① 顾祖成等编：《清实录藏族史料（九）·恭宗实录》卷六一，拉萨：西藏人民出版社，1982 年，第 4751－4752 页。

国恩，意将黄教泯灭，饮酒、吸烟、打围……"①；宣统三年（1911）发现达赖喇嘛与国外势力有勾结，故而找借口将"阿旺罗布藏吐布丹甲错济寨汪曲却勒朗结，著即革去达赖喇嘛名号"②。这说明，自明末清初以来，到整个清代结束时，因中央政府的扶持，造成格鲁派一家独大的弊端，利弊之间，需要今人用心权衡、思索。

---

① 顾祖成等编：《清实录藏族史料（九）·恭宗实录》卷九，拉萨：西藏人民出版社，1982年，第4699页。

② 顾祖成等编：《清实录藏族史料（九）·恭宗实录》卷三〇，拉萨：西藏人民出版社，1982年，第4723－4725页。

第一章
清初对青藏地区的初步认识

当我们看到唐诗大家杜甫的《兵车行》中"君不见，青海头，古来白骨无人收。新鬼烦冤旧鬼愁，天阴雨湿声啾啾"，李白的《关山月》中"汉下白登道，胡窥青海湾。由来征战地，不见有人还"，柳中庸的《凉州曲》"青海戍头空有月，黄沙碛里本无春"，王昌龄的《从军行七首·其四》"青海长云暗雪山，孤城遥望玉门关。黄沙百战穿金甲，不破楼兰终不还"等诗句，以及清代诗人杨揆的《青海道中》"朝从青海行，暮傍青海宿。平野浩茫茫，隆冬气何肃。……嗟哉征戍士，辛苦离乡曲。试听青海头，烦冤鬼犹哭"时，不由得为青海的蛮荒、古时的肃杀气氛而动容；而当我们听到和看到远古时期昆仑山、西王母以及青海湖的相关传说及记载，以及唐朝时文成公主入藏留下的日月山遗迹、倒淌河的传说以及清代乾隆年间诗人吴镇的《我忆临洮好》"花儿饶比兴，番女亦风流"的诗句时，又会被青海的浪漫民风、美丽景致所打动。

据目前考古发掘证实，早在距今 3 万年前的旧石器时代晚期，就有原始居民生活在青海的土地上。经考古发现，这些原始居民生活的遗迹主要有：1956 年，中国科学院地质研究所在柴达木盆地南缘的格尔木河上游三岔口、长江源头之一的沱沱河沿岸、霍霍西里三地采集到的石器；1980 年夏，青海省文物考古队在共和县曲沟地区的托勒台采集到的石器，在贵南县拉乙亥乡发现的石器、骨器、装饰品；1982 年 7 月，中国科学院盐湖研究所、地质研究所、地球化学研究所与澳大利亚国立大学生物地理地貌系联合考察队，在柴达木盆地小柴旦湖东岸采集到的石器；1984 年 6 月，中国科学院古脊椎动物和古人类研究所在小柴旦湖附近采集到的石器，据碳 14 测定，这些石器距今大约有 3 万年；1993 年，在格尔木东的东昆仑山发现的古人类使用过的烧土及炭屑、装饰品、石器和动物牙齿化石，等等。另外，从目前的考古文化来看，在青海地区主要有以下一些发现：新石器时代的马家窑文化，分布在青海省民和县的阳洼坡、核桃庄、阳山、马厂塬，乐都区的脑庄、柳湾，大通县的上孙家寨，贵南县的尕马台，循化县的苏乎撒，互助县的总寨，西宁市的朱家寨，同德县的宗日，等等。青铜器时代的文化，有分布在贵南县的尕马台，大通县的上孙家寨，乐都区的柳湾，民和县的清水泉，西宁市的沈那等地的齐家文化。此外，还有分布在东至甘青交接地带，西达柴达木盆地边缘，北到祁连山南麓，南至果洛藏族自治州境内的黄河沿岸和玉树藏族自治州境内的通天河地区的卡约文化。分布在大通县上孙家寨，乐都区柳湾，民和县核桃庄的辛家文化，以及分布在柴达木盆地的诺木洪文化。这些地方出土了远古时代古人类用过的丰富的彩陶和其他生活用品。因此，依据考古专家的研究和推断，青海是古人类活动极为频繁的地区之一。

第一节 宋元明以来的青海

一、宋代时的青海状况

吐蕃王朝的统治结束之后，青海河湟地区一度陷入四分五裂的状态。从唐末至北宋建立之初，各自为政、互不统属的河湟吐蕃各部落，经常为耕地、草场、牲畜等纠纷争战不息。直至宋朝建立之际，河湟地区出现了多种割据势力，较有影响的如河州的耸昌厮筠、宗哥的李立遵及邈川一带的温逋奇等，他们各执一方，而此时西夏大有一统河湟之势。面对这种形势，吐蕃各部首领均觉得有必要联合起来共同对付西夏，于是，唃厮啰政权便应运而生。唃厮啰藏语意为"佛子"，据传其乃雅隆觉阿王系后裔。针对唃厮啰这一赞普后裔的特殊身份，最初，河湟各部都想挟之而令其他各部。初被耸昌厮筠控制，后李立遵、温逋奇合抢其至廓州（今青海化隆），尊其为"赞普"。为了拉拢和利用唃厮啰，李立遵甚至不惜把女儿嫁给他以示好。很快，由于借助了唃厮啰的特殊身份这一优势，李立遵势力开始强盛起来，引起了北宋政府的注意。1015年，宋朝派杨承吉等人来宗哥"安抚"，从而建立了北宋与唃厮啰之间的联系。随着势力的强盛，李立遵野心逐渐膨胀，将目光投向秦渭地区，且开始有了其他想法，显得居心叵测。如1016年，他别有用心地指使秦州的唃厮啰等人叛宋，欲借此强迫北宋政府满足他的企图，却被秦州守将曹玮识破。此时李立遵露出本来面目，要求宋朝奉其为赞普但被拒绝，而唃厮啰也终于认清李立遵的真实面目。李立遵不满宋朝，便联合其他部族攻宋，被北宋军击败后其势力受到重创。而长大成人的唃厮啰便离开宗哥，投奔邈川温逋奇并被奉为赞普，但温逋奇与李立遵一样居心叵测，且欲迫害唃厮啰。唃厮啰逃出后，以赞普名义征兵打败温逋奇，并迁居青唐城（今西宁），在妻子乔氏家族及其他河湟大首领的帮助和支持下，以青唐城为中心休养生息，发展壮大自己的势力，

"逐渐组织起了一个以他为核心的松散的地方民族政权"①，即唃厮啰政权，因以青唐城为其统治中心，故又称青唐政权。之后，唃厮啰立即实行种种政策及措施，巩固自己的政权及统治。其内部建立了较为完整的国家机器，并采取因俗而治之法，利用自己的身份以及藏传佛教的影响，与周围部落搞好关系，进一步增强了自己的实力。此时，其内部除了吐蕃族外，还有汉、回鹘、党项等族。一时之间，河湟地区的发展呈现出生机勃勃的景象。而新兴起的唃厮啰政权，也成为北宋与西夏争夺的重要力量。此时，唃厮啰在对外政策上选择与北宋搞好关系，欲得到其支持，故与宋一起抗击西夏。1035 年，唃厮啰政权经过猫（牦）牛城、青唐、安儿、宗哥及带星岭等诸城战役的失败，最后在湟水地区的战役中，一举击败了前来进犯的由西夏主元昊亲自率领的西夏军队，坚守住了自己的阵地，青唐政权以及河湟吐蕃人民由此免遭西夏政权蚕食。此后，唃厮啰声名大增，很多人前来投奔，其势力进一步壮大，最终在西北成为西夏的强敌。1038 年，因元昊称帝惹恼了宋朝，宋朝便封唃厮啰为"保顺军节度使"，开始联合唃厮啰抗击西夏。十一、十二世纪，整个唃厮啰政权存在的百年中，与周围的宋、辽、西夏、回鹘政权之间都有着较为密切的关系。唃厮啰政权传至第三代时，发生内讧，最终致使宋朝的力量进入河湟地区，此政权也就名存实亡了。

二、蒙元时期的青海

1204 年，北方草原上，铁木真所在的部落势力强盛起来，很快统一了北方草原各部落。1206 年，北方草原各部落推举铁木真为"成吉思汗"，强大的蒙古帝国由此诞生。此后成吉思汗带领蒙古军队进行了大规模的征战，在 1227 年攻打西夏的时候，也先后攻下了属于西夏管辖的积石州及西宁州。"到窝阔台汗时代，其次子阔端以凉州为据点，经略吐蕃各地，蒙古统治势力逐渐深入到今青海全境，这为元朝建立后在青海的全面建制施政奠定了基础。"② 蒙哥汗在位时，派军队进军吐蕃地区，于 1253 年在河州设置"吐蕃等处宣慰使司都元帅府"③，管辖吐蕃地区。忽必烈汗时，元朝对整个吐蕃地区开始了全面治理。元朝仿宋金旧制，并推行行省制度，1261 年设甘

---

① 崔永红、张得祖、杜常顺主编：《青海通史》，西宁：青海人民出版社，1999 年，第217 页。
② 崔永红、张得祖、杜常顺主编：《青海通史》，西宁：青海人民出版社，1999 年，第253 页。
③ 吐蕃等处宣慰使司都元帅府，又称朵思麻宣慰司或脱思麻宣慰司，是元朝设于青藏藏区的地方行政机构，受宣政院管辖，也是其下三个"宣慰使司都元帅府"之一。

肃行中书省，青海东部属其管辖，后甘肃行省几经废立，1286 年，贵德州、积石州属河州路所辖，而河州路属陕西等处行中书省管辖。为了便于对西宁的管辖，元代于此年设置"西宁州等处拘榷课程所"；在黄河以南的贵德州（包括今天黄南、海南地区），设有必里万户；青南地区（今果洛、玉树地区）属吐蕃等处宣慰使司都元帅府管辖；青海西北部地区，还设置了曲先答林元帅府。另外，西宁州在元朝建立后还成为章吉驸马的食邑之地，至元二十四年（1287），元朝封章吉为宁濮郡王，镇守西宁州；此后又有西宁王出伯、西宁王速来蛮等人镇守西宁州的记载。通过努力，整个青藏高原上，包括青海河湟地区以及青南地区都和西藏一样，于此时完全纳入元朝中央政府的直接管控之下。

在对吐蕃地区的管理之中，元朝统治者发现了藏传佛教在吐蕃地区的重要性，因此开始笼络和利用藏传佛教活佛高僧，借助他们来管控吐蕃地区民众。如 1239 年，窝阔台写信邀请萨迦·班智达·贡噶坚赞（简称"萨班"）到凉州会晤。1247 年窝阔台之子阔端与萨班会晤于凉州，藏传佛教萨迦派代表地方势力与蒙古王室建立了正式的从属关系。1253 年，忽必烈在行军途中于甘青交界地接见了萨迦派领袖八思巴大师，1260 年封八思巴大师为元朝国师，并在中央设置"总制院"管理吐蕃地区事务，由八思巴总领所有事务。此外，元政府还在青海地区兴建寺院，如 1341 年修建赛康寺，1349 年修建了夏琼寺。据《安多政教史》所载：至正年间，萨迦派还在今化隆地区修"雄先静房"；在尖扎修"古哇静房"，后成为"古哇新寺"等；有名望的藏传佛教僧人常被授予宣慰使、万户等官职，有些千户也由当地上层僧人、俗人（头人等）充当，而且可以世袭。1288 年，元世祖因"以其地广而险远，民犷而好斗，思有以因其俗而柔其人，乃郡县吐蕃之地，设官分职，而领之于帝师，乃立宣政院"[①]。此后，宣政院管辖吐蕃地区事宜，并在整个吐蕃地区包括青海地区实行政教合一的统治，如青海地区的西纳寺便在湟水流域实施政教合一的统治等，充分利用藏传佛教，"因其俗而柔其人"。为了加紧加深对青藏吐蕃地区的控制，1253 年设置了"吐蕃等处宣慰使司都元帅府"，管辖今四川、云南及昌都藏区；设置"乌思藏纳里速古鲁逊宣慰使司都元帅府"，管辖今天西藏的大部分地区。而当时被西藏人称为"脱"或"朵"的青海东部藏族地区，属于吐蕃等处宣慰使司

---

① 《二十五史（9）·元史》卷二〇二《列传第八十九·释老传》，上海：上海古籍出版社、上海书店，1986 年，第 523 – 525 页。

都元帅府下辖的脱思麻路管辖。元朝的驿站也设置到了青海，开通了道路，加强了青海与内地的联系。

三、明朝逐步加强对青海地区的统治

明朝继元朝而建，建立之后开始了统一全国之举。对于青藏地区，先于洪武二年（1369）实行羁縻政策，以招抚青藏藏区僧俗头人为主，并辅之以军事行动；洪武三年（1370）五月，再度遣使招抚"吐蕃诸酋"。在此政策下，洪武三年，故元所设"吐蕃等处宣慰使司"宣慰使何锁南普、镇西武靖王卜纳剌归附，明朝势力得以进入青海东南部藏区。第二年，甘肃行省右丞朵尔只失结、西宁州同知李南哥归附；洪武七年（1374），撒里畏兀尔宁王卜烟帖木儿也归降。通过招抚及武力讨伐等手段，明朝中央政府逐渐将青海各族纳入自己的统辖之下。因青海河湟地区地理位置险要，可以"北拒蒙古，南捍诸番"，故明政府十分重视青海地区，之后立即在此地设制建立其统治。首先，设立并实施卫所制度，于洪武六年（1373）改西宁州为西宁卫，该卫属于实土卫，由朵尔只失结任指挥佥事，李南哥为卫镇抚。该卫下辖六个千户所，中右所治碾伯，另外左所、中左所、中所、前所、后所均治西宁卫。西宁卫除了有正规官兵外，还有土兵和马户。西宁卫还兼司地方行政，其下辖编户四里：巴州、红崖、老鸦、三川，对周围西宁十三族藏族部落行使监督权。除了西宁卫外，还于洪武四年（1371），在今循化县境设积石州千户所；洪武八年（1375），在今贵德河阴镇，改置归德守御千户所；此外还设有一些羁縻卫所：如洪武四年所设必里千户所，永乐元年（1403）升为必里卫；洪武六年所设朵甘卫，于次年升为朵甘行都指挥使司，下辖今玉树、果洛与黄南的部分地区；永乐十一年（1413），在今玉树、治多一带置拢卜卫；宣德九年（1434），还在今玉树通天河流域设置必里术江卫，等等。明代还在青海地区设"西宁塞外四卫"：安定、阿端、曲先、罕东，均由当地头人担任卫官，职位世袭，在其辖区内拥有对各种事务的管辖权力。此外，明代对青海地区的治理，还有土官制度的推行。土官制度，其实就是以"土官来治土民"，土官一方面是当地少数民族头人，另一方面又是明政府正式任命的在青海少数民族地区施政的代言人，如在西宁卫下辖十三族藏族部落中，"其诸豪有力者，或指

挥、千户、百户，各授有差"①。除藏族部落外，西宁卫、所之中都有大量少数民族首领（即土人），形成"土汉参治"局面，即"土官与汉官参治，令之世守"②，后发展为土司制度。据研究者统计，在青海地区，明代设有以李土司为首的十六家土司。③ 土官制度直到清初才演变为土司制度。

明代青海藏族部落被分为"生番""熟番"，"岁时纳茶马者，谓之熟番，其散出关外，易有无于熟番者，谓之生番"④。洪武年间归附者，有十一个藏族部落；万历年间，郑洛经略青海地区时，又降服十四个藏族部落；崇祯十五年（1642），降服西宁近番三十八族。明朝在生番地区多设羁縻卫所，如洪武至永乐年间，对今黄南地区阿哇日部落头人、瓜什则寺院中的实权喇嘛进行封敕，宣德年间设"保安十二族"昂锁，昂锁下设千百户。还重视藏传佛教，对一些藏族部落实行政教合一统治，如弘化部落由弘化寺国师管领，灵藏部落由马营寺禅师管领；⑤ 此外，还改变藏传佛教萨迦派独大的局面，"多封众建"，先后封授"三个法王"（大宝、大乘、大慈），五个王（阐化、赞善、护教、阐教、辅教），十五个灌顶国师及一批"西天佛子""大国师""国师""禅师""都纲"等，建立起一整套较为完善的僧官制度。⑥

元末明初，蒙古势力退出中原地区，后分裂为东西蒙古，互不统属。后来在东蒙古达延汗的打击下，亦卜剌、阿尔秃厮残部于明正德七年（1512）进入青海地区，后因明朝征剿而逃走，正德十年（1515），亦卜剌等人率部返回青海，驻牧于西海（今青海湖）一带。此后，各支蒙古部落开始陆续迁入青海，如在达延汗后人墨尔根济农和俺答汗联合西征青海时，被击溃的卜孩儿部，销声匿迹的整克、大同部落，等等。自嘉靖十一年（1532）起，俺答汗逐步将西海地区纳入自己的统辖之下，并与藏传佛教格鲁派建立了良好的关系。万历五年（1577），格鲁派领袖索南嘉措与俺答汗在青海湖南岸的仰华寺会晤，并建立了俺答汗与藏传佛教格鲁派之间的

① （明）陈子龙等选辑，虞万里、李伟国整理主编：《明经世文编》（第五册）卷四〇四《郑经略奏疏一·收复番族疏》，北京：中华书局，1962年，第4377页。

② 《二十五史（12）·清史稿（下）》卷五一七《土司传六》，上海：上海古籍出版社、上海书店，1986年，第1638－1640页。

③ 崔永红、张得祖、杜长顺主编：《青海通史》，西宁：青海人民出版社，1999年，第266页。

④ （清）梁份著，赵盛世、王子贞、陈希夷校注：《秦边纪略》卷一《西宁卫》，西宁：青海人民出版社，1987年，第50页。

⑤ （清）龚景瀚：《循化志》卷六《寺院》，转引自张羽新等主编：《中国西藏及甘青川滇藏区方志汇编》（第35册），北京：学苑出版社，2003年，第135－152页。

⑥ 王昱、聪喆：《青海简史》，西宁：青海人民出版社，1992年，第133－134页。

"供施关系",俺答汗赠予达赖喇嘛"圣视一切瓦齐尔达喇达赖喇嘛",此即达赖喇嘛活佛名号的由来。自嘉靖三十八年（1559）起，威武慎、把尔户、哆啰土蛮等部又相继迁入青海，与明朝军队爆发了大规模军事冲突。至万历四十四年（1616），四世达赖喇嘛圆寂后，西藏发生藏巴汗禁止达赖喇嘛转世，打击格鲁派之事，与格鲁派结盟的西海蒙古出兵拉萨与藏巴汗军队交锋，最终于天启元年（1621）打败了藏巴汗，维护了藏传佛教格鲁派的势力。但后来因西海部蒙古内讧，其在青海势力有所削弱。后四世班禅罗桑却吉坚赞在却图汗与藏传佛教宁玛派暗中联系，欲消灭藏传佛教格鲁派的危急背景下，立即与处于天山一带的西部厄鲁特蒙古①和硕特部首领顾实汗取得联系，并向其求救。崇祯九年（1636），顾实汗率部众（史称"蒙古五部"）进驻青海，并于第二年擒杀却图汗，占领了以青海湖为中心的广大青海牧区，收服了青海南部各藏族部落。后于崇祯十五年进军西藏，消灭了藏巴汗，先后征服前后藏各领主，解除了藏传佛教格鲁派教法危机。在五世达赖喇嘛的大力支持下，两人携手一起重新建立了蒙藏联盟的甘丹颇章政权。自此开始，在以五世达赖喇嘛为首的藏传佛教格鲁派的支持下，顾实汗成为青藏高原地区广大牧区的统治者，也由此开始了西部厄鲁特蒙古和硕特部在青藏地区长达七十余年的统治。

第二节　清朝初建时与青藏地区的关系

16 世纪末，东北地区女真族中的建州女真逐渐强大起来，后来其首领努尔哈赤从 1583 年开始，经过六年时间的努力和多次征战，终于在 1588 年统一了建州女真各部。从 1591 年开始，在东北地区，努尔哈赤又经过一系列战争，至 1616 年在赫图阿拉称"覆育列国英明汗"，国号"大金"（史称"后金"），努尔哈赤成为后金大汗，年号天命。此时的努尔哈赤已经攻占并控制了大部分女真部落，1619 年，统一女真其他各部。直至 1627 年努尔哈赤去世，他已经为清朝帝国的建立打下了军事、政治上的坚实基础。1636年，努尔哈赤的继任者皇太极改大金为清。1644 年李自成领导的明末农民

---

① 西部蒙古在清代又称厄鲁特蒙古，共有五部，和硕特部为其中一支，顾实汗为其首领，资料记载及文中有时也用厄鲁特代替和硕特。

起义军攻灭了明朝，趁着混乱之际，清军入关，开始了清朝对全国二百多年的统治。入关之后的清政府，面临的首要问题是稳定自己在中原地区以汉人为主体的统治，故而必须励精图治。而清朝入关之初面临的局势也比较危急：对于当时中原地区的汉人来说，清朝统治者毕竟是"外族"，全国范围内都存在以汉人为主体的明朝遗裔势力，他们要"反清复明"，这成为清朝政府的心腹之患；在北方，有蒙古族的势力存在，而且此时蒙古族的势力已进入并逐渐控制了青藏高原，对新建的清朝来说，蒙古族势力涉入青藏高原，且与以五世达赖喇嘛为首的藏族结成联盟建立甘丹颇章政权，成为清政府在全国施政的一种潜在威胁。因此，清朝统治者必须休养生息，一方面恢复在明末农民战争中遭到破坏的经济，另一方面要实行种种利于民生之策来安抚、取得民心，以维护自己新建的统治。

明末清初，蒙古族大举迁入青藏高原，其中厄鲁特蒙古所属和硕特部势力渐强，在和硕特蒙古首领图鲁拜琥，即顾实汗的精心治理下，逐渐控制了青藏高原。17 世纪初，图鲁拜琥先于 1606 年调停了厄鲁特部与喀尔喀部两部蒙古势力之间因矛盾而引发的战争。此事件中，因顾实汗的睿智与英明，最终事情的处理非常得当，从而得到了当事双方藏传佛教格鲁派代表与蒙古诸部均有联系的东科尔活佛代表、喀尔喀各部首领的一致尊敬与信任，大家便赠予图鲁拜琥"大国师"的称号，自此便称为"顾实汗"。明清之交，在西藏地区出现了藏传佛教内部派系间的斗争，其中噶玛噶举派所依附的却图汗与西藏的藏巴汗及四川康巴地区的白利土司三者结盟反对藏传佛教格鲁派势力，格鲁派形势一度告急。1634 年，格鲁派四世班禅额尔德尼与五世达赖喇嘛便请求厄鲁特蒙古顾实汗支援。趁此时机，顾实汗率部众进入青海，并逐步控制了青海，由此走上对青藏高原的统一之路。时在青海地区，顾实汗及其子孙通过征战，至其孙子达尔嘉博硕克图时占领和控制了"今青海、甘肃交界至河曲地区和四川西北部的广大藏区"[1]，逐渐统治了青海大部分地区。面对和硕特部的强势兴起及其在青海地区政治军事势力的逐步强大，西蒙古便也承认了顾实汗对青海藏区社会大部分地区的统治，并对其加以笼络。此时，青海地区除属清政府之西宁卫所辖之河湟地区及附近藏族部落外，青海南部其他主要藏族聚居区的藏族部落均属和硕特蒙古顾实汗管辖范围。

---

[1] （清）阿芒·贡却群派著，贡巴才让译：《汉藏蒙史略》，西宁：青海人民出版社，1988年，第 34 页。

一、清太宗时顾实汗遣使朝京

早在清军入关前，清天聪九年（1635）时已经实际控制青海藏区社会大部分地区的顾实汗，就遣使赴盛京（今辽宁沈阳）向皇太极纳贡通好。崇德二年（1637）八月辛丑，蒙古地区的喀尔喀部落马哈撒嘛谛塞臣汗向清廷朝贡，表文曰："马哈撒嘛谛塞臣汗奉表静候皇上起居万安。闻欲延致达赖喇嘛，甚善。此地喀尔喀七固山厄鲁特四部落亦有同心，乞遣使者过我国，同往请之。我等公同会议，遣使候安，并献方物。"① 因顾实汗在青藏高原的威望与势力及在蒙古地区的良好声誉，喀尔喀部落进贡时，在顾实汗的授意下也带去了青藏地区厄鲁特蒙古对清朝皇帝的问候。同年十月，蒙古地区喀尔喀部落土谢图汗朝贡使者、台吉毕喇式朝贡使者、绰克图卫征贝勒朝贡使者、德古尔格齐贝勒、赛音台吉、毛台吉、卫征贝勒、车臣台吉、赖萨台吉子多尔济、巴特玛戴青等人遣使向皇太极朝贡，并表忠心。此时，控制青藏地区的顾实汗一直在密切关注着东北地区女真势力的发展，并于该年冬十月丙午，"厄鲁特部落顾实车臣绰尔济，遣其头目库鲁克，来贡马匹、白狐皮、獭喜兽、绒毯等物。顾实车臣绰尔济初未入贡，闻上威德远播，至丙子年（崇德元年，1636）乃遣使，因路远，于是岁始终"②。顾实汗在清醒地认识到女真势力强大并建立政权进而入主中原的事实之后，立即继续遣使向清朝进贡通好，欲拉近与新建立的清朝的关系。同时，在青藏高原上，顾实汗介入西藏藏传佛教的派系之争，一方面在四世班禅与五世达赖的邀请下入藏，积极与班禅和达赖合作，支持藏传佛教格鲁派，加紧了厄鲁特蒙古在西藏对支持噶玛噶举派的藏巴汗进军的步伐。1642 年藏巴汗兵败，被顾实汗俘虏，但顾实汗并未因俘获藏巴汗解决了藏传佛教教派之争而停兵，而是继续进军进而控制了后藏地区，最后实际上取代了藏巴汗，成为统治青藏高原地区的新任蒙古汗王。另一方面，在出兵西藏的同时，顾实汗还派使者入盛京向清朝进贡，欲让使者观察和了解清朝对青藏高原事态的态度与看法，如崇德七年（1642）冬十月乙亥，在顾实汗的授意下，"图白忒部落达赖喇嘛遣伊拉古克三胡土克图、戴青绰尔济等至盛京。上亲率诸王、贝勒、大臣出怀远门迎之。还至马馆前，上率众拜天，

---

① 顾祖成等编：《清实录藏族史料（一）·太宗实录》卷三八，拉萨：西藏人民出版社，1982 年，第 1 页。

② 《清实录（二）·太宗文皇帝实录》卷三九，北京：中华书局，1986 年，第 505－506 页。

行三跪九磕头礼毕，进马馆。上御座，伊拉古克三胡土克图等朝见，上起迎。伊拉古克三胡土克图等，以达赖喇嘛书进上，上立受之，遇以优礼。上升御榻坐。设二座于榻右，命两喇嘛坐。其同来徒众行三跪九磕头礼，次与喇嘛同来之厄鲁特部落使臣及其从役行三跪九磕头礼。于是，命古式安布宣读达赖喇嘛及图白忒部落藏巴汗来书。赐茶，喇嘛等诵经一遍方饮。设大宴宴之。伊拉古克三胡土克图及同来喇嘛等各献驼马、番菩提数珠、黑狐皮、羢单、羢褐、花毯、茶叶、狐腋衾、狼皮等物，酌纳之"[1]。就在顾实汗双管齐下之际，清朝统治者也在密切关注青藏高原事态的发展，并且不断向前来朝贡的蒙古达官显贵以及西藏藏传佛教活佛等人表示自己的宽厚与仁慈，还对高僧大德们潜心"宣扬佛教"之举予以赞赏。但同时，从所行礼仪"三跪九磕头礼"等看，有意无意间，清朝已经向顾实汗表现自己中央王朝的身份及在场的威严。此时顾实汗派去盛京的使者也得到皇太极的隆重接待，崇德八年（1643）五月丁酉，"先是，图白忒部落达赖喇嘛，遣伊拉古克三胡土克图及厄鲁特部落戴青绰尔济等至，赐大宴于崇政殿。仍命八旗诸王贝勒各具宴，每五日，一宴之。凡八阅月。至是，遣还，赐伊拉古克三胡土克图喇嘛及偕来喇嘛等银器、缎朝衣等物有差。又赐厄鲁特部落和尼图巴克式、阿巴赖达赖、都喇尔和硕齐下额尔德尼巴图鲁、奇尔三下土尔噶图、阿巴赖山津等朝衣、帽靴等物。上率诸王、贝勒等送至演武场。设大宴饯之。复以鞍马、银器等物赐伊拉古克三胡土克图喇嘛。仍命和硕睿亲王多尔衮、多罗武英郡王阿济格、辅国公硕托、满达海率梅勒章京参政以上各官送至永定桥，复设宴饯之。遣察干格隆、巴喇衮噶尔格隆、喇克巴格隆、诺木齐格隆、诺莫干格隆、萨木谭格隆、衮格垂尔扎尔格隆等同伊拉古克三胡土克图喇嘛前往达赖喇嘛、班禅胡土克图、红帽喇嘛噶尔马、昂邦萨斯下、济东胡土克图、鲁克巴胡土克图、达克龙胡土克图、臧霸汗、顾实汗处，致书各一函"[2]。此时顾实汗已经入藏并最终控制了青藏高原，但此事已被皇太极很清楚地知晓，在皇太极给顾实汗的书信中，并未多提及顾实汗取代藏巴汗之事，只言"朕闻有违道悖法而行者，尔已惩创之矣"，表面上是认可顾实汗入藏的事实，但之后又立即直接表达出因想要弘扬佛法，故需要派人"随处咨访"西藏各地区各派藏传佛教高僧弘法，及时地对西藏地区表现中央政府的在场。于是，就在顾实汗取得

---

① 顾祖成等编：《清实录藏族史料（一）·太宗实录》卷六三，拉萨：西藏人民出版社，1982 年，第 5 页。

② 《清实录（二）·太宗文皇帝实录》卷六四，北京：中华书局，1986 年，第 887 页。

西藏地区的管辖权之后不久，发生皇太极又欲迎请达赖喇嘛入京弘法一事。对此，顾实汗立即附和皇太极迎请达赖喇嘛入京的主张，于崇德八年九月戊申，"厄鲁特部落顾实汗遣使奏言'达赖喇嘛功德甚大，请延至京师，令其讽诵经文，以资福佑'。许之"[1]。顾实汗及时地向皇太极表明了自己对其做法完全支持的态度，同时也表明其完全承认西藏主权属清政府及承认清政府的在场。此后不久，清军便于次年入关，入主中原。

自元明以来，中央政府逐步加强对青海地区藏族及其他少数民族的管辖与治理。元朝政府在青海地区初步实行土官制度，明朝延续之。但这一时期，元明中央政府对青海的统治和管理区域主要局限在青海地区人口密集、农业经济较为发达的河湟流域，而对青南等地过着"逐水草而居"的藏族游牧部落社会暂时无暇顾及或管辖不到。1644 年，清军入关，迁都北京，清朝势力入主中原。顺治、康熙二帝通过各自的努力，渐渐稳定了清朝中央政府对中原地区的统治，并在逐步解决了北方、东南面的边患之后，将目光转向青藏地区，并开始了对青藏地区的进一步了解和认识。

二、顾实汗与顺治朝间的关系

和硕特蒙古顾实汗是一位很有远见卓识且胸怀远大抱负的出色政治家。清朝建立后，顾实汗立即与之通好。至顺治元年，顺治帝继续实施父辈皇太极的想法，欲派伊拉古克三呼图克图[2]迎请达赖喇嘛入京弘法，并将这一消息告知了顾实汗。顺治二年，清英亲王阿济格率军进入西安，释放了明朝末年因在青海地区土司混战中被逮捕拘禁在西安的土司祁廷谏、李天俞等人，并将其官复原职，命其回西宁招抚旧部归属清朝，争得了这几位土司在西宁地区对清朝统治的拥护。另外，明朝降将陕甘总督孟乔芳也于同年率军进占西宁，之后"颁恩诏于陕西等处曰：'……一、西番都指挥、宣慰、招讨等司万户、千户等官，旧例应于洮河西宁等处各茶马司通贸易者，准照旧贸易。原有官职者，许至京朝见授职。一切政治悉因其俗。一、乌斯藏番僧应从陕西入贡者，该布政司察号，果赍有印信番本咨文，准照旧

---

① 顾祖成等编：《清实录藏族史料（一）·世祖实录》卷二，拉萨：西藏人民出版社，1982年，第10页。

② 按资料记载，近代以前均称胡土克图，近代以来称呼图克图，本书正文中统一为"呼图克图"。

例如贡'"①，并立即招抚青海东部河湟地区的原各地方官员，且依明旧制而治，承认土司所享有的种种特权。一时之间，西宁各大土司纷纷归属，很快清朝便控制了河湟东部地区。同时，清朝也加紧了对整个青海地区的控制，如在顺治二年秋七月，派官军巡守西番关隘边境，严格控制茶马贸易，禁止茶叶走私，将茶马贸易掌握在官府手中。面对清朝的种种举动，顾实汗于顺治二年末继续遣使（其子多尔济达赖巴图鲁台吉）向清政府朝贡马匹、氆氇等土特产，并积极促成达赖喇嘛入京弘法一事。顺治三年（1646）三月乙卯，顾实汗继续遣其子贡驼马；八月戊戌，达赖喇嘛、顾实汗派遣班第达喇嘛、达尔汗喇嘛等献金佛、念珠、普鲁绒、甲胄马匹等物；冬十月戊寅，两人又遣使表贡方物；顺治四年（1647）春正月戊辰，清政府派遣通晓蒙古语的满族官员入青，并严格查办走私给蒙古人官茶的巡视茶马御史廖攀龙、西宁道蒋三捷，而顾实汗继续遣使贡驼马。后于顺治五年（1648），多尔衮率军入西北，次年进入甘肃并招降西宁。面对清军的步步进逼，顾实汗仍旧不露声色，该年三月，"汤古忒（唐古特）国达赖喇嘛、厄鲁特部落顾实汗等，遣使表贡方物，宴赍如例"②。在该年四月癸丑发生甘肃回民起事之后，清政府"授陕西庄浪土司祁廷谏、鲁安为指挥使，西宁土司李天俞为指挥同知"③，借机加强了青海地区兵力的排布。尽管如此，该年五月辛丑、冬十月癸丑，顾实汗所属厄鲁特部仍旧遣使贡方物、贡马；顺治六年（1649）三月，顾实汗之子下达赖吴巴什温布塔布囊等来朝贡。八月丁酉，达赖喇嘛遣使上书皇帝，欲于"壬辰年夏月朝见"。冬十月丙辰朔享，"以破回逆及招降西宁城功，赐厄鲁特部落峨木布车臣戴青为土谢图巴图鲁戴青，和罗木席额尔得尼戴青为巴图鲁额尔得尼戴青，墨尔根济农为卓礼克图巴图鲁济农"④。十一月辛巳，达赖喇嘛、顾实汗又遣使朝贡，清朝给予回赐。顺治七年（1650）六月甲辰，乌斯藏阐化王⑤遣使进贡方物；七月辛未，西宁雹灾，但于九月丁丑，厄鲁特部落干布呼图克图

---

① 顾祖成等编：《清实录藏族史料（一）·世祖实录》卷一五，拉萨：西藏人民出版社，1982年，第11页。

② 顾祖成等编：《清实录藏族史料（一）·世祖实录》卷三七，拉萨：西藏人民出版社，1982年，第12页。

③ 《清实录（三）·世祖章皇帝实录》卷三八，北京：中华书局，1986年，第308页。

④ 《清实录（三）·世祖章皇帝实录》卷四六，北京：中华书局，1986年，第370页。

⑤ "阐化王原系图白忒国主，后为图白忒藏巴汗所破，隶之属下。明季藏巴汗又为厄鲁特国顾实汗所破，以阐化王给予达赖喇嘛转给第巴。阐化王遂于达赖喇嘛处授格隆萨喜尔为喇嘛，第巴因有阐化王敕印，遂以边内安岛人为阐化王人。"参见顾祖成等编：《清实录藏族史料（一）·世祖实录》卷一一○，拉萨：西藏人民出版社，1982年，第32页。

仍遣使贡马；十一月丁卯，厄鲁特部罗噶木布呼图克图等，贡驼、马、貂皮等方物。顺治八年（1651）正月乙丑，厄鲁特部落台吉额尔德尼等贡驼马；闰二月丁丑，"定厄鲁特、喀尔喀贡使赏例。厄鲁特贡使，一登，上好蟒缎一……随从五人，各彭缎一……次等者，补缎一……随从三人，各彭缎一……小台吉及塔布囊各官来使"①；三月乙未，达赖喇嘛、顾实汗遣使贡方物。清政府面对顾实汗在西藏地位的逐步确立，于青海地区的政治、军事方面相关政策、策略有所收缩，一方面加紧对青海地区的控制和管辖，另一方面也在试探顾实汗对清政府在青海地区各方面的政策的反应。然而，顾实汗已很清醒地认识到当时的局势，已经决定不与清政府反目，故处处忍让，以求自保。

顺治九年（1652）正月癸酉朔，在班禅呼图克图、第巴、顾实汗等劝导下，五世达赖喇嘛率顾实汗和班禅的代表前往北京；五月乙亥，顾实汗遣使贡驼马；十二月，达赖喇嘛到达京城觐见顺治帝并贡方物，得到顺治帝的热情接见。几天后，顾实汗遣使贡方物，"兼请达赖喇嘛还国"；顺治十年（1653）三月，顾实汗遣使贡马及方物。达赖喇嘛入京三个多月后即四月乙巳，清政府就对达赖喇嘛及顾实汗进行了如下册封：

> 遣礼部尚书罗郎球、理藩院侍郎席达礼等，赍送封达赖喇嘛金册、金印于代噶地方。文用满、汉及图白忒国字。册文曰："朕闻兼善独善，开宗之义不同；世出世间，设教之途亦异。然而明心见性，淑世觉民，其归一也。兹尔罗布藏扎卜素达赖喇嘛，襟怀贞朗，德量渊泓，定慧偕修，色空俱泯，以能宣扬释教，诲导愚蒙，因而化被西方，名驰东土。我皇考太宗文皇帝闻而欣尚，特遣使迎聘。尔早识天心，许以辰年来见。朕荷皇天眷命，抚有天下，果如期应聘而至。仪范可亲，语默有度，臻般若圆通之境，扩慈悲摄受之门。诚觉路梯航，禅林山斗，朕甚嘉焉。兹以金册印封尔为'西天大善自在佛所领天下释教普通瓦赤喇怛喇达赖喇嘛'。应劫现身，兴隆佛化，随机说法，利济群生，不亦休哉。"印文曰："西天大善自在佛所领天下释教普通瓦赤喇怛喇达赖喇嘛之印。"封厄鲁特部落顾实汗为"遵行文义敏慧顾实汗"，赐之金册、金印。文用满、汉、蒙古字。册文曰："帝王经纶大业，务安

---

① 《清实录（三）·世祖章皇帝实录》卷五四，北京：中华书局，1986 年，第 434 页。

劝庶邦，使德教加于四海。庶邦君长能度势审时，归诚向化，朝
廷必加旌异，以示怀柔。尔厄鲁特部落顾实汗，尊德乐善，秉义
行仁，惠泽克敷，被于一境，殚乃精诚，倾心恭顺，朕甚嘉焉。
兹以金册印封为'遵行文义敏慧顾实汗'。尔尚益矢忠诚，广宣声
教，作朕屏辅，辑乃封圻。如此，则带砺山河，永膺嘉祉。钦
哉。"印文曰："遵行文义敏慧顾实汗。"印其册。印即付伴送达赖
喇嘛之侍卫喇嘛、内大臣囊努克、修世岱等赍往。[1]

　　这次册封之后，达赖喇嘛正式成为蒙藏地区的宗教领袖，而历代达赖
喇嘛转世灵童受朝廷册封也因此成为定例。同时，清政府封顾实汗为"遵
行文义敏慧顾实汗"，实际上，自1635年顾实汗就已遣使往大金盛京纳贡
通好，并于1643年联合五世达赖喇嘛消灭了西藏地区藏巴汗的势力，控制
了青藏高原后，又多次向入关后的清朝纳贡通好，直至1653年，其间又经
历了清政府对青海地区政策的收缩、加紧对青海地区的控制等，但他不为
所动，一直表现出对清政府的臣服及恭顺，并及时承认清政府对西藏的主
权及清政府在西藏的在场。终于到此时清政府正式承认了顾实汗对青藏高
原的控制权，并通过册封使其成为在青藏高原维护清朝统治的代理人，这
也实现了顾实汗多年苦心经营与清朝关系、与中央王朝通好以自求在青藏
高原驻足之夙愿。清朝建立之初，全国尚未完全统一，此时的清政府暂时
还无法将大部分精力投入西北的青藏地区，因顾实汗的主动归附，清朝政
府立即对其进行封赐，暂时有利于青藏高原的稳定。

　　顺治十年五月辛未，顾实汗遣使贡驼马。闰六月甲子朔，"西纳国师班
著尔盆错，奉贡请袭，赐名通慧净觉国师，给之敕印"[2]。九月戊亥，给
"命灌顶净觉弘济大国师公葛丹净、灌顶广济弘善国师杂习桓卓尔等，俱仍
旧号，改给敕印图书。仍颁谕西宁等处官吏军民人等，毋得侵扰"[3]。顺治
十一年（1654）九月丁未，清政府遣使赐给达赖喇嘛、顾实汗、班禅呼图
克图嵌绿松石珊瑚金茶筒及玉瓶、缎匹等物；九月，达赖喇嘛、顾实汗遣
使贡方物。顺治十二年（1655）十二月，清政府令"达赖喇嘛请给其使照

　　① 顾祖成等编：《清实录藏族史料（一）·世祖实录》卷七四，拉萨：西藏人民出版社，
1982年，第25－27页。
　　②《清实录（三）·世祖章皇帝实录》卷七六，北京：中华书局，1986年，第602页。
　　③ 顾祖成等编：《清实录藏族史料（一）·世祖实录》卷七八，拉萨：西藏人民出版社，
1982年，第27页。

验印信，自西宁至京师，支给驿马供应。下所司议"①。

顺治十三年（1656）清政府得到顾实汗去世的消息之后，于正月癸未，"谕理藩院：闻厄鲁特顾实汗病故，念其归顺我国，克尽忠诚，常来贡献，深为可嘉，宜予祭典，以酬其忠。应行事例，尔院会同礼部察议具奏"②。就在顾实汗去世后不久，正月乙丑，厄鲁特部落巴图鲁台吉贡方物。二月丁巳，厄鲁特部落达赖吴巴什台吉、讷穆齐台吉贡方物。皇帝赐宴款待厄鲁特使者，并于三月丙午"遣精奇尼阿番阿喇纳等，往祭厄鲁特部落顾实汗，仍赐赙"③。之后，八月丁丑，厄鲁特部落顾实汗属下色棱诺颜贡方物，赐宴与前同。

顾实汗去世后，青藏高原的形势一度发生变化。和硕特蒙古发生内讧，而西藏格鲁派上层也开始出现排斥和硕特蒙古的意向。同时清朝对全国的统一，势必要触动和硕特蒙古在青藏高原的利益，这便导致一系列事件的发生。如顺治十三年八月壬辰，"谕厄鲁特部落巴图鲁台吉、土谢图巴图鲁戴青等曰：分疆别界，各有定制，是以上不陵下，下不侵上，古帝王统御之常经也。朕怀抚恤远人之意，正欲共跻斯世于隆平。乃数年来，尔等频犯内地，劫夺牛马，拒敌官兵，率领番彝，威胁抢掠。该地方督抚巡按奏报二十余次，经部臣屡行遣官晓谕，尔终不悛。朕体天生好生之心，宥兹小过，尔反违订制，昏迷不恭。今特遣兵部右侍郎石图、理藩院启心郎萧格，前往甘州、西宁等处审问，聚集公所，或尔等亲至其地，或遣所属官员与地方对质。如蒙古劫夺是实，即当按数赔偿；如系地方官诬诳，罪有所归，非尔等之咎；倘番夷在故明时原属蒙古纳贡者，即归蒙古管辖；如为故明所属者，理应隶入中国为民，与蒙古又何与焉；其汉人、蒙古所定居此址与贸易隘口，详加察核；照旧分定耕牧，毋得越境混扰；则有以副朕抚绥之心，而尔等亦享无疆之休矣"④。因顾实汗去世，蒙藏间有些矛盾开始显现，清政府对和硕特蒙古以前"犯内地、劫牛马"，对其所属民"取贡"一事，依明制做了相关区分，但总体来看，只是进行试探。对此，不久之后，顺治十四年（1657）三月丙子、四月戊寅、五月壬子，厄鲁特部落敖齐尔图台吉子伊拉古克三班第达呼图克图等，绰马图台吉等厄鲁特部

① 顾祖成等编：《清实录藏族史料（一）·世祖实录》卷九六，拉萨：西藏人民出版社，1982年，第29页。
② 顾祖成等编：《清实录藏族史料（一）·世祖实录》卷九七，拉萨：西藏人民出版社，1982年，第29页。
③《清实录（三）·世祖章皇帝实录》卷九九，北京：中华书局，1986年，第769页。
④《清实录（三）·世祖章皇帝实录》卷一〇三，北京：中华书局，1986年，第800页。

落台吉贡方物。其中五月厄鲁特台吉之行还提到"并以西宁以东无驿站食物，使臣往来艰难为请"。六月甲午，清朝还接受了阐化王进贡时的请求，欲详细了解其事。七月丙寅，厄鲁特部落达赖喇嘛乌把什台吉使臣额尔克等来贡。顺治十五年（1658），三月壬子，厄鲁特部落车臣台吉下车臣俄木布等贡马。四月甲申，厄鲁特部落鄂齐尔图台吉下浑图尔额尔克台吉等贡马。十二月乙丑，清政府着手处理前述顺治十三年发生的和硕特蒙古"向番人取贡"之事，"敕谕厄鲁特车臣台吉等曰：帝王抚有四海，画土分疆，谨防关隘，所以严中外、安远人也。朕素以怀柔之心，欲与尔等共享升平，凡属小过，绝不苛求。乃迩年以来，该督抚按屡奏尔等侵犯内地，攘夺牛马，抗拒官军，迫胁番人。故特遣兵部右侍郎石图、理藩院启心郎萧格等，勘明其事。据奏云：尔等入边，因向番人取贡，并无他故。然擅行内地，辄肆攘夺，尔等之咎，在所难辞。朕兹以宽大，贷尔前愆，所夺之物，仍令赔补外。但朕抚绥中外，本无异视，而疆圉出入，自有大防，不容逾犯。今后边内番人，原系纳贡于尔者，仍听尔属。尔等向属番取贡，当酌定人数，路由正口，先委头目，禀明守口各官，方行入边取贡。毋得不委头目，不由正口，零星阑入，至贸易处所，原有酌定市口，著从西宁地方镇海堡、北川二口、洪水一口出入，不得任意往来，取道他处。尔其恪遵约束，慎守疆圉，副朕怀柔至意。如或不悛，仍前妄行阑入，是尔等有负宽恩，自取罪戾。国宪具在，朕不能私。尔其慎之"[1]。即该年清政府最后对此事之处理为和硕特蒙古仍可"向番人取贡"，但必有定额，且取贡路线需禀明清朝守边官员。此规定的实行，明着看，是在支持蒙古继续向其所属藏族部落取贡，但从侧面来看，一定程度上支持了藏族各部落，因为对于"取贡"，清政府依明制来区分属民。这也算是清朝政府实行"扶番抑蒙"政策之始。同时，我们还应该注意到，此时蒙藏之间已有矛盾出现。

顺治十六年（1659）闰三月丙子，厄鲁特部落阿布赖诺颜、达赖吴巴什诺颜等，遣使贡方物。顺治十七年（1660）四月壬子，厄鲁特部落鄂齐里汗，遣使贡方物。青海厄鲁特蒙古在顾实汗去世之后，仍旧延续顾实汗时期遣使朝贡的方式，保持着与清朝之间的联系。

总之，清初清太宗、清世祖时期，对青藏高原的政策以"划分疆土，多沿用明制"[2]为主，两位皇帝也清楚地认识到厄鲁特蒙古顾实汗在青藏高

---

① 《清实录（三）·世祖章皇帝实录》卷一二二，北京：中华书局，1986 年，第 944 页。

② 《二十五史（11）·清史稿（上）》卷五四《地理一》，上海：上海古籍出版社、上海书店，1986 年，第 277 页。

原的统治已经很深入民心，青藏各藏族部落"惟知有蒙古，不知有厅卫营伍官员"①。从以上青藏历史的发展来看，此时，青海地区西宁卫所辖附近之地已属清政府。之后，清设理藩院管理青藏藏族事务。时青海地区的湟水流域中下游地区归西宁卫管辖，黄河以南的地区包括部分青海藏族部落属归德千户所管辖，两者均隶属于陕西行都司和陕西布政司。而青海其他藏族部落之地，属厄鲁特蒙古辖区。因此，从清政府的角度而言，面对顾实汗在青藏地区的势力，尤其顾实汗一直向清政府表示臣服，常进贡，故暂时只能静观其变，偶尔对政策进行小范围收缩。但很明确的是，以顾实汗与五世达赖喇嘛为首的甘丹颇章政权，是清政府在青藏地区进一步施政的一个障碍。

同时，顾实汗去世后，和硕特蒙古发生内讧，随着蒙古族在青海向黄河南北各地的扩散，和硕特蒙古内部发生了领地之争，藏文资料载五世达赖出面调停此事，终划界为左右两翼，左右翼分界线大致从西宁边外起，经东科尔，沿博罗充克克河（湟水上游）、青海湖北、布哈河到布隆吉尔河，以东以北为左翼，以西以南为右翼。此事表明，顾实汗之后，和硕特内讧已起，而清政府对此非常关注，故在处理前面之"向番族取贡"一事时，依照明制而行，将其属民进行区分。这样除了西宁卫所辖地区的青海藏族部落外，其余的藏族部落大都纳入和硕特蒙古统治之下的左翼，和硕特蒙古要向青海藏族部落征收添巴、手信等贡赋和名目众多的差役。按照地理位置划分，具体是西宁府所辖的有今天的宗喀、华锐、卓仓、隆务藏族，而当时的玉树藏族、环湖"野番"则属蒙古族管辖，果洛藏族属四川松潘管辖。在清代相关的资料中，称甘、青、川、康的藏族为"番""番子"，并称青海藏族部落为"西番"，还据所缴纳的贡赋状况即对青海藏族部落各部的管辖情况，将青海藏族部落分为"熟番""生番""野番"三种，即编辑了户口，纳粮者为"熟番"，贡马者为"生番"，既没编辑户口，也不贡马者，为"野番"。因左右翼以黄河为界游牧的规定，在整个清代，黄河南北藏族部落（有些以前同为一个部落）被分割开来，要求在南北自由游牧的斗争一直持续到清末。

_____

① 顾祖成等主编：《清实录藏族史料（一）·世宗实录》卷二〇，北京：中华书局，1982年，第 295 - 299 页。

第三节　清初对青藏地区的初步治理[①]

明末，在李自成农民起义军对中原地区的打击下，明王朝的统治逐步土崩瓦解，此时在东北兴起以建州女真为主的大金政权，在西部则兴起了厄鲁特部为主的漠西蒙古。这种大背景下，大金政权与漠西蒙古分别在其首领努尔哈赤、顾实汗的领导下势力迅速壮大，此时大金政权的目标直指中原，而漠西蒙古则将自己的目光瞄向青藏高原。在此过程中，入关前的大金政权、入关后的清朝与漠西蒙古两强之间的关系值得关注。

一、顾实汗势力进入西藏

顾实汗是明末清初厄鲁特蒙古和硕特部的首领。顾实汗本名图鲁拜琥，他是成吉思汗的弟弟哈布图哈萨尔的十九世孙，哈尼诺颜洪果尔第四子，其祖父、父亲都是厄鲁特蒙古的汗王。据记载，少年时的顾实汗曾率兵击败果噶尔部，并巧妙调停了喀尔喀蒙古与厄鲁特蒙古之间的战乱，表现出杰出的政治才能，引起了西藏宗教势力的关注。当时属于藏传佛教格鲁派的东科尔呼图克图三世甲哇嘉措和喀尔喀部领袖，因青年顾实汗调停争端有功而赠予其"大国师"的称号，此后顾实汗皈依了藏传佛教格鲁派。

（一）顾实汗在西藏教派之争中控制青藏地区

万历三十九年（1611），藏历第十饶迥铁猪年，第二代第悉藏巴继位，并于1612—1613年进兵前藏，藏史称之为"鸡牛年战乱"[②]，之后，第悉藏巴基本统治了前藏与后藏。此后，据《西藏通史》记载，因四世达赖喇嘛不满第悉藏巴之子所为，而对其做了威猛诅咒法事，致使第悉藏巴下令禁止寻找四世达赖喇嘛之灵童。正好又遇到因兴建寺院引起的噶玛噶举派和格鲁派之间的矛盾，借此机会，第悉藏巴公报私仇，趁机打击格鲁派。

---

① 该部分以《顾实汗及其与清朝政权的关系研究》为题，发表在《西南民族大学学报》2017年第9期。

② 1612年为藏历水鸡年，1613年为藏历水牛年，故称之。

"（第三代）第悉藏巴与噶玛噶举结为富田与施主关系"①，并形成了以第悉藏巴为首的反对格鲁派的同盟，决定灭掉格鲁派。于是，万历四十六年（1618），格鲁派出现了教法危难。紧急关头下，四世班禅罗桑曲吉决定派请厄鲁特蒙古和硕特部顾实汗出兵解围。得到请求的顾实汗没有贸然出兵，而是先化装亲自去西藏考察具体情况。崇祯九年，顾实汗在拉萨与五世达赖喇嘛、四世班禅额尔德尼秘密会面，自此顾实汗与格鲁派结成了"非同一般的富田与施主的信誓关系"②。到崇祯十年（1637），即藏历火牛年一月，顾实汗最终率兵进入青海，与青海的喀尔喀蒙古却图汗之间发生了"血山之战"③，在一年之内，打败了青海的却图汗以及四川的白利土司。最终厄鲁特蒙古控制了青海以及四川藏区，顾实汗在青海建立了和硕特部的根据地。④ 之后，为了便于管理与控制，且为了巩固青海这个后方根据地，顾实汗把青海辖境分为左、右两翼，自西宁西边的东科尔寺（今青海省湟源县内）起，沿今湟水上游、青海湖、布哈河、布隆吉尔河迄额济纳河为界的东部和北部为左翼，西部和南部为右翼。左翼包括今海北、柴达木盆地西北部、甘肃西部及额济纳河流域，右翼包括今黄河南部，海南、玉树、果洛及柴达木盆地东南部，分别由他的 10 个儿子率部驻牧，成为和硕特的根据地，并规定青海当地和四川西部的赋税，全部归青海和硕特部支用。

（二）甘丹颇章政权控制青藏高原

顾实汗护教（格鲁派）有功，得到西藏各教派（除苯教）全体僧人的感激。自此，顾实汗以格鲁派护法者的身份控制了青海及四川藏区。之后，便逐步走上统一青藏高原之路。崇祯十四年（1641），顾实汗率兵突然入藏。据《西藏通史》载，顾实汗率领的蒙古军队突然抵达拉萨近处，此事

---

① 恰白·次旦平措、诺章·吴坚、平措次仁等著，陈庆英、格桑益西、何宗英等译：《西藏通史：松石宝串》，拉萨：西藏社会科学院、中国西藏杂志社、西藏古籍出版社，2008 年，第598 页。

② 恰白·次旦平措、诺章·吴坚、平措次仁等著，陈庆英、格桑益西、何宗英等译：《西藏通史：松石宝串》，拉萨：西藏社会科学院、中国西藏杂志社、西藏古籍出版社，2008 年，第599 页。

③ 此战发生在青海湖北部大小乌山和硕山之间，因战争惨烈，流血染红山头而得名。见马大正、成崇德：《卫拉特蒙古史纲》，乌鲁木齐：新疆人民出版社，2006 年，第 161 页。

④ 顾祖成编著：《明清治藏史要》，拉萨：西藏人民出版社；济南：齐鲁书社，1999 年，第85 页。

令五世达赖喇嘛始料未及。[①] 但因当时的西藏存在前藏、后藏之分，而甘丹颇章[②]首脑体现出亲后藏之四世班禅的倾向。故而，达赖喇嘛在司库索南群培等人的积极支持下，从前、后藏征兵，帮助顾实汗攻下后藏，从而推翻了统治西藏地方约 24 年（1618—1642）的亲噶玛噶举派的第悉藏巴的统治，也就此解除了自 1618 年以来的格鲁派教法危难。蒙古军队占领了后藏之后，于崇祯十五年，即藏历水马年二月，顾实汗将从第悉藏巴手中缴获的藏地文物以及前、后藏大权，"一并赠给了五世达赖喇嘛"[③]，还令"自己的族系人等，尽皆交与第五世达赖喇嘛，作为佛法属民"[④]。并于此年正式建立了甘丹颇章政权[⑤]，但西藏的政局仍旧很不稳定，统治西藏宗教势力近 300 年的噶玛噶举派不甘就此失败，很快出现了红帽、黑帽噶玛噶举派等一些叛乱。最终，在格鲁派势力与和硕特蒙古军事力量联盟的共同努力下，西藏以及青海南部、四川西部藏区实现了统一，甘丹颇章政权也因此统治了青藏高原藏区。顾实汗以格鲁派施主的保护者身份，成为掌控整个藏族地区的最高统治者——汗王，与格鲁派领袖联合统治青藏藏区。

二、顾实汗与皇太极、顺治朝的关系

明末，东北的建州女真于 16 世纪末兴起。从 1591 年始，在其首领努尔哈赤的领导下东征西战。1616 年努尔哈赤在赫图阿拉称"覆育列国英明

---

① 恰白·次旦平措、诺章·吴坚、平措次仁等著，陈庆英、格桑益西、何宗英等译：《西藏通史：松石宝串》，拉萨：西藏社会科学院、中国西藏杂志社、西藏古籍出版社，2008 年，第603 页。

② 甘丹颇章原指达赖喇嘛在哲蚌寺的寝宫，五世达赖喇嘛回拉萨后一直住于此，并于 1642 年，即藏历第十一饶迥水马年执掌了西藏的政教大权。此后，甘丹颇章也就成了西藏地方政府的代名词，学术界也称之为"甘丹颇章政权"。

③ 恰白·次旦平措、诺章·吴坚、平措次仁等著，陈庆英、格桑益西、何宗英等译：《西藏通史：松石宝串》，拉萨：西藏社会科学院、中国西藏杂志社、西藏古籍出版社，2008 年，第604 页。

④ 恰白·次旦平措、诺章·吴坚、平措次仁等著，陈庆英、格桑益西、何宗英等译：《西藏通史：松石宝串》，拉萨：西藏社会科学院、中国西藏杂志社、西藏古籍出版社，2008 年，第604 页。

⑤ 藏巴汗统治被推翻后，格鲁派在顾实汗的支持下，取得了西藏佛教的统治地位。顾实汗尊奉五世达赖为宗教领袖，下令以西藏地方赋税"供养"格鲁教派，并将西藏地方的行政事务委付五世达赖的第巴索南群培管理。第巴是达赖喇嘛的亲信，具有辅佐达赖处理日常政教事务的性质；第巴由和硕特汗王任命，汗王下达的行政命令，第巴不过副署而已，第巴必须听命于汗王，作为汗王指令的具体执行者。因而，这种取代藏巴政权的由和硕特汗王与达赖喇嘛共同领导的管理西藏事务的第巴政权（"第巴雄"），具有蒙古统治集团联合掌权的性质。见顾祖成编著：《明清治藏史要》，拉萨：西藏人民出版社；济南：齐鲁书社，1999 年，第 86 页。

汗"，国号"大金"。直面大金政权的兴起与强大，漠西蒙古首领顾实汗也在悄然发展，壮大自己势力，并很早就向其表示了友好的态度。

（一）顾实汗向皇太极通好

在顾实汗参与了西藏的教派之争，控制了青海、四川藏区，准备进一步将厄鲁特蒙古的势力深入到西藏之际，他清楚地观察到东北地区大金势力的日渐强盛，也清醒地认识到其日后的发展势头。于是，顾实汗决定遣使去盛京向皇太极纳贡通好。先于崇德元年（1636），趁着喀尔喀蒙古①遣使去盛京之际，带去对皇太极的问候。喀尔喀蒙古使者于崇德二年（1637）八月辛丑到达盛京，并表达以下意思，即皇太极欲招达赖喇嘛入清弘法，喀尔喀与厄鲁特均赞同此事，故遣使进贡方物。使者受到皇太极的隆重接待，并将厄鲁特蒙古的问候带给了皇太极。在顾实汗得知大金皇帝对喀尔喀蒙古的态度后，于该年冬十月丙午："厄鲁特部落顾实车臣绰尔济，遣其头目库鲁克，来贡马匹、白狐皮、獭喜兽、绒毯等物。"②此时，顾实汗已经在密谋向西藏进军，准备将厄鲁特蒙古势力进一步深入西藏，而皇太极也在密切关注西藏形势，也很清楚顾实汗将会有所行动，故于崇德四年（1639）十月庚寅，遣察汉喇嘛等致书于图白忒汗。书曰："大清国宽温仁圣皇帝致书于图白忒汗：自古释氏所制经典宜于流布，朕不欲其泯绝不传。故特遣使延致高僧，宣扬教法。尔乃图白忒之王，振兴三宝，是所乐闻。倘即敦遣而来，朕心嘉悦！至所以延请之意，俱令所遣额尔德尼达尔汗格隆、察汉格隆、玉噶扎礼格隆、盆绰克额木齐、巴喇衮噶尔格隆、喇克巴格隆、伊思谈巴达尔扎、准雷俄木布、根敦班第等使臣口述。"又与喇嘛书曰："大清国宽温仁圣皇帝致书于掌佛法大喇嘛。朕不忍古来经典泯绝不传，故特遣使延致高僧，宣扬佛教，利益众生，唯尔意所愿耳。其所以延请之意，俱令使臣口述。"③

皇太极很清楚地认识到藏传佛教宗教势力对西藏的重要性，故而欲请藏传佛教高僧去盛京讲经弘法，以图实现对西藏宗教势力的招抚和利用。此资料中所提及的图白忒汗当为第三代第悉藏巴丹迥旺布，所请高僧应该

---

① 喀尔喀蒙古之记载初现于明代，因其居住在喀尔喀及附近而得名，是清代漠北蒙古诸部的名称，清末逐渐成为外蒙古。

② 《清实录（二）·太宗文皇帝实录》卷三九，北京：中华书局，1986年，第506页。

③ 顾祖成等编：《清实录藏族史料（一）·太宗实录》卷四九，拉萨：西藏人民出版社，1982年，第2-3页。

是当时处于统治地位的噶玛噶举派高僧。但此时顾实汗已经决定出兵西藏。面对皇太极的要求与警觉，崇德七年冬十月乙亥，在顾实汗已经掌控了整个青藏高原藏区，建立了甘丹颇章政权，而西藏还不稳定的情况下，经顾实汗之授意，"图白忒部落达赖喇嘛遣伊拉古克三胡土克图、戴青绰尔济等至盛京"[①]。在皇太极热情接待来访的图白忒部落使者时，已确知顾实汗在西藏之所举，崇德八年五月丁酉，在送别西藏使者时，"遣察干格隆、巴喇衮噶尔格隆、喇克巴格隆、诺木齐格隆、诺莫干格隆、萨木谭格隆、衮格垂尔扎尔格隆等同伊拉古克三胡土克图喇嘛前往达赖喇嘛、班禅胡土克图、红帽喇嘛噶尔马、昂邦萨斯下、济东胡土克图、鲁克巴胡土克图、达克龙胡土克图、臧霸汗、顾实汗处，致书各一函"[②]。之后，皇太极再次提出欲请五世达赖喇嘛入京弘法，顾实汗立即回信，对达赖喇嘛入京一事表示积极支持。该年十一月，喀尔喀土谢图汗、图白忒甸齐喇嘛贡物并受赏赐。不久，于明崇祯十七年（1644），清顺治元年，清军入关，占领北京。

（二）顾实汗与顺治帝之间的交往

顺治元年（1644）正月乙亥，"遣使偕喇嘛伊拉古克三胡土克图，往迎达赖喇嘛，仍以书谕厄鲁特部落顾实汗知之"[③]。入关之后，顺治帝立即着手青藏事务，决定招达赖喇嘛入京弘法，同时将此事告知顾实汗，也想观察他的态度，并于顺治二年（1645）四月下令与西藏茶马贸易照旧，一切政治悉因其俗。十二月，顾实汗遣其子多尔济达赖巴图鲁台吉入京贡方物，同时表达支持达赖喇嘛因诏入京。从顺治三年八月始至顺治五年五月期间，顾实汗与达赖喇嘛、达赖喇嘛与班禅呼图克图遣使贡方物共6次。顺治帝再次催促达赖喇嘛入京，于顺治六年八月，"达赖喇嘛遣使奉表，言于壬辰年夏月朝见，并贡方物"[④]。其间，顾实汗、达赖喇嘛又分8次遣使入京贡方物等，清朝还于顺治八年三月、四月两次往招达赖喇嘛，督促其入京弘法。顺治九年正月癸酉，在班禅呼图克图、第巴、厄鲁特部落顾实汗等的劝导

---

① 顾祖成等编：《清实录藏族史料（一）·太宗实录》卷六三，拉萨：西藏人民出版社，1982年，第5页。

② 顾祖成等编：《清实录藏族史料（一）·太宗实录》卷六四，拉萨：西藏人民出版社，1982年，第6－9页。

③ 顾祖成等编：《清实录藏族史料（一）·世祖实录》卷三，拉萨：西藏人民出版社，1982年，第10页。

④ 顾祖成等编：《清实录藏族史料（一）·世祖实录》卷四五，拉萨：西藏人民出版社，1982年，第14页。

下，"汤古忒部落达赖喇嘛，表奏来朝起行日期"①。十二月癸丑，达赖喇嘛入京谒上于南苑。但于九天后，"厄鲁特部落顾实汗表贡方物，兼请达赖喇嘛还国"②。达赖喇嘛一行赴京，受到顺治帝的格外优待。至顺治十年正月戊子：

> 达赖喇嘛奏言：此地水土不宜，身既病，从人亦病，请告归。上命议政王贝勒大臣会议具奏。寻议，喇嘛原系特召当询其情事，其言宜于我则从，不宜于我则已。倘不一加询问，使喇嘛含愠而去，则外国喀尔喀、厄鲁特必叛。一议，不宜询问喇嘛，若询之而不用其言，喇嘛当益含愠而去。我朝荷天之佑，征服各处，以成大业，当年并无喇嘛也。喇嘛既系特召，当赐以金银缎币，酌封名号，给之册印，不加询问为便。奏入，上曰：不必询问事情，止令部臣往谕喇嘛，所云水土不宜良是。但我等始至，亦尝以水土不宜而病，后乃相宜。今喇嘛既来，且留此。从容往代噶。待草青时，更召外藩王、贝勒等，与喇嘛相会。③

顺治十年二月乙卯，清朝派八旗官兵送达赖喇嘛一行到内蒙古代噶地方（今内蒙古自治区凉城县），并于四月赐达赖喇嘛与顾实汗金册、金印，封五世达赖喇嘛为"西天大善自在佛所领天下释教普通瓦赤喇坦达赖喇嘛"，封顾实汗为"遵行文义敏慧顾实汗"。以上封赐表明，清朝中央政府正式确认了达赖喇嘛在蒙藏地区的宗教领袖地位，也就此确认了厄鲁特和硕特蒙古在青藏高原建立的甘丹颇章政权的合法性，顾实汗作为清朝中央政府在青藏高原藏区的代言人，与达赖喇嘛一起从政教两方面管理此地区。之后，顺治十一年至十二年，顾实汗、达赖喇嘛及班禅呼图克图均多次遣使入京贡方物谢恩。顺治十三年正月癸未，时年74岁的顾实汗病逝在拉萨，清政府赞赏了多年以来顾实汗归顺清朝的功绩，并遣官员去祭典，充分肯定了顾实汗毕生对清朝忠顺之事实。此后至顺治十八年（1661），再到康熙元年（1662），青藏高原藏区的厄鲁特蒙古及达赖喇嘛，一直多次对清政府

---

① 顾祖成等编：《清实录藏族史料（一）·世祖实录》卷六二，拉萨：西藏人民出版社，1982年，第17页。
② 顾祖成等编：《清实录藏族史料（一）·世祖实录》卷七〇，拉萨：西藏人民出版社，1982年，第23页。
③ 顾祖成等编：《清实录藏族史料（一）·世祖实录》卷七一，拉萨：西藏人民出版社，1982年，第23-24页。

朝贡方物，保持着较为友好的关系。

三、顾实汗与清朝政府关系论略

清军入关前，厄鲁特蒙古和硕特部的势力就已进入青藏高原地区。当时，和硕特部趁着西藏出现藏传佛教教派（噶玛噶举派与格鲁派）之争的机会，在首领顾实汗的领导下，先控制了青海除河湟地区之外的藏族部落，并逐渐将其势力深入西藏。最终，经过顾实汗励精图治，和硕特蒙古控制了青藏高原，这与顾实汗卓越的政治才干密不可分。清军入关统一全国后，和硕特蒙古及西藏在顾实汗与五世达赖喇嘛、四世班禅呼图克图的领导下与清朝一直保持着友好的关系。

首先，顾实汗能够控制除了自明代以来设置的西宁卫所辖之其他青海藏区，进而控制西藏，与1618年发生的藏传佛教格鲁派与噶玛噶举派之争，及其得到格鲁派的支持是分不开的。第一，顾实汗在少年时期就曾带兵击败果噶尔部，并能调停漠西、漠北蒙古之间的矛盾而使两部蒙古免于战乱，从而发展壮大自己的势力及影响力，他原本就是一位胸怀大志的政治家、杰出的军事领袖。时值明末，明朝统治者在李自成农民起义军的打击下，处于风雨飘摇之际，此时盘踞于漠西的顾实汗需要一个舞台来展示自己的政治才能。第二，西藏藏传佛教的教派之争刚好给了顾实汗一个机会，能与藏传佛教格鲁派结成"非同一般的富田与施主的信誓关系"，说明顾实汗对西藏形势有着准确的把控，清醒地认识到宗教势力在西藏地区的重要作用，即欲将自己的势力深入到青藏高原，必须借助和依靠宗教的力量。因此，皇太极在成为格鲁派的施主之后，顾实汗立即加强与格鲁派领袖五世达赖喇嘛及四世班禅呼图克图之间的联系，得到了他们的积极支持，这也是顾实汗最终能在西藏成为甘丹颇章政权的政治、军事领袖的关键原因。此后，顾实汗一直借助格鲁派的力量，并与格鲁派一起在青藏藏区实行政教合一的统治。可以说，对西藏宗教力量的重视及巧妙利用，是顾实汗成功的第一步。在顾实汗于1642年出兵西藏推翻第悉藏巴的统治之后，"固始汗将第五世达赖喇嘛从拉萨请至日喀桑珠孜，把西藏地区的全部政教大权以及自己的族系人等，尽皆交与第五世达赖喇嘛，作为佛法属民"[1]。以

---

[1] 恰白·次旦平措、诺章·吴坚、平措次仁等著，陈庆英、格桑益西、何宗英等译：《西藏通史·松石宝串》，拉萨：西藏社会科学院、中国西藏杂志社、西藏古籍出版社，2008年，第604页。

五世达赖喇嘛、四世班禅呼图克图为宗教力量，及以顾实汗为政治军事力量的甘丹颇章政权建立之后，清顺治二年，顾实汗赠予自己的老师四世班禅罗桑曲吉"班禅博克多"的称号，并由此确立了班禅活佛转世系统。同时，西藏内部的前藏、后藏权力之争，也成就了顾实汗对青藏高原藏区的控制。如前所述，顾实汗出兵西藏是五世达赖喇嘛始料未及的，"蒙古军队已经抵达近处时，达赖喇嘛方才得到消息，立即打算令该军退回"①，但达赖喇嘛手下司库索南群培却积极支持与响应顾实汗进军西藏，其原因如《五世达赖喇嘛传》所载："司库言道……而我方人员皆言，甘丹颇章首脑'亲后藏'。窃以为，依靠王（顾实汗）的大恩大德，这次能从藏巴第悉治下解脱出来，就解脱了，否则再无解脱之日。故而，把格年顿珠派往固始汗处时，便要命他向固始汗讲明必须用兵……这样，令蒙古人撤兵之事便作罢论"②，并大力给予其军事上的援助，从而推翻了第悉藏巴的统治。

其次，在清军入关前的皇太极时期，大金政权的势力在东北发展壮大的同时，厄鲁特蒙古的势力也在西部发展壮大，尤其厄鲁特蒙古在控制了青藏高原的藏区之后，还与漠北蒙古之间联系紧密，其势力之大也可见一斑。因而，可以说大金政权是以东北为根据地开始向中原地区推进自己的势力，而厄鲁特蒙古以西部地区为根据地也在逐渐向内地发展。故而双方都很关注彼此，也很忌惮对方势力的进一步发展与壮大。因此，顾实汗第一次接触皇太极，是让漠北的喀尔喀蒙古使者带去对皇太极的问候。时下，喀尔喀蒙古雄踞漠北，顾实汗此时让其使者带去对皇太极的问候，一方面有试探了解大金政权势力之意，另一方面也向皇太极表露出厄鲁特蒙古与喀尔喀蒙古之间关系的密切，从侧面向其展示自己的实力。喀尔喀蒙古使者得到皇太极的盛情款待之后，于崇德二年冬十月丙午，顾实汗遣使向皇太极贡方物，《清实录》记载："顾实车臣绰尔济初未入贡，闻上威德远播，至丙子年（崇德元年，1636）乃遣使，因路远，于是岁始终。"③ 此时，顾实汗已经清楚地认识到，大金政权入关完成全国之一统是指日可待之事。同时，皇太极已经觉察到西藏将会有变故发生，对顾实汗觊觎西藏有所了解。因此，皇太极于崇德

① 恰白·次旦平措、诺章·吴坚、平措次仁等著，陈庆英、格桑益西、何宗英等译：《西藏通史：松石宝串》，拉萨：西藏社会科学院、中国西藏杂志社、西藏古籍出版社，2008 年，第 600 页。

② 五世达赖喇嘛阿旺洛桑嘉措著：《五世达赖喇嘛传·第一部》，恰白·次旦平措、诺章·吴坚、平措次仁等著，陈庆英、格桑益西、何宗英等译：《西藏通史：松石宝串》，拉萨：西藏社会科学院、中国西藏杂志社、西藏古籍出版社，2008 年，第 600－601 页。

③ 《清实录（二）·太宗文皇帝实录》卷三九，北京：中华书局，1986 年，第 505 页。

四年十月给图白忒汗与喇嘛书中，一方面确认了图白忒汗在西藏的政治统治地位，另一方面以弘扬藏传佛教为目的，邀请高僧入京弘法。这其实是皇太极面对西藏即将发生的变故，欲着手控制西藏宗教势力为己所用之举。故而此时皇太极提出要请高僧入京弘法，第悉藏巴没有回应此事，直到顾实汗掌控了甘丹颇章政权后才立即积极回应支持与响应此事。此时，中原明朝政权与东北的大金政权、西南部的甘丹颇章政权并立，而大金政权实力相对较强，并表露出"逐鹿中原"之雄心。1642 年，顾实汗出兵西藏，建立甘丹颇章政权后，授意达赖喇嘛遣使去盛京，意在观察皇太极对此事的态度。同年五月丁酉，在顾实汗进军西藏已成事实的情况下，皇太极送西藏使者的致书中，除向达赖、班禅等人致书外，仍旧致书藏巴汗，同时致书顾实汗：

> 尔书（至藏巴汗书）云：佛法裨益我国，遣使致书。近闻尔为厄鲁特部落顾实贝勒所败，未详其实，因遣［遗］一函相询。自此以后修好勿绝，凡尔应用之物，自当饷遗。今赐银一百两，锦缎三匹。又与顾实汗书曰：朕闻有违道悖法而行者，尔已惩创之矣。朕思自古圣王致治，佛法未尝断绝。今欲于图白忒部落敦礼高僧，故遣使与伊拉古克三胡土克图偕行，不分服色红黄，随处咨访，以宏红教，以护国祚，尔其知之。附具甲胄全副，特以侑缄。[1]

从致书中看出，皇太极对宗教人士及已经被顾实汗打败的藏巴汗主要以安抚为主，而对顾实汗进驻西藏一事给予默认，但向顾实汗直接提出要敦礼高僧，而且要不分服色红黄，随处咨访，以宏红教，以护国祚。此书中略微表现出对顾实汗与格鲁派联手打击噶玛噶举派、排除异己行为的不满。致书中的这种不满，使顾实汗立即做出反应，同时随着清军入关成功，顾实汗派使者贡方物暂表示臣服，于该年九月，顾实汗立即向清朝表态支持达赖喇嘛入京弘法。但需要注意的是，对达赖喇嘛入京一事，顾实汗只是态度积极而无具体行动。说明此时尽管顾实汗表示对大金臣服，但仍旧有一些自己的想法和打算。所以，此时二者之交往，也可以说是两个政权

---

[1] 顾祖成等编：《清实录藏族史料（一）·太宗实录》卷七四，拉萨：西藏人民出版社，1982 年，第 6-9 页。

（中央与地方）之间的最早接触并且互相试探对方势力与态度。总之，对当时的甘丹颇章政府而言，若达赖喇嘛拒绝清朝的诏请，那就意味着顾实汗与达赖喇嘛别有用心，对清朝政府的命令不服从，有可能会招致清朝的军事攻击。而达赖喇嘛若答应并立即入京弘法，也有可能清朝会不让达赖喇嘛再回西藏，留其在京，从而动摇顾实汗在西藏统治的根基。根据前面论述，甘丹颇章政府是顾实汗与达赖喇嘛联合执政的政权，顾实汗之所以能在青藏藏区立足，完全凭借以五世达赖喇嘛为首的藏传佛教格鲁派的支持；而格鲁派之所以能在甘丹颇章政权中掌握教权，是因为顾实汗在军事政治方面的大力支持，二者是相辅相成的。

最后，清军初入关时，国内形势暂不稳定，清朝政府着手于稳定时局，对青藏高原藏区的稳定也非常重视。顺治帝即位后，就开始请达赖喇嘛入京弘法，以书谕顾实汗知之，还下诏安抚青藏地区的各家土司，并加紧了对青海地区西宁卫的控制。因为达赖喇嘛入京一事涉及太多，顾实汗不敢轻易放行让达赖喇嘛入京弘法。顾实汗的这种顾虑，也是崇德四年、崇德八年清政府邀请达赖喇嘛入京弘法未果，直至清军入关后于顺治元年正月乙亥，清政府第三次提出请达赖喇嘛入京，于顺治六年八月达赖喇嘛答应第二年夏天入京，最终于顺治九年（1652）十二月癸丑，达赖喇嘛才入京成功的原因。从大金政权开始请高僧入京弘法，到最终达赖喇嘛入京面圣，用了14年时间。而达赖喇嘛于1653年1月14日到达京城，顾实汗立即于1月23日请求清政府让达赖喇嘛回西藏，足见达赖喇嘛对甘丹颇章政权的重要性。顺治帝隆重接见了入京弘法的五世达赖喇嘛，并在达赖喇嘛返藏时，封赐了达赖喇嘛与顾实汗，此后至顺治十三年顾实汗去世后的整个顺治年间，西藏局势暂时稳定。五世达赖喇嘛入京，对青藏高原藏区，对厄鲁特蒙古在青藏地区的统治，对甘丹颇章政府与清政府之间的关系，都有着重要意义。清朝入主中原，其与甘丹颇章政权的关系成为中央与地方政权的关系。此时，清朝中央政府是主人，而甘丹颇章政权只是清朝边疆附属政权之一，它替清政府在西藏行使管理权。对于蒙藏政教合一的甘丹颇章政权而言，达赖喇嘛回西藏时，清政府对其与顾实汗的封赐，承认了甘丹颇章地方政权的合理、合法性。而清政府请达赖喇嘛入京弘法，其实是中央王朝政权对边疆地区行使其管辖权的一种体现。中央王朝对边疆地区的管辖，自古代有"五服"观念时早有其事。一般情况下，封建王朝对边疆地区地方政权的认识多是"非我族类，其心必异"，故而大多在暂时无法控制的情况下会初步采取有所放纵的态度，之后等待时机成熟再彻底收服。所以，在清初皇太极、顺治帝期间，因清朝也初步统一全国，对甘丹颇章政权有了较为准确的认识而采取了容忍的态度，顾实汗也深刻认识到这一点，故而其与以五世达赖喇嘛为首的格鲁派势力经常向清政府贡方物示好、示臣服及忠心。

　　总之，顾实汗入驻西藏与五世达赖喇嘛一起建立的甘丹颇章政权，与皇太极、顺治帝之间的关系，我们可以分为两部分理解，即在清军入关前，二者之间是中原明王朝边疆地区两个正在兴起的少数民族地方政权，此时其关系是平等的，因此在交往中便表现为相互试探，之后顾实汗初步表示臣服；清军入关统一全国后，面对大势所趋，顾实汗立即顺应时局，并在清朝对边疆地区采取得当的管理措施之后，彻底成为清政府在青藏藏区的代言人。

第二章
康熙朝对青藏地区的治理

顺治十八年，八岁的康熙帝登基，暂由辅政大臣索尼、苏克萨哈、遏必隆、鳌拜助其处理政务。康熙六年（1667），十四岁的康熙帝开始亲政，但大权却掌握在遏必隆、鳌拜手中，故其尽管名义上亲政，实际为傀儡皇帝。直至康熙八年（1669），十六岁的康熙帝想方设法从辅政大臣手中夺回了皇权，开始正式亲政。

第一节　康熙朝初期的青藏地区

一、顾实汗之后的青藏地区状况

从青藏高原的情况来看，顾实汗在 1656 年去世，不久清朝理藩院在确知顾实汗去世的消息后，立即晓谕青海蒙古各部，对顾实汗在世时对清王朝的"归顺""忠诚""进贡"等事迹进行表彰鼓励，并下令举行"祭典"。顾实汗在世时，当时青海地区蒙古和硕特部的势力是最为强大的。具体为：

> 青海和硕特部二十一旗：元太祖弟哈布图哈萨尔七传至阿克萨噶勒泰，生子十二。……次，乌鲁克特穆尔，十传至哈尼诺颜洪果尔，生六子。其第四子图鲁拜琥，号顾实汗，后裔繁衍。游牧青海者十九旗。又有游牧西套之阿拉善旗，游牧察哈尔之和硕特旗。顾实汗长兄哈纳克土谢图，其裔为青海和硕特部所属之西右翼中旗。顾实汗季弟色楼哈坦巴图尔，其裔为青海和硕特部所属之西右翼后旗。此二旗合顾实汗裔为二十一旗。顾实汗第三兄昆都伦乌巴什，其裔为游牧珠勒都斯之中路和硕特旗，游牧科布多之新和硕特旗。青海和硕特部在西宁边外。北极高三。……前头旗顾实汗之孙……前左翼头旗顾实汗之孙……西后旗顾实汗之裔……北右翼旗顾实汗之孙……北左翼旗顾实汗之孙……南左翼后旗顾实汗之裔……北前旗顾实汗之裔……南右翼后旗顾实汗之裔……西右翼前旗顾实汗之裔……南右翼中旗顾实汗之裔……南左翼中旗顾实汗之裔……北左末旗顾实汗之裔……北右末旗顾实汗之裔……东上旗顾实汗之孙……南左翼次旗顾实汗之裔……南

> 左翼末旗顾实汗之裔……南右翼末旗顾实汗之裔……西右翼后旗
> 顾实汗之裔……西左翼后旗顾实汗弟之裔。[1]

　　而和硕特蒙古各部，均为顾实汗所属。顾实汗共有十个儿子，为了巩固厄鲁特蒙古的后方基地，顾实汗把厄鲁特蒙古在青海境内的领地按照蒙古族的习惯分为左、右两翼。这些领地分别由他的十个儿子及其后裔率部驻牧，成为和硕特蒙古坚实的后方根据地。并且还规定青海当地和四川西部靠近青海地区之赋税，全部归青海厄鲁特蒙古和硕特部支用，清政府对此事也予以承认。

　　在清政府表彰顾实汗功劳的前提下，史载自顾实汗去世之后，到康熙帝继位前，即自1656年开始到1660年的五年时间里，共有厄鲁特蒙古各部分别向清朝进贡11次之多。也就是说，顾实汗之后，其子孙仍旧遵循顾实汗与清朝之间的主要方式——朝贡，来维护与清朝的联系。但就在顾实汗去世之后，即该年八月壬辰，厄鲁特蒙古部落巴图鲁台吉、土谢图巴图鲁戴青等与其所属藏族部落之间产生了矛盾，清政府决定细查，非常认真地处理此事，同时告知蒙古各部，清朝对蒙古一直以宽厚之心对待，但长期以来，蒙古却联合他人时常骚扰边境地区。这次蒙藏矛盾事宜，将派遣官员严查，看问题到底出在什么地方，是地方官员诬陷还是蒙古抢夺为实，涉事的藏族部落在明代到底属蒙古还是明朝，等等。经过近两年时间的实地调查，清政府彻底查清了此事的来龙去脉，于早已明确蒙古理亏的前提下，清政府借处理青藏高原藏区事务的机会，适时地开始采取"扶番抑蒙"之策，在处理这次蒙古藏族部落收取贡赋之事时，认为收取贡赋实属正常，但在此过程中骚扰边境较为过分，特对此提出警告，让蒙古不要辜负清政府的抚绥之意，绝不能借机骚扰。同时对收取贡赋做了相关规定，如确定纳贡人数，收取贡赋时必须按照规定的路线，必须派头目向地方官员汇报，并严格要求进行贸易的地点必须以政府所定之地为主。否则，绝不轻易放过，等等。此类事情，若在顾实汗时期，清政府应该不会插手，只是在言语方面加以责备即可，但此时清政府却认真地处理这次纷争，开始插手厄鲁特蒙古事务，并且倾向于藏族部落。也就是说，清政府对青藏高原藏区的管辖方法，由以往在顾实汗时各方面的暂时放任，到其去世之后开始逐

---

　　[1]　《二十五史（11）·清史稿（上）》卷七九《志五四·地理二六·青海》，上海：上海古籍出版社、上海书店，1986年，第335页。

步收缩，开始了"扶番抑蒙"之策的实施。

二、康熙初期的青藏高原

1661年，康熙帝继位，时和硕特蒙古左翼迁至甘凉交界处，威胁甘凉安全，清军驻兵防范。康熙二年（1663）八月丙申，班禅圆寂，清朝"遣官致祭"。康熙三年（1664）末，因受自然灾害，免除西宁卫"本年分水灾额赋"。康熙四年（1665），"达赖喇嘛、厄鲁特鄂济尔汗遣使进贡，赏赉如例"[1]。该年三月，西宁东鄂尔（东科尔）呼图克图等进贡。康熙五年（1666）五月壬寅，"岷州卫法藏等六寺喇嘛桑节落旦等贡马，赏赉如例"[2]。八月壬子，"厄鲁特顾实汗幼弟之子伊斯丹津，为其兄弟所迫，弃妻来归，封为多罗郡王"[3]。经理藩院决定，将伊斯丹津归于镶白旗下，并赐予田产奴仆。康熙六年冬十月丙申：

> 山西陕西总督卢崇峻疏言：向因墨尔根等部落恋牧内地，且有逃番蛮敬口称各头目欲于八月进兵，臣即亲赴庄浪，以防意外。随据总兵官孙思克报称：游牧番人，俱搬出原处住牧。又有上年差往西藏之喇嘛，回称达赖喇嘛遵旨传各台吉申饬，不许生事。各台吉俱尊奉廷敕谕，真心向化，遣人赍认罪，牛马羊千只，随喇嘛来京。据此，西番归诚已实，满汉官兵因请撤回。从之。[4]

此时，在对待青海蒙古族、藏族的态度上，清政府官员认为"西番归诚已实"。康熙七年（1668）青海东部完全隶属甘肃布政使司管辖。该年三月丙辰，因饥荒，清政府下令以"就近钱粮，酌量动支分赈，务令饥民得所"。康熙八年十月辛酉，因"厄鲁特鄂齐尔汗故"，清朝"遣官致祭"。康熙九年（1670）三月丙戌，因达赖喇嘛、鄂齐尔汗常遣使进贡，故清朝下令在西宁设驿站，以方便其进贡。康熙十年（1671）三月辛未，达赖喇嘛遣使表贡方物。康熙十一年（1672）闰七月丁丑，达赖喇嘛又遣使进贡。

---

① 顾祖成等编：《清实录藏族史料（一）·圣祖实录》卷一四，拉萨：西藏人民出版社，1982年，第34页。
② 顾祖成等编：《清实录藏族史料（一）·圣祖实录》卷一九，拉萨：西藏人民出版社，1982年，第34页。
③ 《清实录（四）·圣祖仁皇帝实录（一）》卷一九，北京：中华书局，1986年，第276页。
④ 顾祖成等编：《清实录藏族史料（一）·圣祖实录》卷二四，拉萨：西藏人民出版社，1982年，第35页。

冬十月癸丑，厄鲁特达赖汗遣使进贡。康熙十二年（1673）六月癸卯，厄鲁特鄂齐尔图车臣汗遣使进贡。从此时来看，和硕特蒙古与清政府之间来往密切，一切朝着较良好的方向发展。

康熙十三年（1674）四月己酉，康熙帝在太和殿接见了来进贡的达赖汗等人的使者，然而于七月壬寅，"差往达赖喇嘛处员外郎拉笃祜、喇嘛丹巴德穆齐还。奏云：臣等奉命，行至西宁，厄鲁特墨尔根台吉阻拦云，前达赖喇嘛往京时，我班禅差人问达赖喇嘛安，中国以为额外遣使，不令行走，故我今亦阻拦。臣等答云：达赖喇嘛有此语乎，明日决意前行。次日起行前往，墨尔根台吉亦无从阻拦。至青海地方，所住达赖绰尔济，遂遣向导，送往至达赖喇嘛处"①。但在厄鲁特墨尔根台吉欲阻拦达赖喇嘛进贡一事发生前，厄鲁特和硕特蒙古与吴三桂暗中联系密切，如康熙十一年，吴三桂为了与和硕特部结好，曾决定割地给和硕特部。而此时墨尔根台吉阻拦达赖喇嘛贡使正值吴三桂叛乱，和硕特蒙古对吴三桂叛乱之事态度暧昧，还婉拒了康熙要其出兵平叛之要求，并制造一些破坏活动，从侧面起到了支持吴三桂的作用。但吴三桂叛乱触动了达赖喇嘛的利益，正如达赖喇嘛所言，"其扬打木、结打木二城"为吴三桂所夺，故达赖喇嘛当时就表决心欲出兵平叛捉拿吴三桂，并求员外郎拉笃祜接济军粮。拉笃祜、丹巴德穆齐当时就劝达赖喇嘛别轻举妄动，别因兴兵造成山西、陕西地区局势大乱，达赖喇嘛听其劝告罢兵。对此，后来"上曰：拉笃祜等所行，殊为可嘉，著吏部议叙；丹巴德穆齐，著赐名加赏"。七月癸未，理藩院会同礼部遵旨议复"丹巴德穆齐应赐扎萨克②喇嘛品级，主持归化城庙宇。员外郎拉笃祜应以通政使司左通政、大理寺少卿升用。笔帖式鼓鲁应以理藩院主事升用。从之"③。清朝嘉奖、提升了平息达赖喇嘛欲起兵一事中的几位关键人物的官职，以示鼓励。八月丁未，厄鲁特鄂齐尔图车臣汗遣使进贡。康熙十四年（1675）四月乙丑，边外蒙古出兵扰甘肃红崖堡，有守将战死，甘肃巡抚派兵防守，决定若蒙古继续扰边，定当率军进剿。最关键的是，此事发生后清政府遣使往达赖台吉处，要求其严格约束部众，勿再现边患之事。同时遣使往达赖喇嘛处，让达赖喇嘛

---

① 顾祖成等编：《清实录藏族史料（一）·圣祖实录》卷四八，拉萨：西藏人民出版社，1982 年，第 36－37 页。

② 扎萨克，又作"札萨克"，官名，蒙古语"执政官"的意思，是清朝主要对蒙古族和满族人授予的一种军事、政治官职爵位。

③ 顾祖成等编：《清实录藏族史料（一）·圣祖实录》卷四八，拉萨：西藏人民出版社，1982 年，第 36－37 页。

出面规劝达赖台吉。总体来看，面对此次边患，清政府以继续规劝达赖台吉为首的和硕特蒙古勿生是非为主。清政府认为，达赖台吉由西藏迁居至青海，若无他事发生，应该约束管理好部众，有事发生，则去援助。但因其部落之人在边界附近滋事，引起当地的恐慌。为了西部地区的安稳局面，达赖台吉应加强管理部众，不能再让其滋生事件。边外蒙古扰边滋事，并不是清政府最担心的事，而西藏的达赖喇嘛和此时已经迁回青海的厄鲁特蒙古达赖台吉在边外蒙古犯边这件事中的动向，才是清政府认为最重要的。因此再三告诫西藏的达赖喇嘛及青海的达赖台吉，让他们在这件事上不要轻行军事之举，管理好其所属部落，千万不要生事扰民，以制造不必要的麻烦。面对康熙帝的忠告，该年十一月乙未，达赖喇嘛遣使表贡方物；十二月戊午，康熙帝在太和殿接见喀尔喀、达赖喇嘛、厄鲁特的进贡使臣。康熙十五年（1676）正月己丙，达赖喇嘛、班禅呼图克图遣使进贡。说明在边外蒙古扰边一事上，达赖喇嘛与厄鲁特蒙古听从了清政府的告诫，没有滋事生非。八月乙卯，甘肃番人滚布趁河东地区兵力防布空虚之际，入内地收掠番族人畜。康熙十六年（1677）五月甲午，"谕大学士索额图，尚书明珠、阿穆瑚琅，内大臣奇塔特曰：厄鲁特鄂齐尔图车臣汗与噶尔丹台吉，向俱进贡。今噶尔丹台吉与鄂齐尔图车臣汗内自相残。噶尔丹台吉攻鄂齐尔图车臣汗，以阵获弓矢等物来献。若径收纳，朕心不忍，可止收其常贡之物。以此旨传谕来使"[1]。由此可知，除了和硕特蒙古与所属之藏族部落间已经出现矛盾外，和硕特蒙古内部也出现了内讧。由此可看出，此时青藏高原蒙古势力已经开始呈现衰落气象。更为重要的是，此时在青藏高原以达赖喇嘛为首的藏族势力逐步兴起，且逐渐与和硕特蒙古越走越远，甚至有各自为政的迹象出现，而在这一过程中，清朝政府继续采取"扶番抑蒙"的策略，逐步解除了青藏高原上和硕特蒙古族与藏族联合的势力对清朝政府带来的潜在威胁。十月甲辰，清政府遣使慰问达赖喇嘛，赐以玺、书，达赖喇嘛对皇帝的慰问表达了感恩之情，并保证之后认真弘法，并遣使常来问候、贡方物。康熙十七年（1678）正月甲申，达赖喇嘛、厄鲁特达赖汗等遣使进贡。但此时，厄鲁特蒙古噶尔丹势力开始蠢蠢欲动，引起了清政府的关注。

---

① 《清实录（四）·圣祖仁皇帝实录（一）》卷六七，北京：中华书局，1986年，第859页。

三、噶尔丹势力的发展

噶尔丹的种种举动，清政府一直在注意，如康熙十七年四月乙未，"靖逆将军甘肃提督侯张勇疏报：逆贼吴三桂馈遗达赖台吉等，交相连结，欲图入掠。且逆贼已知松潘、茂州番中有通西宁大路，恐趁间隙侵我茶马之利。得旨：甘肃提督旧时原驻甘州，后因川贼犯秦州，故移驻兰州。今吴逆图扰边境，不可不加固守。令张勇自兰州移镇甘州，著严加防备。仍与大将军公图海等便宜筹画"①。官员张勇侦察到西南地区的吴三桂欲勾结青海地区的厄鲁特蒙古势力之后，立即上报，并得令严加防范其间的勾结，严加防守相关地方。五月甲子，厄鲁特济农便遣人到张勇处，"言我祖顾实汗以来，职贡不绝，今为噶尔丹所败，穷迫来此，欲赴西海，往我叔达赖台吉、兄墨尔根台吉。若由边外绕去，则行余月，中途数日乏水。如由内地行，则限于主上边境，不敢径度，祈准由内地过边"②。张勇立即向中央上报此事，康熙帝决定为济农提供方便，允许其由水泉出边，早日到达目的地。同年八月庚午，张勇与提督孙思克、理事官拉笃祜一齐密切关注噶尔丹的动向，并刺探到一些情况，如：

> 有鄂齐尔图汗属下达尔汉哈什罕，曾为噶尔丹掳去。今往西海，遇而问之。彼言：噶尔丹既杀鄂齐尔图汗，今岁二月内，令其属下兵丁殷实者，各备马十四、驼三只、羊十只，窭乏者，马五匹、驼一只、羊五只，自其地起兵，不知何向。臣向闻甘属番人素与僧额输租，僧额殁，属于噶尔丹。臣招其头目永柱等讯之，言噶尔丹居西北金山，距嘉峪关两月程，即故大宛国也。臣闻噶尔丹遣喇嘛万春来招番人头目至河套议事，臣密遣人诱问之。万春言：噶尔丹临近诸番有从之者，亦有从之而复去者，噶尔丹向有侵西海之意，因人心不一，西海路远，恐一动而本地有事，不敢轻举。臣复遣人至墨尔根台吉所审视之，众皆寂然安居。第番情难以预料，谨疏奏闻。得旨：噶尔丹虽无起兵声息，仍应檄该

---

① 顾祖成等编：《清实录藏族史料（一）·圣祖实录》卷七三，拉萨：西藏人民出版社，1982 年，第 41 页。

② 《清实录（四）·圣祖仁皇帝实录（一）》卷七三，北京：中华书局，1986 年，第 945 页。

将军等不时侦探，加以防守边境。[①]

此时，清朝对噶尔丹的举动已经起疑，并开始密切关注其动向。十二月丁亥，张勇又刺探到：噶尔丹虽与默得里蒙古有结姻之信，但两家却为世仇，还很可能争夺西海之地。康熙十八年（1679）四月丙寅，理藩院谕达赖巴图尔台吉等，因去年厄鲁特额尔德尼和硕齐劫去吴喇忒巴达里台吉等之男妇子女、马驼盔甲，墨尔根台吉查获后送还巴达里台吉之子及其妹，此行为可嘉。并令达赖巴图尔台吉、墨尔根台吉将额尔德尼和硕齐治罪，并返还掠走的人畜，且告诫他们，今后必须同修和好，以保边境安宁。五月己未，厄鲁特巴图尔济农恭请圣安以示好，并派人去济农处细查杀掠吴喇忒者。八月乙丑，张勇又报，噶尔丹致书与其曰："我向欲通使，因地方有事未暇。……西北一带地方皆得之矣，惟西海，向系我祖与伊祖同夺取者，今伊等独居之，欲往索取。因系将军所辖之地，不敢轻举。"[②]。并认为据目前手头掌握的情报，噶尔丹暂时还没有起兵西海的意图，但对西海有图谋。九月戊戌，达赖喇嘛、厄鲁特达赖汗遣使进贡。同时，噶尔丹也自封为"博硕克图汗"来遣使进贡，清朝暂时接受了噶尔丹自封为汗并进贡一事。十月壬寅，在追捕额尔德尼和硕齐及滚布时，从达赖巴图尔台吉处得知，此二人原属噶尔丹叔楚虎儿吴巴锡，其不便查议。劫掠吴喇忒之事，与毛济拉克台吉、巴图尔济农无关。康熙十九年（1680）五月辛丑，令拉笃祜等人继续侦探吴三桂的举动，并注意吴三桂与达赖喇嘛之间的联系。五月甲寅，又派理藩院郎中詹壁拉前往边地侦察吴三桂，并谕厄鲁特达赖巴图鲁台吉也注意青海地区的消息，及时汇报。闰八月戊子，因喀尔喀进贡时，为首的车臣济农变为厄尔德尼[③]济农，据悉车臣济农已被扎萨克图汗革职，故在是否收纳其贡物时应请教达赖喇嘛而上奏，但被批"何必据达赖喇嘛文之有无？若必据此为证，似在我疆内之外藩蒙古悉惟达赖喇嘛之言是听也"[④]。在收取贡物方面，清政府也特别注意表达中央政府在地方在场的影响。十二月辛卯，达赖喇嘛、达赖汗等又遣使进贡。康熙二十年

---

① 顾祖成等编：《清实录藏族史料（一）·圣祖实录》卷七六，拉萨：西藏人民出版社，1982年，第41-42页。

② 顾祖成等编：《清实录藏族史料（一）·圣祖实录》卷八三，拉萨：西藏人民出版社，1982年，第42-43页。

③ 厄尔德尼，西藏班禅喇嘛的封号，下文统一为"额尔德尼"，但引用资料中尊重原文。

④ 顾祖成等编：《清实录藏族史料（一）·圣祖实录》卷九一，拉萨：西藏人民出版社，1982年，第45-46页。

（1681）五月丙寅，达赖喇嘛、班禅呼图克图遣使进贡。第二天，康熙帝在太和门接见厄鲁特、达赖喇嘛使者。五月辛巳，定远平寇大将军固山贝子章泰等疏言，吴三桂子吴世璠与达赖喇嘛书为伪书，并且庄浪海德寺喇嘛入贡。此时，西南地区吴三桂的叛兵军心开始动摇，出现很多投诚者。九月丙寅，"靖逆将军甘肃提督侯张勇疏报：蒙古诉称，边内番人火其经卷祠庙、戮其人民，以此举兵犯边。上谕大学士等曰：朕闻吴三桂反叛时，我边内住牧番人于蒙古多尔济台吉处附从供应，后吴三桂既平，地方安定，番人竟将多尔济台吉祠庙拆毁、经卷焚烧、杀戮蒙古人口，蒙古以此弄兵。若果如此，则蒙古之来盖亦有故，应遣官严察。如曲在番人，将番人严惩；曲在蒙古，遣使严加谴责。使边人心服，边衅无可乘矣。可即遣兵部、理藩院司官前往"[1]。和硕特蒙古与周围藏族部落间争端再起，康熙帝下令公平处理。十月甲申，因吴三桂叛乱被平，决定酌量遣绿营兵镇守被平之地，并逐步收回于康熙九年割给蒙古的中甸地区。

从康熙早期这段时间来看，青海藏区除了西宁卫所在的河湟地区外，青海青南地区的藏族部落都在顾实汗后代的控制之下。但与顾实汗时期不同的是，在顾实汗去世之后，和硕特蒙古控制下的藏族部落开始逐步发展其势力，于是便偶尔出现了某些藏族部落与和硕特蒙古之间的矛盾与争斗。同时也出现了陕甘地区藏族僧人开始向清朝进贡的事情。而此时，清朝中央政府是直接倾向于支持藏族部落的，也就于此时，清政府在青海乃至青藏高原地区，开始实行"扶番抑蒙"的政策。同时，这一时期清政府还密切关注西南吴三桂的蠢蠢欲动，及吴三桂与西藏达赖喇嘛、青海和硕特蒙古之间的关系，以防其勾结又滋事生端。

第二节　康熙朝中期对青藏地区的治理

康熙二十一年（1682）始，因西南地区的吴三桂叛乱刚刚被平息，清政府开始了平叛后的收尾工作。二月癸巳，陕西岷州卫圆觉寺等六寺番僧进贡。三月己酉，奖赏在平定叛乱中立功的圆觉寺番僧。秋七月乙卯：

---

① 顾祖成等编：《清实录藏族史料（一）·圣祖实录》卷九七，拉萨：西藏人民出版社，1982年，第48页。

先是，上以三逆荡平，武功耆定，谕大学士觉罗勒德洪、明珠等曰：今天下乂安，应遣大臣使厄鲁特、喀尔喀大加赏赉，俟时和草青举行。至是，议政王大臣等，奏请遣使择吉起行。得旨：……额尔克戴青台吉处，著精奇尼哈番副都统班达尔沙、二等台吉额赋若木齐等去。墨尔根台吉处，著内大臣寿世特、副都统杨岱等去。[①] 在善后举措中，特别注意奖赏在平定叛乱中帮助清朝的青海厄鲁特蒙古，还于九月己未决定从达赖喇嘛手中收回中甸地区。肃清了西南吴三桂的叛乱之后，清政府开始将目光投向噶尔丹。

一、密切关注噶尔丹与青海蒙古之间的关系

这一时期蒙古的种种举动，让清政府开始密切关注，如康熙二十二年（1683）七月甲申，理藩院提：

> 鄂尔多斯贝勒松阿喇布等报称：厄鲁特巴图尔济农于黄河崖驻牧。议遣司官员二员，谕使归部。上谕学士等曰：此事朕知其故。初厄鲁特鄂齐尔图汗为噶尔丹博硕克图所杀，其国被夺，其子衮布喇卜坦、其侄巴图尔济农败遁，求达赖喇嘛指授所居之处。达赖喇嘛令衮布喇卜坦住居阿喇克山，自此遂居彼地。先是，巴图尔济农于我定边界缘边驻牧，曾移文噶尔丹博硕克图言：此乃尔厄鲁特之人，尔若收取，则取之，若不收取，我自有处置。噶尔丹复云：且过来年，俟后年收之。今闻衮布喇卜坦娶喀尔喀土谢图汗之女为妻，两处互相犄角。噶尔丹博硕克图欲以兵向衮布喇卜坦、巴图尔济农，则恐喀尔喀土谢图汗蹑其后，欲以兵向喀尔喀，则恐衮布喇卜坦等蹑其后。盖断不能收取巴图尔济农者也。且噶尔丹众最贫苦，有一马者，即称为富饶，势必内生变乱。此时暂留，俟回京再奏。[②]

此时，喀尔喀与厄鲁特蒙古内部矛盾重重，动辄会有战事发生，清政府开始着手处理此事。七月戊戌，出使厄鲁特的内大臣奇塔特等还奏：

① 《清实录（五）·圣祖仁皇帝实录（二）》卷一〇三，北京：中华书局，1986 年，第42 页。
② 顾祖成等编：《清实录藏族史料（一）·圣祖实录》卷一一一，拉萨：西藏人民出版社，1982 年，第 50－51 页。

臣等于十二月二十八日至噶尔丹所居帷幕，噶尔丹跪受敕书及赏赉诸物，随请皇上起居。臣等答曰：皇上万安。既坐。噶尔丹问曰：闻中国有寇贼，今已平定，信乎？臣等答曰：比年曾有寇盗窃发，我皇上仁慈，恐用兵扰民，故渐次收服者有之，剿灭者有之，今已尽皆底定矣。至正月初九日，臣等召其车臣寨桑吴尔占扎卜，以部发查讯厄尔德尼和硕齐、巴图尔额尔克济农之文授之。曰：此项事情，先已檄行两次，并无回文。故因我等此来之便，令定议。如厄尔德尼和硕齐、巴图尔额尔克济农系尔属下人，当限日收捕，照例治罪，责罚赎送部；若非尔属下人，或不能收捕，我朝另有裁夺。车臣寨桑等来覆曰：我汗言前所行两檄，第以为部文，所以未答。既系圣旨，敢不以覆。厄尔德尼和硕齐、巴图尔额尔克济农皆我所属。此二人已归达赖喇嘛，我当遣人往召之。倘如命而至，我治其罪；若复他遁，则无如彼何也！臣等令彼约期，期以丑年四月。臣等曰：厄尔德尼和硕齐等，向在边境作乱，但念汝等职贡年久，所以姑待。今约期既远，其间未必不又作乱也。彼称噶尔丹之言曰：其间或又作乱，惟上处分。臣等又问去年七月，有称为汝汗之侄，丹津鄂木布之使者，并无符验，前来进贡。汝处何项人等给之符验，何项人等不给符验。彼复称噶尔丹之言曰：我遣使请安进贡，必有印文。至我属下之人，各处贸易，潜至中国，冒称我使，亦未可定。自今以后，我若遣使，当用印文，开注年月日期。正月二十七日臣等起行。噶尔丹博硕克图汗遣其额尔克格隆、察汉温卜、卓礼克图温卜、盆楚克等四人，贡马四百匹、骆驼六十头、貂皮三百、银鼠五百、猞猁狲皮三张、沙狐皮一百、黄狐皮二十、活雕一只、贴金牛皮五张、厄鲁特鸟枪四杆，随臣等来谢恩。奇塔特等又疏奏曰：臣等去年十二月初至噶尔丹地方，有归化城都统古睦德所属班达尔善之子巴朗来投臣等，告曰：我于康熙十八年正月自归化城归途，遇厄鲁特所使阿卜都拉额尔克寨桑，同入贡之格楚尔者将我捆缚，带至此地。今闻大人至此，特来相投。臣等召其车臣寨桑等问之，车臣寨桑来覆我汗言：我国一切罪犯，从无杀之之例。可罚格楚尔以十五九牲畜，乞诸大人稍候带归。臣等言：我等奉差颁恩赏而来，并非来取罚赎，不便等候。俟有贡使之便，将罚赎附解。得旨，令议政王大臣等逐一详议。寻议政王大臣等议，噶尔丹博硕克图汗，累代进贡，往来通好。今将赖书赏物，照彼蒙古礼接受，恭请圣安。又称嗣后遣使俱给用印符验，填注年月日期，应无庸议。其厄尔德尼和硕齐等事，约以丑年四月为期。约期之内，如仍复作乱，悉听皇上处分。应俟所期之年再议。携回之巴朗，交都统古睦德。其格楚尔，应俟照彼国例治罪。将罚赎牲畜，解送到日，所司再议。从之。①

从此记载来看，除了关注整个蒙古的举动之外，清政府已经在密切关注噶尔丹了。与噶尔丹见面的清朝官员在会面中了解其动向，同时从其他人口中侧面掌握噶尔丹之所为。更重要的是，清政府还关注噶尔丹与青海蒙古之间的关系，一方面处理其间纷争，另一方面了解和掌握噶尔丹的情况，同时掌握噶尔丹与青海蒙古间是否有合谋之事。十二月癸丑，议政王大臣等奏，因墨尔根台吉之父曾"边疆效力有功"，故应准许其在黄成（城）尔滩地方游牧，但皇帝否定了此事，说明此时皇帝在处理青海事宜时态度特别谨慎。

二、谨慎处理喀尔喀蒙古左右翼争斗

此时，出现了喀尔喀蒙古内部左右翼为争夺属民发生的内部纷争，康熙二十三年（1684）二月庚子：

先是，喀尔喀右翼扎萨克图汗两次疏言：自康熙元年罗卜藏变乱以来，我弟兄子侄多投左翼，屡索不还。曾往诉达赖喇嘛，蒙谕七旗曰：尔七旗当共尊扎萨克图汗，其投左翼人民，俱应发还。为此差扎尔布奈前来莅盟，而左翼土谢图汗不至。皇上系我大众之主，谨以此情上闻。至是，上念喀尔喀累世恭顺，职贡有年，不忍其子弟人民离散，遣阿齐图格隆等赍敕往谕达赖喇嘛，令彼遣使议和。敕曰：朕统御寰区，愿中外无征战之劳，离散之苦，使群生皆臻安乐。近者喀尔喀扎萨克图汗屡次疏言：右翼子弟人民离散，奔入左翼，索之未还。尔喇嘛从来积大福力，永远真诚，慈悲济众，声闻炳著，无不钦乃高行而赞颂之者；喀尔喀

---

① 顾祖成等编：《清实录藏族史料（一）·圣祖实录》卷一一一，拉萨：西藏人民出版社，1982年，第51-52页。

诸汗、贝子皆供奉尔喇嘛，信尔之教，而尊崇道法；尔于本朝，亦诚心敬慎，进贡来往不绝。今天下共享太平，而扎萨克图汗人民离散，未得完聚，朕心大为轸恻。念其中必有父子兄弟、骨肉分离者，未必不生事互杀、交相战争。兵戎一起，姑不论人民困苦，即两汗亦岂能并存。伊等于朕向来恭顺，竭诚奔走。于尔喇嘛，亦为护法久矣，何忍默视使至此极乎？朕与尔俱当遣使往谕，将扎萨克图汗离散人民给还，俾两翼永归于好，既副朕一视同仁之至意，而于尔喇嘛六度之行、四无量之心，亦符合矣。尔喇嘛其遣大喇嘛一人，与朕去使会于喀尔喀境内，定期而遣之，朕于此亦遣使臣赴所约之地，与尔使同往。①

此时，喀尔喀蒙古左、右两翼之间又发生了争夺属民的斗争，面对右翼扎萨克图汗的请求，以及其之恭顺，清政府在此事中倾向右翼，并让达赖喇嘛认真处理此事。二月己酉，青海厄鲁特古鲁木西台吉遣使进贡。十一月甲子，在康熙二十二年投靠噶尔丹的青海厄鲁特憨都台吉、额尔德尼和硕齐遣使进贡并谢罪，并言被噶尔丹各种逼迫，不得已才会投靠噶尔丹，现请皇帝做主、发落，皇帝表示理解并从轻发落此二人。之后，于康熙二十四年（1685），清朝便又开始处理喀尔喀蒙古左右翼之属民之争，在清朝要求下，达赖喇嘛积极参与此事。

直到康熙二十五年（1686），喀尔喀蒙古左右翼之争才告一段落。该年正月：

> 厄鲁特巴图尔额尔克济农谢恩入见，上召近前。谕之曰：尔祖顾什汗于太宗文皇帝朝输诚进贡，是时同达赖喇嘛来通款。尔叔鄂齐尔图车臣汗当世祖章皇帝时，竭抒忠悃，每年进贡请安。其土产白鹰以时来贡，朕犹及见之。夫贡物何足珍贵，正鉴其诚敬之心耳。及尔等厄鲁特内乱，噶尔丹攻灭鄂齐尔图车臣汗并吞其众，遣使献俘。朕念前此鄂齐尔图车臣汗勉效忱悃，闻其破亡，且加悯恤，何忍受之。因谕来使，却其所献俘获。顷者，尔为噶尔丹击败，奔来边境，将沿疆附近居民牲畜等物偷盗侵夺，朕即

① 顾祖成等编：《清实录藏族史料（一）·圣祖实录》卷一一四，拉萨：西藏人民出版社，1982年，第53－54页。

应正尔犯边之罪，何难遣兵剿除。但念尔昔时颇竭诚款，尔复引罪自首，以迫于饥穷、濒死妄行等情奏请，朕即宽宥。今若徙尔于边境内外，不拘何地居之，尔敢不凛遵。特念尔祖顾什汗、尔叔鄂齐尔图车臣汗素效恭谨，故俾尔绝者复继，散者复聚，欲使鄂齐尔图车臣汗之孙罗卜藏滚布阿拉布坦与尔聚处，尔等宜相与辑睦，善自安业。至于尔等聚合与否，在朕本无损益。惟是朕为天下主，凡在函盖，咸欲使之共乐太平。朕兹谕旨，自尔身及尔子孙，当世世念之勿替。①

对巴图尔额尔克济农的归顺，清政府以其祖顾实汗对清朝的恭顺为例，动之以情，晓之以理，让其不要与噶尔丹同流合污，且对其做了妥善的安顿。至此，喀尔喀蒙古左右旗部民之争，在康熙帝的掌控下指责了厄鲁特巴图尔额尔克济农，赞颂了其祖顾实汗之德行后得以平息。

此后，清朝一直致力于对西北蒙古族的管理，一方面密切关注噶尔丹的动向；另一方面也密切关注噶尔丹与达赖喇嘛及厄鲁特蒙古之间的关系。如康熙二十八年（1689）十二月，达赖喇嘛遣使善巴陵堪布入京请安，贡方物时，善巴陵堪布密奏：从西藏出发时去达赖喇嘛处，未见到本人，但见到第巴。第巴交代了达赖喇嘛给皇帝的令奏，即皇帝若捉拿到土谢图汗、泽卜尊丹巴呼图克图，交给噶尔丹，这有利于天下苍生，而这两个人的身家性命安全由达赖喇嘛来担保。听到这段话，康熙帝认为："自己顺应天命，统御全国人民，对人民没有内外之分，而且一直想要和平，让人民安居乐业。那些因困境而投奔来的人，定当被妥善安排。作为达赖喇嘛，应做如宗教事务、普度众生之事。而厄鲁特、喀尔喀蒙古均属于朝贡者，也信奉达赖喇嘛，这二部蒙古相争相斗，朕作为皇帝，与达赖喇嘛应想方设法调停其间矛盾，让其重归于好。原本朕对这件事不该有任何偏向，但如达赖喇嘛所言，欲让朕偏向一方，这不符合达赖喇嘛一贯的思想，而且朕怀疑此话的真假等。"康熙帝的谨慎，最终证实了此乃西藏发生了"匿丧"事宜，第巴假借达赖喇嘛之口传话的事实。另外，在处理蒙古关于部民的相关问题时，俱采取怀柔之策以便笼络，这样噶尔丹的所有举动便会在朝廷的掌控之中。至康熙二十九年（1690）十一月甲辰，"达赖喇嘛率西海诸

———————————
① 顾祖成等编：《清实录藏族史料（一）·圣祖实录》卷一二四，拉萨：西藏人民出版社，1982年，第58－59页。

台吉及噶尔丹等，具疏请上尊号"①。康熙三十年（1691）正月壬子，"谕大学士等，闻噶尔丹劫掠墨尔根济农、巴图尔额尔克济农，向青海而去"②。自此，因为噶尔丹的飞扬跋扈，制造了各种矛盾，令蒙古内部争斗不已。

三、平定噶尔丹叛乱及善后措施

康熙三十年九月丁卯，面对噶尔丹之所为，清政府密切关注其动向：

　　先是，以噶尔丹败遁及立誓请罪始末，遣伊什格隆贵敕往谕达赖喇嘛。至是，达赖喇嘛遣使德木本尔囊素至，疏言：前者敬遵谕旨，曾遣噶尔亶西勒图往，和喀尔喀、厄鲁特因彼构兵不已，复遣济隆谕和。济隆回报，言喀尔喀、厄鲁特俱听从立誓矣。及见皇上敕谕内有噶尔丹为大兵所败，认罪立誓之旨，始知噶尔丹不听训饬，是以至此。此地所遣人员无知无识，伏乞宽宥。德木本尔囊素又述达赖喇嘛口奏云：喀尔喀、厄鲁特交战之前，土谢图汗、噶尔丹等遣使于西海台吉，各请助兵。达赖台吉来告于我，我谓喀尔喀、厄鲁特等和睦，我则喜悦，不愿有所偏助也。四川打箭炉地方，令西海扎什巴图尔台吉领兵驻防，非有异念，今俱已彻归矣。上以达赖喇嘛向来恭顺，噶尔丹事必其使臣及属下人通同蒙蔽，非达赖喇嘛意。因赐敕谕之敕曰：朕统御宇内以爱育黎庶为本，务使万邦共享安乐。前闻喀尔喀、厄鲁特交恶相攻，屡遣使于尔喇嘛以和两国，尔喇嘛从来奉命不违，敬顺而行，亦屡遣喇嘛说和，奉差喇嘛诸人若能仰体朕与尔好生之意，尽心行事，则喀尔喀、厄鲁特和好，早息战争矣。但尔近侍与济隆胡土克图等，皆有私意不体朕与尔之心，济隆胡土克图身在噶尔丹营中，并不说和。噶尔丹藉追喀尔喀为名，阑入边汛，劫掠乌朱穆秦，又不劝阻。且噶尔丹与我军交战，济隆张盖于山顶观之，而报尔以为竭力说和，听从立誓。济隆之去，朕面谕以告尔喇嘛之言，亦不行传谕。以前项事情揆之，未必由济隆一人之意，亦尔近侍之人通同贪利而欺蔽尔，徇庇噶尔丹之所致也。尔岂有如是

---

①　顾祖成等编：《清实录藏族史料（一）·圣祖实录》卷一四九，拉萨：西藏人民出版社，1982年，第94－95页。

②　《清实录（五）·圣祖仁皇帝实录（二）》卷一五〇，北京：中华书局，1986年，第660－661页。

之心乎！朕灼见与尔喇嘛无涉，是以朕不责汝，朕向来惟以实心待尔，故将若辈行事违朕与尔之意，遣敕谕尔知之，至噶尔丹乞兵于达赖台吉而不许，驻防四川打箭炉之兵尽彻，已具悉所奏矣。①

此时，正值噶尔丹在沙皇俄国的怂恿下，不顾康熙帝的劝阻与警告，贸然进攻喀尔喀蒙古之际，之后康熙发兵征讨噶尔丹，并在乌兰布通一役中将其击败。然而在此事中，康熙帝最关心也最担心的，是青藏高原的宗教领袖达赖喇嘛到底做了什么。从记载来看，乌兰布通一役之后康熙帝仍旧采取怀柔政策来安抚达赖喇嘛，对其在此事中的各种所为大加赞誉，并对相关不利之事，全部归罪于其手下，通过对达赖喇嘛的肯定，稳住了他，进而尽力不让西藏之势力与噶尔丹有所勾结，表面上并未深究此事。此后，康熙三十一年（1692）三月戊寅，达赖喇嘛、班禅呼图克图遣使进贡。噶尔丹被康熙打败后，也于该年九月遣使额尔德尼绰尔济请安进贡，但同时其使者借此机会，向内附蒙古散布噶尔丹书札，书札中言其行动为维护藏传佛教格鲁派的利益，对自己起兵一事之因进行推托，彻底暴露出其狼子野心。但康熙帝并未大动干戈，而是不露声色，并决定要彻底打击噶尔丹，以解西部边疆之忧患。康熙帝先进行了乌兰布通一役的善后工作，主要是着手安置前来投诚的和硕特等蒙古各部，同时仍旧密切关注噶尔丹及达赖喇嘛的举动。意识到康熙帝对自己的怀疑之后，达赖喇嘛也立即表明自己的忠心，于康熙三十二年（1693）二月乙丑上书解释在乌兰布通一役时自己的所为，并一再表示自己忠于朝廷，达赖喇嘛上书言："厄鲁特大半附策妄阿喇布坦，虽谕以修好，若厄鲁特不从而生乱端，则西海大小土伯特力有不支，伏乞鉴而察之。"②上书中对青藏地区蒙、藏势力状况进行分析说明，并表达了若蒙古生乱，恐会危及藏族部落的看法。说明此时在西海一带，蒙古部落与藏族部落之间矛盾已渐起，且蒙古势力更为强大。对于达赖喇嘛的解释以及所反映的西海地区问题，康熙帝于该年四月丁巳做出回应，晓谕厄鲁特蒙古诸台吉不要侵犯达赖喇嘛所属地方及西海地方，否则将立即派兵征讨，由此进一步稳住达赖喇嘛及西海地方蒙古，在客观上起

---

① 顾祖成等编：《清实录藏族史料（一）·圣祖实录》卷一五三，拉萨：西藏人民出版社，1982年，第99－100页。

② 顾祖成等编：《清实录藏族史料（一）·圣祖实录》卷一五八，拉萨：西藏人民出版社，1982年，第109－111页。

到了"扶番抑蒙"的效果，同时继续关注噶尔丹的行为，并开始在西北地区实行孤立噶尔丹的策略。

康熙三十三年至三十四年（1694—1695），清朝开始加固和修筑青海边墙，康熙三十三年春正月乙丑，"九卿议复……又西宁镇汛之西石硖、镇海、西川一代，原有边墙。其南山直抵河州，北山直抵庄浪，原无边墙，皆系铲山为界，亦有年久颓倒，可以越度者，或平坦无迹者。……应令兵丁修挖，俱应如所请。从之"①。此外，也开始增添青海地区兵力，康熙三十三年八月丁未，"兵部议复……西宁镇逼近青海，亦应添火器兵五百名。北川营逼近雪山，应添与马兵七十名，设游击一员，添千总、把总各一员。镇海堡步兵九十名，应改为马兵。西大通地方把总一员，应改为千总，添马兵二十名。西宁之老鸦堡……各将本堡步兵十名，改为马兵。俱应如所请。从之"②。认识到噶尔丹将会有下一步反叛举动之后，清政府积极做好军事上痛击噶尔丹势力的充分准备。同时特别关注西北地区的噶尔丹、西海诸台吉以及达赖喇嘛的举动，如关注为何达赖喇嘛与第巴会反对清朝革除噶尔丹、策妄阿拉布坦汗等。康熙三十五年（1696），一切准备就绪的清军在昭莫多战役中重创噶尔丹势力，之后清朝借噶尔丹被征服的善后之际，立即招抚和硕特蒙古，册封其首领；同时查清达赖喇嘛与噶尔丹之间的关系。该年八月甲申朔，清政府下令让员外二郎保召集青海诸台吉会盟商议对噶尔丹的处理事宜。

四、谨慎处理第巴"匿丧"一事

在平定噶尔丹反叛的善后中才得知，西藏的第巴桑吉嘉措除对五世达赖的圆寂"匿不发丧"十六年，还曾于康熙三十一年，假借达赖喇嘛名义请清朝封其为"土伯特国王"，借着达赖喇嘛之名与噶尔丹勾结行事。康熙三十六年（1697）闰三月辛巳，第巴继"匿丧"事发后，又被举报：

> 又副都统阿南达疏言，噶尔亶多尔济遣人来告，达赖喇嘛、第巴遣人致书于我云：谕青海诸首领，俱于正月二十八日在察罕托落海地方会盟、缮修器械。可令尔属下人，亦缮修器械，务如

---

① 《清实录（五）·圣祖仁皇帝实录（二）》卷一六二，北京：中华书局，1986年，第772页。
② 《清实录（五）·圣祖仁皇帝实录（二）》卷一六四，北京：中华书局，1986年，第793 – 794页。

期必到盟会之地。我以向不与彼盟会是以不往。上命议政大臣等集议。寻议覆：第巴无故令青海诸台吉缮修器械，又约从来未与盟会之噶尔亶多尔济，其意叵测。且策妄阿喇布坦亲领兵往剿噶尔丹之时，第巴遣人撤回。以此观之，第巴仍党噶尔丹而诳我，其迹显然。恐第巴以彼所居辽远，谓我不知其诡计。应令所司详列此情，令尼麻唐胡土克图及主事保住等询明第巴来奏。从之。①

除了"匿丧"之外，第巴又借达赖喇嘛之名义要求青海诸台吉做军事行动之举，可谓居心叵测。针对第巴的行为，康熙三十七年（1698）正月庚寅：

> 上谕之曰：……众蒙古以第巴为达赖喇嘛传戒之人，皆缄口不敢议。朕曾以敕谕往责第巴，彼甚心服，具疏认罪，朕因宥之。嗣后第巴若改前行，敬奉班禅、达赖喇嘛则已，若仍怙终不悛，朕不但不宽贷第巴，即其亲密之青海台吉等，朕亦不轻恕也。前者青海台吉等，闻朕出师宁夏之信，尽皆震动，游牧移营而去。今者青海台吉等以噶尔丹平定，亲来庆贺。伊等并无过端，朕岂肯加兵。朕统驭天下，总愿宇内群生咸获安堵，岂有使尔两国生衅之理，凡事惟期安静而已。②

经过权衡利弊，康熙帝最终以警告的方式处理了第巴之事，并让青海厄鲁特蒙古诸台吉放心，只要以后第巴不生是非，即可既往不咎。同时，康熙帝充分扶持和利用藏传佛教势力，并对相关人员尤其是和硕特蒙古进行劝说分化。如于康熙三十六年派章嘉·阿旺洛桑曲丹活佛说服达什巴图尔归属，终在平定噶尔丹之后，达什巴图尔附清。但后来于康熙三十七年十一月丙申，因章嘉呼图克图、纳木扎尔格隆等违旨叩见第巴而被革免呼图克图称号，充分体现了康熙帝处理该类事情时，绝不姑息、奖罚分明的态度。

康熙三十九年（1700）七月乙未，"理藩院提，商南多尔济等所奏策妄

① 顾祖成等编：《清实录藏族史料（一）·圣祖实录》卷一八二，拉萨：西藏人民出版社，1982年，第155-156页。

② 顾祖成等编：《清实录藏族史料（一）·圣祖实录》卷一八七，拉萨：西藏人民出版社，1982年，第160-162页。

阿喇布坦遣人往青海台吉处等事，毋庸议。上曰：此事目前观之，虽属甚小，将来大有关系。该部拟以毋庸议，倘青海台吉等，遣人以所奏闻事问商南多尔济，则商南多尔济何以答之。策妄阿喇布坦，人甚狡猾，其口称往征第巴，或因力不及而虚张声势，或欲往征，以此问曾往彼处侍郎常绶等，再行具奏"[1]。对于伙同噶尔丹起兵的策妄阿拉布坦，康熙帝一方面要考虑平定噶尔丹之后青海的状况，另一方面还要仔细掌握策妄阿拉布坦的意图，及其与第巴之间的往来及关系。后来于七月庚子：

> 大学士等遵旨以商南多尔济等所奏清［青］海事宜问侍郎常绶、侍读学士伊道、郎中常明等回奏。上曰：此事稍觉迟延，方奏到日即为行文甚好。青海台吉亦属失算，何以先将己意泄漏。但将来使照常款待礼遣，断不敢构衅。今以朕计之，亦尚无妨。朕巡幸蒙古之地颇多，凡事朕皆熟悉。策妄阿喇布坦，人虽狡猾，但由博罗塔拉至土伯特，必经哈拉乌苏等艰险之处，路径甚恶、断不能往伐，何也。策妄阿喇布坦，素行奸恶，故其附近哈萨克布鲁特诸部皆相仇雠。欲悉军大举，则路既难行，且无留护其妻孥者。若兵单力弱，断难成事，惟有奋激而行，妻孥与俱。幸而有济则已，无济则有归附土伯特之谋而已。然策妄阿喇布坦奏书之意，特张虚声，欲观青海之动静耳，亦未必果欲争战也。观古赵充国所议五事良是，应宜留意。[2]

对平定了噶尔丹叛乱之后的青海地区状况，康熙帝也非常重视，尤其是居于新疆的准噶尔部策妄阿拉布坦还与噶尔丹共同起兵。同时，康熙帝也清醒地认识到青海地区特殊的局势，即蒙藏势力均存在于此，或者又会出现二者联合之事。最后，经过权衡，他认为策妄阿拉布坦暂时成不了大气候，决定先仔细观察青海状况，关注和处理四川打箭炉（今四川省甘孜藏族自治州康定市）事情。

---

① 《清实录（六）·圣祖仁皇帝实录（三）》卷二〇〇，北京：中华书局，1986 年，第 33 页。
② 顾祖成等编：《清实录藏族史料（一）·圣祖实录》卷二〇〇，拉萨：西藏人民出版社，1982 年，第 173 – 174 页。

第三节 康熙朝后期的青藏地区

康熙帝在平定噶尔丹叛乱的善后工作中，很注重青藏地区蒙、藏民族的安抚工作。如从平定噶尔丹叛乱，到康熙五十三年（1714）为止的十多年中，青海地区多位蒙古王公离世，清朝"遣官致祭"七次，并六次准其后代"袭爵"，进一步安抚青海蒙古；对西藏第巴"匿丧"十六年，假借达赖喇嘛之名义要求封其为"土伯特国王"，以及其与噶尔丹起兵关系紧密一事，康熙帝给予了高度的容忍；但同时又严厉处置了抗旨拜见第巴的章嘉呼图克图、纳木扎尔格隆等人。因青海地区蒙藏势力同时存在的特殊性，康熙帝决定对此地的蒙藏势力先以安抚为主。

一、平定噶尔丹叛乱及善后事宜

康熙四十一年（1702）正月丙午，清政府令喇嘛达木巴色尔济到打箭炉监督周边贸易，喇嘛请赐扎萨克号以便管理，之后喇嘛达木巴色尔济便放言，第巴必须交出额尔德尼济农，否则"臣不令其人贸易。济隆胡土克图与青海人众，系我朝之人，令其照常贸易。上曰：俱令照常贸易"①，对第巴进行相关限制。同时，清政府又拒绝了青海贝勒纳木扎尔德尼想去大草滩等处游牧的请示，认为大草滩处内地人民杂居，不宜其去游牧，而命其游牧于贺兰山等处。康熙四十二年（1703）十一月己未，康熙帝在西安府城外校场阅兵，让青海亲王札什巴图尔等人随从，顺便让其见识清朝兵力的强大，从心理上对青海亲王进行震慑。康熙四十三年（1704）九月丁卯，清政府派人对黄河源流进行了探索，进一步加深了对青海地区尤其是青南藏区的了解，本次考察，资料记载如下：

> 先是，上遣侍卫拉锡等探视河源。谕之曰：黄河之源，虽名古尔班索罗谟，其实发源之处，从来无人到过。尔等务须直穷其源，明白察视其河流至何处入雪山边内。凡经流等处，宜详阅之。

① 顾祖成等编：《清实录藏族史料（一）·圣祖实录》卷二〇七，拉萨：西藏人民出版社，1982年，第177－178页。

至是，拉锡等回奏：臣等遵旨于四月初四日自京起程，五月十三日至青海，十四日至呼呼布拉克，贝勒色卜腾札尔同臣等起程前行。六月初七日至星宿海之东，有泽名鄂陵，周围三百余里；初八日至鄂陵西，又有泽名札陵，周围三百余里，鄂陵之西、札陵之东相隔三十里；初九日至星宿海蒙古名鄂敦塔拉，登山之至高者视之星宿海之源，小泉万亿不可胜数。周围群山，蒙古名为库尔滚，即昆仑也。南有山名古尔班吐尔哈；西南有山名布胡珠尔黑；西有山名巴尔布哈；北有山名阿克塔因七奇；东北有山名乌阑杜石。古尔班吐尔哈山下诸泉西藩［番］国名为噶尔马塘；巴尔布哈山下诸泉名为噶尔马春穆朗；阿克塔因七奇山下诸泉名为噶尔马沁尼，三山之泉流出三支河，即古尔班索罗谟也。三河东流入札陵泽，自札陵泽一支流入鄂陵泽，自鄂陵流出乃黄河也。除此，他山之泉与平地之泉流为小河者，不可胜数，尽归黄河东下。臣等自星宿海于六月十一日回程。向东南行二日登哈尔吉山，见黄河东流至呼呼托罗海山；又南流绕撒除克山之南；又北流至巴尔托罗海山之南。次日，至冰山之西，其山最高，云雾蔽之。蒙古言此山长三百余里，有九高峰自古至今，未见冰消，终日云雾蔽之，常雨雪，一月中三四日晴而已。自此回行十六日，至席拉库特尔之地，又向南行过僧库里高岭，行百余里至黄河岸。见黄河自巴尔托罗海山向东北流，于归德堡之北，达喀山之南，从两山峡中流入兰州。自京至星宿海，共七千六百余里。宁夏之西有松山，至星宿海，天气渐低，地势渐高，人气闭塞，故多喘息。谨绘图呈览。报闻。①

资料中对青海南部藏区的山川地理进行了详细的考证，从地理、地貌、气候等方面对青海进行了解，资料中出现了大量的地名，如：古尔班索罗谟，呼呼布拉克，星宿海，鄂陵，札陵，鄂敦塔拉，库尔滚（古尔班吐尔哈），布胡珠尔黑，巴尔布哈，阿克塔因七奇，乌阑杜石，噶尔马塘，噶尔马春穆朗，噶尔马沁尼，哈尔吉山，呼呼托罗海山，撒除克山，巴尔托罗海山，冰山，席拉库特尔，僧库里高岭，归德堡，达喀山；气候：天气渐

① 顾祖成等编：《清实录藏族史料（一）·圣祖实录》卷二一七，拉萨：西藏人民出版社，1982年，第180－182页。

低，地势渐高，人气闭塞，故多喘息。在当时没有便利交通、先进测量工具的情况下，通过人工步行考察，并绘出相应的图示，从而对青南藏区有了较为客观的认识。与其说这是一次对青海南部地区的地理地貌考察，不如说是一次对青海南部地区居民状况（尤其是蒙藏民族杂居）的考证，此意向与此时清朝处理青海地区的谨慎态度有着极大的关系。在平定噶尔丹叛乱并采取以安抚为主的方式稳住了青藏地区的蒙藏势力之后，清政府的这次考察河源之举，其实是借此了解和掌握青海地区的各方面情况，说明清朝于此时已经特别关注青海南部藏区社会了。

二、妥善处理"真假六世达赖喇嘛"之争

因青藏地区内耗，各方为壮大自己而培养各自势力，就连达赖喇嘛灵童转世一事，也被政治势力染指。于康熙四十五年（1706）开始，青藏地区又出现了"真假六世达赖喇嘛"之争，此事简况，正如康熙四十五年十二月丁亥资料所记："先是，达赖喇嘛身故，第巴匿其事，构使喀尔喀、厄鲁特互相仇杀，扰害生灵。又立假达赖喇嘛，以惑众人。且曾毒拉藏，因其未死，后复逐之。是以拉藏蓄恨兴兵，执第巴而杀之，陈奏假达赖喇嘛情由。爱命护军统领席柱、学士舒兰为使，往封拉藏为翊法恭顺汗，令拘假达赖喇嘛赴京。拉藏以为执送假达赖喇嘛，则众喇嘛必至离散，不从。席柱等奏闻，上谕诸大臣曰：拉藏今虽不从，后必自执之来献。至是，驻扎西宁喇嘛商南多尔济，果报拉藏起解假达赖喇嘛赴京，一如圣算。众皆惊异。"① 后来据商南多尔济奏报："报称拉藏送来假达赖喇嘛，行至西宁口外病故。假达赖喇嘛行事悖乱，今既在途病故，应行文商南多尔济，将其尸骸抛弃。从之。"②

在清朝中央政府密切关注此事的同时，依据五世班禅的意见，清朝中央政府于康熙四十八年（1709）出面调解之，正如资料所载："先是，拉藏立波克塔胡必尔汗为达赖喇嘛，青海众台吉等未办虚实，彼此争论讦奏。上命内阁学士拉都浑率青海众台吉之使人赴西藏看验。至是，拉都浑回奏：臣遵旨会同青海众台吉之使前往西藏，至噶木地方见拉藏，问以所立达赖喇嘛情由。据云，前将假达赖喇嘛解京时，曾奉谕旨令寻真达赖喇嘛，今

① 顾祖成等编：《清实录藏族史料（一）·圣祖实录》卷二二七，拉萨：西藏人民出版社，1982年，第185页。
② 顾祖成等编：《清实录藏族史料（一）·圣祖实录》卷二二七，拉萨：西藏人民出版社，1982年，第185页。

访闻得波克塔胡必尔汗系真达赖喇嘛。亦不能信，又问班禅胡土克图，据云：波克塔胡必尔汗实系达赖喇嘛。我始为之安置禅榻，非敢专擅。奏入，命议政大臣等议。寻议：拉藏所立达赖喇嘛，既问之班禅胡土克图，确知真实，应毋庸议。但达赖喇嘛例有封号，今波克塔胡必尔汗年幼，请再阅数年，始议给封。又青海众台吉等与拉藏不睦，西藏事务不便令拉藏独理。应遣官一员，前往西藏协同拉藏办理事务。得旨：依议。其管理西藏事务著侍郎赫寿去。"① 对于"真假达赖喇嘛"之争，康熙帝非常重视，因为他深知藏传佛教在青藏地区蒙藏人民心目中的地位，故最终询问班禅，得知孰真孰假。

康熙四十九年（1710）三月戊寅，在拉藏汗与五世班禅及西藏诸寺喇嘛的请求下，清政府认为波克塔胡必尔汗"今既熟谙经典，为青海诸众所重，应如所请，给以印册，封为六世达赖喇嘛。从之"②。康熙五十年（1711）正月壬子，拉藏汗、达赖喇嘛遣使进贡，康熙赏之。由于在上述事件中班禅呼图克图有功，为了嘉奖他，于康熙五十二年（1713）正月戊申，"谕理藩院：班禅胡土克图，为人安静，熟谙经典，勤修贡职，初终不倦，甚属可嘉。著照封达赖喇嘛之例，给以印册，封为班禅额尔德尼"③。清朝中央政府于此时册封了五世班禅额尔德尼，此事成为青藏高原尤其是藏传佛教界的大事，对青藏高原的政治产生了深远的影响。此后班禅额尔德尼转世一事，必经中央政府册封才能成立。后来达赖喇嘛、班禅额尔德尼、拉藏汗多次遣使入京进贡，西藏局势暂时稳定。

三、康熙朝慎重处理青海事宜

（一）密切关注策妄阿拉布坦与青海蒙古之间的关系

自噶尔丹反叛被平息后，于康熙五十三年始，清政府便开始处理青海蒙藏事务。先是康熙帝了解到拉藏汗一子娶了策妄阿拉布坦之女，并留在策妄阿拉布坦之处；另有一子留在青海驻守。清政府认识到年届六十的拉

---

① 顾祖成等编：《清实录藏族史料（一）·圣祖实录》卷二三六，拉萨：西藏人民出版社，1982 年，第 186 页。

② 顾祖成等编：《清实录藏族史料（一）·圣祖实录》卷二四一，拉萨：西藏人民出版社，1982 年，第 187 页。

③ 顾祖成等编：《清实录藏族史料（一）·圣祖实录》卷二五三，拉萨：西藏人民出版社，1982 年，第 189 页。

藏汗一人在西藏，恐有不测，故特别关注西藏的拉藏汗。为防万一，清朝暂时没有撤回驻扎在打箭炉的军队，若形势有变动，此军队可立即支援拉藏汗。然后，至康熙五十四年（1715）四月辛未，青海右翼贝勒戴青和硕齐、察罕丹津举报拉藏汗所立之达赖喇嘛为假冒，而理塘地方新出之胡必尔汗才是真的达赖喇嘛。

康熙帝为防止厄鲁特蒙古在此事中生出变故，令将新出之胡必尔汗送到京城，并从班禅处得知新出胡必尔汗是假的。与此同时，西北边疆又传来消息，甘肃提督师懿德疏报：

> 四月初二日，哈密扎萨克达尔汉白克额敏咨言，厄鲁特策妄阿喇布坦遣兵至其北境，侵掠五寨。初三日又咨言，贼兵于三月二十五日抵哈密城下。臣檄肃州总兵官路振声领兵先赴哈密，臣俟出厂马调到，即亲身往救。得旨：策妄阿喇布坦遣兵侵掠哈密，肃州总兵官已领兵往救，应再发西安满洲兵三千，总督标下营兵二千，甘肃提督标下兵亦酌量派出，星急前去救应。再行文青海左翼及喀尔喀扎萨克等，各令防备。著议政大臣会同理藩院大臣，速议具奏。议政大臣等随遵旨议覆：西安满洲兵令将军席柱与副都统一员带领，总督标下兵令副将一员带领，甘肃提督亦令带领标下兵，俱于文到三日内启行。兵马钱粮，令西安巡抚永泰沿途料理。此三处兵，应派大臣一员前往调遣。选厄鲁特巴尔虎，大臣侍卫官员等，带至军前以备侦探贼踪之用，西宁、嘉峪关两路各设驿站，派笔帖式坐台。西宁青海等处事务令侍卫阿齐图等，暂驻西宁料理。青海左翼与哈密相近，贝子阿拉布朱儿与噶斯路相近，西宁及四川松潘俱与青海相近，皆应行文，各令整备。现今甘肃兵丁俱调出，应调凉州兵一半至甘肃要路防守，再策妄阿喇布坦现侵哈密，未必不至喀尔喀地方，应派大臣一员前往传谕喀尔喀，并厄鲁特王策零旺布，公多尔济色卜腾，茅海，辉特公罗卜藏等，各令预备。得旨，依议。今总兵官路振声，现率标兵前往。路振声系谙练行间之人，朕所稔知。如策妄阿喇布坦兵少，此兵足以制之。彼若拥众而来，我兵似觉不足，必须详加筹画，相机而行，著速行文提督。至尔等所议三处兵派一大臣总统调度，此兵乃西安将军所管之兵，将军亲往，不便又令大臣管辖，应派一能办事大臣与将军公同商酌而行。著吏部尚书富宁安驰驿前往，

派新满洲侍卫十员前往效力。现派法脑著随富宁安前去，祁里德，原系大臣，著授为散秩大臣，驰驿前往，推河亦派新满洲侍卫前往，著将呢牙韩楚、娄征额派出随去，厄鲁特、巴尔虎侍卫官员，亦令挑选带往。[①]

针对此危急局势，康熙帝立即采取措施应对策妄阿拉布坦的军事进攻，直接在西北地区及时增兵，此举威慑了关于新出胡必尔汗争论中青海另一方的察罕丹津与心怀叵测的罗卜藏丹津，使其不敢轻举妄动。此后，清政府开始密切关注罗卜藏丹津与察罕丹津之行为；同时，及时增兵粉碎了准噶尔部策妄阿拉布坦觊觎青海的险恶用心，使青海的危急形势暂告安宁。对此，罗卜藏丹津等人立即将劫持的假六世达赖喇嘛移交给清政府以示诚意。

（二）粉碎策妄阿拉布坦对青藏地区的觊觎及善后措施

经过上述事件，盘踞在新疆的准噶尔部与清政府之间的关系开始紧张起来。为防止准噶尔部策妄阿拉布坦经由青海而涉足西藏，清政府针对青海厄鲁特蒙古所提出的理塘新出胡必尔汗一事，经过利弊权衡之后，决定调停因新出胡必尔汗引发的青海厄鲁特蒙古之间的矛盾。首先，派人侦察地形特征，诸令新满洲二等侍卫俄木巴里、厄鲁特一等侍卫达克巴藏布等，驻扎色尔腾、柴达木等形胜之地侦探，之后决定在噶斯口增兵设防，若有与策妄阿拉布坦来往之人，俱擒获捉拿。同时，令青海台吉达颜、贝勒盆苏克汪札尔也立即派兵至噶斯口帮助防范。其次，于康熙五十五年（1716）闰三月乙卯，"但青海二翼台吉今虽和睦，恐不能久。请将罗卜藏丹津、察罕丹津、达颜管理右翼事务，额尔得尼厄尔克托克托奈、阿喇布坦鄂木布管理左翼事务。再派大臣同郎中长受主事巴特麻至青海盟，令其永远和睦。应如所请"[②]。通过这些防范准备工作，先稳住青海局势，尤其先稳住青海厄鲁特蒙古的罗卜藏丹津与察罕丹津，最后再彻底粉碎策妄阿拉布坦欲经青海入藏的企图。该年七月及其后，清朝继续增兵于察罕乌苏、噶斯口，两地形成双重防线以防范策妄阿拉布坦。十二月，册封罗卜藏丹津为亲王，

[①] 《清实录（六）·圣祖仁皇帝实录（三）》卷二六三，北京：中华书局，1986 年，第 587 – 588 页。

[②] 顾祖成等编：《清实录藏族史料（一）·圣祖实录》卷二六八，拉萨：西藏人民出版社，1982 年，第 193 页。

达颜等人为贝勒。

康熙五十六年（1717）初，继续商讨噶斯口派兵防守以及每年五月至七月间此处防守士兵与西宁士兵轮换之法。清政府于七月私下了解到拉藏汗欲有所行动，故而于七月壬申：

> 又谕赫寿曰，尔可以己意作一劝谕书送于拉藏汗云：蒙皇上之恩，将我补授理藩院尚书。昔时曾到尔处，汗甚爱敬。我念彼此相好之情，尽我之心，作书相告。顷者统领驻扎巴尔库尔地方兵丁将军富宁安等，率先锋兵问罪于策妄阿喇布坦之境，拿获策妄阿喇布坦哨兵厄鲁特阿筹拉克、推扎布二人，问之云：策妄阿喇布坦仍住伊本处，与鄂罗斯、哈萨克、布娄尔皆为仇敌。拉藏之子娶策妄阿喇布坦之女三年，已经生子。达赖喇嘛、班禅及拉藏之使，俱在策妄阿喇布坦处。闻卜穆之子策零敦多卜、托布齐、都噶尔、参都克等率六千兵，去年往阿里克处助拉藏汗征卜鲁克巴至今未回。以此思之，策妄阿喇布坦之奸狡，甚不可信。或助尔征卜鲁克巴，或侵尔以取西边地方，俱未可定。再顷者，尔呈部之文，有部中若不料理，我等除力争之外，别无他法等语。由此观之，尔或欲侵戴青和硕齐、罗卜藏丹津，以引导策妄阿喇布坦之兵，亦未可定。尔诚受我主之封食，我主之禄，而侵我边疆之贝勒，我四川等处所有三万兵丁与贝勒戴青和硕齐同在一处，又岂有坐视尔临挪磨浑武巴什、穆鲁斯乌苏等处侵青海之理乎？至彼时，我兵助戴青和硕齐与尔交战，我虽有禁止之文亦无及矣。将此作书可也。①

此信件中，清政府先对拉藏汗予以严重警告，以便令其不敢立即轻举妄动去攻击青海蒙古，为策妄阿拉布坦引路。清政府对拉藏汗的恐吓，意在使其延缓军事行动，以便争取更多的应对时间，因为此时更为紧急的是如何处理拉藏汗、策妄阿拉布坦在青藏地区有可能出现的联合行动。对此，康熙帝的判断十分精准，正如该年八月壬午朔：

---

① 顾祖成等编：《清实录藏族史料（一）·圣祖实录》卷二七三，拉萨：西藏人民出版社，1982年，第194-195页。

先是，靖逆将军富宁安疏报，拿获回子阿都呼里供称，策妄阿喇布坦令伊寨桑都噶尔、参都克策零敦多卜、托布齐等，带领六千兵于去年十一月，由阿里克路往西进发，或前去征拉藏，或帮助拉藏之处，我知得不甚明白等语。疏入，得旨：策妄阿喇布坦由阿里克地方发兵一事，虽虚实未知，朕意料之，甚属可恶。策妄阿喇布坦先曾向泽卜尊丹巴胡土克图之使者云：拉藏汗系嗜酒无用之人，不足介意。羁留其子，并留达赖喇嘛、班禅之使，不令前去。今此兵或征取拉藏，收取西边地方；或帮助拉藏，侵犯青海，俱未可定。若系征取拉藏，其兵于去年十一月前往，今已成仇。我兵欲救援拉藏，恐地方遥远。策妄阿喇布坦之兵，若帮助拉藏同来侵犯青海，则不可不备兵协助迎剿。现今巴尔库尔有富宁安、阿喇衲等，一应军务俱已谙练行兵甚易。应将额伦特撤回，仍驻扎西宁，将协助兵丁与青海之人，一同预备。著议政大臣等议奏。至是，议覆，圣谕甚是周详。应令署理将军总督额伦特速往西宁，料理军务粮饷。西宁总兵官王以谦、侍读学士查礼浑等，在松潘预备；提督康泰、主事巴特麻等，时密遣人往青海地方侦探信息。若得实信，一面速行奏闻，一面彼此知会，各相机而行。驻扎噶斯之侍卫阿齐图、霍善等加意固防探其踪迹。从之。[①]

康熙帝对青藏事务有了准确的判断之后，考虑到情报中策妄阿拉布坦已于康熙五十五年十一月派兵去西藏，若其兵攻西藏，清军因路途遥远恐无法即刻组织对拉藏汗的有效救援；但若策妄阿拉布坦与拉藏汗联合攻青海，青海将处于危险境地，于是立即开始向青海派兵、增兵布防，到该年十月派兵、增兵布防妥当。

康熙五十七年（1718）四月得到确切消息，于去年十一月，拉藏汗的军队在当雄被准噶尔部策妄阿拉布坦部将策零敦多卜击败，而拉藏汗被攻入拉萨的准噶尔部军所杀，准噶尔部暂时占领和控制了拉萨，西藏形势大乱。面对青藏地区的危急局势，清朝立即采取了一些相应措施，如该年五月壬申，"应传谕其（指胡必尔汗）父，令伊遣人转谕营官喇嘛及居民人

---

① 顾祖成等编：《清实录藏族史料（一）·圣祖实录》卷二七三，拉萨：西藏人民出版社，1982年，第195－196页。

等，使知驻兵里塘（今理塘）乃圣主保护胡必尔汗之本乡，不使贼人惊扰，并无他故"①。考虑到青藏高原地区藏传佛教力量的巨大影响，清政府决定先守护住达赖喇嘛的转世灵童，不为策妄阿拉布坦所控制；六月壬午"但近将策零敦多卜差往青海台吉等处之使者带来，著伊传旨晓谕策妄阿喇布坦，令其差人回奏"②。清政府积极主动与策妄阿拉布坦联系，一方面观察其态度，另一方面继续争取准备反攻的时间。从六月甲午开始，积极往西藏调兵遣将，"议政大臣等议覆，侍卫色楞密奏：臣近接总督额伦特书信，内云奉旨差渣布往察罕丹津处，令伊遣人将准噶尔之兵诱来。俟所遣之人回信，然后进兵。……臣所统兵丁二千有余，器械坚锐，马肥饷足。今于五月十三日，已至穆鲁斯乌苏地方"③。同时，为了动员西北兵力积极参战，还于闰八月戊辰决定"应将陕西巡抚、甘肃巡抚所属通省各府、州、县、卫所钱粮、米豆、草束，悉予蠲免，目今系有军务之时。除米豆、草束外，其康熙五十八年（1719），应征地丁银一百八十八万三千五百三十六两有奇，并历年积欠银四万七百五十七两有奇，著一概蠲免。尔部速行文该督抚，通行晓谕，实心奉行"④。从这些减免西北地区赋税、稳定民心的措施来看，清朝很重视西北地区与青藏高原的安定与平稳。同时于九月乙丑因察罕丹津的"委身效顺"著封其为"多罗郡王"，以稳定青海厄鲁特蒙古。

而此时，清军总督额伦特同侍卫色楞俱统兵至喀喇乌苏地方，最终因孤军深入，后勤供应不足，在藏北喀喇乌苏一带被准噶尔部军队击败，额伦特犹力战，殁于阵。得到此消息后，于十月庚申，"先是议政大臣等奏请派出之兵，由何路发往。奉旨：往西安一路为第一起，往宁夏一路为第二起，往宣府大同神木、榆林沿边一路为第三起。如此三路前去，则易于应付草束。至是奏请出兵日期，上命护军统领吴世巴委署护军统领噶尔弼带领第一起兵，于十一月十五日起程驻扎庄浪；副都统宗室赫石亨宝色带领第二起兵，于十一月二十九日起程驻扎甘州；抚远大将军允禵带领第三起兵，于十二月十二日起程驻扎西宁。各于驻扎处喂养马匹"⑤。大军兵分三

①　顾祖成等编：《清实录藏族史料（一）·圣祖实录》卷二七九，拉萨：西藏人民出版社，1982年，第210－211页。

②　顾祖成等编：《清实录藏族史料（一）·圣祖实录》卷二七九，拉萨：西藏人民出版社，1982年，第211－212页。

③　顾祖成等编：《清实录藏族史料（一）·圣祖实录》卷二七九，拉萨：西藏人民出版社，1982年，第212－213页。

④　《清实录（六）·圣祖仁皇帝实录（三）》卷二八一，北京：中华书局，1986年，第746页。

⑤　《清实录（六）·圣祖仁皇帝实录（三）》卷二八一，北京：中华书局，1986年，第750页。

路去往西藏。此时，青海地区的土司也开始行动起来，积极支持清军，如十月甲戌，"都统延信等疏言：八月二十一日，土司杨如松率领兵丁五百名，解送粮饷至穆鲁期乌苏地方，陡遇准噶尔贼人，将千把总三名、兵丁四十八名伤害，杨如松等冲突而出，今具呈情愿效力行走。又土司陆〔鲁〕华龄、祁显邦率伊土兵前赴军前，经今数月，俱受圣主隆恩，何敢徒食钱粮，求指示效力行走。因令杨如松驻扎那兰撒兰地方，陆〔鲁〕华龄等驻扎古木地方查拿贼寇。其被贼伤害之千把总及兵丁，俟查明议奏。从之"①。之后，自康熙五十八年始，清政府开始积极做好战前准备，如供应好驻扎在青海大军的粮草，豁免甘肃所欠康熙五十三年至五十六年银米草豆；在青海增兵，并实行军屯、民屯；正式册封察罕丹津为"多罗郡王"，并安抚青海蒙古；康熙五十九年（1720）二月癸丑，护送新胡必尔汗往西藏，并封其为六世达赖喇嘛，牢牢掌控住青藏高原的宗教势力。最终在青海的罗卜藏丹津与察罕丹津及西藏僧俗势力的支持下，该年十月准噶尔部的势力被驱逐出西藏。

平定策妄阿拉布坦后，于十一月辛巳谕大学士、学士、九卿等人对青海地区地理、风土、民众状况做了详细考察，为治理青海做了铺垫。之后立即进行善后事宜，在西藏废除第巴官职，置噶伦三员，共同辅佐达赖喇嘛掌政。对于西宁进藏兵，着年羹尧酌商办理。康熙六十年（1721）五月甲申，"抚远大将军允禵疏言：奉旨派大臣一员驻扎西宁办事。查西安将军宗查布，前曾调驻西宁。再，侍读学士常授，办青海事业已有年，其可否派驻之处，请旨定夺。得旨：常授著授理藩院额外侍郎，驻扎西宁办事；宗查布著赴大将军允禵处，听候调遣"②。但是，清朝的善后事宜并没有按照罗卜藏丹津所想的一样，将西藏交付于和硕特蒙古贵族管理，致使罗卜藏丹津心存怨念，为其以后的叛乱埋下伏笔。

（三）处理郭罗克藏族部落的抢劫

在清政府集中兵力平定了策妄阿拉布坦对青藏高原的图谋后，康熙六十年九月丁巳：

①　顾祖成等编：《清实录藏族史料（一）·圣祖实录》卷二八一，拉萨：西藏人民出版社，1982年，第219－220页。
②　顾祖成等编：《清实录藏族史料（一）·圣祖实录》卷二九二，拉萨：西藏人民出版社，1982年，第265页。

议政大臣等议奏：据驻扎西藏额驸阿宝移称，青海索罗木地方之西，有郭罗克部落唐古特等，肆行劫掠往来行人，曾将驻扎索罗木兵马匹盗窃而去。查郭罗克地方与归附我朝之多隆汗地方相近，应行令多隆汗晓谕伊等，嗣后宜遵守法度，不得仍前肆行。倘伊等不遵训谕，请即发兵前往，将首恶之人惩治。令多隆汗于伊属下之人，拣选有才干者，使为郭罗克部落之首，则西宁青海等处往来使人及商贩之人，俱获安静。应如所请。得旨：额驸阿宝，请将郭罗克部落惩治，所言甚当。郭罗克地方近四川松潘一路，与多隆汗接壤。应行文总督年羹尧、提督岳钟琪等，著向多隆汗处详询郭罗克地方形势若何。发兵进剿用力几何。如易于攻取，即令岳钟琪带领松潘兵进剿，倘地险势众，应酌量派遣满洲蒙古兵丁，及附近之察罕丹津处亦令派兵协助，前往进剿。著大将军允禵、侍郎常授、总督年羹尧、提督岳钟琪会同定议而行。①

面对郭罗克藏族部落的抢劫行为，清朝决定"如易于攻取"，立即派兵进剿，以使青海地区稳定，十二月壬申，四川提督岳钟琪带兵剿伏了郭罗克部落。

以上事情结束之后，至康熙六十一年（1722）十二月己卯，"谕总理事务王大臣等：噶斯遣兵驻扎，特为防范策妄阿喇布坦之人侵犯青海。今噶斯一路，官兵无事。可将驻扎年久之人撤回，其新往官兵内，验看汉仗好者，移至巴尔库尔效力，再量留兵丁驻防噶斯一路之处。尔等详议具奏。寻议：噶斯现有满洲绿旗兵共一千六百八十七名，应行文将军宗查布，令其挑选满洲绿旗兵五百名，暂于噶斯一路驻扎防守，其余兵丁，俱撤回原处。具勒色卜腾扎尔、盆苏克汪扎尔、达颜之子达锡策零，驻守处既与噶斯相近，伊等兵丁，亦令预备。如有用兵之处，与青海西宁等处兵丁，一并调遣。从之"②。策妄阿拉布坦势力被驱出青藏高原后，清朝并没有放松警惕，为防止其反扑，仍旧派兵驻扎于青海地区险要关隘之地——噶斯。

总之，在整个顺治、康熙年间，青藏地区蒙古的各种行为举动影响着青海藏区社会的发展。因此这一时期青海藏区社会的发展情况与整个青藏地区藏区社会的情况息息相关，青海藏区社会主要控制在青海厄鲁特蒙古

① 顾祖成等编：《清实录藏族史料（一）·圣祖实录》卷二九四，拉萨：西藏人民出版社，1982年，第268页。
② 《清实录（七）·世宗宪皇帝实录（一）》卷二，北京：中华书局，1986年，第65页。

的手中。随着顾实汗的去世，青藏高原上蒙藏联合建立的甘丹颇章政权逐步瓦解，而蒙古与藏族之间的矛盾逐渐开始显现。甘丹颇章政权的瓦解，终于使清政府松了一口气，之后蒙古欲恢复对青藏高原的控制权、继而发生噶尔丹与策妄阿拉布坦之事，但最终被清政府用武力平息下去，使得青藏高原上的蒙藏势力发生较大转变，藏区社会也逐步开始进入世人视野之中。

第四节　康熙朝对青藏地区的治理

清军入关前后，在皇太极、顺治帝的治理下，清朝中央政府逐渐在中原地区稳住了自己的统治。而青藏高原藏区社会在以顾实汗与五世达赖喇嘛为首的甘丹颇章政权的治理下，与清朝一直保持着较为友好的附属关系。到顾实汗去世，至康熙帝登基之初，漠北厄鲁特蒙古准噶尔部噶尔丹开始觊觎青藏高原藏区。康熙帝亲政后励精图治，在青藏地区先后平息了由噶尔丹、策妄阿拉布坦联合在青藏高原藏区挑起的叛乱活动，逐步将青藏地区收归清朝中央政权的管辖。在对青藏地区蒙古势力与达赖喇嘛进行以安抚为主的政策指引下，清政府通过青海厄鲁特蒙古和硕特部之手牢牢控制着其属下之青海藏区社会。

一、康熙朝前期对青藏地区的治理

顺治十二年顾实汗去世之后，第二年始至康熙八年皇帝亲政，史载厄鲁特蒙古各部及达赖喇嘛遣使来京朝贡方物者十多次。此时，青藏高原藏区之蒙藏势力仍旧延续顾实汗时之举，与清朝中央政府保持着较好的关系，时常向清政府贡物。但在顺治十三年八月壬辰，厄鲁特蒙古部落巴图鲁台吉、土谢图巴图鲁戴青等与其所属藏族部落之间产生了矛盾，即其所属藏族部落告其劫夺，正如资料所言，此事以前就有举报，清政府以"分疆别界，各有定制，是以上不凌下，下不侵上。古帝王统御之常经也。朕怀抚恤远人之意，正欲共跻斯世于隆平。乃数年来，尔等频犯内地，劫夺马牛，拒敌官兵，率领番彝威胁抢掠。该地方督抚巡按奏报二十余次，经部臣屡行遣官晓谕，尔终不悛"① 为由，积极派人清查此事，于顺治十五年，依据事实，决定对蒙古部落给予处理，即"不得任意往来取道他处，尔其恪遵约束，慎守疆圉，副朕怀柔至意。如或不悛，仍前妄行阑入，是尔等有负宽恩，自取罪戾。国宪具在，朕不能私，尔其慎之"②。此为清政府主动、态度明确地插手处理青藏高原藏区蒙藏事务之始，而在顾实汗在世时，面对此类事却只是责备与警告。但在本次处理时，清政府依照事实明确地支持藏族部落。我们以为，对此事的处理，是清政府对青藏高原藏区社会采取"扶番抑蒙"之策之始。

康熙五年，清政府对因受到兄弟所迫而归附清朝的顾实汗幼子之子伊斯丹津给予了优待，将其置于镶白旗，并赐给田地财产。此时，以达赖喇嘛为主，青海厄鲁特蒙古也时常与达赖喇嘛一起向清朝进贡，与清朝保持着较为友好关系。至康熙十三年七月，发生了厄鲁特墨尔根台吉阻拦达赖喇嘛进贡使臣之事，并且在清查此事时，清朝还得到消息，即厄鲁特蒙古与欲在西南起兵反叛的吴三桂之间暗中有较为密切的来往。后在吴三桂反叛时，厄鲁特蒙古婉拒清朝命其出兵之令，并在其辖地制造一些麻烦，从侧面起到了支持吴三桂反叛的作用。同时，康熙帝还嘉奖了劝阻因吴三桂反叛而利益受损的达赖喇嘛欲起兵讨伐吴三桂的几位官员，即"达赖喇嘛俯伏接旨，向臣等云：我闻吴三桂反叛，心甚忧闷。今接敕书，得闻圣躬万安，不胜忻慰。我本喇嘛，惟当诵经，祝祐圣躬康豫、威灵远播、国祚绵长。吴三桂指日殄灭，其扬打木、结打木二城，原系我三噶尔麻之地，今为吴三桂所夺，我即遣兵攻据。若吴三桂势穷而来，我当执而送之；若闻彼不出边境，东西逃窜，即时进兵擒拿。臣等云：喇嘛既欲相助，当勿吝大举。喇嘛云：闻大国兵马，皆给粮草，我兵前进，粮草不继，人饥马瘦，何能深入？臣等云：当此吴三桂反叛之时，若将国家山狭良民抢夺，非为相助，反生衅也。达赖喇嘛云：我亦当诫谕我兵，不令妄行。天使回奏，皇上作何调遣，即谕来使，令其速归。我即遵旨奉行，奏毕，上曰：拉笃祜等所行，殊为可嘉，著吏部议叙：丹巴德穆齐，著赐名加赏"③。依此记载而言，吴三桂反叛时，占领了原属西藏的扬打木、结打木二城，达赖喇嘛欲兴兵讨回二城，清朝官员拉笃祜等怕达赖喇嘛兴兵会将事态复

① 《清实录（三）·世祖章皇帝实录》卷一〇三，北京：中华书局，1986 年，第 800 页。
② 《清实录（三）·世祖章皇帝实录》卷一二二，北京：中华书局，1986 年，第 944 页。
③ 顾祖成等编：《清实录藏族史料（一）·圣祖实录》卷四八，拉萨：西藏人民出版社，1982 年，第 36 - 37 页。

杂化，所以立即劝阻达赖喇嘛。这说明此时清政府在处理青藏高原事务时态度是很谨慎的，清政府一直在密切关注着蒙藏之间关系的动向。

康熙十四年，边外蒙古在甘肃地区进行扰边活动，清政府立即调兵遣将，尽力做好防范工作。但面对本次扰边活动，清政府最担心的却是青藏高原的蒙藏势力会不会与边外蒙古有所联系，因此：

> 仍遣使往谕达赖台吉，约束部落，毋为边患。会达赖喇嘛使至，并予敕，使转谕达赖台吉。敕曰：皇帝敕谕达赖喇嘛，吴三桂初叛，朕谕喇嘛大兵分路进讨，若吴三桂势蹙投降，喇嘛其即执送。续览喇嘛奏云：吴三桂背主负国，人皆恶之，不来则已，来则缚之以献。吴三桂曾取结打木、扬打木二城，今已发兵攻取，防守沿边。若欲征兵深入，惟候诏旨。又言：达赖台吉故居土伯特，今遣居青海，令其有事则相援，无事则钤辖其部属。朕思自太宗文皇帝世祖章皇帝至今，遣使往来，恩礼无间。喇嘛崇尚信义，必如所奏而行。故遂以达赖台吉等进兵滇蜀之故晓谕两省。及达赖台吉辞以松潘路险，未进四川。喇嘛又奏言：蒙古兵力虽强，难以进边，纵得城池，恐其贪据。且西南地热，风土不宜，若吴三桂力穷，乞免其死罪，万一鸱张，莫若裂土罢兵。吴三桂乃明时微弁，父死流贼，摇尾乞降。世祖章皇帝优擢封王，其子尚公主，朕又宠加亲王，所受恩典，不但越绝朝臣，盖自古所罕有。吴三桂负此殊恩，构衅残民，天人共愤。朕乃天下人民之主，岂容裂土罢兵？但果悔罪来归，亦当待以不死。今将军张勇等奏，达赖台吉诸部落入边侵掠，彼以王辅臣倡乱，内地亦皆骚动故也。今西陲晏然，内地无事，已下敕禁谕。达赖喇嘛宜恪守前言，令其统辖部属，毋得生事扰民。①

一方面，清政府对吴三桂反叛时厄鲁特蒙古婉拒出兵讨伐一事予以轻描淡写，即对达赖台吉辞以松潘路险，未进四川，没有表露出任何责怪之意；另一方面，重点提及吴三桂反叛时达赖喇嘛听从清朝官员劝告没有起兵讨伐一事，最终达赖喇嘛的态度是"若欲征兵深入，惟候诏旨"。以此为

---

① 顾祖成等编：《清实录藏族史料（一）·圣祖实录》卷五四，拉萨：西藏人民出版社，1982年，第37－39页。

例告知厄鲁特达赖台吉"宜恪守前言，令其统辖部属，毋得生事扰民"。此时，面对边外蒙古扰边一事，清政府的态度极为谨慎，对青海厄鲁特蒙古既往不咎，仍旧以安抚为主。重点强调上文所言达赖喇嘛的例子，意在使厄鲁特蒙古不要于此事中节外生枝，在赞成达赖喇嘛举动的同时，也希望在本次扰边活动中达赖喇嘛不要有其他活动。同时，也是言辞明确地警告达赖台吉不能有与边外蒙古勾结、苟且之事，否则便和吴三桂一样"负此殊恩，构衅残民，天人共愤"。若不听劝告，清政府的态度也很明确，即"岂容裂土罢兵"。面对清政府的警示，达赖喇嘛、厄鲁特蒙古、喀尔喀蒙古遣使入京进贡，以表服从与忠心，最终没有参与本次边外蒙古扰边一事。此后，清政府一直密切关注青藏高原蒙藏之间的关系和动向，以及吴三桂与青藏地区蒙藏之间的关系，并运筹帷幄，最终平定了吴三桂在西南地区的叛乱。但此时，蒙古厄鲁特准噶尔部噶尔丹自封为"博硕克图汗"，开始蠢蠢欲动，偶尔在其所辖地区滋事，之后又向清政府进贡，以观察清政府对其滋事之态度。

二、康熙朝中期对青藏地区的治理

（一）平息吴三桂叛乱的善后事宜

康熙二十一年，在吴三桂叛乱被平息后的善后措施中，清政府奖励了在本次平叛中有功劳的青海厄鲁特蒙古。具体奖励为，该年秋七月乙卯：

> 得旨：厄鲁特噶尔丹博硕克图汗处，著内大臣奇喀特，一等侍卫觉罗孙果、阿南达等去；喀尔喀左翼土谢图汗处，著领侍卫内大臣费扬古，一等台吉额驸阿喇布坦等去；泽卜尊丹巴胡土克图处，著大喇嘛垂重格隆去；车臣汗处，著散秩大臣博落特，一等台吉吴尔图纳苏图等去；……右翼所萨克图汗处，著都统阿密达，二等台吉根都什席布等去；盆楚克台吉处，著内大臣觉罗吴默纳，一等塔布囊鄂摩克图等去；厄尔德尼济农处，著都统宗室喇克达，二等台吉扎木扬等去；色冷阿海台吉处，著一等侍卫拜音察克，一等台吉拉第等去；达尔玛布里台吉处，著一等塔布囊鄂齐尔，前锋参领札木素等去；罗卜藏台吉处，著一等侍卫多尔济扎卜，二等台吉额林辰等去，各加赏赉。上召奇塔特、费扬古等谕曰：尔等俱系贵显之臣，凡事须仰副盛典，以正大行之。尔

等皆属一体，勿以满洲蒙古，各分彼此，务须同心协和。满洲大臣，不谙蒙古语言，凡议事，尔台吉塔布囊等，译宣于满洲大臣，一同商酌确妥，对答之，勿致失言。尔等所言，伊等所答，及一切传闻事件，俱备录来奏。至内地蒙古，向与喀尔喀互相盗窃，以致盗风大作，如妄行作乱生事者，各自擒拿惩究，盗何自生？盗贼既弭，则牲畜可以散放牧养。牲畜既肥，则入冬不瘦，春时孳孕，无后可虞，蒙古何至贫困？又加以各置汛哨，遇有妄行作乱之人，即从公究处，则民庶得安其生矣。其以此晓谕之。奇塔特等奏曰：敕书赏物，臣等作何交授？上曰：我朝威灵德意，天下外国，无不知之者。谅厄鲁特、喀尔喀必大加恭敬。然伊等向行之例，俱用蒙古礼。今若凡事指授而去，或致相岐，行事反多滞碍。厄鲁特、喀尔喀，依彼蒙古之例，大加尊敬则已。奇塔特等又奏曰：厄鲁特、喀尔喀之汗、贝勒，有赴达赖喇嘛，或至他处者，则待之乎？上曰：在旬日半月内归者，则待之。如迟，则不必待。谁为之首，即交为首之人而来。多尔济扎卜等奏曰：近闻人言，罗卜藏台吉，已为扎萨克图汗所执。如其说果真，则敕书赏物，将如之何？上曰：尔等可于沿途，细加采探，如果被执，尔等即归可也。多尔济扎卜等又奏曰：罗卜藏没有子弟代袭，则敕书赏赉，可与之乎？上曰：不可与也。虽有子弟代袭，须喀尔喀通国保奏，授为扎萨克，准纳九白之贡，始可加以恩赉。奇塔特等奏曰：理藩院移文，令臣等查询定议，收捕厄尔德尼和硕齐、巴图尔额尔克济农等，并给发贡使符验之事。伏请训旨。上曰：此无庸多议也。厄尔德尼和硕齐等，如系噶尔丹属下，即限日收捕；如非彼属下，不能收捕，我朝另有裁夺。至给发贡使符验，前已谕檄噶尔丹矣。近见来使，有给符验者，亦有不给符验者，何项人等，给以符验，须询明。至无符验不准放入之例，亦明白晓谕之。尔等行路，如马驼等物，被小盗偷窃，当优容之，勿令追赔。更须约束随从人等，毋使妄行争斗。厄鲁特、喀尔喀有至尔等旅寓者，须以礼貌，和蔼接待之。和则可以识其心志。奇塔特等又奏曰：厄鲁特、喀尔喀，如因皇上重加恩赉，有所馈遗，臣等可受之乎。上曰：受之。①

从这段记载可看出清政府对青海厄鲁特蒙古的重视程度。对于封赏之事，因被封赏的对象之身份、地位的不同，所派封赏官员的身份、地位也有很大的区别。此外，资料记载中显示出康熙帝心思缜密、谨慎，如对于不会蒙古语的官员以及封赏过程中对厄鲁特蒙古的回话等，康熙帝就有特别详细的安排，并告诫官员：一同商酌确妥，对答之，勿致失言。尔等所言，伊等所答，及一切传闻事件，俱备录来奏。所派封赏官员面对被封赏之人时，以蒙古礼为主。除了封赏之事外，封赏官员还带有任务，如了解该如何对待喀尔喀蒙古的盗窃等，康熙帝都一一做了详细安排。

对噶尔丹等重要人物的封赏，又有专门安排，即"赐厄鲁特噶尔丹博硕克图汗敕曰：朕惟自古帝王，统驭寰内，遐迩同仁，无分中外，沛恩膏于万方，布声教于四海。其历年久远，诚敬职贡者，愈加隆眷，优锡殊恩。尔噶尔丹博硕克图汗，自尔父兄，历世相承，虔修礼好，敬贡有年。延及尔身，笃尽悃忱，往来不绝，殊为可嘉。朕久欲加恩赉，以示优恤至意，只以机务殷繁，是以未逮。兹海寰升平，惠泽宜溥，特遣臣侍卫官员等，赍捧重赏，大沛恩施。尔承此宠锡，当益戴德意，殚心敬顺，以仰副朕柔远同仁，协和万邦之至意。赐喀尔喀汗、济农台吉等敕，亦如之"②。其实，噶尔丹也算是厄鲁特蒙古准噶尔部一位著名首领，因其能力较为出众，曾于康熙十八年夏被达赖喇嘛封为"博硕克图汗"，并与达赖喇嘛关系比较密切。正因为此，清政府深知噶尔丹居心叵测，故一直加强对其观察与了解，并暗中防范。

（二）关注厄鲁特与喀尔喀蒙古间的矛盾

自康熙二十一年始，噶尔丹与喀尔喀蒙古之间矛盾渐起，针对此事，清政府决定先查清事实，如该年八月乙卯，"奉使侍卫多尔济扎卜、台吉额林辰等，至张家口外空郭尔鄂波之地，遇厄鲁特噶尔丹贡使萨拉巴图尔，问罗卜藏台吉为喀尔喀扎萨克图汗所执，果有此事否。其同来有布库班第者，系扎萨克图汗之人，对曰：罗卜藏欲与鄂罗斯合谋攻我汗，我汗遣其子率兵万人，

---

① 《清实录（五）·圣祖仁皇帝实录（二）》卷一○三，北京：中华书局，1986年，第42 - 44页。

② 《清实录（五）·圣祖仁皇帝实录（二）》卷一○三，北京：中华书局，1986年，第43 - 44页。

于今岁二月终旬夜，乘罗卜藏酣寝执之。其属下人俱为俘掳，财物及马驼牛羊，俱为我军所获。我曾执纛随行，此目击之事也。多尔济扎卜等，据此奏报。得上旨：罗卜藏台吉被执既真，尔等携赏物即回"①。此矛盾初现之时，正值康熙帝因平叛吴三桂后封赏之际，当时清政府对此事的态度十分谨慎，康熙帝首先派人了解事情出现的原委，然后下令道：既然事情已经发生，"尔等携赏物即回"。紧接着，清政府拒绝了厄鲁特噶尔丹巴台吉之子、鄂齐尔图汗之孙罗卜藏滚布向清政府申请去龙头山游牧（但其真实目的乃欲占领长宁湖）一事，说明这时清政府对厄鲁特蒙古举动已有所戒备。康熙二十二年，噶尔丹与喀尔喀蒙古之间矛盾进一步加深，已经到了战争一触即发的地步。对此，清政府仍旧在耐心观察，且更注重了解噶尔丹与青海和硕特蒙古之间是否有联系。康熙二十三年，喀尔喀蒙古内部出现了左右翼旗争夺属民的争端，清政府令达赖喇嘛介入此事，并最终于康熙二十九年调停了这次争端。由此可看出，清政府在处理喀尔喀蒙古内部争斗的同时，还在密切关注噶尔丹的动向，积极了解噶尔丹与达赖喇嘛、青海蒙古之间的关系，以及此时处于和硕特蒙古统辖下的青海藏族部落的动向。

（三）平息噶尔丹反叛

康熙三十年，噶尔丹受沙皇俄国支持先出兵喀尔喀蒙古。面对噶尔丹与国外势力勾结攻击喀尔喀蒙古的行动，康熙帝立即派兵征讨，并在乌兰布通一役中大败噶尔丹，之后立即详细查询噶尔丹起兵时，西藏的达赖喇嘛以及青海厄鲁特蒙古之动向，并先对其采取安抚之策。战争的失败，并未使噶尔丹吸取教训，他仍旧一意孤行，为自己的行为寻找借口，且百般狡辩、抵赖自己的恶行。针对噶尔丹所为，康熙帝决定组织一次彻底讨伐噶尔丹势力的军事行动。经过精心准备，先通过较为温和的方式处理好了西藏第巴对达赖喇嘛去世的"匿丧"一事以及安抚青海厄鲁特蒙古诸部，最终于康熙三十七年一举剿灭了噶尔丹，在对此事善后的同时开始积极关注与噶尔丹共同起兵的策妄阿拉布坦的行踪。通过对噶尔丹反叛势力的痛击，清政府越来越密切关注塞外蒙古与青海厄鲁特蒙古势力及与西藏达赖喇嘛之间的关系，正如平定噶尔丹之后，康熙四十五年冬十月丙午，康熙帝"谕大学士等，昔日达赖喇嘛存日六十年来，塞外不生一事，俱各安静，

---

① 《清实录（五）·圣祖仁皇帝实录（二）》卷一〇四，北京：中华书局，1986年，第48－49页。

即此可知其素行之不凡矣。后达赖喇嘛身故，第巴虽隐讳不言，然观其启奏之辞，非昔日达赖喇嘛语气。朕是以知其已故，遣使细访乃尽得欺诈之状。自达赖喇嘛故后，第巴遂教噶尔丹各处妄行生事矣"①。可以说，这一时期，这三者之间是有联系的，清政府通过观察也很明白其间关系，但对青海厄鲁特蒙古、西藏达赖喇嘛势力与塞外蒙古之间的联系"视而不见"，多对其采取以安抚、抚绥为主的政策，其根本原因在于国内局势没有彻底稳定下来，此事还不能采取行动，不然打击面太广，易引起更多不必要的麻烦，只能有针对性地打击行为过激者，同时对其他势力也起到一种警诫作用。

三、康熙朝后期对青藏地区的治理

（一）谨慎处理"真假六世达赖喇嘛"之争

平定噶尔丹叛乱后，康熙四十三年九月，清政府下令对青海地理地貌环境进行一次较为透彻的实地调研，想通过此调查，了解青海地区的厄鲁特蒙古及藏族部落的生活环境。另外，青藏地区于康熙四十五年始，又出现了"真假六世达赖喇嘛"之争，清政府立即密切关注此事。康熙四十五年冬十月乙巳"谕大学士等，前遣护军统领席柱等，往擒假达赖喇嘛及第巴妻子时，诸皇子及诸大臣俱言：一假达赖喇嘛，擒之何为。朕意以众蒙古俱倾心皈向达赖喇嘛。此虽系假达赖喇嘛，而有达赖喇嘛之名，众蒙古皆服之。倘不以朝命遣人往擒，若为策妄阿喇布坦迎去，则西域蒙古皆向策妄阿喇布坦矣。故特遣席柱等前去。席柱等方到其地，策妄阿喇布坦果令人来迎。以此观之，若非遣人前往，则假达赖喇嘛必已归策妄阿喇布坦矣。至西域回子及蒙古今衰弱已极，欲取之亦甚易，但并其地不足以耕种，得其人不足以驱使，且见今伊等已俱恪守法度，是以不取。此等情事，汉大学士及九卿等，想俱未深悉。尔等可将朕谕示之"②。此事中，康熙帝最担心的是这位假达赖喇嘛被策妄阿拉布坦等有心之人利用。这说明康熙帝已清醒地认识到藏传佛教在蒙藏人民心中至高无上的地位及藏传佛教内部的相关事宜，如上面资料载：虽为假达赖喇嘛，但他也曾有过达赖喇嘛的名号。正因如此，蒙古、藏族人均信服他，等等。基于此，为避免节外生

---

① 《清实录（六）·圣祖仁皇帝实录（三）》卷二二七，北京：中华书局，1986年，第275页。
② 顾祖成等编：《清实录藏族史料（一）·圣祖实录》卷二二七，拉萨：西藏人民出版社，1982年，第183－184页。

枝，清政府决定先把假达赖喇嘛押解回京。于十二月庚戌，假达赖喇嘛在押解途中卒于西宁。康熙四十八年，经过多方考虑，就六世达赖喇嘛的真假问题，清政府咨询了五世班禅，根据五世班禅的意见和建议，即"又问班禅胡土克图，据云：波克塔胡必尔汗实系达赖喇嘛。我始为之安置禅榻，非敢专擅。奏入，命议政大臣等议。寻议：拉藏所立达赖喇嘛，既问之班禅胡土克图，确知真实，应毋庸议"[①]。听取了五世班禅的意见之后，康熙帝对此事进行了最后的调停。最终，康熙帝用自己的谨慎态度，加上及时听取五世班禅的意见，迅速消除了因"真假六世达赖喇嘛"之争而可能引起的在青藏地区乃至西北边疆地区潜在的不安定因素。此后，于康熙五十二年，以在处理六世达赖喇嘛之争一事中，因曾询问五世班禅关于达赖喇嘛真假一事为由，康熙帝立即册封和嘉奖五世班禅为"班禅额尔德尼"。从册封班禅呼图克图为额尔德尼一事来看，清政府通过对青藏地区的悉心经营，清楚地认识到藏传佛教对青藏地区的安定所起的重要作用，开始重视藏传佛教高僧大德对青藏地区稳定的作用，而中央政府对班禅额尔德尼的册封，也成为其后世转世灵童必须经过中央政府认可的开始。

（二）对策妄阿拉布坦及其行动的掌握

康熙三十七年，噶尔丹叛乱被平息后，噶尔丹同伙策妄阿拉布坦逃往其大本营新疆，康熙帝经过分析认为策妄阿拉布坦暂时成不了大气候，掌握了策妄阿拉布坦其人虽很狡猾，但向来行为恶劣，与周围部落之间关系极不融洽的情况。其若大行军事，一方面路途艰险，另一方面其大本营之家人无人守护，如若不派出所有兵力倾巢出动，其军事行动难成大事，只能依靠救援，若无救援，就投奔西藏。故认为策妄阿拉布坦只是虚张声势，无意进军。终决定采取屯军驻守之策，以观其果。等到噶尔丹反叛的善后事宜处理结束后，清政府于康熙五十三年开始集中精力处理青藏事宜，先了解西藏拉藏汗与策妄阿拉布坦之间的关系，"拉藏之子娶策妄阿喇布坦之女三年，已经生子。达赖喇嘛、班禅及拉藏之使，俱在策妄阿喇布坦处。闻卜穆之子策零敦多卜、托布齐、都噶尔、参都克等率六千兵，去年往阿里克处助拉藏汗征卜鲁克巴至今未回"[②]，依此，清政府认为其间是有勾结

---

① 顾祖成等编：《清实录藏族史料（一）·圣祖实录》卷二三六，拉萨：西藏人民出版社，1982年，第186页。

② 顾祖成等编：《清实录藏族史料（一）·圣祖实录》卷二七三，拉萨：西藏人民出版社，1982年，第194－195页。

的，之后密切关注策妄阿拉布坦与青海蒙古之间的关系，"由此观之，尔或欲侵戴青和硕齐、罗卜藏丹津，以引导策妄阿喇布坦之兵，亦未可定"①。在准确分析西北地区的形势及利害关系之后，就在该年四月，策妄阿拉布坦又贸然出兵甘肃北部，主动挑起与清军之间的冲突。康熙帝当机立断，在西北地区增兵，一方面使策妄阿拉布坦不敢有更过分之举；另一方面，更为关键的是，增兵严重威慑了青海蒙古的罗卜藏丹津与察罕丹津，令其不敢轻举妄动，更不敢轻易与策妄阿拉布坦连成一片。基于此，罗卜藏丹津立即答应将其居心叵测劫持的假六世达赖喇嘛押解回京。但策妄阿拉布坦仍旧一意孤行，于康熙五十六年十一月进军西藏，杀了拉藏汗，于是蒙古准噶尔部暂时占领了西藏，但准噶尔部此举却导致西藏形势一片大乱。直到第二年五月丁巳，清政府才得到确切消息，即"总督额伦特疏报：四月初五日，拿获策零敦多卜之使人罗卜藏等八人，讯称伊等自去年正月由特几斯起程，十月至布搭拉地方，本月二十八日夜，攻取大招小招，次日围住布搭拉，杀害拉藏，将伊幼子及所属寨桑等送往策妄阿喇布坦处。伊子苏尔扎遁走，为土伯特擒获，拘达赖喇嘛于扎克布里庙，班禅仍住拉［扎］锡伦布等语，将使人罗卜藏等交主事奈曼代，沿途防护，解往京城。报闻"②。对此，清政府于该年六月又晓谕策妄阿拉布坦，并让其差人回奏，警告其若还不安分，明年定将派兵继续征剿。同时，又令两路将军从军事方面做好准备，对汛界加强防守，预防策妄阿拉布坦又寻衅滋事。其实，对拉藏汗被策妄阿拉布坦所杀，导致西藏形势大乱一事，清政府早有认识和预判，即康熙五十六年八月壬午朔就已经知道策妄阿拉布坦带兵到西藏征拉藏汗，但康熙帝有自己的考虑，认为路途遥远，清军恐无力去救援拉藏汗。但若策妄阿拉布坦出兵帮助拉藏汗来进犯青海，必须准备好军事力量迎头痛剿。故对此事的发生，清政府除了积极派兵在青海做应战准备之外，仍旧静观事态发展。也就是说，策妄阿拉布坦进攻西藏拉藏汗并导致西藏形势大乱之事亦在清政府预料之中，但清政府认为策妄阿拉布坦难以在西藏有所作为，且更重要的是需对西藏进行更进一步的治理和控制，故将重点放在青海派兵布防上。

策妄阿拉布坦袭杀拉藏汗一事发生后，清政府考虑到藏传佛教在青藏

---

① 顾祖成等编：《清实录藏族史料（一）·圣祖实录》卷二七三，拉萨：西藏人民出版社，1982年，第194－195页。

② 顾祖成等编：《清实录藏族史料（一）·圣祖实录》卷二七九，拉萨：西藏人民出版社，1982年，第209页。

高原地区的重要性，"又闻自里塘以外直至西藏，敬信胡必尔汗有如神明。今胡必尔汗生长里塘，其父现在西宁之宗喀巴庙。应传谕其父，令伊遣人转谕营官喇嘛及居民人等，使知驻兵里塘乃圣主保护胡必尔汗之本乡，不使贼人惊扰，并无他故。则里塘、巴塘便为川省边隘等语。查里塘距打箭炉甚近，又木多地方距里塘亦不甚远。应如所奏，即派前锋参领伍林帕等看守里塘，侦探信息。并晓谕察罕丹津所遣之寨桑，告以准噶尔之残虐，致干天讨。若又木多地方果有准噶尔之兵前来，令伍林帕等详加计算，即便酌量行事。从之"①。清政府害怕派兵理塘地区会使新任达赖胡必尔汗产生惊疑，更害怕胡必尔汗会被策妄阿拉布坦所控制。与此同时，清政府立即和策妄阿拉布坦接触，询问西藏事务，但策妄阿拉布坦却立即表露出诚意，"今泽卜尊丹巴胡土克图，遣往策妄阿喇布坦之使者楚扬托音回称，策妄阿喇布坦自言：大国皇帝宽洪如海，恕我之非。去年边境领兵之将军等不行具奏，统兵三路前来。蒙圣主洪恩，随颁谕旨，将兵撤回，甚属欢慰等语。应将今年袭击之兵暂行停止，俟伊回奏。视伊情形，如有不顺，明年再行进剿。应行文两路将军喂养马匹，整理器械又须预防其奸诈将汛界加谨防守。从之"②。康熙五十八年，面对策妄阿拉布坦的态度，清政府决定继续观察，并在陕西、甘肃两地积极进行作战准备，如安抚两地民心，蠲免两地人民之赋税；册封察罕丹津为"多罗郡王"。此外，本年六月甲午，议政大臣等官员准备派人将策妄阿拉布坦之兵力诱来，且"臣愚以为准噶尔残害西藏，彼处人民悬望我师，如望云霓，岂能刻缓？况闻准噶尔兵众，散处无纪，伊等伎俩不过暮夜袭营，偷盗马匹而已"③。然后派两千多兵丁做好战斗准备，将其驻扎到穆鲁斯乌苏进行防范。"值今河水浅涸，策鞭可渡。又探得距此五百里，现有准噶尔之哨兵，正当乘此机会剿减贼人，收复藏地。若复驻留，以俟额伦特兵到，恐需迟时日。口粮告罄，进退两难，臣故不能延待，随即陆续进兵。观此所奏甚是，应令色楞沿途小心，相机行事。再行文额伦特等，亦作速进兵策应。从之"④ 清政府在稳

---

① 顾祖成等编：《清实录藏族史料（一）·圣祖实录》卷二七九，拉萨：西藏人民出版社，1982年，第210－211页。

② 顾祖成等编：《清实录藏族史料（一）·圣祖实录》卷二七九，拉萨：西藏人民出版社，1982年，第211－212页。

③ 顾祖成等编：《清实录藏族史料（一）·圣祖实录》卷二七九，拉萨：西藏人民出版社，1982年，第212－213页。

④ 顾祖成等编：《清实录藏族史料（一）·圣祖实录》卷二七九，拉萨：西藏人民出版社，1982年，第212－213页。

住青海厄鲁特蒙古之时，又想借助厄鲁特蒙古对付策妄阿拉布坦，同时也在继续观察二者之间的关系。该年十月、十二月康熙帝分别派三路大军发往西藏，而青海各家土司也纷纷组织兵力行动起来，积极配合清军。康熙五十九年二月，胡必尔汗被清军送到西藏并坐床，成为六世达赖喇嘛。通过此举，清政府先将青藏高原的藏传佛教实力牢牢控制住。而青海厄鲁特蒙古罗卜藏丹津及察罕丹津此时也积极响应清政府的号召，其与西藏僧俗势力配合，于康熙五十九年十月将准噶尔部策妄阿拉布坦之势力赶出青藏高原，至此平息了策妄阿拉布坦出兵西藏带来的变乱。但在善后措施中，清政府却有意地冷落和打击了在此事中积极主动响应清政府号召却心怀叵测的青海厄鲁特蒙古罗卜藏丹津，这为以后青海厄鲁特蒙古之再度事发埋下了伏笔。除此之外，清政府还处置了当时属于四川省管辖的郭罗克藏族的抢劫活动。康熙六十一年（1721）十二月，清政府派四川提督岳钟琪带兵剿伏了郭罗克部落。

因此，在整个康熙帝执政期间，青海和硕特蒙古的活动左右着青海藏族部落，即此时青海除河湟地区藏族部落外，其他都处于青海厄鲁特蒙古管辖之下。而面对此时和硕特势力的强劲，清政府先采取"扶番抑蒙"之策，对藏传佛教采取"多封众建"之策。如康熙四十五年，册封曾在康熙三十七年因违规叩见第巴而被革免呼图克图称号的第一世章嘉阿噶旺罗布桑却拉丹为"灌顶普善广慈大国师"，掌管西藏以东格鲁派事务，其在藏传佛教界的地位仅次于达赖与班禅。此外，清政府还充分利用宗教势力控制蒙古，扶持藏族，欲使其互相制约，旨在稳住青海局势。在康熙帝执政中期，专派大臣办理青海蒙古事务，其执政后期，随着西北边疆危机以及三藩之乱和台湾"反清复明"等边患的解除，委派专职官员驻西宁办理蒙藏事务，这说明康熙帝早已关注着青海和硕特蒙古的动向。

总之，康熙帝在位期间，和硕特蒙古在青海乃至整个青藏高原地区的势力还是非常强大的，青海各藏族部落大多处于其统治之下。经过康熙帝的努力，青海蒙古族由以往青藏高原的统治者正式变成清朝的藩属，但清政府仍旧允许青海之厄鲁特蒙古保留以往各台吉割据局面，此即"分而治之"。而此时青海各藏族部落（除西宁所辖之外）大多仍处于和硕特蒙古的管辖之中，但其势力有一定的恢复和发展，而且蒙藏矛盾逐渐浮现出来。

第三章
清朝治理青海藏区社会的转折点

在康熙帝处理策妄阿拉布坦觊觎青藏地区一事中，青海蒙古的罗卜藏丹津积极支持了清朝政府的行动。罗卜藏丹津系顾实汗之孙，其原本设想驱赶策妄阿拉布坦势力出青藏地区后，清政府会命其为青藏地区的掌管者，但康熙帝在善后中只是对其做了相关嘉奖，并没有让他成为青藏地区的管理者，再加上雍正帝即位，对随清军入藏稳定西藏局势的青海和硕特蒙古诸台吉进行赏赐时又冷落了他，便萌生反意。雍正帝借此契机，果断地处理了这次由以罗卜藏丹津为首发起的叛乱，并借机进一步打击了青藏地区的蒙古势力。自此之后，清朝政府立即采取措施，继续追剿罗卜藏丹津叛党余部，进一步控制了青海地区及青海藏区社会的藏族部落。同时，清政府继续在西北地区积极布兵设防，有效防止并粉碎了新疆的准噶尔蒙古对青海地区的觊觎，通过种种周密的安排与治理，清政府正式将青海藏区各藏族部落的掌控权从和硕特蒙古手中分离出来，且逐渐控制在自己手中。

第一节　罗卜藏丹津事件及其善后措施

关于罗卜藏丹津事件的研究，前人的成果颇丰，在此我们依照《年羹尧满汉奏折译编》（以下简称《奏折》）与《清实录》中的相关记载进行论述。从康熙四十九年年羹尧在四川任巡抚、总督到雍正帝继位始，《奏折》中共收录年羹尧的汉译满文奏折195条，汉文奏折289条，其内容一部分涉及四川政治、经济、民风民情等。从奏折内容来看，年羹尧治理四川时首先从深查省情入手，其工作非常细致、务实。另有一部分涉及青海地区，其反映出年羹尧在处理各方面事务时心思十分缜密、谨慎。如在策妄阿拉布坦一事的善后事宜中，雍正元年（1723）正月初二日满文《奏请由西藏撤军设驿站折》中可以看出，尽管策妄阿拉布坦被清军赶出青藏地区，但清政府仍旧密切关注着青藏地区的状况，"今料贼断然不敢复来藏地……惟达赖喇嘛年幼，坐床不久，西藏又无总理事务之人，倘不安抚彼等之心，亦不合先帝抚绥远方之至意。以臣等愚意，令达赖喇嘛、各地堪布、番首等共同保举一名可靠忠厚、平日遂唐古特人之心愿者为西藏迪巴，命其总理事务。此迪巴并非所封，后日若办事不力，即令更换，亦不难也"①。年羹尧提出在西藏地区设立"迪巴"一职，由僧俗界人士从藏族中选出有威望者担任，并建议将驻藏大军及蒙古各部兵力撤回，选一贤能副将统辖，且将此事告知达赖喇嘛。选一副将带兵留在西藏，此事一举两得，既可保护年幼的达赖喇嘛，又可借此举获得当地民心。以上《奏折》从战事（即策妄阿拉布坦觊觎青藏地区的军事行动）初定开始，进而观察到青藏地区宗教领袖达赖喇嘛年幼，故而年羹尧向雍正皇帝提议在西藏设置"迪巴"一职，并提议在西藏留一副将带兵等，足见年羹尧处理青藏事务时态度之小心、慎重。另外，从《奏折》中还可看出，年羹尧带兵纪律严明、赏罚分明，在四川时，其对四川的管理显得游刃有余，并善于做长远计划和打算。从以上年羹尧对青藏地区形势的观察与分析及对四川地区的管辖来看，年羹尧其人的确不失为一代将才。正因为其在四川做巡抚时表现出色，所以得到了康熙帝、雍正帝的赏识，在康熙后期处理了西藏事务后，因青海罗卜藏丹津起事，康熙六十年年羹尧便又被任命为四川陕西总督，开始着手治理川陕两地。

一、罗卜藏丹津事件发生的原因

罗卜藏丹津系和硕特蒙古顾实汗之第十子达什巴图尔之子，康熙平定噶尔丹叛乱后，达什巴图尔附清，被封为和硕特君王，后罗卜藏丹津袭爵，自以青海、西藏旧皆为领土，思恢复先业。康熙后期清政府与策妄阿拉布坦在青藏地区的斗争中，罗卜藏丹津及青海其他蒙古各部积极参与其中，支持清朝。但在康熙五十五年闰三月乙卯，因侍卫阿齐图观察到在送胡必尔汗入藏一事中，青海蒙古之间有矛盾且想法各异，故而清政府以为，青海地区左、右两翼蒙古，目前从表现来看非常和睦，但继续发展下去，其间必然失和。基于此，清政府向青海蒙古左、右两翼各安排管理者，同时派官员去青海组织左右两翼会盟，意欲保持现状，以图其间和睦、安宁。清政府此举意在平衡青海和硕特蒙古之势力，使其互相制约，不愿青藏地区再出现某一支蒙古势力过大的状况，这在一定程度上削弱和打击了罗卜藏丹津的势力，引起罗卜藏丹津的不满。至雍正元年春正月壬辰，"谕总理事务王大臣、议政大臣等：青海台吉策零董洛卜著封为贝勒。自西陲用兵

---

① （清）年羹尧撰，季永海、李盘胜、谢志宁翻译点校：《年羹尧满汉奏折译编》，天津：天津古籍出版社，1995年，第1-2页。

以来，青海之王以下，台吉以上，各著劳绩。皇考曾降旨，俟凯旋之日再行计功。今青海王、台吉等历年效绩，作何加封施恩之处。察明议叙具奏"①。罗卜藏丹津因在清政府与策妄阿拉布坦之争一事中护送七世达赖入藏有功，而在事件善后中得到清政府嘉奖。但清朝在嘉奖罗卜藏丹津的同时，又晋封察罕丹津为黄河南亲王，地位与其基本相同，更加引起了罗卜藏丹津的不满。清政府之所以如此册封，意在平衡和硕特蒙古间各部的势力，不想出现一部独大之局面。从该年三月甲申清政府下令"在藏之兵或撤回，或于通藏之路驻扎及西宁所与官兵撤回之处，集议以闻"之后，对清政府善后处理极为不满的罗卜藏丹津便也从西藏返回青海。其后，清政府了解到返回青海的罗卜藏丹津暗中勾结在清军打击下回到新疆的准噶尔部策妄阿拉布坦，图谋组织叛乱，即其偷偷派人私下去找策妄阿拉布坦，约其发兵，共同攻击内地。但刚刚经历清军打击而逃窜回家的策妄阿拉布坦已无力也不敢再贸然出兵攻击清朝，但怂恿、支持罗卜藏丹津发动叛乱。

雍正元年六月壬午，罗卜藏丹津等率兵四次袭击青海郡王额尔得尼厄尔克托克托奈。七月己卯，"谕驻扎西宁办青海事务兵部左侍郎常寿据贝子延信奏报：亲王罗卜藏丹津、贝勒盆苏克汪扎尔等，率兵四千，抢夺王额尔得尼厄尔克托克托奈等，尔宜遣人劝阻，令其和好，若罗卜藏丹津借此侵犯边塞，则不可不加惩治，此事或尔亲往和解，或遣贤能官员、喇嘛等往彼和解。尔悉心筹画，与年羹尧商酌而行"②。在清朝的严格查问下，罗卜藏丹津以各种理由应付，如"据罗卜藏丹津诉称：戴青和硕齐察罕丹津、额尔得尼厄尔克托克托奈欲霸占招地，捏言我遣使准噶尔，欲同策妄阿喇布坦背叛，以为谗害，是以众台吉等不服，会盟兴兵，并备言戴青和硕齐等过恶，拟于数日起程渡河，与决胜负"③。但清政府并未被罗卜藏丹津的托词所迷惑，而是通过对察罕丹津等人的调查，逐渐认识到罗卜藏丹津之野心，即"细揣其意，先灭额尔得尼厄尔克托克托奈，再灭察罕丹津，独占青海"④。于是清政府决定由年羹尧与其他大臣商议，筹谋解决此事。

针对此事，年羹尧开始进行周密的实情调查，于七月初二日上满文《奏闻额尔德尼求援折》中有如下分析：

---

①《清实录·世宗宪皇帝实录（一）》卷三，北京：中华书局，1986 年，第 82 页。

②《清实录·世宗宪皇帝实录（一）》卷九，北京：中华书局，1986 年，第 164 – 165 页。

③ 顾祖成等编：《清实录藏族史料（一）·世宗实录》卷十，拉萨：西藏人民出版社，1982 年，第 282 – 284 页。

④ 顾祖成等编：《清实录藏族史料（一）·世宗实录》卷十，拉萨：西藏人民出版社，1982 年，第 282 – 284 页。

驻西宁侍郎常寿，差遣拨什库齐里克特衣送来其奏搜，罗卜藏丹津等出兵掠额尔德尼额尔克，应调我兵及臣我应去西宁等事。臣我详思，青海之人皆顾实汗之后裔，彼等臣今若辜负我朝重恩，骨肉相残，与我毫无干系。罗卜藏丹津确能剿灭额尔德尼额尔克，则是彼等自己削弱自己之力量，尚与我事有利，倘额尔德尼额尔克之力量不及罗卜藏丹津而降之，其亦非诚心归降。后日我大军出时，额尔德尼额尔克定能前来投我。此事毋庸置疑。随然不可不保护心向我之人，惟此时蒙古草原正值青草长出马肥之时，我们若现在发兵往伐，彼等依靠马肥远避，必致我军枉费力量。（朱批：审视。额尔德尼额尔克若来投靠，准其入架子自卫者，亦是。不然，则失后日抚远绥远之理。额尔德尼额尔克等，乃心向我之人，甚为可悯。今若收之，后日可得其力。将此亦降旨延信）……又缮写蒙文书信，致额尔德尼额尔克：闻尔等兄弟之间派兵掠尔，尔务妥为准备。我大军沿边各处皆已准备妥协，若彼等军队前来，尔等务必支撑、勿惧，我大军即刻前去营救等语。……因此，今圣上降旨质问罗卜藏丹津，再观其如何回答。[1]

从此奏折之内容，又可窥见罗卜藏丹津事件发生起因之一斑，即因罗卜藏丹津的不满，当其准备攻击青海蒙古之另一支以额尔德尼为首领的部落以泄愤时，"驻扎西宁侍郎常寿折奏：亲王戴青和硕齐察罕丹津领兵与罗卜藏丹津相持，势难抵敌。率妻子属人一百四十余名来至河洲老鸦关外，臣即令其进边居住，其余人众，令伊寨桑管束，边外防守要隘。奏入。报闻"[2]。对于罗卜藏丹津的疯狂举动，正如年羹尧在奏折中所判断分析的，遭到攻击的察罕丹津最终会投归清朝，而清朝驻青海官员也立即将此事向中央政府作了报告。值得注意的是，对于罗卜藏丹津主动攻击青海其他厄鲁特蒙古，年羹尧在《奏折》的分析认为，二者（蒙古部落）相侵，与我毫无干系。罗卜藏丹津能剿灭额尔克，则是彼等自己削弱自己之力量，尚与我事有利，额尔德尼一方为心向我之人，必须给予安抚与保护。也就是说，此时面对青海和硕特蒙古内部的争斗，清政府是希望其势力因部落间

---

① （清）年羹尧撰，季永海、李盘胜、谢志宁翻译点校：《年羹尧满汉奏折译编》，天津：天津古籍出版社，1995年，第7-8页。
② 《清实录·世宗实录（一）》卷一〇，北京：中华书局，1986年，第193页。

的相侵而受到削弱的，即清政府希望厄鲁特蒙古在青海的势力因内斗而就此衰弱下去。

另外，清朝官员还清醒地认识到罗卜藏丹津的目的及种种行为："总理事务王大臣等遵旨议奏：罗卜藏丹津久怀异志，纠众盟誓。皇上念伊祖顾实汗恭谨效顺，不即加罪。特遣侍郎常寿谕以利害，前往和解。罗卜藏丹津并不听常寿之言，欲与戴青和硕齐察罕丹津交战，又冀望汗名号，又私称伊为达赖混台吉，殊属背逆。现今伊欲往察罕丹津处争战，应调遣西宁之兵，俟罗卜藏丹津渡黄河时，于渡口邀截其后。至松潘兵丁，请令提督岳钟琪带领前往，就近应援，以张声势。其西路军务，应行文年羹尧详加定议办理。从之。"① 清朝官员已经判断出罗卜藏丹津一定会起兵强渡黄河，发生祸乱之事，因此上书请求调兵遣将，在军事上做好一切防范准备。据资料记载，早在雍正元年五月之际，因对清政府不满，罗卜藏丹津还在察罕托洛亥召集诸台吉会盟，号召恢复先人霸业，勒令各台吉称他为达赖浑台吉，同时强迫各首领恢复旧时名号，一概不许称清朝封给的王、贝勒、贝子、公封号。由此，可更进一步确定罗卜藏丹津的目的是"会同众台吉，奏请赏伊汗号，驻占招地，遥管青海，显然可见"②。一般来说，在察罕托洛亥召集诸台吉会盟，此事是罗卜藏丹津发动反对清政府叛乱活动之始。

总之，罗卜藏丹津反叛的原因，依据已有的研究成果归纳起来主要是，因雍正年间蒙古族在青藏高原势力过于强大，故而清朝在青藏高原逐步实行"扶番抑蒙"政策，开始打击青藏地区蒙古势力；同时，罗卜藏丹津因其特殊身份而原本以为清朝会赋予其青藏地区的统治权，但最终事与愿违，便萌生反意，更为严重的是其暗中联络和勾结受沙俄支持的一直对青藏地区觊觎已久的策妄阿拉布坦，这一点导致其起兵已经是勾结外国共同作乱的叛国行为。原因的确如此，但我们通过疏理奏折内容也可以看出，在罗卜藏丹津蠢蠢欲动之际，其实清政府已经做好了一切准备，就等着罗卜藏丹津起兵反叛的那一刻。罗卜藏丹津的一切行动已尽在清政府的掌握之中，清政府于此时在等待其起兵叛乱。因此，实质上可以说，掌握了罗卜藏丹津的状况后，清政府并未提前阻止，而是静观其走上反叛之路，终之一举

① 顾祖成等编：《清实录藏族史料（一）·世宗实录》卷十，拉萨：西藏人民出版社，1982年，第284页。

② 顾祖成等编：《清实录藏族史料（一）·世宗实录》卷十，拉萨：西藏人民出版社，1982年，第282－284页。

剿灭。清政府的真实意图在于想通过此事，一举削弱青海蒙古之势力，进而将青海完全控制在自己手中。

二、罗卜藏丹津事件的经过及结果

雍正元年八月，罗卜藏丹津率军强渡黄河，标志着其针对清政府的军事进攻正式开始。首先，清政府关注和清查了罗卜藏丹津与察罕丹津之间的冲突矛盾及事情之实质，故而面对罗卜藏丹津在青海地区的反叛行动时，雍正帝没有立即进行军事镇压，而是下令继续查清事实真相。基于此，年羹尧于九月十八日上满文《奏报罗卜藏丹津渡黄河折》中言：

> 王察罕丹津亦不能抵挡罗卜藏丹津，若再不能支撑，我将派人入边等语。今罗卜藏丹津之罪已甚明显，叛变在即也。若击败察罕丹津，罗卜藏丹津即要恃强行动。目前此事断不可耽搁迟缓，且罗卜藏丹津已遣使策妄阿拉布坦，相互约定，所议甚明，或与策妄阿拉布坦一同作乱，或欲取藏，确实无疑。军务宜欲先详尽策划而行。[1]

此奏折上半部分，再次确定了罗卜藏丹津心怀叵测，且与受沙俄支持的策妄阿拉布坦勾结，觊觎青藏地区，而这也是当时清政府进一步将罗卜藏丹津事件定性为叛乱的主因。

其次，清政府在静观事态之发展的同时，积极调兵遣将，做好战前一切准备。上段奏折下半部分为：

> 亲王罗卜藏丹津，已渡黄河……臣我立即于本月二十日自西宁启程。已派出官兵，办理钱粮之处，已一一明白开列奏闻。一，率军行动者，四川之军由提督岳钟琪率领，西宁之兵由总兵官黄喜林率领。……一，派出兵额……一，为预先防贼躲避逃窜……一，行军、进剿之际，因有军械、行粮，因此驮运之马匹牲畜甚为重要……先前上谕令送来预备之户部二十万两银子，臣已动用，在西宁准备粮食草料……一，四川、陕西二省自用兵以来，兵丁

---

① （清）年羹尧撰，季永海、李盘胜、谢志宁翻译点校：《年羹尧满汉奏折译编》，天津：天津古籍出版社，1995 年，第 12－15 页。

每次行军，皆由库银借给……土司……兵丁……这些人若出边口，祈请亦按内地官兵发给口粮。①

确定了罗卜藏丹津心怀异心并已经起兵反叛之后，年羹尧立即建议雍正帝让西北地区军队在军需方面做好妥善准备，以防罗卜藏丹津突然起兵进攻之不测。此奏折上呈之后，雍正帝于十月便命川陕总督年羹尧，若罗卜藏丹津继续起兵，立即"军务宜预先筹度，尔宜将西宁、松潘、甘州等处军兵整备……务期剿灭"②，了解到罗卜藏丹津反叛真相的雍正帝，决定以四川提督岳钟琪为参赞军务，由年羹尧统领，彻底剿灭罗卜藏丹津。同时年羹尧于雍正元年十月初十立即上满文《奏闻给达赖喇嘛送印册折》，将达赖喇嘛之使由西宁经成都送回西藏，以做到有备无患。年羹尧得到了务期剿灭的准确命令后，又于十月十六日上满文《奏调西安兵至西宁等地折》，积极调兵遣将，"西安满洲兵、察哈尔兵合起来共一千；在陕西之绿旗兵、土司兵，四川之绿旗兵、土司兵，总合起来足以敷用。再，用兵不可无参赞大臣。……请命苏丹为参赞大臣。提督岳钟琪总领四川之绿旗兵、土司兵……亦请命岳钟琪为参赞大臣。惟青海事务，皆为蒙古之事务，亦请侍郎常寿、头等侍卫达鼐参议"③。从以上可知，在明确罗卜藏丹津决意要发动叛乱之后，雍正帝立即让年羹尧调集西安军事力量于青海，提前做好剿灭叛乱之军事力量布置方面的准备。即此时，清政府在青海地区提前做好了战时的人员调整与配置，等待罗卜藏丹津叛军的到来。由此可见，清政府面对罗卜藏丹津的起兵叛乱已经做好一切准备，并步步为营拟定攻击与防守策略，且决定一举剿灭罗卜藏丹津。

最后，在决定剿灭罗卜藏丹津的同时，清政府积极做好迎战准备，并迅速进入备战状态。剿灭叛乱之战，可以分为以下两个阶段：

第一阶段，始于雍正元年十月二十日年羹尧满文《奏闻前总兵官周瑛至藏折》中言："罗卜藏丹津若恭顺归降，事则完结。"④ 此时清政府还对罗

---

① （清）年羹尧撰，季永海、李盘胜、谢志宁翻译点校：《年羹尧满汉奏折译编》，天津：天津古籍出版社，1995年，第12－15页。

② 顾祖成等编：《清实录藏族史料（一）·世宗实录》卷十一，拉萨：西藏人民出版社，1982年，第284－285页。

③ （清）年羹尧撰，季永海、李盘胜、谢志宁翻译点校：《年羹尧满汉奏折译编》，天津：天津古籍出版社，1995年，第20－21页。

④ （清）年羹尧撰，季永海、李盘胜、谢志宁翻译点校：《年羹尧满汉奏折译编》，天津：天津古籍出版社，1995年，第22－23页。

卜藏丹津抱有一丝希望，以为他能知难而返，然而罗卜藏丹津最终仍旧起兵。叛军对清政府的军事攻击发动后，十月二十二日，年羹尧上《奏闻罗卜藏丹津入南川折》，折中言："十月十九日，罗卜藏丹津同党，共同带兵四五千，欲毁西宁之南川口而入……二十一日晚……贼哨卡发觉，厄鲁特、番子一同来战……申中堡囊苏助贼而战，故皆剿灭。"① 从此奏折看，西宁附近申中堡藏族部落在囊苏的率领下参与了本次叛乱，但最终被早有准备的清军一举剿灭。十月二十七日，上《奏闻攻剿西川附近贼折》："十月十九日，贼来犯镇海堡……多巴之囊苏阿旺丹津，早已投靠了罗卜藏丹津……惟事务尚未完结，暂囚牢中……罗卜藏丹津等逃出边者。"② 查明多巴囊苏阿旺丹津与罗卜藏丹津之间也有勾结，多巴兵败后阿旺丹津便被捕入狱。十一月初一日，年羹尧上《奏闻剿灭庄浪番子折》："庄浪地方乃河西五府要害之路，东西两山内，皆为番子游牧驻地，而且中间即为行走之大路。因此先前调庄浪营之兵去布隆吉尔时，番子虽出来偷窃，但尚不敢胡行乱为。自今年五六月以来，公开抢劫商人财物，偷窃民人家之事甚多，并突然出来劫夺驿、塘之马匹。……（自十月初三至二十三日）棋子山之贼巢全部扫靖。所余之贼逃匿在茨尔沟者，若东山之三群番子一同诚心惧法来降，即招抚彼等。倘若不改，再全部剿灭。"③ 庄浪藏族部落虽然没有明显表现出和罗卜藏丹津勾结的反叛意图，可在这个特殊时间段内庄浪藏族的偷窃、抢劫之行为，在一定程度上呼应了反叛事件。但在处理此事时，清政府仍旧谨慎地提出其若"诚心惧法来降，即招抚彼等"，足见清政府此时对青藏事务及藏族事务的重视。同时间内，上《奏闻剿北川新城贼匪折》："北川新城距西宁九十里……牢固守住城池。"④ 十一月十一日，上《奏闻攻剿上北塔下北塔贼折》："惟北川外之上北塔、下北塔两处所居蒙古回子……据此可知，这些人早就怀有异心。……今罗卜藏丹津、阿拉布坦俄木齐虽已逃出，而此地两地之回子，仍趁机掠夺我百姓。……剿灭上北

---

① （清）年羹尧撰，季永海、李盘胜、谢志宁翻译点校：《年羹尧满汉奏折译编》，天津：天津古籍出版社，1995年，第23-24页。

② （清）年羹尧撰，季永海、李盘胜、谢志宁翻译点校：《年羹尧满汉奏折译编》，天津：天津古籍出版社，1995年，第24-26页。

③ （清）年羹尧撰，季永海、李盘胜、谢志宁翻译点校：《年羹尧满汉奏折译编》，天津：天津古籍出版社，1995年，第27-28页。

④ （清）年羹尧撰，季永海、李盘胜、谢志宁翻译点校：《年羹尧满汉奏折译编》，天津：天津古籍出版社，1995年，第28-29页。

塔之恶贼头目，所余回子全部招降，我大军行时，无有可虑之处也。"① 以上奏折反映出在剿灭罗卜藏丹津叛乱的军事行动中，清军已是步步取胜。同日上《奏请调遣兵马筹办粮草折》，折中提出在巴暖三川、庄浪地方、西宁继续调派兵马粮草镇守，原因是"今罗卜藏丹津贼党阿尔加囊苏，住在我西宁所属巴暖三川地方附近，仍然出来扰害地方。巴暖三川系通往河州之大路，而且仅有守兵三百。巴暖三川，自兰州由小路行走，仅有两日路程。为此，臣我于十月二十二日就近调兰州巡抚标下兵丁五百，把守巴暖三川。庄浪地方，四边皆住番子、蒙古，且系西宁、凉州两路之隘口，因守军力量弱小，故臣于十月二十三日，调固原提督标下兵丁一千，防守庄浪"②。就在清军胜利在望之际，年羹尧并未因此而放松警惕，而是仍旧悉心布置兵力，在巴暖三川、庄浪等地继续做好防范准备。同日还上《奏闻察汗丹津抵兰州折》："为此，臣我曾交付少卿花善，带察汗丹津之父与妻儿迁至兰州。今花善带领察汗丹津夫妇与媳及属正男妇共九十口，于十一月初三由河州启程，十八日迁来兰州。"关于此事，雍正皇帝的朱批为"很好，看来欣喜。察汗丹津、额尔德尼额尔克乃后日我们之两个宝贝"③。对于不堪忍受罗卜藏丹津欺压而投靠清政府的察罕丹津、额尔德尼额尔克两人，雍正帝的态度是积极欢迎的，而且认为此归降之两人对日后清政府进一步控制青海地区必有重要作用。

十一月十四日，年羹尧又上《奏闻剿匪诸事折》，折中言："臣我伏思，青海之人世代受我国家重恩，不思些微报答，反而怀叛逆之心，侵我边界，实获罪于上天，乃其灭亡之理也。今圣上虽处处从宽处置，然他们自造之罪，断不可留。现在青海之人与策妄阿拉布坦一道相继而行，若不剿灭此等之人，不仅日后我边界不得安宁（朱批：甚是），所关甚大。为此，臣我从现在起，妥帖办理军马、器械、粮草等事务，待明年青草出时，派遣大军，剿灭逆贼。为此事，议政处所议已甚为详尽。惟此地事态，因有稍异，故臣我仅知几项议而具奏。今列条款于下：一，军不可不足备。……一，军马、骆驼甚为重要。……一，军粮甚为重要。……一，剿贼时火器甚为

① （清）年羹尧撰，季永海、李盘胜、谢志宁翻译点校：《年羹尧满汉奏折译编》，天津：天津古籍出版社，1995年，第32－34页。
② （清）年羹尧撰，季永海、李盘胜、谢志宁翻译点校：《年羹尧满汉奏折译编》，天津：天津古籍出版社，1995年，第34页。
③ （清）年羹尧撰，季永海、李盘胜、谢志宁翻译点校：《年羹尧满汉奏折译编》，天津：天津古籍出版社，1995年，第35页。

重要。……一，把守边口甚为重要。"① 奏折中的内容，在《清实录·世宗实录》卷一三中也有记载，年羹尧再度详细分析了罗卜藏丹津暗中与策妄阿拉布坦勾结叛乱之事，并认为此事必须严肃处理，绝不姑息，故而又决定在青海地区布置兵力，准备来年一举剿灭叛乱，彻底打击青海地区叛乱之势力，此奏折及其中的细致分析和安排得到雍正帝的支持，"得旨：总理事务王大臣议政大臣会议具奏。寻议大将军年羹尧所奏：进剿贼寇、调遣兵马、坚守隘口、备足粮饷等款，均应如所请。其所请马数外，再增一千匹解送。至火药于所请额数外，增送一倍。再行文郝玉麟即由中甸带兵前往义木多驻扎，其中甸地方，应令总督高其倬简选总兵官一员，带兵五百名前往驻扎。从之"②。年羹尧针对以上局势，积极主动派兵布防。此后，于十一月十七日上《奏闻剿灭叛逆情形折》言："现在正值寒冬，大军不可深入……现在军队已经撤回西宁，休养兵丁、马匹，招抚附近周围之番子，检查受灾之百姓，酌情动用钱粮赈济，打探贼之形势，明年以大力出兵，再行剿灭。"③ 年羹尧在折中对剿匪情况做了详细说明，之后依据高原气候等特点，决定先暂缓剿匪，等来年春一举歼灭叛乱之余党，从年羹尧对青海战场情况的汇报与分析来看，足见其真乃一代将才。此后，在年羹尧的主持下，清政府在青海地区加紧军事力量的布置，如十一月十七日上《奏闻派专人掌管钱粮折》《奏闻喂养所调兵丁之马匹折》《奏闻喂养马匹折》，十一月二十日上《奏闻严禁卖火药给厄鲁特折》《奏请补授总兵官及游击折》，积极做好战前准备。年羹尧的出色表现，得到了雍正帝的嘉奖，于十一月中下旬被封为"大将军"。十一月二十八日年羹尧上《奏叩谢晋封大将军折》。在雍正帝的鼓励之下，年羹尧更加积极主动着手于西北边事，后于十二月二十八日又上《奏叩谢圣恩折》，以感谢皇帝的各种赏赐。十二月初七日上《奏闻酌拨库银以供官兵粮草折》《奏请补授马忠孝游击折》，在军事上一切准备就绪后，又于十二月十三日上《奏闻明年三路进军折》："现各地所调军队皆陆续抵达西宁，明年大举进讨时，既然兵多，不可不分为

---

① （清）年羹尧撰，季永海、李盘胜、谢志宁翻译点校：《年羹尧满汉奏折译编》，天津：天津古籍出版社，1995 年，第 35－38 页。
② 顾祖成等编：《清实录藏族史料（一）·世宗实录》卷一三，拉萨：西藏人民出版社，1982 年，第 286－287 页。
③ （清）年羹尧撰，季永海、李盘胜、谢志宁翻译点校：《年羹尧满汉奏折译编》，天津：天津古籍出版社，1995 年，第 39－42 页。

三路进军。"① 奏折中决定第二年春天分三路出兵进剿叛军，并且对领军将领的能力做了考量，体现出年羹尧在用人方面的知人善任。

除了在军事方面做好充分准备外，年羹尧还很注重搜集西北地区情报及整顿吏治的工作。用人方面，如十一月二十八日和十二月初八日两次上《奏闻塞布腾扎尔事折》，通过对前来归降的青海厄鲁特蒙古首领塞布腾扎尔的详查细问，得到了很多关于罗卜藏丹津方面的情报，之后在塞布腾扎尔的规劝下，青海厄鲁特蒙古公策凌等四人又前来归降，足见年羹尧策反工作之成功。十二月十三日，上《奏请弹劾同知杨俊杰折》，对杨俊杰押送米粮不力一事进行弹劾。而对于归降之罗卜藏丹津同党，十二月十三日上《奏闻巴特玛达什等逃回折》，对受罗卜藏丹津胁迫而成为其叛乱党羽之青海厄鲁特蒙古首领巴特玛达什给予安抚，因查明其乃察罕丹津所属，实属被胁迫，故皆酌情赏给茶叶银两，遣回各原居住地等。同日还上《奏闻罗卜藏丹津同党来降折》，认为对慑于清军威严被迫来降者，断不可宽处，年羹尧决定对其立即正法。另外，在做好上述准备的同时，年羹尧继续密切关注西北战事，十二月十六日，上《奏闻布隆吉尔败贼折》《奏闻贼袭击嘉峪关折》，十二月十九日上《奏闻剿归德堡贼折》，十二月二十八日上《奏闻剿灭西宁地区番盗折》《奏闻征伐郭密九部折》。在清军积蓄力量彻底剿灭叛军前，年羹尧对罗卜藏丹津军事行动了如指掌，并做好了相应军事部署，如安抚投诚之厄鲁特蒙古，十二月十六日上《奏闻索诺木达什谢恩折》，十二月二十一日上《奏闻多尔济尽忠折》；继续做好军事准备，如十二月十六日上《奏闻喂养布隆吉尔军马折》，十二月二十八日上《奏闻赏给兵丁钱粮折》《奏闻拨口粮予川军折》。通过年羹尧的细密布置，清政府一方面做好了军事布防，另一方面还考虑到在作战时的种种突发问题，在安抚青海厄鲁特及提高军队战斗力方面也下了一番功夫。

第二阶段，自雍正二年（1724）正月初二日年羹尧上《奏闻布隆吉尔剿贼折》始，清政府派军开始了对叛军的彻底反攻，决定一举剿灭罗卜藏丹津叛乱。军事进攻前，年羹尧又对西北形势做了摸底与分析，如正月五日上《奏闻侍卫纳兰报告西藏情形折》，认识到"再，纳兰告曰：藏之人，闻罗卜藏丹津反叛消息，皆纷纷加强唐古特兵以备等情。现在看来，我总兵官周瑛亦率兵抵藏。周瑛之兵丁、藏之唐古特兵，若合兵准备，藏地可

---

① （清）年羹尧撰，季永海、李盘胜、谢志宁翻译点校：《年羹尧满汉奏折译编》，天津：天津古籍出版社，1995 年，第 50 页。

甚为牢固"①；正月十一日，上《奏闻鄂赖密奏西藏事宜折》，正月十九日上《奏闻伊思海谈罗卜藏丹津折》，了解到"再，我等回来时，沿途居住之罗卜藏丹津所属穷困人们纷纷说：自罗卜藏丹津辜负大汗主子恩惠以来，我们之牛羊因瘟疫，大半死亡，茶叶亦断绝，我等穷困之人眼前迫于饥荒等情，纷纷怨恨"②。这一消息说明，由于罗卜藏丹津的倒行逆施，其所属穷苦大众对其积怨已深，罗卜藏丹津反叛一事已经是民心所背。同时，年羹尧对归降之众继续采取安抚政策，以得民心，如正月初八日上《奏闻嘉木参堪布属下人来降折》，"故此，臣我接受彼等来归，问之则曰：我等内有一卓尼呼毕尔汗，亦达赖喇嘛之人，祈请由卓尼呼毕尔汗管辖等语。臣我立即从其所请，迈达里绰尔济等人，皆由卓尼呼毕尔汗统辖。命彼等将所有器械全部查清交我，并交代：尔等照旧居住原地。迈达里绰尔济等甚为欢愉而去"③，此事之处理，实乃依据当地人意愿，"用当地人管理当地人"之举，甚为妥帖。正月十九日，又上《奏闻额尔德尼额尔克谢恩折》，通过安抚之举，并依据当地人意愿来管理当地人，此举逐步稳住了青海地区之民心。

正月十九日上《奏闻布隆吉尔马匹情形折》，对布隆吉尔地区的军事准备有了掌握，同时上《奏闻剿灭阿冈部番子折》《奏闻剿灭郭隆寺等叛贼折》，开始出兵剿匪。在决定军事征讨叛军之前，也很留意蒙古内部的形势，如正月二十五日上《奏闻南山厄鲁特情形折》《奏闻策妄阿拉布坦情形折》，继续关注青海厄鲁特蒙古其他各部的情况，并关注策妄阿拉布坦之举动。在对叛军进行军事征服的同时，还非常注意以下三点：第一，对归降之厄鲁特蒙古及其所控制下的藏族部落予以安抚并妥善安排。于二月初八日上《奏闻阿拉布坦俄木布来文折》《奏闻巴嘎阿拉布坦来降折》，二月二十九日上《奏闻楚克赖纳木扎尔来投折》，三月初八日上《奏闻招抚唐古特番子折》，一方面，继续关注面对罗卜藏丹津反叛的青海厄鲁特蒙古其他各部的行动和态度；另一方面，继续密切关注策妄阿拉布坦势力与罗卜藏丹津之间的联系，以便及时做好防范工作。同时还关注藏传佛教格鲁派，如四月初八日上《奏闻询问班禅使者折》，四月十八日上《奏闻达赖喇嘛使者

---

① （清）年羹尧撰，季永海、李盘胜、谢志宁翻译点校：《年羹尧满汉奏折译编》，天津：天津古籍出版社，1995年，第64页。
② （清）年羹尧撰，季永海、李盘胜、谢志宁翻译点校：《年羹尧满汉奏折译编》，天津：天津古籍出版社，1995年，第66页。
③ （清）年羹尧撰，季永海、李盘胜、谢志宁翻译点校：《年羹尧满汉奏折译编》，天津：天津古籍出版社，1995年，第65页。

抵西宁折》，闰四月十八日上《奏闻章嘉胡土克图、呼毕尔汗抵西宁折》，密切关注藏传佛教高僧的行踪。第二，清政府对叛军的军事进攻开始后，很重视对军队的部署。如二月初三日上《奏闻鄂尔多斯等兵丁抵甘州折》，二月初六日上《奏闻布隆吉尔增兵折》，二月初八日上《奏闻岳钟琪率兵往讨折》《奏闻大军进剿折》，二月十四日上《奏闻三路出兵剿贼折》，清朝三路大军正式开起，意欲一举平定罗卜藏丹津叛乱。在经过前面的军事准备之后，清军的剿匪行动进展得非常顺利，二月二十三日上《奏闻剿灭石门寺喇嘛番子折》《奏闻岳钟琪剿贼折》，三月初一日上《奏闻追剿罗卜藏丹津折》，三月初三日上《奏闻擒获罗卜藏丹津同党折》，三月初八日上《奏闻追剿罗卜藏丹津折》，三月十八日上《奏闻追剿阿拉布坦等折》，三月二十九日上《奏闻追杀嘉木参堪布等折》《奏闻岳钟琪班师折》，到此折为止，清朝在准备得当的情况下，剿灭罗卜藏丹津叛军的军事行动以全胜而告终。第三，在紧张的军事行动如火如荼地进行的过程中，仍旧不忘整顿吏治，且奖罚分明。如于二月初三日上《奏闻处理侍郎常寿折》，对常寿被罗卜藏丹津俘虏后又悄然跑回一事予以认真调查及严肃处理；二月十二日上《奏闻遵旨嘉奖蒋泂折》《奏闻嘉奖剿灭郭隆寺贼官兵折》，四月初四日上《奏闻官兵叩谢天恩折》，对剿匪战中立功的将领军士及时进行嘉奖，以提高军队的作战积极性与能力；二月二十九日上《奏代西安按察使谢恩折》，三月十八日上《奏代将军岳钟琪谢恩折》《奏闻扎西朗济谢恩折》，四月初一日上《奏代苏丹等谢恩折》等。

雍正元年五月，罗卜藏丹津在察罕托洛亥召集诸台吉会盟，号召恢复先人霸业，并不准其他台吉使用清朝往日的封号，其叛乱行动正式开始，不久又率军强渡黄河，标志着其针对清政府的军事进攻正式开始。雍正二年三月初，"现今并罗卜藏丹津之母及贼党阿尔布坦温布等八人，及归降之盆苏克汪札尔等四人，俱解送军前。青海部落，悉经平定。"[1] 罗卜藏丹津叛乱前后经历了十个月左右，最终被清政府平定，雍正二年三月丙申（4月15日）"以青海平定，遣官告祭天、地、宗庙、社稷、奉先殿"[2]。清政府称此事为"青海大捷"，此后青海和硕特蒙古元气大伤，青海蒙古势力渐衰。

---

① 《清实录（七）·世宗宪皇帝实录（一）》卷一七，北京：中华书局，1986 年，第286 页。

② 《清实录（七）·世宗宪皇帝实录（一）》卷一七，北京：中华书局，1986 年，第292 页。

三、清政府对罗卜藏丹津事件的处理及其意义

平定罗卜藏丹津叛乱后，年羹尧先做了一些收尾工作，如雍正二年四月初四日上《奏闻押解贼首往京城折》，四月初八日上《奏闻擒获阿布济车臣等折》《奏闻派兵剿庄凉番贼折》，四月二十四日上《奏闻剿抚河州编外番子折》，五月十一日上《奏闻剿抚庄浪等地番子折》，到此，罗卜藏丹津反叛事件终于落下帷幕。雍正二年四月，"以青海平定，遣官告祭暂安奉殿、孝陵、孝东陵、景陵，叙平定青海功：除已授大将军年羹尧为一等公、将军岳钟琪为三等公外，授参赞苏丹、总兵官宋可进为三等阿达哈哈番，总兵官黄喜林为二等阿达哈哈番，按察使王景灏、总兵官周瑛、副将王嵩、纪成斌为拜他喇布勒哈番，提督郝玉麟、总兵官武正安为拖沙喇哈番，以侍卫达鼐为副都统，授拜他喇布勒哈番，其余有功将士，各升赏有差"①。对在"青海事件"中的有功将士进行封赏之后，"今具奏善后事宜十三条，又定禁约青海十二事，运筹周密，措置精详。朕心嘉悦之。至其所奏善后诸事，皆合机宜。惟新辟地方，宜广屯种，而欲令五省有罪之人，发往开垦。恐此等之人，未必习于耕种，又无室家，可以羁留于边塞之处，少当留意耳，尔等一并悉心妥议具奏"②。此事在五月十一日抚远大将军年羹尧《禁约青海十二事》（以下简称《十二事》，详见本书附录一）、《青海善后事宜十三条》（以下简称《十三条》，详见本书附录二）中亦有详议，即"抚远大将军、太保、公、川陕总督臣年羹尧谨奏，为恭呈御览，重新约束青海人则例事。今仰圣主之威福，讨平青海之逆贼，从此不可不制定法纪严加约束。为此，臣我拟定禁约十二条，会盟之日，念给青海人听，皆顺从接受。除将此抄写加印，给每扎萨克一份外，恭书拟定十二条谨呈御览"③，年羹尧所奏请之《十三条》《十二事》，雍正帝读完以后认为，其规定详细、周密且得当，而且措辞精准，深谋远虑，并立即下令让总理事务大臣等人去商议并给予回复。

该《十三条》与《十二事》主要是针对罗卜藏丹津事件后稳定青海局势而制定的。对于事件中相关的厄鲁特蒙古，清政府赏罚分明，一方面为了收服蒙古王公贵族，另一方面也起着震慑作用；对厄鲁特蒙古在青海的

---

① 《清实录（七）·世宗宪皇帝实录（一）》卷一八，北京：中华书局，1986 年，第 296 页。

② 《清实录（七）·世宗宪皇帝实录（一）》卷二〇，北京：中华书局，1986 年，第 329 页。

③ （清）年羹尧撰，季永海、李盘胜、谢志宁翻译点校：《年羹尧满汉奏折译编》，天津：天津古籍出版社，1995 年，第 125－126 页。

游牧之地进行划片，让其分别游牧，以免发生草场纠纷或者聚众闹事，并规定每年会盟，以便及时了解其状况；对厄鲁特蒙古向清朝的朝贡及与清朝之间的贸易做了时间上的规定；原不属于青海之喀尔喀蒙古，仍居其原地；甘肃、青海、四川、云南的藏族部落，归内地管辖，并在其居住地实行土司制度，主要以土司制度下千百户的设置为主；对青海地区的藏族部落进行约束管辖；对青海藏传佛教寺院人员制定较为严格的规定进行约束；修筑边墙，使有些游牧之地成为内地；在西宁等处继续添置官员、士兵，以加强管理；遣军罪人犯到西宁进行屯垦；对青海藏族部落的政策，主要以扶绥为主。通过《十三条》与《十二事》的相关规定，清朝政府开始把青海地区以前属于厄鲁特蒙古管辖下的藏族部落收归到自己的管辖之下。和罗卜藏丹津叛乱之前相比，清政府在青海的管辖范围开始扩大，除以前的西宁府及其所辖地区外，还有上述区域，均开始由西宁府直接管辖，自此之后，青藏高原地区的厄鲁特蒙古势力逐渐衰落。

第二节　罗卜藏丹津事件后雍正帝对青海的治理

雍正帝即位后不久，青藏高原便发生了以青海地区为中心的为时十个月之久的厄鲁特蒙古和硕特部首领罗卜藏丹津与受沙俄支持的策妄阿拉布坦相勾结的反叛事件，经过年羹尧的精心准备与及时行动，罗卜藏丹津反叛之事终于有惊无险地被平息了。经过这一事件，厄鲁特蒙古在青藏高原的势力遭受到沉重打击，顾实汗时期蒙藏在青藏高原联合建立甘丹颇章政权执政的局面已经成为历史。自此开始，厄鲁特蒙古势力逐渐退出了青藏高原的政治舞台。平叛后，年羹尧向雍正帝上《十三条》与《十二事》，以管辖和规范青海地区的蒙古、藏族部落社会，并据此对青海地区进行善后安排，这些善后措施成为清政府对青海地区进行直接管辖与施政的关键转折点。

罗卜藏丹津事件，成为清朝中央政权治理青海藏区社会的转折点，此后，清朝政府逐步将青海地区纳入自己的统辖范围，并通过种种政策与措施，加强其在青海地区的施政与建设，具体表现在以下几方面：

一、减轻额赋，安抚青海地区民心

罗卜藏丹津叛乱被平息之后，对于青海地区，清政府首先以轻徭薄赋来安稳民心。雍正七年（1729）九月己丑，"谕内阁：年来用兵……西宁……当今用兵之际……著将额征本邑，加恩豁免，以示惠爱边民之至意"①。雍正八年（1730）五月己未，蠲免甘肃地方归德所、西宁府在雍正八年应征番粮，以示恩恤。雍正九年（1731）正月戊辰，雍正帝又下令蠲免雍正九年甘肃所属额征地丁银。雍正十年（1732）秋七月壬辰，"今岁……西宁等府所属州县，内有零损农伤之处，……著将……各属民户、屯户及番民等，本年应征各项银米草束，一概蠲免"②。雍正十三年（1735）秋七月庚申，又以西陲用兵以来甘肃等处人民急公效力为由，免其正赋，又将地丁钱粮全都蠲免，以体现皇帝屡沛恩膏。通过轻徭薄赋的手段，试图安稳因战乱而极不稳定的青海地区的民心，从而尽快恢复稳定发展的局面。

二、加紧对青海藏区社会的治理

（一）加强青海的建置并制定《番例六十八条》

雍正二年冬十月丁酉，"又议覆川陕总督年羹尧奏言，甘肃之河西各厅，自古皆为郡县，至明代始改为卫所。今生齿繁庶，不减内地，宜改卫所为州县……西宁厅请改为西宁府，所属西宁卫改为西宁县；碾伯所改为碾伯县。西宁通判专管盐池，即为西宁盐捕通判。西宁之北川，应设一卫为大通卫，俱隶西宁府管辖……所有卫所之守备千总及旧有大使三员，悉行裁去，均应如所请。以上四府，设知府四员，经历四员，知州一员，吏目一员，知县十四员，典史十四员。其大通卫设守备一员……至各处教职，或添设，或改移，应令该督抚确查另议。从之"③。置西宁府，下辖西宁县、大通卫，碾伯由所改县。此外，在官员职务管辖范围方面也做了一些规定，通过这些措施，清政府初步加强了对青海地区的控制。

---

① 《清实录（八）·世宗宪皇帝实录（二）》卷八六，北京：中华书局，1986年，第154页。
② 《清实录（八）·世宗宪皇帝实录（二）》卷一二一，北京：中华书局，1986年，第595页。
③ 《清实录（七）·世宗宪皇帝实录（一）》卷二五，北京：中华书局，1986年，第296 - 297页。

继续加强对青海地区的管辖，提议在西宁设西宁府，并改卫为州县；另外，雍正十二年（1734）八月，对于蒙古、藏族社会，依照其民间习惯法制成了《西宁青海番夷成例》，即《番例六十八条》（详见本书附录三），依此对其加强管辖与治理。

（二）追剿叛军余党，打击准噶尔扰乱活动，在相关地方派兵布防

在对青海地区的加强治理中，清政府主要从如下方面入手：

第一，在恢复青海地区正常秩序之际，清政府继续出兵追剿罗卜藏丹津余部，在相关重要地点设防，并及时关注和处理准噶尔觊觎青海之乱事。如雍正二年六月辛丑，"抚远大将军年羹尧折奏：据岳钟琪报称，进剿棋子山、桌子山谢尔苏属下番贼。杀伤贼目班第马牙，并贼众甚多，其余皆败奔山内。随派署总兵官宋可进统兵进剿。贼番头目嘎住，带领男妇老小共一千一百六十二口来投，已准其投服，但仍居桌子山，恐日久生事，请移于土司鲁华龄地方，令严行约束"[1]，在清军的步步紧逼下，棋子山、桌子山叛贼不负追剿之压力，前来投降，但考虑到日后可能又会生变，故而决定将降众迁移交予当地鲁土司管辖。还有于八月乙亥，"抚远大将军年羹尧折奏：据岳钟琪报称，副将张玉带领绿旗土司官兵出口至归德堡，其双篷、攒都、泽盖、博拉等处番人头目，各带属下人投顺。又至萨喇地方，分兵二路，进剿拉扁上下二寨，杀伤无数回贼，余俱就抚，照旧安插"[2]。在追剿叛兵余部的同时，对投诚之叛军余部进行妥善安置，并严加管理，以防再度出现变故。冬十月丁亥，奋威将军岳钟琪具奏："副都统达鼐、阿尔什，总兵黄喜林、王嵩、孙继宗，营总苏图等统领大兵，穷追罗卜藏丹津直至花海子，拿获丹津浑台吉及其妻子，并招抚三十三家台吉。当此口外水冻草枯之候，官兵奋勇远行，甚属可嘉。自大将军以下，著从优议叙，官兵劳苦，朕甚悯之。……再马兵每名赏银八两，步兵每名赏银六两，蒙古兵有随军效力者，亦著奋威将军，按其行走效力等次，应如何赏给之处，确议奏闻。"[3] 在苦苦追剿叛军余部之际，终于拿获丹津浑台吉及其妻子，并招抚三十三家台吉。同时，还对平叛有功之士进行赏赐，以奖励将士们

为国家安危的辛勤付出，从而使其作战勇敢、士气大振。

雍正三年（1725）三月乙巳，"兵部议覆：川陕总督年羹尧疏言，桌子、棋子等山，为匪类潜匿之所，相度形势。惟他拉渡川，东通庄浪，西通刀林。又仙米寺四围之山，林木丛茂，盗贼俱由此路出没。应于他拉渡川有水之地，设立游击一员，千总一员，把总二员，马步兵五百名，请即移凉州高古城游击等员，调兵驻防。仙米寺应设立守备把总各一员，马步兵三百名，请即移高沟堡守备、黑松堡把总调兵驻防。应如所请，从之"①等。因桌子山、棋子山地理位置的险要，尽管叛军余部已经投诚，但以防万一，仍旧决定在桌子山、棋子山两地及其附近仙米寺加强设防。

雍正七年十一月甲戌，议政王大臣等遵旨议覆，认为此地位置重要，决定在噶斯地方增强驻防兵力，"噶斯地方，为准噶尔通青海西藏之要口，理应拨兵驻守……一、派拨官兵……一、官兵起程日期……一、噶斯地方狭小，可驻兵百名，余俱在柴旦木驻牧。柴旦木之西，为得布特里，应驻兵六百名。又西为察罕乌苏，应驻兵四百名。二处皆有水草牧放，更觉声援联络矣。从之"②。此地为准噶尔往青海必经之要塞，为防止准噶尔蒙古再生意外，决定在此驻防。后来证明在噶斯增兵驻防之举是非常明智的，如雍正九年正月庚午，"副都统达鼐折奏：噶斯卡伦，见被贼围。臣将关防交与鼐满岱，并调取西宁绿旗兵三百名防范番子，臣亲率兵出边，往援柴旦木地方。若贼人败遁，即领兵追袭。得旨：达鼐领兵前往应援格默尔等亦是，但奏称追袭，甚属孟浪。巴尔库尔之兵原为捣贼人巢穴而设，噶斯之兵乃为驻防而设，若来犯噶斯之贼兵无多，势均力敌，则即行剿杀。倘以劲力扰动青海，则噶斯隘口属无用之地，即撤兵退至近边形胜之处，会集青海之兵，驻扎防守。倘贼势颇重，即领兵退入边内。尔从前曾将西宁之兵调拨五百名，今又为番人调兵三百，如果番人有事，尔之三百兵丁，何能济乎？兵力宜聚而不宜分，频频分调，是何计策？防守边围，较防守青海，尤为急务。目今只宜坚守，切不可急遽躁妄"③。时隔不久，准噶尔果然滋生事端，但因清政府已经提前有了准备，最终准噶尔败遁。由此，清政府同时特命副督御史二格驰赴西安，带兵前赴西宁驻防。正月乙亥，又谕"二等侍卫殷扎纳，著加副都统衔前往青海，传谕各扎萨

---

① 《清实录（七）·世宗宪皇帝实录（一）》卷三十，北京：中华书局，1986年，第450页。
② 顾祖成等编：《清实录藏族史料（一）·世宗实录》卷八八，拉萨：西藏人民出版社，1982年，第339－341页。
③ 《清实录（八）·世宗宪皇帝实录（二）》卷一〇二，北京：中华书局，1986年，第349页。

克，于左右翼拣选兵丁一万名，令王额尔得尼厄尔克托克托奈会同王盆苏、克汪扎尔、公阿拉布坦扎穆苏、公阿喇布坦统领，在青海紧要适中之地驻扎。派出之官员，照伊品级，赏给半年俸银兵丁，每名赏银五两，再著内大臣克什图前往青海与王额尔得尼厄尔克托克托奈等一同管理"①。关键时刻，清政府冒险动用青海蒙古的力量去防范准噶尔蒙古的进攻，而最终准噶尔败退的事实也证明了清政府对青海蒙古实行安抚并最终为己所用的政策的成功。

此事后，清政府也开始更加关注准噶尔蒙古的动向，并主动做好防范准备，如雍正九年五月乙亥，"（准噶尔）又如上年故智，暗行骚扰，或增添人众，窥伺青海，亦未可定。格默尔等所统兵力未免稍单，朕前次曾有不应调拨西宁兵丁之旨，若此时有应用添兵之处，恐格默尔等亦不敢调取，德成亦不敢派拨。可传谕德成、达鼐、冯允中、管承泽、格默尔、萧满岱、福宁等，从前所以不令调拨兵丁者，盖西宁军务尚未就绪，自以固守根本为是。今西宁布置已定，兵力有余，若贼人窥伺噶斯，自宜发兵应援。况目前青海蒙古兵丁尚未攒集齐全，即器械等件亦未周备，难以望其捍御贼锋，亦赖官兵为之保护。著德成等就近酌量，倘有用兵之处，或著管承泽、萧满岱带领前往；或德成另议，一二人前往，至官兵派出之后，遇有本地添兵防守之处，即将土兵派出。此旨著德成，并谕众佛保、殷扎纳知之"②。然而，六月丁未，副都统格默尔折奏："腾格里卡伦扎萨克诺尔布，于五月二十八日背叛，扰乱台站，劫掠马匹，旋即逃至滚额尔吉库库乌苏游牧之处。臣即令扎萨克恭格、台吉阿拉布济等领兵追逐，又令参领巴颜等追至喀喇果尔地方，见恭格等，已将诺尔布围困，复又脱逃。巴颜等追缉至蒙古尔托罗海地方，擒获诺尔布，并其佐领里塔尔与恭格等押解回营，其效力之扎萨克台吉弁兵等，查明具奏，奏入，报闻"③，又发生准噶尔蒙古部落滋生是非，骚扰台站，最后首领被俘之事。之后，通过审讯被抓获的诺尔布、里塔尔等人得知，此次叛乱为"青海各部落合谋令我率腾格里兵丁反叛，郡王额尔得尼厄尔克托克托奈之子阿拉布济，亦欲作乱。约将青海全军，前来救援等语"④。然而，清政府并未贸然听信这两人的供词，而是决定继续调查了解，谨慎处理此事。

---

① 《清实录（八）·世宗宪皇帝实录（二）》卷一〇二，北京：中华书局，1986 年，第 352 页。

② 《清实录（八）·世宗宪皇帝实录（二）》卷一〇六，北京：中华书局，1986 年，第 402 页。

③ 《清实录（八）·世宗宪皇帝实录（二）》卷一〇七，北京：中华书局，1986 年，第 416 页。

④ 《清实录（八）·世宗宪皇帝实录（二）》卷一〇七，北京：中华书局，1986 年，第 420 页。

针对准噶尔蒙古的反叛行为，于六月戊午，甘肃巡抚许容折奏青海事宜：

> 一、青海乱贼，必宜严惩。诺尔布等敢行称乱，搅扰台站卡伦，比之拉查卜等之潜逃，罪尤重大。见在抢夺台站之达锡策零，已经王盆苏克汪扎尔、公阿喇布坦擒拿，应即治罪。而诺尔布之妻子，亦被副都统达鼐押解来宁。其逃遁之众，务必俘获，诛其魁首；一、西宁兵马，无庸加增。计西宁镇标、额兵四千名，城守营额兵二百五十四名，又益之以西安绿旗兵一千名，满兵一百名，又应援兵一千名。而镇海南川等兵，亦千有余名，更济之以土兵协防。见在士马富余，守御援剿，无虞不足；一、青海地方，宜移驻满汉官兵。查西宁至柴旦木地方，相去八百余里，而青海居其中，请于适中形胜之地，驻兵防范弹压；一、西大通镇，急宜专员办理。大通一镇，左为西宁唇齿，右为凉甘藩篱，关系綦重。今大通总兵印务，虽德成、冯允中公同署理，往来照看，不能分身坐镇。署镇管承泽为人巽懦，恐非将帅之才，请急简贤员，掌管印务；一、噶斯统兵大臣，宜另行选择。诺尔布等之变，副都统格默尔既不能预先抚驭于前，又不能即行擒剿于后，恐不足以膺兹钜任。查散秩大臣副都统达鼐办理夷情数载，道里山川，亦已熟悉，近复追擒拉查卜等功亦可嘉，或以达鼐专司统领官兵，兼抚夷众，以重职守；一、青海夷人，宜导之以大义，皇上怀柔荒服，一视同仁。即采买骆驼、马、羊等类，亦就彼之所欲售，优给价值。况兴兵费帑，欲剿灭准噶尔之逆贼者，亦惟恐塞外回夷，为其侵暴，取彼凶残，安兹良善。凡经管官员，理宜奉扬德意，明白晓谕。庶夷众咸知，我朝覆庇卵翼之恩，各怀尊君亲上之义矣，奏入，报闻。①

奏折中明确表态，要严惩准噶尔反叛者，并且对此事中处理不力的青海地方官员予以撤换，在决定严惩准噶尔反叛行为的同时，也不忘给其施以恩德，以表皇帝怀柔之心。之后，清政府立即加强对噶斯及其附近地区

---

① 《清实录（八）·世宗宪皇帝实录（二）》卷一〇七，北京：中华书局，1986 年，第 422 - 423 页。

的管理和设防，如决定利用当地人来管理噶斯，七月癸亥，将噶斯交给青海王、台吉等，如何保护备御，让其再议；另外，直接派内地兵丁防戍柴旦木，不再让青海兵丁驻扎。同时清政府也认识到，柴旦木之北的伊孙察罕齐老图地方，地理位置险要，应加紧对此地的布防；还将本次在准噶尔扰边中因擅离汛地而失职的副都统格默尔免死革职。之后，继续追剿参与本次扰边活动的准噶尔乱党。追剿的同时，对平叛将士们进行奖励，如给官员们赏赐半年俸银，士兵们各赏银五两，官兵进行一年一次更换。而更换来的官兵，亦照此进行赏赐，雍正元年十月，"叙平郭罗克贼番功"，其中川陕总督年羹尧被封为二等公，给四川提督岳钟琪、拜他喇布勒哈番世职，并给游击姚文玉、周瑛以下十五人及外委官马万仓等九十七人，各加二等功，其他人都给予赏赐，以提高将士们的积极性。并于七月、八月之间，"谕青海王、贝勒、贝子、公、台吉等"，"谕青海蒙古及番夷人等"，表达了三层含义：第一，对参与罗卜藏丹津事件，且与准噶尔蒙古关系密切者进行警告，并要求所有青海蒙古等严防准噶尔侵扰青海；第二，警告的同时，又采取怀柔政策，鼓励其来投诚；第三，若蒙古不法之徒抢掠番人，允许番人奋力抵抗，日后断其曲直，分别赏罚，即鼓励藏族部落对蒙古部落的抢掠行为进行反抗，从中进一步体现出"扶番抑蒙"之策的行使。

雍正十年七月，准噶尔策零敦多卜又侵扰内地，但最终被喀尔喀副将军王丹津多尔济带兵将贼兵截杀几尽，之后清政府对副将军等人进行了奖励和分封，"领兵效力之王、贝勒、贝子、公、扎萨克台吉等，应赏巴图鲁名号，升授职衔……喀尔喀和硕亲王丹津多尔济，著赏给智勇名号；喀尔喀和硕亲王额驸策零著赏给超勇名号……册卜登著封为多罗郡王……特古斯著封为多罗贝勒"①。随后清政府借此事于九月乙未谕青海王、贝勒、贝子等："喀尔喀等既能如此奋勇杀贼，尔等何独不能乎？各宜鼓舞振兴，踊跃效命。贼兵前来侵扰青海，只有噶斯一路，尔等须在紧要隘口预备看守。倘有贼兵前来，务期协力追杀，悉行剿除。将此晓谕尔等部落知之。"②除了奖励和表彰平叛有功的丹津多尔济等人外，还指责其他青海蒙古王公，要求其若再有贼兵前来，悉行剿除，体现出清政府想利用当地人来维护当地安全与稳定的意图。

此外，清政府开始尝试裁撤青海一些地方的兵力，但有些地方仍旧加

---

① 《清实录（八）·世宗宪皇帝实录（二）》卷一二三，北京：中华书局，1986 年，第 614 页。
② 《清实录（八）·世宗宪皇帝实录（二）》卷一二三，北京：中华书局，1986 年，第 619 页。

强防守兵力，并奖励平叛中的有功之士。雍正二年八月丙子，"抚远大将军年羹尧奏报：青海之事已定，从前调集驻防凉州等处西安满洲兵一千名，柴旦木调回之察哈尔兵一百名，驻扎松潘之四川满兵五百名，驻扎甘州之鄂尔多斯土默特兵一千名，驻扎山丹之大同兵一千名，驻扎布隆吉尔之满洲蒙古乌喇索伦察哈尔厄鲁特兵二千名，俱令原管将弁，陆续统领撤回本处。奏入。报闻"①。平叛结束后，陆续将其他地方调来的兵士遣回原地，以减轻军费负担。雍正三年三月乙巳，根据年羹尧的建议，因地理位置险要，地形地貌复杂，在桌子山、棋子山继续设防，并在附近仙米寺增加兵力。至该年九月，"议政大臣等遵旨议覆：一等侍卫副都统达鼐折奏，臣奉旨将青海人等，编设旗分佐领，颁赐恩赏，准奋威将军公岳钟琪咨明，遵旨到西安，署理总督印务。其奋威将军印敕，已差官驰驿送京。西宁留驻一千兵，交臣办理军情事务。现今青海人等，感戴皇恩，守法畏惧，西宁镇标绿旗兵丁，可以调遣敷用，请将西宁留驻陕督标兵三百名……俱令撤回原处，应如所请。从之"②。青海地区逐渐安定下来，再次决定将平乱的军队撤回原地，以减轻军费负担。雍正五年（1727）八月乙酉，意识到大通镇的军事战略地位的重要性，决定在此增兵驻防，"议政王大臣等议覆，川陕总督岳钟琪疏言：西宁北川口外大通川、白塔川及野马川之测尔兔地方，城垣营房，渐次告竣，其应设官兵，应预为酌派……今大通镇营扼险拒要……白塔川参将与西宁北川营相去止五十里，距大通镇不过一百余里，声气响应，应设马兵二百四十名，步兵五百六十名，均应如所请。得旨：西大通等处，初设兵丁，甚属紧要，其应添设参将、游击、守备、千总等官"③，通过增设官兵等措施，加强了对大通镇的管辖力度。雍正十年六月癸未，考虑到西宁镇地理位置的重要性，决定修补西宁镇城垣边墙，以加强西宁镇的边墙防卫功能。雍正十三年二月丁未，又决定加强西宁镇及相关地方的驻防兵力，"请于南山后迤东之什扎巴地方，建立土城，拨西宁镇游击一员，兵二百名驻扎。其皂思观林地方，应驻扎把总一员，兵四十名。下郭密之亦杂石庄，驻扎守备一员，兵一百名。千户庄，驻扎把总一员，兵四十名。并移徐家堡守备一员驻申中，河州协千总一员、兵六十名驻康

---

　① 《清实录（八）·世宗宪皇帝实录（一）》卷二三，北京：中华书局，1986年，第364页。

　② 《清实录（八）·世宗宪皇帝实录（一）》卷三六，北京：中华书局，1986年，第541－542页。

　③ 《清实录（八）·世宗宪皇帝实录（一）》卷六〇，北京：中华书局，1986年，第912页。

家寨，应如所请。从之"①。本次在西宁镇及所辖地什扎巴派兵加强防守，是因为清政府认识到西宁位于偏远地区，并与藏蒙势力相连，认为在此处布防应当细致。该月辛亥，裁撤西大通镇及其附近官员与兵力，"兵部议覆，署陕西总督刘于义疏言：西大通镇旧设兵三千六百名，弁兵过多，应加裁汰。请裁大通镇总兵一员，游击守备千总各二员，把总四员，兵一千二百名。改设副将一员，都司一员，留千总二员，把总四员，兵八百名；镇南之白塔营，裁参将守备千总各一员，把总二员，兵四百名。改设都司一员，留千总一员，把总二员，兵四百名；镇西之永安营，裁千总、把总各一员，兵二百名。留游击一员，守备一员，千总一员，把总三员，兵六百名。……应如所请。从之"②。从这次的裁撤事宜来看，罗卜藏丹津事件之后，青海地区经过雍正时期的悉心治理，逐步安定下来，故而大通镇兵力驻留太多就显得浪费，增加了军费负担。后为弹压蒙古番人，又决定在西宁驻兵一千名，最终大通镇裁撤的官员和兵力被分配至此。不久，又撤回驻防在哈尔垓图的西宁、大通绿营兵。尽管此时因青海形势稍显安稳而裁撤官员与兵力，但清政府并没有放松警惕，在噶斯一路，仍旧设卡探信，并布防兵力；在柴旦木等地，安设台站卡伦，按年换班。

雍正二年八月戊戌，又"谕兵部：青海既平之后，凉州、庄浪所有贼番，以次剿抚。官兵效力，历著功勋。今大将军年羹尧等奏称，乘川兵回汛之便，并将归德至松潘口外一带番族，或剿、或抚，悉无梗化，殊属可嘉。在事有功人员，著于剿抚桌子山之外。另行议叙"③，对本次平叛中的有功之士进行嘉奖，而对归德至松潘口外官兵，也直接进行了银两奖励，且规定还会另外奖赏。还于十一月乙丑，"议叙平定青海及擒获桌子山、棋子山番贼功，加大将军年羹尧一等阿思哈尼哈番世职"④，对年羹尧进行了嘉奖（但颇为讽刺的是，到雍正十二年十二月壬戌，桌子山、棋子山征剿一案，被指出乃年羹尧、岳钟琪张大其事，有意捏成⑤）。雍正五年十一月戊寅，又议叙镇海堡截击罗卜藏丹津并守护城池各员有功，分别加衔纪录。阵亡兵丁，照例恤赏有差。雍正七年九月，议叙陕西平定青海功，在事官

---

① 《清实录（八）·世宗宪皇帝实录（二）》卷一五二，北京：中华书局，1986 年，第 871 页。
② 《清实录（八）·世宗宪皇帝实录（二）》卷一五二，北京：中华书局，1986 年，第 872 页。
③ 顾祖成等编：《清实录藏族史料（一）·世宗实录》卷二三，拉萨：西藏人民出版社，1982 年，第 301 页。
④ 《清实录（七）·世宗宪皇帝实录（一）》卷二六，北京：中华书局，1986 年，第 409 页。
⑤ 顾祖成等编：《清实录藏族史料（一）·世宗实录》卷一五〇，拉萨：西藏人民出版社，1982 年，第 261 - 262 页。

员兵丁等，升赏赠恤有差。十月，议叙四川官兵剿抚归德番族军功。雍正九年八月丙午，奖励在罗卜藏丹津叛乱中英勇平叛，现今又追擒准噶尔叛贼诺尔布的青海扎萨克一等台吉恭格，著加恩封为公爵。在奖励平叛有功的蒙古王公的同时，对平叛中态度暧昧，或者投降叛军的蒙古王公给予处置，如在罗卜藏丹津事件中因畏惧而降的青海贝子拉查卜，被从宽免其正法，交给族人严加管辖。总体来看，对平叛中态度暧昧或投降叛军的蒙古王公，仍旧本着"从宽"的原则，以图进一步收服人心。对拿获的准噶尔叛党诺尔布、里塔尔，将其押解到西宁正法，诺尔布胞弟色特尔布穆，追捕拉查卜有功，令其承袭扎萨克一等台吉，但对直接叛乱者，绝不姑息。

（三）妥善处理青海蒙古事务，继续稳定战乱后的青海局势

尽管青海蒙古势力在罗卜藏丹津反叛事件中遭到了清政府军事力量的沉重打击，但对归顺之蒙古亲王及其部落，清政府仍旧进行了各种优待。雍正二年冬十月乙未，"理藩院议覆：厄鲁特多罗郡王额驸阿宝呈称，自伊祖顾实汗归诚向附，至今百年，受圣祖仁皇帝隆恩，安居乐业。因青海兄弟妄乱生事，致干天讨，臣等理应一并殄灭，复荷宽恩，存留游牧。臣请于青海处，赐闲旷之地居住，管理青海人等，不致复萌乱心等语。查阿宝之父巴图尔额尔克济农和洛里，自青海来归，封为贝勒，阿宝承袭。后于平定西藏有劳，封为郡王，应如王请。见有贝子丹忠所居之地，甚为宽大，即令阿宝驻牧。并令大将军年羹尧派员赍饷，助其移徙安插。从之"①。因青海初定，民心未稳，此时在地处边远的青海地区，清政府的确需要扶持一些有威望的当地人来控制局势，而阿宝父子二人，向来感恩圣祖仁皇帝，并在平定西藏之乱中立有功劳，且对清政府一直表示顺应，因此面对阿宝"请于青海处，赐闲旷之地居住，管理青海人等，不致复萌乱心等语"之请求，清政府答应了他，并命年羹尧"派员赍饷，助其移徙安插"。

雍正三年二月乙丑，"谕抚远大将军年羹尧：据岳钟琪奏称，青海郡王额尔得尼厄尔克托克托奈所属部落穷困流离，资生窘乏。亲王戴青和硕齐察罕丹津等所属部落，虽稍能存活，亦属贫穷。尔身为抚远大将军，凡西陲军务，调发粮饷，绥辑远人，皆尔之责，理应酌量事势缓急、人口多寡，尽心筹画办理。乃仅发银一万两赈济，此诸部落流离失所之众，岂万金所能遍给？是知尔于诸务，皆未实尽其心矣。托克托奈等遭叛贼抢夺，投命

---

① 《清实录（七）·世宗宪皇帝实录（一）》卷二五，北京：中华书局，1986年，第395页。

来归，全赖安插得所，俾其衣食有资。今尔既不能筹画于未然，又不克拯济其现在，如诸部落内或有一二人窘急，万难自存，潜逃远匿，窜入策妄阿喇布坦之地者，朕必重治尔罪"①。平叛后不久，岳钟琪举报了年羹尧，清政府对岳钟琪举报的年羹尧在处理青海蒙古事务中的失误十分重视，立即表态并要求年羹尧妥善处理，而资料中所提到的青海郡王额尔得尼厄尔克托克托奈、亲王戴青和硕齐、察罕丹津这几人，在康熙末年处理的西藏之乱以及后来的罗卜藏丹津事件中，都坚定不移地与清政府并肩作战，为清政府在青藏地区的平叛活动立下了汗马功劳。但此时，这几人及其部落贫困潦倒，并没有得到年羹尧的救济。为了西北地区的安全，确切地说，为避免这几人因穷困潦倒之时没有得到清政府的救济而产生投靠策妄阿拉布坦之心，清政府立即以此事指责年羹尧，同时也立即给予这几人一些优惠政策，如雍正三年夏四月丙申，"议政王大臣等遵旨议覆：奋威将军岳钟琪折奏，查大将军年羹尧条奏内称，青海与内地之人，每年定于二八月贸易两次，择定那拉萨拉地方为交易之所，经议政大臣议改四季交易，已觉宽容。今查亲王察罕丹津、公拉查卜等诸台吉部落，居住黄河之东，切近河州，去松潘亦不甚远，向来原在河州松潘两处贸易。今若止令在于那拉萨拉一处，恐不足供黄河东西两翼蒙古易卖，莫若仍令在河州松潘贸易，终觉稳便。河州定于土门关附近之双城堡，松潘定于黄胜关之西河口。此二处地方俱有城堡房屋，地方宽阔，水草俱好，利于互市，可为永久。再查郡王额尔得尼厄尔克托克托奈、郡王色卜腾扎尔等诸台吉部落，住牧黄河西边，相近西宁。请将贸易之地，移在西宁口外丹噶尔寺。至蒙古贸易，全藉牲畜，每在六月以后，请每年不定限期，仍听不时贸易，则蒙古商贩，均获利益矣。查岳钟琪所奏，甚属周详，应如所请，从之"②。此中可看出，一方面，尽管年羹尧在青藏事务中功勋卓著，但雍正帝对其已有所不满，暗示出年羹尧最后的悲惨结局；另一方面，平定罗卜藏丹津叛乱、打击青藏地区蒙古势力之后，清政府开始在青海蒙古部落中扶持易受自己管辖和控制的力量。同时，在经济上，从贸易方面入手，对青海蒙古进行分地贸易，这其实也是避免罗卜藏丹津事件之后，青海蒙古部落之间交往过于密切从而滋生他事的情况发生。

----

① 《清实录（七）·世宗宪皇帝实录（一）》卷二九，北京：中华书局，1986 年，第 437 - 438 页。

② 《清实录（七）·世宗宪皇帝实录（一）》卷三一，北京：中华书局，1986 年，第482 - 483 页。

因此，平叛之后，对于归顺的蒙古王公贵族，清政府主要采取安抚、优惠的政策，如雍正三年秋七月辛酉，封青海扎萨克台吉阿拉布坦为辅国公，同时对当年疏请来京的青海亲王察罕丹津与郡王额尔得尼厄尔克托克托奈，以及来年来京的郡王色卜腾扎尔等人给予重赏。此外，当相关蒙古王公贵族去世，立即遣官致祭，以表重视，如雍正四年（1726）三月乙未，青海厄鲁特扎萨克辅国公诺尔布彭苏克故，遣官致祭，这也在一定程度上笼络了蒙古王公贵族。雍正九年五月癸亥朔，"谕大学士等：据殷扎纳、达鼐、德成、冯允中等先后奏称，青海居住之公拉查卜、台吉查汉喇卜滩，从梭罗木过黄河，移往他处居住。又闻戴青和硕齐、察罕丹津亦往他处迁移，不在海流图地方住牧。因拨派兵丁官买马羊，办理之人，不甚妥协，伊等暂行躲避等语……再传谕德成、达鼐、冯允中等，令其明白开导，善为安辑，并将伊等如何疑畏迁移之处，查明具奏"①，一方面指定驻牧地方以加强对蒙古的控制，另一方面继续对蒙古王公贵族采取安抚政策。

清政府还对在罗卜藏丹津反叛事件中，参与或者态度比较暧昧的蒙古王公贵族给予批评警告。如雍正五年十二月甲午，准噶尔台吉噶尔丹策零遣使来京，雍正帝派大臣去指责其父未将罗卜藏丹津生擒献来，没表现出和好之谊，反而于本地藏匿窝留，不知意欲何为；并指责噶尔丹策零因年少而被罗卜藏丹津言论所迷惑，让他千万别中罗卜藏丹津的离间之计，要求台吉若有机会，一定要将罗卜藏丹津擒住送来。雍正七年二月癸巳，策妄阿拉布坦之子噶尔丹策零遣使来求和，清朝以为噶尔丹策零若能将罗卜藏丹津送回，便可赎前愆，等等。

另外，还需要注意的是，雍正年间，经过罗卜藏丹津事件之后，清政府对待青海和硕特蒙古的态度是安抚与抑制并用，而且清政府深知，欲让青海彻底稳定，必须先稳定青海厄鲁特蒙古。为了青海地区的稳定，清政府在平叛之后对青海蒙藏部落的管理以《十三条》《十二事》为主的前提下，于雍正十二年还以青海厄鲁特蒙古习惯法为借鉴，制定了适用于青海蒙古、藏族部落社会的《番例六十八条》，进一步从法律角度加强对青海蒙藏民族的管辖。

（四）为了稳定西北局势，决定划定与策妄阿拉布坦间之疆界

策妄阿拉布坦受到清军的重创之后，低调向清政府就吐鲁番地区进行

---

① 《清实录（八）·世宗宪皇帝实录（二）》卷一〇六，北京：中华书局，1986 年，第 396 – 397 页。

请求。雍正三年夏四月丙子，"谕议政王大臣等，策妄阿喇布坦来求吐鲁番之地，曾谕将从前内附为首者，令其迁入内地。今将军穆克登奏言，吐鲁番处共有一万余人，若但迁首领数人，而不迁其所属之人，则伊等生计必致艰难。且伊所属之内，愿移入内者不下四五千人等语。朕思瓜州、沙州地方甚宽，亦必用人耕种，若有愿移者即在此居住，给与一二年养赡，令其耕种。罗卜脑儿地方亦照吐鲁番例，有愿移来者，亦随为首之人一并移来，不愿者仍留本处。著议奏。寻议，归顺之回子，若再给与策妄阿喇布坦，恐致扰累，所以愿移者甚众。应令其在布隆吉尔地方、沙州、瓜州等处种地，其建立村庄养赡之处，行文将军富宁安等详议办理。再，罗卜脑儿回子，皆水居打鱼为生。此内有愿陆居为生者，请照吐鲁番例一并移来。从之"①。清政府对此做了各种利弊权衡，于夏四月乙卯给出进一步指示：

> 遣内阁学士众佛保、副都统查史等往准噶尔，敕谕准噶尔台吉策妄阿喇布坦、前岁台吉遣使根顿陈奏，情词恭顺，朕实嘉之，曾遣使答谕。今览尔使博洛胡尔哈贲奏及口奏之词，知尔仰副朕旨，欲永息兵戈，共修和好，兴教逸民，出自诚心，朕甚欣悦，顾欲修和好，不可不计久远。议定疆界，以杜争端，乃垂久远之道也。朕去岁遣使与尔定议疆界，大概以阿尔泰山岭为界，原未实指地名，今尔奏称以唐奴山阴之克木可穆齐克地方为词；又有哈噶斯地方，系喀尔喀厄鲁特之界；哲尔格西拉胡鲁苏地方，系会集之所；哈济尔地方，系索林齐居住等语，此尔但陈奏其故，并未执意争求，应无庸议外。今姑以科布多乌阑古木等处言之，喀尔喀厄鲁特未构兵时，原混杂住牧。今喀尔喀西境，直抵阿尔泰山岭，筑城种地。自唐奴山阴之克木可穆齐克至博木地方，见有车零旺布博贝吴梁海居住。今定疆界，自红郭垒至阿尔泰哈道里岭，此千里内所有巴斯库斯索罗斯、毕汉、哈屯阿尔古特阿尔、坦脑儿等处，为尔疆界；自哈道里以及克木之博木地方，为我疆界；自哈道里以南由山岭至额尔齐斯，西边自厄隆古布拉罕哈布塔克拜塔克，直抵乌阑乌苏罗卜脑儿噶斯地方，即系沙碛，应自克里野以南定为我国疆界。朕为元后，统一寰宇，尔所请可行，

---

① 《清实录（七）·世宗宪皇帝实录（一）》卷三一，北京：中华书局，1986 年，第 486 - 487 页。

无不俞允，岂为蕞尔废地致启争论？不过欲明疆界，永结和好耳。
再尔又奏称，尔使臣贸易之人，若由内地往来，途远劳苦，请由
喀尔喀地方行走，朕今照尔所请，但人数不可过三百耳。嗣后惟
当不渝前好，以信为本，普济苍生，尔其思之。特谕。①

最终，为了西北地区来之不易的安定局面，为了防范并阻止策妄阿拉
布坦再滋生其他是非，清政府划定了与策妄阿拉布坦之间的疆界，在稳住
策妄阿拉布坦的同时，也暂时稳住了刚刚经过战乱的青海乃至西北之局势，
并着力对西北地区进行治理。

（五）搜集各种证据，处置年羹尧

从康熙末年对噶尔丹、策妄阿拉布坦受沙俄支持发起的西藏之乱的平
定开始，到雍正元年对青海罗卜藏丹津与策妄阿拉布坦勾结的叛乱的平定
中，年羹尧都起了很重要的作用。尤其在平定罗卜藏丹津叛乱中，可以说
是年羹尧详细周密的筹谋决定了本次叛乱被迅速平定，充分体现了年羹尧
作为一名将才的领导与筹划能力。从资料来看，表面上是年羹尧的一纸奏
折送了自己的性命。雍正三年三月辛酉，雍正帝对此回应：

> 川陕总督年羹尧以日月合璧、五星联珠，具本奏贺，得旨。
> 年羹尧所奏本内，字画潦草，且将"朝乾夕惕"写作"夕阳朝
> 乾"。年羹尧平日非粗心办事之人，直不欲以朝乾夕惕四字归之
> 于朕耳。朕自临御以来，日理万机，兢兢业业，虽不敢谓乾惕之
> 心，足以仰承天贶。然敬天勤民之心，时切于中，未尝有一时懈
> 怠，此四海所知者。今年羹尧既不以朝乾夕惕许朕，则年羹尧青
> 海之功，亦在朕许与不许之间而未定也。朕今降旨诘责，年羹尧
> 必推托患病，系他人代书。夫臣子事君，必诚必敬，陈奏本章，
> 纵系他人代书，岂有不经目之理。观此，则年羹尧自恃己功，显
> 露不敬之意，其谬误之处，断非无心。此本发与年羹尧，令其明
> 白回奏。②

---

① 《清实录（七）·世宗宪皇帝实录（一）》卷三一，北京：中华书局，1986年，第471－
472页。

② 《清实录（七）·世宗宪皇帝实录（一）》卷三〇，北京：中华书局，1986年，第461页。

雍正帝认为奏折中年羹尧表露出居功自傲，对皇帝不恭不敬之意，故决定除掉他。这正应了那句"狡兔死，走狗烹；飞鸟尽，良弓藏；敌国破，谋臣亡"。其实，面对西北地区年羹尧的功高盖主，雍正帝对其多有忌惮，而年羹尧的确有些因功高而傲慢，故雍正帝决定借故除掉年羹尧，以免其在西北地区形成一股不安定的势力。因此，在雍正帝的指使下，由他亲自领导，众大臣开始搜集年羹尧的各种罪证，如雍正三年夏四月己酉，"户部议覆，署山西巡抚伊都立，参奏原任川陕总督年羹尧，擅给盐商印票，增引十万道，既非部颁之引，无从稽核。且将应行收贮正课，并不请拨，擅自动用。又差咸宁知县严士俊于山西拿获私茶，越境提人，将茶变价五万两。又擅罚茶犯王钦庵等银九万两，私令赎罪。随保题严士俟为河东运同，假捏商名，私占盐窝，招摇生事。应特遣大臣前往确审。得旨，遣吏部左侍郎史贻直、刑部右侍郎高其佩前往审理"①。户部搜集到年羹尧擅给盐商印票，将没收的私茶擅自调出卖掉，擅自罚犯人巨额银两，以此从中牟利之事。雍正三年夏四月己丑，"谕大学士等，朕从前将御前侍卫拣发年羹尧处，特欲其效力军前，遇有紧要事务备其驱策，并非供伊之随从也。乃伊将朕拣发之侍卫不用于公务，俱留伊左右使令，带至西安，以侍卫摆对，前引后随。又令侍卫为伊坠镫，是诚何心？向年圣祖时，富宁安、傅尔丹处皆有拣发侍卫，从未闻将军等，将侍卫作奴隶使令也。督抚并无跪接大将军之例，伊去年来京陛见，又未带有大将军敕印，而途中令总督李维钧、巡抚范时捷等跪接。伊系征剿青海将军，青海之叛逆王、台吉等，则可令其下跪，至并无罪犯蒙古王等，亦令下跪。阿宝，系扎萨克郡王，本朝之额附，亦竟令其下跪，伊如此僭越无知，是诚何心？著年羹尧明白回奏"②，又搜集到礼仪方面督抚等人因跪接大将军而犯例之事，等等。在雍正三年六月之后，资料中称呼年羹尧为原任川陕总督，而到了九月，川陕总督变为以前的奋威将军岳钟琪。

三、发展青海地区教育

西北地区向来为蛮荒之地，故其文化教育相对中原而言显得比较落后。罗卜藏丹津事件之后，年羹尧也认识到青海地区乃至整个西北地区教育水平落后的问题，雍正三年六月丙子，"吏部等衙门议覆，原任川陕总督年羹

---

① 《清实录（七）·世宗宪皇帝实录（一）》卷三一，北京：中华书局，1986 年，第 477 页。
② 《清实录（七）·世宗宪皇帝实录（一）》卷三一，北京：中华书局，1986 年，第 479 页。

尧等疏言：陕西宁夏等卫所，新经改设郡县，请分设宁夏、西宁、凉州、甘州四府教授、训导各一员，取进文武童各十二名，廪增各四十名，一年一贡……西宁县教谕一员，取进文武童生各八名，廪增各二十名，两年一贡……平罗、碾伯、古浪三县，训导各一员，取进文武童生各八名，廪增各二十名，两年一贡……应如所请。从之"①。根据年羹尧的建议，整个西北地区的教育在清政府的支持下，开始慢慢起步。

四、对祭海会盟的了解及重视

清政府在对青海地区的了解中，认识到青海湖在蒙藏人民信仰中的重要位置，且认识到青海湖祭湖仪式对青海蒙古及藏族部落社会的重要性，也认识到借助祭海会盟之际，可对日常身处偏僻之地的蒙古、藏族部落进行了解，继而进行控制与管理。对此，雍正四年三月乙未，清朝先是敕封青海（湖）水神为灵显青海之神，之后逐步加强并插手祭海会盟之事。

第三节　雍正朝对青海藏区社会的治理②

清军入关建立大清后，国内局势还极不稳定。故而，在青藏地区，顾实汗与五世达赖喇嘛联合建立了甘丹颇章政权，暂时偏安一隅，名义上属于清朝，但在甘丹颇章政权的控制下，青藏地区与清朝之关系其实较为疏远，正如资料所载，当时青藏地区藏族部落社会"惟知有蒙古，不知厅卫营伍官员"③。对此，顺治、康熙帝在青藏地区有意无意间逐步推行了"扶番抑蒙"政策。顾实汗去世后，康熙年间发生了噶尔丹与策妄阿拉布坦领导的受沙皇俄国支持的觊觎青藏高原的叛乱。该叛乱被平息后，在奖励为平叛做出贡献的青海厄鲁特蒙古部落时，清政府仍旧在以往"扶番抑蒙"政策的引导下，对青海各蒙古部落进行了较为平等、平均的封赏，并没有特别突出任何人的身份和地位，此事引起和硕特亲王顾实汗之孙罗卜藏丹

---

① 《清实录（七）·世宗宪皇帝实录（一）》卷三三，北京：中华书局，1986年，第500页。

② 该节有一部分内容以"试析清初对青海藏区社会的治理"为题，发表在《青海民族研究》2011年第3期。

③ 顾祖成等编：《清实录藏族史料（一）·世宗实录》卷二〇，拉萨：西藏人民出版社，1982年，第295-299页。

津的不满，于是青海地区便又开始酝酿着一场大规模的军事行动。

一、平定罗卜藏丹津事件及善后事宜

雍正元年五月，罗卜藏丹津在察罕托洛亥召集诸台吉会盟，号召"恢复先人霸业"，勒令各台吉称他为"达赖浑台吉"，同时强迫各首领恢复旧时名号，一概不许称清朝封给的王、贝勒、贝子、公等①，标志着罗卜藏丹津反叛事件的开始。得知此消息后，雍正帝先下令查清事实真相，之后便命川陕总督年羹尧"将西宁、松潘、甘州等处军兵整备……务期剿灭"②。从雍正元年五月至雍正二年，清政府欲集中兵力平定罗卜藏丹津事件，最终此事件在大将军年羹尧的周密筹谋下被平定，这使青海厄鲁特蒙古在青海之势力元气大伤。之后，为稳定青海乃至西北地区局势，雍正帝恩准实施抚远大将军年羹尧所奏之《十三条》《十二事》，雍正帝认为此"运筹周密，措置精详，朕心嘉悦之"③，并令"尔等（总理事务王大臣）一并悉心妥议具奏"④。依据《十三条》与《十二事》中的规定，清政府暂时以其管理和控制经历叛乱后的青海，并逐步加强对青海地区及藏族社会的控制。

罗卜藏丹津事件后，清政府在政治上开始加强对青海地区的行政设置，如将原来的西宁厅改为西宁府，其所辖之西宁卫改为西宁县，西宁北川设置大通卫，属西宁府管辖；原碾伯所改为碾伯县⑤，以加强对青海地区的管辖。

因刚经历战乱，青海地区局势不稳，尤其是罗卜藏丹津逃往新疆，而此时新疆的准噶尔蒙古又觊觎着青海，所以清政府开始密切关注准噶尔的行动，并在准噶尔入青海之路的重要地点严密设防，提前做好防范准备。而且面对策妄阿拉布坦的请求，也为了青海地区、西北地区的安稳局面，清政府于雍正三年夏四月乙卯，还与准噶尔蒙古划定了疆界，希望准噶尔蒙古少滋生是非。但准噶尔蒙古不顾所划疆界，仍旧觊觎骚扰青海地区。关于准噶尔蒙古对青海地区的觊觎，正如雍正十二年秋七月对此事之总结所言，该总结分为以下内容：

---

① 顾祖成等编：《清实录藏族史料（一）·世宗实录》卷十，拉萨：西藏人民出版社，1982年，第282－284页。

② 顾祖成等编：《清实录藏族史料（一）·世宗实录》卷一一，拉萨：西藏人民出版社，1982年，第284－285页。

③ 《清实录（七）·世宗宪皇帝实录（一）》卷二〇，北京：中华书局，1986年，第329页。

④ 《清实录（七）·世宗宪皇帝实录（一）》卷二〇，北京：中华书局，1986年，第329页。

⑤ 《清实录（七）·世宗宪皇帝实录》卷二五，北京：中华书局，1986年，第296页。

第一，对准噶尔蒙古觊觎扰乱青海背景的分析。

和硕康亲王巴尔图等，遵旨议奏：准噶尔贼夷，世济其恶，屡次兴戎。噶尔丹策零狂悖凶顽，较伊父策妄阿喇布坦为更甚。我皇上为安逸生灵计，欲特赐包容，遣使前往，开陈利害，但贼人狡诈性成，恐难遽信。目今两路大兵，驻扎边境，贼夷之地势情形，俱已深悉。且粮糗马驼军装器械，无不预备整齐，宜乘此时，于此路派兵三万名，西路派兵二万名，约会齐进，并力歼除。如贼果知畏惧，悔祸祈恩，我皇上再宽其罪戾，议定边界，似属于事有益。又大学士张廷玉等，遵旨议奏：噶尔丹策零扰害生灵，早应遣发大兵，立加屠灭。惟是我圣祖仁皇帝如天之仁，于策妄阿喇布坦狂悖妄行，犹复曲赐包容，不加诛戮。我皇上以圣祖之心为心，屡示恩谕，俾息纷争，恐伊孟浪轻举，骚扰蒙古。是以驻兵边地，以为防范，仍谕两路大将军，停止进剿。仰见天心仁爱，原非必欲毁其巢穴，灭其丑类也。今贼人自厄尔得尼招大败之后，势穷力竭。本年春间，我兵从北路袭击，直越额尔齐斯，贼夷惊惶，不敢迎战。但罔识圣心之宽大，自以负罪深重，不可复逭。因此，迷而不悟，日益冥顽。若蒙特遣大臣前往，晓以利害，宽其已往之愆，予以更新之路，噶尔丹策零审度势力，实不能支，谅必诚心悔过，俯首求和。若仍执迷不悟，则是伊自速危亡，再议征讨，更觉事易功倍矣。得旨：准噶尔一部落，习尚贪残，世济其恶。策妄阿喇布坦狡狯非常，当其跳梁之时，我皇考圣祖仁皇帝审观形势，洞悉机宜，曾密谕曰：彼地辽远，我往则我师徒劳，彼来则彼师受困，是以经理八九年，惟令两路将军陈师边境以待之。即将军富宁安、傅尔丹之屡次袭击，亦欲诱之使来，便于邀击，而贼究不至。富宁安等亦未多获而归，此当日之情形也。及朕即位之初，筹画边事，敬佩皇考之明训，确知策妄阿喇布坦之奸顽，持重不肯轻举，且以将弁兵丁等久役于外，勤劳可念。因将两路兵马撤回，暂令休息，中间缘清画疆界一事，遣人晓谕再三。朕则开诚布公，彼则支吾巧诈，朕仍包容宽宥之。未几，策妄阿喇布坦身故，伊子噶尔丹策零继领部落，朕虑有侵扰众蒙古之举，不得不预为防范，又以其人孟浪无知，剽轻任性，必率贼众冒昧前来。①

第二，预感到准噶尔将有叛乱后的防范布置。

是以仍于两路，驻扎大兵。至于命将一事，岳钟琪久在西陲，习于军旅，伊亦踊跃从事，因命为西路大将军。北路大将军傅尔丹，朕恐其才具不胜重任，爰允廷臣之推举，并遣查弼纳为副将军。伊陛辞之时，朕谆谆详谕，令部署完密，度势审机，务策万全。实冀专阃之大臣，戮力同心，不负简用也。②

第三，派兵布防剿准噶尔蒙古叛乱，以及平叛中的一些细节。

乃噶尔丹策零轻举妄动，果不出朕之所料。于雍正八年冬月发兵侵犯西路，此正我师乘时击贼之机会。而岳钟琪来京陛见，请将大将军印务交与纪成斌署理。前此岳钟琪身在军营，全无布置，将驼马牲畜十数万，置于贼人来路之旁，供其掠取。纪成斌庸懦不堪，于贼人来犯之时，畏缩惊惶，一筹莫展，致贼人得志而去。次年贼以全力向我北路，初北路领兵大臣与喀尔喀等，皆怀贼人断不敢来犯之心，一切军需，又未预为完备。傅尔丹、查弼纳等复误听俘虏诳言，并不奏闻，领兵轻进。彼时朕即向廷臣言之，贼人恐有诡诈，我师此进，甚不妥协，未几奏至，果堕术中。雍正十年正月，贼人仅以七千之众来犯西路。深入哈密塔尔那沁地方，此又易于大创之机会。而岳钟琪身处军营，调度乖舛，坐令入网之兽，复得骇逸。此西路军营人人切齿痛恨者，于是贼志愈骄，肆无忌惮，倾其丑类以向北路，越过察罕叟尔军营，直至厄尔得尼招地方。副将军额驸策凌等奋勇击杀，歼其精锐，将及万人，余贼丧胆，乘夜遁逃，经由扎克拜达里克一带。此地朕预设重兵万有四千，以遏贼归路，似此残败之贼，诚如釜底游魂，但遣兵数千人遮击，便可使只骑不返。乃马尔赛坐守空城，一旅不发，贼至不击，贼去不追，俾余孽犹存，边氛未息。马尔赛之

---

① 《清实录（八）·世宗宪皇帝实录（二）》卷一四五，北京：中华书局，1986 年，第 812 - 813 页。

② 《清实录（八）·世宗宪皇帝实录（二）》卷一四五，北京：中华书局，1986 年，第 813 页。

罪，诚擢发难数也。①

第四，对平叛准噶尔一事的反思。

> 总之，朕之筹画于事先者，虽未有爽，而臣工之失机于临事者，则不一而足矣。今贼人自厄尔得尼招大创之后，畏我兵威，迁徙远去。看此情形，两路军务，一时难以告竣，特召两路领兵将军来京，与办理军机之大臣，悉心计议，北路副将军额驸策凌、西路署大将军查郎阿力主进剿。朕以军务关系重大，复令在朝王公、满汉文武大臣公同集议，兹览所奏，意见亦不画一。据两路将军皆言兵力有余，士气奋勇，贼势穷蹙，人心离散。似此，则遣兵进讨，未尝不可。但皇考当年圣意，与朕本心，俱不欲劳师远涉。而驻兵防守边界，又未免时日耽延，将士久劳，朕心不忍。朕意且遣使臣前往准噶尔，面谕噶尔丹策零，晓以利害，示以宽大之恩旨，开其迷误，从此画清边界，彼此不得逾越。著此路大将军平郡王，将进驻科布多之大兵，仍撤回察罕叟尔，以释贼人疑惧之心。若噶尔丹策零闻朕谕旨，果有悔心之萌，一一遵行，则两路大兵，俱可徐徐议撤。倘仍执迷怙恶，自取灭亡，俟使臣回京之日，别作计议。②

罗卜藏丹津事件后，在西北地区，清政府着重处理准噶尔对青海边界地区的骚扰活动。而在整个雍正年间，准噶尔蒙古扰乱青海地区边界之事在雍正九年正月、六月，雍正十年七月，发生过三次，但每次都是在清政府有准备、有组织的情况下被有惊无险地化解，说明罗卜藏丹津事件被平定之后，清政府在青海地区设卡派兵等措施起到了应有的作用，并且这也较为沉重地打击了准噶尔蒙古，同时对刚历经战乱、民心还不稳定的青海厄鲁特蒙古的行动也起到一定的威慑作用。

尤其是后来依照青海蒙古、藏族部落少数民族习惯法的内容，于雍正十二年制成《番例六十八条》，位列《十三条》与《十二事》之前，以此进一步加强对青海蒙古、藏族部落社会的管辖与治理。通过三者的制定、

---

① 《清实录（八）·世宗宪皇帝实录（二）》卷一四五，北京：中华书局，1986年，第813 – 814页。

② 《清实录（八）·世宗宪皇帝实录（二）》卷一四五，北京：中华书局，1986年，第814页。

出台，在处理青海蒙古、藏族事务时，清朝开始有据可依，可以说，此三者为罗卜藏丹津事件后稳定青海局势，管辖青海蒙古、藏族部落打下了良好的基础。

二、罗卜藏丹津事件后对青海藏区社会的治理

雍正年间，在西北地区，清政府面临的主要是青海乃至西北地区稳定之大事。于平定罗卜藏丹津反叛、瓦解准噶尔蒙古对青海觊觎之事中，清政府对青海地区蒙古、藏族部落社会的控制与管辖，主要采取了以下措施：

第一，划定边界，"奏称青海部落，宜分别游牧居住也"①。即将一些蒙古部（如厄鲁特旧部）迁出青海，以免发生祸端，并决定划分卫藏与四川、青海的行政界限。雍正三年，清朝派四川提督周瑛与特差散秩大臣、副都统鄂齐，学士班弟等勘定川藏分界，经协议，最后决定将原属四川之巴塘、理塘、德格划归四川，中甸等地划入云南，并于南墩宁静山岭上建立界碑，② 但青海与卫藏划界，因西藏现乱事而受到影响。至雍正十年夏，时青海办事大臣达鼐、四川雅州知府张植及西藏派出的主事纳逊尔赫图，会同勘定青海与西藏界址及沿边部落分隶管辖，最后议定"近西宁者，归西宁管辖；近西藏者，暂隶西藏"③，以此规定避免因边界不清而引起争端。

第二，设置土司制度下的千百户等职位。此制度除了针对青海之外，还针对陕西、甘肃的边界问题，提出在甘、凉、青边界增加兵力，实现了"流官"对青海军队和藏族部落的控制，从而"蒙古等不敢觊觎，番民等亦有所依仗"④。至罗卜藏丹津事件后，年羹尧在《十三条》中提出加强土司制度，尤其加强对青海藏族的千百户的设置，但因后来年羹尧犯了错误，政策的具体实施者为岳钟琪。雍正三年，川陕总督岳钟琪奏"窃照苦脑儿（青海）等众经惩创之后，蒙皇上大加恩赏，无不畏威怀德，心悦诚服。但各边番部归附以来，其设立条目、酌定贡赋、安集番民等事，尚未料理合宜。臣愚以为应及此时细加筹画，务期久远可行。不揣冒昧，谨据管蠡之

① 《清实录（七）·世宗宪皇帝实录（一）》卷二十，北京：中华书局，1986年，第331页。
② （清）松筠：《卫藏通志》卷二《疆域》，转引自《西藏志》，拉萨：西藏人民出版社，1982年，第196页。
③ （清）松筠：《卫藏通志》卷二《疆域》，转引自《西藏志》，拉萨：西藏人民出版社，1982年，第41页。
④ 《清实录（七）·世宗宪皇帝实录（一）》卷二十，北京：中华书局，1986年，第334页。

见，为我皇上陈之"①。岳钟琪在其奏折中，将青海藏族分为聚居地在近河、洮、岷三州的内地番人；离州县、卫所较远之藏族部落；完全以游牧为生的黑帐房；聚居地气候、地理环境特殊，导致不能种植生产五谷，无法耕种的；对清政府纳粮贡马的，等等。岳钟琪还依其分布特点及生活习性进行分别管控，如在河湟地区附近的，不设千户、百户，但让原来的部落首领任乡约、里长；离内地较远的，应该封给其首领土千户、土百户等职衔，并颁发号纸，让其管束本部落，等等。岳钟琪对于青海藏区社会的状况非常了解，而且认为对青海的治理迫在眉睫。故其上奏之后，雍正帝立即批复奏折，于雍正四年，青海都统达鼐、西宁总兵官周开捷"安插降番，清查田地，始定额赋，遥隶于河州同知……七月初七日，达（鼐）同周（开捷）出口，历贵德河洮等处番人住牧之处，招来安插。遵照部议，委以千百户、乡约，并饬地方营汛官弁会查户口、田地，定其额赋，仍行地方官照依部式别造仓斗、仓升，饬发各番承赋输科，归地方官管辖。咨明总督厅（厅卷）"②。至此，土司制度在以前的基础上，重新在青海地区尤其是在藏族聚居区确立并实行，标志着清代加强了对青海藏区社会的管辖力度。

第三，置常驻机构，并规定朝贡事宜。雍正三年，由中央设置常驻西宁的"钦差办理青海蒙古番子事务大臣"，后又称为"青海办事大臣"（乾隆年间称"西宁办事大臣"），"总理"青海蒙古、番子事务。初，直属西宁办事大臣的青海藏族部落为青南地区的阿里克40族，而青海蒙古29旗则"隶于理藩院"，通过此措施，清政府将以前属于和硕特蒙古管辖的青海各藏族部落收归青海办事大臣管理，而蒙古族也属其管理，从而使和硕特蒙古在青海的政治势力进一步削弱。另外，对朝贡之事也做了相关规定，即"朝见进贡，定有限期"，具体为"请自雍正三年起，于诸王台吉内，派定人数，令其自备马驼，由边外赴京，请安进贡。青海诸王贝勒，应分做三班，三年一次，九年一周"③，此规定的实施，又进一步从行动上限制了青海蒙古贵族，使其不敢再有异心。

第四，制定"特殊法规"。雍正十二年，"颁给唐古特字律列于西番，

① （清）龚景瀚：《循化志》卷一《循化档案》，转引自张羽新主编：《中国西藏及甘青川滇藏区方志汇编》（第35册），北京：学苑出版社，2003年，第26－27页。

② （清）龚景瀚：《循化志》卷一《循化档案》，转引自张羽新主编：《中国西藏及甘青川滇藏区方志汇编》（第35册），北京：学苑出版社，2003年，第27－28页。

③ 《清实录（七）·世宗宪皇帝实录（一）》卷二十，北京：中华书局，1986年，第331页。

系西宁夷情衙门从蒙古例内，摘出翻译者。例目共六十八条"①，此即《番例六十八条》。依此政策，清政府将青海地区的绝大部分藏族限制在黄河以南，而黄河以北为蒙古族主要聚居地，但黄河以北的今西宁、乐都、大通、互助、民和、平安等地的部分藏族，因距内地较近，且居住分散，便于直接控制，故对其未做特别规定。此时，属青海办事大臣主管的藏族，又被划分为四十一族，初对其实行千百户的设置，后为防范不测，于 19 世纪中叶，又把这里的两千户官职以下管理的地方，分设七个头人，以千户职实辖三百户，百户以下依旧，其目的是分化和削弱土司头人的权势，便于清朝各级地方官员统治。《番例六十八条》是清政府根据蒙藏部落习惯法制定的管理少数民族部落内部事务的"特殊法律法规"，其内容涵盖军事、政治、经济、民事、刑事、诉讼、婚姻等各个方面。

第五，加强对"熟番""生番""野番"的管理。"奏称：西番人等，宜属内地管辖也。生事滋扰。查陕西之……西宁、河州……皆系西番人等居住牧养之地，自明以来，失其抚治之道……交纳租税，惟知有蒙古，而不知有厅卫营伍官员。今西番人等，尽归仁化，即系内地之良民，应相度地方，添设卫所，以便扶治。将番人心腹之头目，给予土司千百户、土司巡检等职衔分管，仍令附近道厅及添设卫所官员管辖。其应纳粮草，较从前数目，请略为减少，以示宽大。"② 对那些自愿迁徙到卫所边境游牧的藏族部落，仍然允许这些部落以其主要的方式——游牧为生。以上所牵涉的藏族为前文所言之"熟番""生番"，清朝对其管理已与周围其他民族基本相同。另外，还有对"野番"的如下规定："奏称：番人部落，宜加抚绥也。今兵事已竣，臣应遵旨回西安办理三省事，暂令奋威将军岳钟琪驻扎西宁，留兵四千名，听其管束。"③ 并认为，应该趁罗卜藏丹津事件的影响，收服甘州的"黄番"各部落，用其来"抵御青海"。对"野番"部落，还是以"抚绥"为主，但同时还强调要严加防范。

第六，屯田与贸易。"奏称边内地方，宜开垦屯种也。查百宁边墙内，俱属可耕之田……请将直隶、山西、河南、山东、陕西五省，军罪人犯，

---

① 文孚：《青海事宜节略》，张羽新主编：《中国西藏及甘青川滇藏族方志汇编》（第 36 册），北京：学苑出版社，2003 年，第 377 页。

② 顾祖成等编：《清实录藏族史料（一）·世宗实录》卷二十，拉萨：西藏人民出版社，1982 年，第 295 - 299 页。

③ 顾祖成等编：《清实录藏族史料（一）·世宗实录》卷二十，拉萨：西藏人民出版社，1982 年，第 295 - 299 页。

尽行发往大通、布隆吉尔等处，令其开垦"①，将内地的犯人遣发到西宁府附近，与各族群众一起开垦附近荒地进行生产，这些措施在一定程度上促进了青海农业经济的发展。同时，还规定在青海境内专门设点与牧区藏族进行集市贸易等内容，即"内外贸易，定地限时"，具体为"奏称朝贡交易，宜按期定地也。……其与内地之人，互相交易之处，则定于每年二月、八月，二次交易，俱以边外为集。臣选得西宁西川边外在那拉萨拉地方，请指定为集，不准擅移，届期，仍令总兵官，饬委营弁，领兵督守，如有擅进边墙者，即行惩治"②。其中所选的那拉萨拉（蒙古语，即今日月山），自此便成为农牧区集市贸易的重要地点。

第七，整饬藏传佛教寺院。清政府因在罗卜藏丹津事件中切实认识到藏传佛教的作用，故善后时，对青海的藏传佛教也做了相关规定。针对罗卜藏丹津叛乱中青海有些寺院参与其中一事，《十三条》规定："奏称喇嘛庙宇，宜定例稽察也。查西宁各喇嘛庙宇，多者二三千，少者五六百，遂成藏污纳垢之地。番民纳喇嘛租税，与纳贡无异。而喇嘛复私藏盔甲器械，前罗卜藏丹津侵犯时，喇嘛等带领番民与大兵抗衡。今臣于塔儿寺喇嘛内之老成者，拣选三百名，给与大将军印信执照，谕令学习清规，请嗣后定例。寺庙之房，不得过三百间，喇嘛多者三百人，少者十数人，仍每年稽察二次，令首领喇嘛出具甘结存档。至番民之粮，应俱交地方官管理，每年量各庙用度给发，再加给喇嘛衣服银两，庶可分别其贤否，地方官得以稽察。"③ 清政府对藏传佛教寺院采取了严格控制僧人数目、权利范围等规定及措施；取缔一些明时和清初所授的国师禅师等名号；"将各番族归于县官，按地输粮，不受番寺约束"④，且规定了藏族群众仅对政府承担封建义务，而以前寺院所负各项赋税、义务全部取消，等等。尽管如此，清朝对其在蒙藏等民族中的作用的认识仍旧很清楚，故并未严厉打击藏传佛教，而是采取羁縻政策，如于雍正十年，又敕令重修战乱中被毁的郭隆寺与郭莽寺，并分别赐名为佑宁寺和广惠寺，而未参与叛乱行动的塔尔寺仍旧是格鲁派六大寺院之一，等等。

总之，在雍正年间，尤其是罗卜藏丹津事件之后，清政府加强了对青

① 《清实录（七）·世宗宪皇帝实录（一）》卷二十，北京：中华书局，1986年，第335页。
② 《清实录（七）·世宗宪皇帝实录（一）》卷二十，北京：中华书局，1986年，第331页。
③ 文孚：《青海事宜节略》，张羽新主编：《中国西藏及甘青川滇藏族方志汇编》（第36册），北京：学苑出版社，2003年，第380页。
④ 王辅仁、索文清：《藏族史要》，成都：四川人民出版社，1980年，第120页。

海藏区社会的控制，其所采取的种种措施，基本结合了藏族社会的实际情况，依据藏族部落习惯法而定。尽管这些措施严格约束着青海藏区社会内部的各个方面，却为藏区社会内部广泛接受和认可。大体而言，清代于此时对青海藏区社会进行治理的政策是较为成功的。也于此时，清政府逐渐从和硕特蒙古手中将青海地区管辖权移至自己手中，并逐步对其进行有效的治理。

第四章
乾隆朝对青海藏区社会治理的加强

清代自顺治到康熙朝前期，对青藏藏族部落社会的治理基本以羁縻政策为主。康熙朝逐步加强了对青藏地区的治理力度，"扶番抑蒙"之策略初步实施，在平定噶尔丹、策妄阿拉布坦的反叛活动后，对青藏地区的治理策略与手段开始加强，"扶番抑蒙"逐步提上日程。至雍正朝，又平息了青海地区的罗卜藏丹津叛乱，经过大将军年羹尧的军事打击以及善后，清政府将青海藏区社会的管控权逐步从和硕特蒙古手中转移到自己手中。自此，青海藏区社会逐渐展现在我们的视野中。通过雍正朝的治理，青海藏区社会暂时处于较为平衡的发展时期。

乾隆帝从 1736 年二月登基开始，到 1799 年正月去世，其实际掌权共六十多年。在这六十多年的执政中，乾隆帝在先辈们的基础上励精图治，使清朝政治、经济实力变得更强，并进一步完成了多民族国家的统一，整个社会、政治、经济、文化有了进一步发展，从而将先辈们开创的盛世推向顶峰。乾隆帝登基后，十分重视社会稳定，关心全国各地的受灾百姓，多次采取轻徭薄赋之举，着力减轻农民的负担。此外，乾隆帝还十分注重对边疆地区的治理，如完善了对西藏的统治，维护了国家的统一并拓宽了领土。

第一节　乾隆朝前期对青海藏区社会的治理

乾隆前期（1736—1755），清政府采取了很多减免农民赋税的措施，以稳定全国民心。政治上整顿吏治，释放了因贻误军机而被判死罪的岳钟琪、傅尔丹等人；军事上平定了贵州、广西、湖南苗乱，还采取种种措施防御了新疆准噶尔蒙古对青藏高原的觊觎，等等，经过乾隆帝前期的悉心治理，整个国内局势渐趋稳定。这一时期，对青海藏区社会的管辖与治理，主要体现在以下几个方面：

一、减免青海地区各种赋税

乾隆元年（1736）正月癸丑，和其他刚登基的皇帝一样，乾隆帝在甘肃青海地区主要实行减免赋税的政策，"谕总理事务王大臣，朕闻甘省自康熙三十四年起，至五十七年止，因供应喇嘛、赈济贫民以及军需脚价、买备驼马等项，借动银粮，议定扣捐官役俸工还项，迄今未经完补银粮，尚有八万七千余两。朕思俸工银两，所以赏给官役为养赡之资者，在文职各官，有养廉一项，虽俸银捐解，尚不至于拮据。至营伍将备，以及吏役人等，或全行扣抵，或捐七留三，势必至于艰窘。此项未完银粮，若照旧扣解，尚须数年，方得清厘。现今官吏未免匮乏，深可悯恤。著该部即行文该省督抚，将未经扣完银粮八万七千有零，自乾隆元年为始，停其扣捐，以示朕加惠甘省官吏之至意"①。刚登上皇帝之位的乾隆帝，立即对因刚经历战乱而人心不稳，经济遭到破坏的甘肃地区进行怀仁政策，之后继续在甘肃地区实行相关休养生息之举，"又谕：甘省百姓，连年承办军需，急公踊跃，甚属可嘉。皇考屡沛恩膏，朕亦深加体恤，上年闻有缺雨歉收之州县，已谕该督抚加意抚绥，务令贫民得所，除散赈米谷外。所有借给口粮籽种之类，例应秋收征还者，著悉行赏给，免其还项。该督抚可通行晓谕，并饬有司实力奉行，毋使胥吏土棍，侵蚀中饱"②。二月戊辰，还下令减免陕甘二省应征钱粮，甘省全部豁免，陕省止征一半，以昭格外之恩。另外，在该年六月壬辰，七月甲寅、丁巳，因雹灾等原因又减免川陕甘地区的赋税徭役。十月戊子，"又将乾隆元年甘肃额征钱粮全部豁免……著将乾隆二年（1737）甘肃钱粮全部蠲免……以示朕加惠秦民之至意"③。

整个乾隆前期，对西北地区一直实行怀柔政策，休养生息。如乾隆元年十二月乙亥，甘肃省陈茶变价销售；乾隆二年八月，甘肃河州等四州县因旱灾缓征额赋；乾隆二年十二月，宽免甘肃大通协永安营兵丁试种无成应赔籽种农器银；乾隆三年（1738）十一月戊辰，缓征甘肃武威、西宁、碾伯等九州县厅虫灾本年钱粮；乾隆四年（1739）二月甲申，免除甘肃碾伯县乾隆三年虫灾额赋十分之二；四月甲辰，甘肃提督瞻岱奏：凉州、西宁等处歉收，会商督抚开仓平粜；五月丁卯，因调查到西宁粮价高于凉州，务令粮价不致高昂；六月甲辰，西宁等地雹灾，川陕总督鄂弥达等奏，请分别抚恤；七月丙午，"（户部）又议准：甘肃巡抚元展成题请，下川口堡，极贫穷民加赈三月，次穷贫民加赈一月。从之"④；九月庚午，对碾伯、西宁等地因上年雹灾，应征钱粮草束，分别宽免；九月癸酉，"对西宁多坝、七石峡等处居住至回民苏尔坦、胡里等三十人……自应仰体皇上一视同仁

---

① 《清实录（九）·高宗纯皇帝实录（一）》卷一一，北京：中华书局，1986 年，第347 – 348 页。

② 《清实录（九）·高宗纯皇帝实录（一）》卷一一，北京：中华书局，1986 年，第348 页。

③ 《清实录（九）·高宗纯皇帝实录（一）》卷二九，北京：中华书局，1986 年，第610 页。

④ 《清实录（九）·高宗纯皇帝实录（一）》卷九六，北京：中华书局，1986 年，第458 页。

之意，酌议每人给土房两间，牛一只，耕具一副，并一牛所种之地，一切籽种口粮，共需银五十两。计三十户，共银一千五百两"①；乾隆七年（1742）二月丙午，"著将雍正六年（1741）至十三年（1748）借欠之项一概蠲免。其乾隆元年以后借欠之项，从壬戌年为始，分作六年带征。至凉州、西宁二府所属之武威、平番、永昌、古浪、西宁、碾伯等六县，乃甘省最寒苦之区，上年又被旱灾，深可悯恻。昨已降旨，将此六县民欠额粮草束等项分作三年带征。今既加恩通省，将雍正十三年以前旧欠悉行蠲免。此六县民欠，虽在雍正十三年以后，而彼地民力艰难甚于他邑，著将此带征之项。一并蠲免"②；乾隆九年（1744）三月甲辰，对甘肃十三州县，"及武威、西宁二县，累年未完积欠银两草束等项，再行宽缓，自乾隆九年为始，分作六年带征，以纾民力"③；乾隆十年（1745）十月丙辰，"总理青海夷务副都统莽古赉奏：乾隆丙寅年，川、陕、甘三省，蠲免钱粮。所有西宁属之玉树等族，并暂隶西藏管辖纳克书番众，应征马贡银两，可否一体蠲免。得旨：著一体蠲免，该部知道"④；乾隆十三年十二月乙亥，赈恤甘肃碾伯、西宁大通卫，借给籽种口粮；乾隆十四年（1749）四月辛卯，因雹灾，又免甘肃西宁、碾伯等十二厅州县于乾隆十二年（1747）分雹灾地亩额征银、粮、草；乾隆十五年（1750）十一月己酉，赈恤甘肃平凉、西宁肃州等三州县本年雹旱灾饥民，并免额赋，贷河州、西宁、碾伯、高台等二十八厅州县籽种口粮，等等。整个乾隆前期基本上每一年清政府都要施行以上减免赋税、减轻平民百姓负担之休养生息之举，意在稳定西北民心，并着手恢复因长年战事而被破坏的原本就脆弱不堪的甘肃西宁地区的经济。

二、战略方面加强军事布防

乾隆帝继位之后不久，就甘肃地区局势进行分析，又在甘肃西宁地区做了一些战略性布置。首先，因雍正朝通过对罗卜藏丹津事件的善后及治理，青海地区局势暂时相对稳定，故乾隆帝初步决定先安抚奖励并裁撤在青官员以及驻青军队。先于乾隆元年三月乙未，"谕总理事务王大臣，西路

---

① 《清实录（一〇）·高宗纯皇帝实录（二）》卷一〇一，北京：中华书局，1986年，第533－534页。

② 《清实录（一一）·高宗纯皇帝实录（三）》卷一六一，北京：中华书局，1986年，第23页。

③ 《清实录（一一）·高宗纯皇帝实录（三）》卷二一三，北京：中华书局，1986年，第737页。

④ 《清实录（十二）·高宗纯皇帝实录（四）》卷二五一，北京：中华书局，1986年，第238页。

军兴以来，自京城以至西宁，沿边添设腰站，赍送公文。雍正九年，蒙皇考世宗宪皇帝念兵弁等递送勤苦，加恩议叙赏赍。但自八年七月起至九年六月止，两次派委弁兵，叨蒙恩恤，其余未曾赏及。朕思八年以前已安台站；九年以后尚未彻除，前后同为效力之人，当令均沾恩泽。著该部确查办理，将前后坐台之官弁兵丁，遵照雍正九年之例，或赏纪录，或赏银两，一体加恩，以示朕一视同仁之意"①，对雍正年间有功但没有及时得到奖励的兵弁，先补给其当时规定的应得奖励，并再次肯定了其为维护青海安定而做出的贡献。不久，清政府决定开始撤回青海地区之兵力，四月丙戌，"总理事务王大臣等奏，本月十七日奉旨，前者军兴以来，令大臣官员往驻蒙古边疆办理事务。今大兵既彻，仅留驻兵，一切防守事宜，并已减省。其各处办理驻扎之大臣官员，有应彻者，著总理事务王大臣等议奏……悉赴军营，其地乏人，是以遣往。……各还所在。应令……即行还京。西宁原驻大臣一员，办理青海蒙古番子事务。兵兴以来，始增驻大臣章京等，今既彻兵，应于……三员中留一员，余并彻回。……西藏向无大臣官员驻扎，前以康济鼐与颇罗鼐交恶相攻，因遣大臣率兵暂驻，今达赖喇嘛还藏，兵亦彻还，毋庸更驻大臣"②，将青海蒙藏事务交给西宁原驻大臣办理，并撤回前所增派的驻青大臣章京。西藏因原未派大臣，后遣大臣率兵暂驻，现因达赖喇嘛还藏，故撤兵，但所派大臣留藏，与达赖喇嘛一起治理西藏。此时，已开始派驻青大臣直接治理青海，派大臣与达赖喇嘛共同治理西藏。然而清政府裁撤西北地区因罗卜藏丹津事件而增设的官员、军队之举，立即引起西北其他相关官员的担心，十月戊寅，大学士管川陕总督查郎阿等疏言："西宁驻扎兵丁，前经西安将军沁布奏称，西宁地近青海，而卓紫山、琦紫山，国隆、国明寺等处，转为内地，脱有不靖，西宁、庄浪内外不能相顾。请将西宁之兵，更驻庄浪等语。应如所奏移驻，下总理事务王大臣议行。"③ 在这些官员的请求和建议中，在清政府对青海地区继续进行恩威并举的政策下，又开始向青海地区派驻官员以及驻扎军队，如乾隆二年以西宁总理青海番子事务德龄为镶红旗汉军副都统；④ 赏西宁、大通官兵银两；回京养病的散秩大臣总兵范时捷仍被派回西宁，而总兵一职由其副

---

① 《清实录（九）·高宗纯皇帝实录（九）》卷一四，北京：中华书局，1986年，第394－395页。

② 《清实录（九）·高宗纯皇帝实录（九）》卷一七，北京：中华书局，1986年，第443－444页。

③ 《清实录（九）·高宗纯皇帝实录（九）》卷二九，北京：中华书局，1986年，第606页。

④ 《清实录（九）·高宗纯皇帝实录（九）》卷四六，北京：中华书局，1986年，第796页。

将王友询署理,① 等等。

基于以上考虑,清政府在青海的一些具有重要战略位置的地区,又分驻兵驻防,如乾隆三年八月乙丑:

> 兵部议准,大学士管川陕总督事查郎阿奏称:西宁府属碾伯县,壤接番回,山径丛错。县属之摆羊戎,为番民杂处之地,最关紧要,请建土城一座,设游击一员,千总一员,把总二员,马兵二百名,步兵二百名,兼辖扎什巴、巴暖营、亦杂石庄、乩思观、林千户庄、徐家庄、康家寨、甘都堂等营汛。即将巴暖营原设之游击一员,千总一员,移驻摆羊戎;其巴暖营改设守备一员,把总一员,原设兵三百名,裁一百名,以为摆羊戎之需;扎什巴距摆羊戎不远,止设千总一员,马兵三十名,步兵七十名;甘都堂建土堡一座,设千总一员,马兵五十名,步兵一百名;其亦杂石庄等处,驻扎官兵,照旧安设,仍于各处要隘,酌建墩台,每台安兵三五名;至贵德所守御千总一员,旧隶临洮府。贵德营都司一员,旧隶河州镇,各处相距均在八百里以外。查贵德与河北西宁接壤,请以贵德所守御千总改隶西宁府,贵德营都司改隶西宁镇。原设守兵一百五十名之外,添设马兵三十名。即在西宁镇营新兵内拨补,其分隶之处,清水河以北属贵德,改隶西宁。清水河以南属保安,仍隶河州。再阿哈旦、苏胡、加阿路等三庄,俱在黄河北,旧属河州厅,距三百余里,新番盘诘为难,纳粮亦未免跋涉。今甘都堂既新设千总,请即令就近巡防,粮亦附近于碾伯县仓交纳;又丹噶尔一营,原为巡查贼番而设,旧在日月山之北,未能要截要路。惟河拉库托地方平衍,为贼番出没之区,请筑一小堡,设守备一员,把总一员,马兵一百名,步兵一百名,归丹噶尔参将统辖,所设兵亦在西宁营新兵内拨补;又河州城西口外一带,自老鸦关出口至奇台堡、循化营、保安堡等处,俱系塞外岩疆,旧设墩台十余处,路长墩少,请各路分添墩台八座;又奇台堡之土门关外桥沟寺,接连火儿藏地方,请于要处添设墩台二座,每座安马兵二名,步兵三名,共兵五十名。即于循化、保安、奇台等营内,就近派拨。但保安、奇台两处,孤悬口外,

---

① 《清实录(九)·高宗纯皇帝实录(一)》卷五二,北京:中华书局,1986 年,第 881 页。

额兵本属单微。请于循化营拨马兵十五名，步兵三十五名，添入保安，连原安兵共足二百五十名之数。再拨马兵十五名，步兵三十五名添八奇台堡，连原设兵共足一百五十名之数。其寄居双城地方之奇台堡守备，令其驻扎奇台。所有双城汛地，相距甚远，未便分管，请以河州二十四关为界，关口以内归镇标之左右两营管辖，关口以外分派循化、奇台、保安等营，各按远近分汛管辖。又西固城守一营向设都司一员，马步守兵二百一十七名。现在番回新附族多地广，请添设千总一员、把总一员、马步兵八十三名，合原额共足三百名；至安西镇属之沙州协，所辖有踏实一营。去沙州三百余里，文移每稽时日，请就近改归安西镇管辖。峰叠城防御之兵，旧派文县营把总管辖，不相联属，请将峰叠城之文县营把总仍撤回文县，均应如所请。从之。①

由此来看，经历了罗卜藏丹津事件之后，尽管青海地区暂时平安无事，但清朝一些有为及有志的官员并没有放松对此地的重视与关注，尤其对西宁地区非常关注，故而在西宁所属之地做了详细的守卫安排。

同时，甘肃地区官员很关注甘肃具有重要战略性位置地区的安稳，如乾隆八年（1743）闰四月乙亥，"大学士等议奏：甘肃河州一镇，控青海之门户，扼黄河之险塞，界连川省，控制番夷，其间二十四关，在在扼要。从前关民屡被扰害，虽拨兵巡防，每关不过数名，不足捍御，因而团练乡勇，自为防卫，于本关农户中，选强壮子弟轮流看守，一岁不过数次。余仍力田之日，即系寓兵于农之意。查二十四关旧设乡勇，合计九千六百五十余名，分守各关，并非聚集一处。团练以来已十余载，未闻稍有不靖，且此项乡勇，并非无业钻充，以谋衣食，散之甚易，第十余年堪资保卫，一旦不令团练，恐启番回之心。所有河州二十四关乡勇，应仍留团练，再各关原设有总领二名，人数少者总领一名；每五十名，设队长二名，向系河州知州委用，应仍循旧例，不必另选民把总董率。至各关器械年久损坏者，即于存营旧器内拨给，不必另制。其西宁镇属归德一所，力有限，军器无出。请在西宁镇存营之鸟枪矛子中，量为拨发，分交民兵操演。并令同城都司指示，该道府顺便查验，所充之民千总把、总头领等由西宁道给

---

① 《清实录（一○）·高宗纯皇帝实录（二）》卷七四，北京：中华书局，1986年，第182－184页。

发委牌。从之。"①因官员认识到河州军事、地理位置险要，决定在之前的基础上再度加强其下辖二十四关的防御力度。乾隆九年七月庚寅，"大学士鄂尔泰等议覆：甘肃巡抚黄廷桂奏称，西宁口外日月山之西南地名沙喇库图尔，距丹噶尔六十余里，系商民往来总要之区，亦贼番出没经由之所，筑堡驻扎守备一员，把总一员，马步兵二百名，专司巡缉。其地孤悬口外，气候寒冷不能耕获，又系新设之地无粮可拨。官兵起支，例系折色，商贩稀少，兵丁谋食维艰。前抚臣许容以大通镇及丹噶尔、白塔、永安三营，兵粮缺少，奏准将大通米三千石，分贮各营。每年四五月间，存二借一，秋后于兵饷内扣买还仓。可否照例，即于西宁县仓采买备贮粮内，量拨稞豆五百石，运送脚价，于司库给领，交丹噶尔城参将收贮，以资接济等因。应如所请。沙喇库图尔兵丁，照大通等处之例，于西宁备贮杂粮内，拨运五百石，交该营员收管。每年存二借一，秋后扣饷买补。仍严饬营弁，及时给发买还，无得侵扣亏空。从之"②。日月山西南之沙喇库图尔，尽管偏僻贫困，但也因其地理位置险要、军事意义重大而引起清朝官员的重视，于此处增兵把手以防范不测。乾隆十年六月己巳，因了解到西宁镇汉、土兵一千名，其作战能力较差，最后与西宁镇官员协商决定，此处的士兵，全部以汉族兵丁为主，不再调用土兵，以加强其战斗力。通过以上举措，清政府进一步加紧了甘青地区的防御。而对一些战略性不重要之地的部兵，也进行裁撤。

另外，清政府加强了青海地区的建制。乾隆四年八月甲辰，"兵部、刑部会议，覆甘肃按察使包括疏称：所属之……大通等六卫，赤金、贵德二所地处边疆，各员弁均有钱谷兵刑、命盗案件之责，实与州县无异。今卫所员弁办理事件全不遵照章程，请照文员试用之例挑选守备六员，千总二员，豫拨来甘，拨布按衙门学习，查所请发员学习果否有无裨益，应令该省督抚详查妥议具奏"③，在以上地区又进行了官员的设置，逐步加强了对大通卫、贵德等地的管辖。乾隆十一年（1746）五月甲寅，"吏部议准，甘肃巡抚黄廷桂疏称：巩粮通判改为西宁府通判，驻扎摆羊戎地方。三清湾主簿，改为西宁县主簿，驻扎丹噶尔地方。均经题准钦遵在案。该通判、主簿均系驻扎口外，督课垦种，经收番粮，应作为部选之缺。巩粮通判，

---

① 《清实录（一一）·高宗纯皇帝实录（三）》卷一九一，北京：中华书局，1986年，第455-456页。

② 《清实录（一一）·高宗纯皇帝实录（三）》卷二二〇，北京：中华书局，1986年，第893页。

③ 《清实录（一〇）·高宗纯皇帝实录（二）》卷九九，北京：中华书局，1986年，第506页。

原养廉银六百两，今移摆羊戎地方，请照柳林湖通判之例，增公费银三百六十两。丹噶尔主簿，仍照三清湾之例，给养廉银二百两。通判衙门，额设书吏四名。主簿衙门，额设书吏一名。该通判管理命盗等案，应添设监狱。再摆羊戎距郡城一百七十里，丹噶尔距郡城九十里，山路崎岖。往来文报，必资驿递。应将碾伯县之巴古驿夫二名，马三匹，改设摆羊戎地方，于西宁、碾伯二县拨夫四名，马五匹，分设丹噶尔及镇海堡二处。从之"①。通过这些措施，进一步加强了对西宁、碾伯二地的控制与管理。

三、慎重处理青海蒙、藏纠纷及郭罗克抢劫活动

尽管陕甘有些有为官员意识到青海潜在的不稳定性，但确因青海地域辽阔，人烟稀少，且主要为高原地理地貌等因素，实在无法像内地其他地区一样进行管理，尤其是对地处草原深处的藏族部落的管辖。

如乾隆四年八月甲辰，"兵部、刑部会议覆甘肃按察使包括疏称：……又（甘肃按察使）包括奏称，原署陕督刘于义，奏将甘属南北山一带番民仇杀等案，宽限五年，暂停律拟，姑照番例完结，仰蒙俞允。今甘省番目喇嘛所管者，归化虽坚，而熏陶未久。五载之期，转瞬将届，若按律断拟，转谓不顺民情。请五年限满之后，番民互相盗杀，仍照番例完结。查刘于义奏准宽限以来，已逾三载，番民有无渐次革心，可否绳以法律，应令该省督抚悉心酌议会题。从之"②。甘属南北山上的一些藏族部落，逐水草而居，因草场纠纷、世仇等原因互相之间产生了各种纠纷，清政府决定依照当地番例进行处理。乾隆七年五月丁亥，"川陕总督尹继善奏复：怡亲王奏，据西宁办事员外郎高亮所称：西宁管辖多伦、鄂托克、古察等族番，俱住木鲁乌素地方，彼此互相欺压，请派笔帖式前往管理等语。查彼处番民，界连青海，争强欺压，原所不免。但地方辽阔，并无城郭。如以笔帖式微员，令其驻防，既无威力弹压，转恐别生事端。惟各番地，先经奏定三年派章京、守备各一员，前往会盟一次，甚有裨益。今应即令会盟官员，乘便稽查，如有前项情事，立行究治。其番民赴西宁贡交马匹及贸易生理，

---

① 《清实录（一二）·高宗纯皇帝实录（四）》卷二六七，北京：中华书局，1986年，第463－464页。

② 顾祖成等编：《清实录藏族史料（一）·高宗实录》卷九九，拉萨：西藏人民出版社，1982年，第390－391页。

有冤抑者，许赴管理夷情衙门控诉。得旨。如所议行"①。面对此时蒙藏之间、藏族部落之间出现争端的情况，清政府很是重视，因为这涉及青海地区的安定问题。故而，通过详细了解之后，决定派章京、守备各一员，每年前往会盟一次，一方面通过会盟之际了解蒙藏、藏族部落间各种纠纷的详细情况，另一方面通过了解逐步加紧对其之控制与治理。乾隆九年八月甲戌，"四川提督郑文焕奏：前郭罗克与阿里克各酋目相仇，业与督抚公同酌定善后事宜，拣留汉土官兵四百余员名，驻扎经理，颁示禁约。各酋番革面革心，恪遵宪法，请撤所留官兵，各回营伍。得旨：所奏俱悉。不可谓已经了事，置之度外，尚宜时刻留心"②。面对藏族部落之间的仇杀，清政府甚至派兵震慑，等双方争斗局面开始稳定后才撤兵回去。

除以上蒙藏部落及藏族部落之间的矛盾外，属于四川行省管辖的郭罗克部落对青海蒙藏部落及过往商旅的抢劫活动也渐趋频繁，引起了清政府的关注。乾隆四年八月甲辰，"署四川巡抚布政使方显奏：郭罗克贼番插什六架他等，潜藏色利沟，差兵围捉，副土目蒙柯庇护，以致逃遁，仅献出贼番宁官儿之子，年甫十三……"③，以郭罗克贼番插什六架他为首的抢劫活动，已经引起了清政府的重视。此后，为了加强对郭罗克及各塘汛外的管辖，于该年九月癸酉，清政府决定在管辖这些地方的松潘增兵一千名。乾隆五年（1740）三月庚午，"（四川提督郑文焕）又奏：准松潘镇臣潘绍周咨报：郭罗克丹增所管番子甲噶等，在西宁各地方抢夺蒙古帐房马匹。正值更换防兵之时，随密致该镇臣，谆谕守备段闻诗换驻到彼。惟应照例督率土目，擒献赃贼，相机妥办"④。针对这次郭罗克对西宁属蒙古部落的抢劫，乾隆六年十一月辛卯，川陕总督尹继善上"遵旨商办郭罗克土司事宜"，提出：

> 查郭罗克土番，远处边外，苗性凶悍，每于口外旷僻路径，伺候番夷行旅，抢劫牲畜，名为夹坝，然实无犯顺侵扰之事。臣

---

① 顾祖成等编：《清实录藏族史料（一）·高宗实录》卷一六七，拉萨：西藏人民出版社，1982年，第431页。

② 顾祖成等编：《清实录藏族史料（一）·高宗实录》卷二二三，拉萨：西藏人民出版社，1982年，第467-468页。

③ 顾祖成等编：《清实录藏族史料（一）·高宗实录》卷九九，拉萨：西藏人民出版社，1982年，第291页。

④ 顾祖成等编：《清实录藏族史料（一）·高宗实录》卷一一三，拉萨：西藏人民出版社，1982年，第403-404页。

委熟谙夷情之漳腊营游击马良柱、松潘同知章廷琟先往番巢，传集土官番目人等宣布德威，反覆开导，许以自新，番众顿知畏惧，遵将素为夹坝者，陆续擒献，出具嗣后不敢为匪甘结，数月来已为帖服，应宽其锄剿。谨与抚臣提臣商酌善后之计：一、分设各寨土目，以资弹压。上郭罗克土百户甲喀蚌庸懦无能，中郭罗克土千户丹增素行奸狡。上郭罗克向有上寨、下寨之分，下寨设副土目蒙柯一名；中郭罗克所属奎苏之噶多等寨，向设副土目噶杜他索布六戈二名，酌给外委土百户委牌，使之各管各寨，易于钳束。并于番民内，择诚心向化，擒贼有功者，拔用副土目数人协理。一、颁给打牲号片，以便稽查。番民不务耕作，向出口外打牲，以为生计。查其地原有可耕之土，一面劝谕，令其开垦。又案番寨之大小，酌给号片，上书系郭罗克打牲良番字样，用印钤盖，发给土目承领，凡有出外打牲者，查其实非夹坝，则人给一纸，如无号片，立时擒拿。土目徇庇，严行处分。至从前抢劫各案，均应免问罪追赃。每年派拨驻防官兵二百余名，既无弹压之实，徒启玩狎之心，应请撤回，以畜威重。得旨：所办甚妥，仍宜因时制宜为之。①

在川陕总督尹继善处理郭罗克的抢劫活动时，了解到郭罗克藏族部落称抢劫活动为"夹坝"，同时这种被他们称为"夹坝"的活动由来已久，主要是指郭罗克部落在其他富庶地区或对所居住地区过往商旅的抢劫。对于郭罗克来说，"夹坝"其实是游牧生活中经济来源的一部分，尤其是郭罗克地处偏僻，地理地貌、气候条件非常恶劣，物产奇缺，故而为了生存，抢劫成为其生存手段之一。了解到这些真实内容之后，尹继善建议采取较为温和的羁縻手段，应先宽其锄剿，并采取土目管辖的方式，管理郭罗克部落民众的日常生活，以避免其纠众再度抢劫。同时，决定让郭罗克藏族部落进行农耕活动。

然而，这种具有温和羁縻性质的政策并不能从根源上消除郭罗克的抢劫活动，乾隆七年十一月，郭罗克藏族部落依所处之地的地理、地貌优势，经常在附近地区抢劫过往商旅。乾隆八年（1743），郭罗克又抢劫了与其毗

---

① 顾祖成等编：《清实录藏族史料（一）·高宗实录》卷一五五，拉萨：西藏人民出版社，1982年，第421－423页。

邻的玉树族，时"玉树族百户楚瑚鲁台吉之子达什策令禀称，所属番人米拉等二十五户，被（俄）郭罗克贼番抢夺马牛牲畜，糊口无资，所有应纳马贡，求暂免二三年，俟元气稍复，照例输纳等语。番民寒苦，深可悯恻，所有每年应纳马贡，著宽免五年"①。郭罗克频繁的抢劫活动，势必引起政府的重视，并于乾隆八年四月对此事做了详尽的调查，"大学士等议奏：臣等遵旨询问岳钟琪，据称郭罗克住居之地，长亘一沟，部番千有余户。其强健上马执鸟枪者，约千余人。虽野性难驯，亦因地皆不毛，惟藉打牲度日，生计日窘，遇有行旅，屡行抢劫。现在郑文焕带兵出口，相机进剿，虽易于平定，但贼番无以为业，惩创之后，必予以谋生之路，方可永远宁帖。查有郭罗克相近之柏木桥地方，可以屯种。将来事定之后，安插此处，令其务农力作，庶可资生等语。应请交该省督抚提督等，会同妥酌，于平定之日，将如何安插，可否耕种之处，于善后事宜内详议请旨。从之"②。清政府一方面宽免了被抢劫之玉树族百户五年马贡，以示安慰；另一方面考虑到郭罗克地处高寒，物产稀少，经过考察，清政府决定在与郭罗克相近之柏木桥地方让其实行农耕，以此举安抚郭罗克部落，从而求其少生是非。乾隆八年闰四月，由四川提督郑文焕带兵往郭罗克地方，处理郭罗克部落抢劫事宜，"四川提督郑文焕奏：四月二十日，带领官兵，行抵出皂驻营。臣未出口之先，檄调郭罗克正、副土目齐集黄胜关外，听候宣谕。该酋等闻风知畏，随有正土目丹增、副土目索布六、戈噶杜他、折旺蚌等来松，禀诉所属部番，恣为夹坝，黑人多，白人少，我等力弱，不听约束，情愿请兵仗威，将抢劫西宁各案贼赃，指名擒献，以分黑白，不致再坏朝廷地方。经臣反复究诘，俱各俯首知罪，矢口输心，请以子侄为质，愿图自效。乃谕以朝廷宽大，姑缓锄剿，准与发兵临巢，俾其效力赎死。随派员带领汉土官兵一千五百余员名，先后齐赴郭罗克地方，督率该土目等，自相举报，擒贼献赃。其为质子侄，即令就近送交阿坝土千户墨丹仲，收管照应，释其疑畏。得旨：看此光景，似易办，但不可易视之，仍应慎重妥算为是，而尤以令其革面革心永保无事为要也"③。然而，尽管四川提督郑文焕依据实情提出对郭罗克的抢劫活动宜以朝廷宽大，姑缓锄剿，在处

---

① 顾祖成等编：《清实录藏族史料（一）·高宗实录》卷一八五，拉萨：西藏人民出版社，1982年，第434－435页。

② 顾祖成等编：《清实录藏族史料（一）·高宗实录》卷一八九，拉萨：西藏人民出版社，1982年，第440－441页。

③ 顾祖成等编：《清实录藏族史料（一）·高宗实录》卷一九一，拉萨：西藏人民出版社，1982年，第442－443页。

理这次抢劫之事时，郭罗克部落也暂时畏从，甚至以子侄为质，愿图自效，但不久抢劫之事又起。同时，乾隆八年七月，出现四川松茂土司与郭罗克部落勾结之事，"又奏：松茂所属内、外土司，惟杂谷最大，附省亦近。幅员千余里，前通瓦寺，后与郭罗克番接壤。该土司苍旺，部目狡悍，近闻有下阿树土百户郎架扎什之子戒布甲及下郭罗克之擦喀寨副土目林蚌他、拆戎架等，俱称投归杂谷，或抗不请袭，或妄不奉调。并令所属番民，按户与杂谷上纳酥油，杂谷亦给与各土目执照。凡遣派兵马，俱听杂谷提调，不许别有应付。又中郭罗克之喀赖洞个寨副土目六尔务纵放夹坝，知干罪戾，亦投附杂谷。其他邻近部落，多被招纳，领有杂谷头人红图记番文可凭。臣思杂谷为阃内土司，而于口外地方诱致番目，恐将来内外勾通。现密谕副将宋宗璋，令将归附杂谷之各土目，逐一查明。俟郭罗克办理完竣，即可乘藉兵威，晓示利害。务令口外土目，恪守旧章，各归管辖，并严饬杂谷苍旺、约束头人，安分住牧。得旨：好，慎重为之"①。清政府派兵镇压杀其滋事头目，稍安，后又起抢劫之事，乾隆九年三月，"川陕总督公庆复奏：前奉旨，令将郭罗克善后之计，赴四川会同纪山科理。今据提臣咨称：郭罗克土酋林噶架等，前肆抢夺，旋以大兵临巢，投献赃物，悔罪乞命，总以畏罪为辞，不肯亲自投出。经游击买国良锁拿该酋等八名，斩讫号令，威震帖服。至军营先后获犯四十余名，另委大员审讯，准情酌理，分别定罪，其余亲加训导，夷民知感向化。得旨：所办殊合机宜，欣悦览之，其买国良，颇属可嘉。可送部引见"②。这次处理之后，郭罗克部落在抢劫事上，稍有收敛，清政府也是不动声色，继续关注郭罗克部落。

乾隆九年五月，大学士鄂尔泰等议奏，川陕总督公庆复奏郭罗克善后各事宜，具体为：

一、各寨有荒地可垦，而水草可以孳生羊马，责成土酋，分别勤惰，定其赏罚。一、各寨穷番三百一十九户，其中有牛、籽无资者，酌量借给。一、打牲立以限期。岁五六月，许打牲一次。九月至十二月，在本境近地打牲。其打牲之人，按寨分班，每起多者不得过十名，于驻汛官处，挂号给票，定限回巢。一、大兵

① 顾祖成等编：《清实录藏族史料（一）·高宗实录》卷一九七，拉萨：西藏人民出版社，1982年，第444-445页。

② 顾祖成等编：《清实录藏族史料（一）·高宗实录》卷二一三，拉萨：西藏人民出版社，1982年，第459页。

虽撤，而要口俱应稽查。请岁遣老成千把总，带兵二十名，轮住郭罗克，并派兵十五名，于小阿树、中阿坝、郎惰、鹊个、甲凹五处，安设塘递，以通声息。再于阜和营派千把一员，带兵二十名，于上革贵、写达及霍耳、甘孜分防巡驻。一、越境抢夺，已照盗一赔二，立结在案。但黄河沿游牧蒙古，亦与毗连，并咨明青海副都统，饬弁至黄河北面，传集阿里克各部头目，令郭罗克土目前往会议，定界立誓，不许偷窃。再西宁属之蒙古城、永豹沙及邻境与郭罗克有婚姻往来者，均令于防弁请票稽查。一、番民争竞之事，随时剖晰。而开垦畜牧，以及有无远出打牲，责成松潘镇岁加查察，如土目管束有方加以奖赏。一、上中下三郭罗克事务，请将输诚悔过。擒贼自效之土目丹增、甲喀蚌、革亚主持办理。又邻寨之阿弥坝土千户墨丹住、老成向上，亦令互相稽察。均给与土职部颁号纸，子孙世守。至各寨外委土目，均有管束之责，亦请给与顶戴，俾知向化之荣。一、土目宗族子侄，若有为匪犯法，而土目知情故纵，一体坐罪，均应如所请。从之。①

从此善后措施来看，清政府很重视青海地区蒙藏部落、藏族部落之间的纷争以及郭罗克的抢劫活动，通过解决民生问题、派军驻扎管理、严格制约蒙藏部落之行动，并用当地部落头人及土酋来管理当地人等办法来解决这一问题。

乾隆十年六月庚午，"又奏：上中郭罗克地方，有尚堪开垦地土，约计可播籽种二百零五石，畜牧亦易孳生。现在穷番共三百二十一户，各行作保，请借牛本籽种，通计需银二千九百四十九两零，即于盐茶耗羡内动给办理。报闻"②。通过上述让上中郭罗克进行耕种的方式，发展郭罗克的经济，以避免抢劫事宜。然而，尽管采取了上述很多较好的措施，却依旧没能解决郭罗克抢劫这一问题。至乾隆十六年（1751）七月甲申，郭罗克抢劫了班禅额尔德尼的使者，甚至有杀伤情况。③ 在岳钟琪的建议下，结合以前治理郭罗克抢劫之事的经验，乾隆十七年（1752）二月乙酉，清兵集结到四川松潘震慑郭罗克藏族部落，郭罗克部落首领最终迫于清朝的军事压

---

① 顾祖成等编：《清实录藏族史料（一）·高宗实录》卷二一七，拉萨：西藏人民出版社，1982年，第463–464页。

② 《清实录（十二）·高宗纯皇帝实录（四）》卷二四三，北京：中华书局，1986年，第146页。

③ 《清实录（十四）·高宗纯皇帝实录（六）》卷三九五，北京：中华书局，1986年，第188页。

力而俯首听命，清朝较为完满地处理了这次抢劫之事。郭罗克藏族部落抢劫之事频起，也说明经过几代治理，藏族部落从以前蒙古控制下逐渐分离出来，开始登上了历史舞台。

此外，乾隆朝前期在加紧对青海藏区社会治理的同时，因罗卜藏丹津还在潜逃，清朝还必须想尽办法防范青海蒙古族继罗卜藏丹津事件之后再起祸端。在这种严防之下，在雍正初年因叛乱而逃亡的罗卜藏丹津，终于于乾隆二十年（1755）五月辛卯被捉拿归案并押解到北京，"谕军机大臣等：据班第奏，擒获罗布藏丹津，派侍卫台布等解送来京。并据达什敦多布转，额伯津宰桑所属得木齐诺尔布扎布、巴颜辖将逃人巴朗擒获，同从前擒获之孟克特穆尔一并派员解送前来。罗布藏丹津负恩悖叛，逃往准噶尔，偷生三十余年。今两路大兵，直抵伊犁，无路奔逃，并将投降潜逃之巴朗一并擒获，实足以彰国宪而快人心。著班第等令解送之侍卫等，沿途悉心防范，仍派乾清门侍卫前往张家口，俟罗布藏丹津等一到，即速解京，候朕择日献俘，明正典刑。其擒获巴朗之诺尔布扎布、巴颜辖奋勉可嘉，应从重加恩。但前此投降人内，并未见有额伯津宰桑及巴颜辖之名，著班第查明。如系新来投降者，即照投降宰桑之例，宣旨授为散秩大臣，并著赏给世袭云骑尉，银一百两，以示奖励。再副都统达什敦多布，有无协力擒拿巴朗，班第等亦即查明奏闻，候朕酌量加恩"①。后来因顾念罗卜藏丹津曾率领他的两个儿子迎接清朝大兵进入准噶尔，故而被押送入京之后，清政府赦免了他的死罪。把罗卜藏丹津羁留在北京，赏给房屋一所让其居住，但不许擅自外出，而他的两个儿子进入正黄旗蒙古旗，授为蓝领侍卫。清政府对于罗卜藏丹津的最后处置，一方面使很多蒙古王公贵族陆续归属朝廷，经过多年动乱之后，青海蒙古族终于渐趋安稳；另一方面罗卜藏丹津的最终归案也去除了清朝在青海地区的一个心腹大患，同时这也使厄鲁特蒙古族势力在青海藏区备受打击，从而被进一步削弱。

四、关注准噶尔蒙古入藏熬茶事宜

熬茶事宜，由来已久。尤其在乾隆年间，青海地区进入了平稳的发展时期，蒙古、藏族部落入藏熬茶之事，开始引起清政府的关注。先是乾隆四年九月庚寅，准噶尔噶尔丹策零遣人往西藏熬茶，对此，清政府"密寄驻扎西宁、西藏大臣等严饬守卡人员，不时小心侦探，倘有贼人消息，迅

---

① 《清实录（十五）·高宗纯皇帝实录（七）》卷四八九，北京：中华书局，1986年，第132页。

速禀报,即调兵防范堵截,不可稍有疏懈"①。其实,面对蒙古族入藏熬茶一事,清政府过于敏感,但联系之前厄鲁特蒙古在青藏地区势力之如火中天,小心谨慎也在情理之中。

对此,乾隆五年正月辛未,清政府下令接壤哈密的甘肃安西,以凉州、肃州一带,逼近嘉峪、西宁一镇,此地蒙古、藏族部落杂居。宁夏一镇,虽稍近河东,亦系沿边要地,冬令急宜加意防御。因清政府对此事的过度关心,蒙藏人员入藏熬茶事宜曾经一度阻力重重。直至乾隆四年十二月壬午,准噶尔夷使哈柳等进京,请将进藏熬茶人数由一百人调至三百人,并规定经过青海等处。② 乾隆五年正月辛未,清政府对入藏熬茶之准噶尔人,一应蒙古游牧及各台站,预令移置妥协。③ 又于该年夏四月申戌,由大学士等议覆,原任川陕总督鄂弥达条奏办理夷使进藏事宜④,该月己亥,又奏报"护送准噶尔遣人赴藏熬茶事宜"有宜因时度地,酌量办理之处。一、酌拨西安镇护、拴养马驼豫备更换;一、沿途驮载口粮等项,宜于轻便,倘驼只不敷,添雇客牛;一、东科尔至藏,往返需六月,口外道远,官兵之盐茶口粮,俱以宽裕估计;一、沿途备带银三万两,以资接济。⑤ 从上文来看,通过准噶尔哈柳等人入京奏请入藏熬茶一事,清政府对此事有了与以前不一样的看法及认识,从而放松了警惕,除了上述相对宽松的规定外,乾隆五年八月戊辰,考虑到"四川提督郑文焕奏:准噶尔夷人进藏熬茶,经过西藏所管纳克书一带,该处与松潘所属之郭罗克番接壤,番族剽劫为生,诚恐有抢夺等事。已密札松潘总兵潘绍周,令调集郭罗克番目,严切驾驭,俾约束番众,不许生事,仍派员临时防范。得旨:如此留心办理,

① 顾祖成等编:《清实录藏族史料(一)·高宗实录》卷一〇〇,拉萨:西藏人民出版社,1982年,第391-392页。

② 《清实录(一〇)·高宗纯皇帝实录(二)》卷一〇六,北京:中华书局,1986年,第593页。

③ 《清实录(一〇)·高宗纯皇帝实录(二)》卷一〇九,北京:中华书局,1986年,第625页。

④ "一、夷人自东科尔起身进藏,及回肘经过青海地方,应赏给菜牛、菜羊并米面各一次;二、牛行迟缓,请停止采买,以两牛改换一驼,于镇标营驼内摘拨;一、护送夷人之满兵,原议每名给马三匹本身乘骑,以及驼载行李,远涉长途,恐有疲缺,应请加一匹,共给马四匹。又每兵二名,再请给驼一只,认资驮载实物;一、自东科尔至藏及自藏回,请酌给八个月盐菜口粮,以资沿途用;一、驮载口粮盐菜,均应用驼只。及派往章京等需用马匹,均应于凉州、西宁两镇给拨;一、原议拨银二万两,交与伴送大臣等,带往接济。今又添派运送口粮。文武官及兵役,应请再拨银一万两带往,庶得通融接济。均应如所请。从之。"参见《清实录(一〇)·高宗纯皇帝实录(二)》卷一一四,北京:中华书局,1986年,第698-699页。

⑤ 《清实录(一〇)·高宗纯皇帝实录(二)》卷一一五,北京:中华书局,1986年,第698-699页。

甚属可嘉也"[1]，决定对进藏熬茶之蒙古人予以保护。乾隆六年三月，清政府准备往哈密增驻防兵时，因考虑到熬茶回夷已到达西宁，恐被军队惊扰，故而决定从其他地方调兵前往。四月，还给熬茶至东科尔的准噶尔三百人赏米麦羊只，交给其骆驼与马等物。四月癸亥，还因为赴藏熬茶的准噶尔喇嘛多约特禅机、斋桑齐默特、巴雅斯呼朗等人要去路途较远的扎什车里寺及塔拉寺熬茶，派巴灵阿带满洲兵弁一百名同往保护。乾隆七年三月，准噶尔台吉噶尔丹策零遣使奏进表，请清政府规定专门的熬茶路线，即去西藏熬茶之人，由噶斯进入，并请清政府不要限制熬茶年份。乾隆七年十二月乙卯，清政府还敬告进藏熬茶的噶尔丹策零使臣，路上应防范郭罗克的抢劫活动。乾隆八年二月丙午，关于进藏熬茶有如下规定：

> 大学士鄂尔泰等议覆：甘肃巡抚黄廷桂奏，准噶尔夷使进藏熬茶事宜：一、夷使进藏熬茶，各官兵沿途护送，请照上次之例，酌运四个月本色口粮，八个月盐菜银两。逮到藏驻扎，请令川抚饬驻藏管粮员弁会同该副都统及郡王等，照进藏数目办给四个月口粮。如事竣不至东科尔贸易，即由卡回巢，有不敷口粮盐菜，听领兵之将军侍郎等，酌议加增，在藏办给；一、选派西宁镇绿旗兵丁前往哈济尔边卡，等候夷使。日期难以悬定，请令裹带六个月口粮，俾往返充足；一、侍郎玉保带领章京官员，自京前往西宁，候夷使护送进藏，事毕护送回巢，然后还京。请照例按品级支给衣服银两，至驻扎东科尔等候，即请照驻宁之例支给；一、进藏满洲官兵俸赏应量加宽裕，请于官员赏给一年俸银外，加借一年，兵丁各赏银三十两外，再各借半年饷银，回营后陆续扣还；一、西宁镇标派往哈济尔等候夷使之马兵三百名，路途遥远，往返需时，请每名赏银四两，以整行装；一、夷使如不至东科尔贸易，其照管留藏之夷使官兵，必俟熬茶事竣撤回，所需口粮盐菜及夷使留人应给口食等项，请照噶斯案内供支坐台放卡之例，动支脚价，运送备供；一、夷使如不至东科尔，其应赏赉各项，请将口粮米面，顺便运送哈济尔，并就近购买牛羊。先赏一次，如赏过仍至东科尔，再于起程时赏一次。俟熬茶回日，又于青海附

① 顾祖成等编：《清实录藏族史料（一）·高宗实录》卷一二五，拉萨：西藏人民出版社，1982年，第411页。

近处所赏一次，俱应如所请。查侍郎玉保，已蒙恩赏银二千五百两，无庸再给。如玉保等自西宁至噶斯，等候夷使回东科尔地方，亦应照例料理。得旨：依议速行。①

　　通过以上规定，准噶尔蒙古的进藏熬茶事宜开始由官方直接插手，这也说明清政府仍旧没有放松对准噶尔蒙古入藏熬茶的警惕。乾隆八年四月乙巳，又对经郭罗克入藏熬茶的准噶尔夷使进行派兵保护。该年六月甲戌，侍郎玉保就很关注入藏熬茶之噶尔丹策零之言行，并及时上报。至乾隆十年三月壬寅，"臣所尤虑者，准噶尔所留喇嘛罗卜藏丹津三人，无故潜逃，正在卷撤官兵之候，保无报信准噶尔，使其乘机窥伺。又，熬茶夷使回巢未久，即有西藏所属之罗藏、七立工布、朋错三人，欲逃往青海，其情皆有可疑。请复设自藏至炉台站官兵，以为思患预防之计……但边防最宜慎重，准噶尔素性嗜利，现在赴藏熬茶，不惜重费，终未给与喇嘛，或萌觊觎西藏之意，亦未可定"②。可以看出，清政府一直未放松对准噶尔入藏熬茶一事的监督与防范，认为准噶尔入藏熬茶带有觊觎西藏之意，决定在入藏路上派兵防卫。乾隆十二年四月，又规定了一些照顾熬茶准噶尔人的条款，如"一、上次运粮及通信绿旗官兵、口粮盐菜，俱从宁裹带。今次护送夷使，派出绿旗官兵同行，全资马力。未便携带口粮，除从宁赴卡、由藏回宁自行携带外，其由哈济尔进藏时所需口粮盐菜，应照上次拨兵运送。其到藏驻扎及留牧兵并运粮兵，仍照上次办理……今次仍请于哈济尔夷使初到时，赏给一次外，其二次赏给，应于卡座交易事毕，起身进藏时，令照看夷使之侍郎玉保等宣布皇恩，再赏一次。熬茶事毕，回巢时，仍在附近青海之处赏一次。其应赏物件，廷议令备牛羊米面等物。……今仍照前办理，下军机大臣议行"③，通过种种规定，继续关注入藏熬茶事宜。

　　乾隆十二年七月，侍郎玉保以为，先暂停每年春秋两季清军巡察额色勒金、柴达木两路卡座，因为七月正值夷使熬茶之际，熬茶者人多势众，若见到军队恐致生疑。九月，"谕军机大臣等，据玉保奏：准夷熬茶来使，先遣阿喇布扎报知，伊等至塔里木河，因水大难渡，不能如原约，于八月

————————

　　① 顾祖成等编：《清实录藏族史料（一）·高宗实录》卷一八五，拉萨：西藏人民出版社，1982年，第435－436页。

　　② 顾祖成等编：《清实录藏族史料（一）·高宗实录》卷二三七，拉萨：西藏人民出版社，1982年，第483－484页。

　　③ 顾祖成等编：《清实录藏族史料（二）·高宗实录》卷二八八，拉萨：西藏人民出版社，1982年，第611－612页。

十五前后到来缘由。又询问此处现派大臣几员，领兵若干，驻扎何处各情由。看其光景，似有疑虑等语。此次准噶尔进藏熬茶，诸事皆允其所请，又系伊等从前经过之事，理宜无所疑虑。玉保此奏，亦甚含糊，并未详悉声明。著即传旨询问。若因伊迟误约期，豫先遣人来报，即料其有疑虑。玉保尚属晓事人，不应至此。或准噶尔人等违背约期，自知食言，遂有掩饰之意，玉保即从此生疑，亦未可定，务将实在情形，明白速奏。以便豫行办理。朕思准噶尔人等，素行诡诈，难以凭信，近又新袭台吉，或借赴藏缘由，窥我边界。且进藏熬茶，离青海甚近，藉端谋袭青海，亦不可不虑及。凡一应豫备防范之处，即令玉保会同地方大员，密行商酌，设法办理。倘伊等本无疑惑之形，而内地稍露张皇之意，反致伊等疑惧，则更大有关系。此事已令大学士庆复，暂住陕西，豫行筹办。凡应行会商之事，就近密商妥办。仍俟玉保覆奏到日，再行酌量，并将此旨寄庆复知之"。①

关于准噶尔人入藏熬茶，清政府一直认为他们别有目的和用心，他们去西藏熬茶之事，也许还存有阴谋袭击青海地区的想法。因此，必须严加防范。基于这种考虑，清政府自关注熬茶事宜以来一直通过派兵保护他们的旅程，敬告他们注意旅途中遇到抢劫等方式，并有意无意地和他们联系，以此关注和了解入藏熬茶者，就怕他们额外滋事。乾隆十三年五月丙戌，"谕军机大臣等：准噶尔人狡诈难信，从前拉藏汗时，进藏为乱。至今众喇嘛及唐古忒，人怀疑惧。即其来至藏地，供给一应所需。虽俱施恩赏给价值银两，而唐古忒人等，尚不无滋扰之处。若听其时常往来，日久必致滋事……嗣后准噶尔人，其有非此等事，奏请入藏者，应令严行拒绝，断不准行"②。其实，清政府还是不想蒙藏之间交往过密，害怕出现以前顾实汗时蒙藏联合控制青藏地区之局面，但入藏熬茶之事无法不准，故而会有若非熬茶之事而请求入藏者一律拒绝的规定。

五、尝试对僧人逐步施行限制之举

乾隆八年闰四月乙丑，"甘肃巡抚黄廷桂奏：甘、凉、西、肃一带，有青衣僧、黄衣僧、孽僧各名色，托迹缁黄，并非闭户焚修，请勒令其还俗

---

① 顾祖成等编：《清实录藏族史料（二）·高宗实录》卷二九八，拉萨：西藏人民出版社，1982年，第638－640页。

② 顾祖成等编：《清实录藏族史料（二）·高宗实录》卷三一四，拉萨：西藏人民出版社，1982年，第713－714页。

归业。得旨：徐徐办理，不必如是急遽为之"①。其实，佛教在甘肃地区传播已久，尤其是藏传佛教对甘青蒙藏部落的影响之大，清政府对此也非常清楚，但甘肃巡抚黄廷桂也清楚地认识到出家人数较多，可能对生产生活产生不利影响，故而决定勒令其还俗归业，欲削弱藏传佛教的影响，但清政府仍旧从大局出发，决定此举应当徐徐办理。

六、开武举选拔青海人才

因清朝在西北的官员还观察到陕甘之人崇尚勇武之特性，决定在陕甘之地开武举。乾隆元年八月戊寅，"广陕甘武举解额，谕曰：陕甘之人，长于武事，其人材之壮健、弓马之娴熟，较他省为优，向来武闱乡试中额，每省各四十名。应试之人，每以限于额数，不能多取。其如何量行广额取中之处，著该部议奏。寻议，嗣后陕甘二省，每省于原额外酌加十名，各取中五十名。从之"②。通过开武举之法，加强了对陕甘地区军事人才的选拔与任用。

总之，从乾隆前期对青海藏区社会的治理来看，除了在罗卜藏丹津事件后逐步实施所规定的一些防范措施，将青海地区逐步掌控在自己的统辖范围之内外，还谨慎处理了当时属于四川管辖的郭罗克部落对青海地区其他部落的抢劫活动。另外，基于准噶尔蒙古对青藏高原的叵测野心，清政府还加强了对准噶尔蒙古入藏熬茶之事的初步关注与了解。

第二节　乾隆朝中期的青海藏区社会状况

在乾隆朝前期的精心规划和治理下，全国形势逐渐稳定。但乾隆中期（1756—1775），新疆地区局面逐渐出现不稳定情况，准噶尔蒙古贵族开始发起叛乱军事行动，清政府在新疆地区先后平定了阿睦尔撒纳、大小和卓的叛乱；在南方还进行了征缅战争，并在甘肃青海地区调兵，去平息四川小金川之乱。总之，乾隆中期，尽管也有叛乱之事出现，但总体而言，国内形势相对稳定，并且叛乱事件一切尽在清政府掌控之中。而此时，历经

---

① 《清实录（一一）·高宗纯皇帝实录（三）》卷一九一，北京：中华书局，1986 年，第 460 页。
② 《清实录（九）·高宗纯皇帝实录（一）》卷二五，北京：中华书局，1986 年，第 558 页。

战乱的青海地区的社会经济，也因乾隆帝对青海地区实行多次减免赋税之
举，开始得到恢复。通过以下措施，清政府逐步加强了对青海地区蒙藏部
落的管理。

一、减轻青海地区各族人民的负担

（一）蠲免赋税

乾隆中期，清政府非常关注青海地区的民生问题，以减免赋税为主要
方式，减轻青海地区各族人民的负担，这些政策有利于西北战事后青海地
区经济的恢复和社会的稳定。如乾隆二十一年（1756）五月丁亥，"赈甘
肃……西宁、碾伯、镇原等二十州县乾隆二十年霜雹被灾贫民"①。十一月
丁未，因冰、雹灾，赈贷大通、归德等二十六个厅州县灾民本年的籽粮。
乾隆二十二年（1757）六月，因碾伯等地天灾，决定照例按损失数对其地
进行赈给。十一月，"赈恤甘肃……碾伯、西宁……等二十二厅州县夏秋二
禾被霜雹等灾贫民，分别蠲缓有差"②。乾隆二十三年（1758）八月，因旱
灾，赈贷甘肃西宁等二十二州县灾民的户口籽种及口粮。乾隆二十四年
（1759）正月，又将河东之……碾伯等十二厅州县，上年被灾处所，无论极
次贫民，灾分轻重，俱一体加赈三个月，仍准银米兼赈。四月，"赈恤甘肃
西宁、大通（等）二十三厅州县卫，乾隆二十三年雹灾旱灾饥民，并给葺
屋银两"③。八月，又因旱灾，赈贷甘肃西宁、碾伯、大通等四十厅州县卫
饥民。十月，下令"蠲免甘肃西宁、大通（等）二十二厅州县卫乾隆二十
三年被雹、被水、被旱灾地额赋"④。十一月，将碾伯等各州县赈粮折价。
十二月甲申，"赈甘肃碾伯等十四厅州县本年旱灾贫民"⑤。乾隆二十五年
（1760）正月，又下令将甘肃乾隆二十六年应征地丁钱粮，通行蠲免。该
月，将甘肃省碾伯等五厅州县，再加展赈三个月，并且决定对西宁等四州

① 《清实录（十五）·高宗纯皇帝实录（七）》卷五一三，北京：中华书局，1986 年，第
483－484 页。

② 顾祖成等编：《清实录藏族史料（三）·高宗实录》卷五五一，拉萨：西藏人民出版社，
1982 年，第 1276 页。

③ 顾祖成等编：《清实录藏族史料（三）·高宗实录》卷五八四，拉萨：西藏人民出版社，
1982 年，第 1287 页。

④ 顾祖成等编：《清实录藏族史料（三）·高宗实录》卷五九九，拉萨：西藏人民出版社，
1982 年，第 1290 页。

⑤ 《清实录（一六）·高宗纯皇帝实录（八）》卷六〇二，北京：中华书局，1986 年，第 758 页。

府仓储有余粮的地方，除留本地备用外，再酌拨十余万石运赴被灾各属，赈恤借粜。六月，又因甘肃省连年干旱歉收，于五月停止其从前各灾地展赈平粜之期。十一月，"抚恤甘肃西宁、大通（等）二十七厅州县卫本年水灾饥民"①。乾隆二十六年（1761）八月、十月，因西宁、碾伯等地受雹水偏灾，决定免其银两草束；碾伯等县，拨运被冲粮，并予豁免。乾隆二十七年（1762）四月辛巳，又下令"赈恤西宁、大通等十州县，乾隆二十六年，雹灾，饥民并予缓征"②。十一月，因冰雹、霜灾，赈恤甘肃西宁等二十厅州县饥民，并借给饥民籽种。乾隆二十八年六月，"赈恤甘肃西宁等三十厅州县，乾隆二十七年分水、旱、霜、雹灾饥民，并缓应征额赋"③。乾隆二十九年春正月，将夏秋两季受灾之永昌、西宁、碾伯三县，无论极次贫民，俱各展赈两个月。三月，"缓甘肃碾伯（等）七厅州县乾隆二十八年被旱灾地应征额赋"④。八月，因旱灾，西宁、碾伯等十八州县厅的应征地丁钱粮等，均被蠲免。十一月，"赈恤甘肃西宁等二十厅州县旱灾贫民，缓征新旧额赋有差。赈恤甘肃巴燕戎格、西宁、碾伯（等）十五厅州县受风雹水灾贫民，缓征本年额赋及各年籽种口粮有差"⑤。乾隆三十年（1765）夏四月朔，赈恤上一年受冰雹、旱、霜灾的甘肃巴燕戎格厅、西宁、碾伯等二十六厅州县灾民。乾隆三十二年（1767）闰七月，"蠲免甘肃巴燕戎格厅、西宁、碾伯等三十六厅州县的灾地额赋"⑥。十一月，抚恤本年因旱、雹灾的甘肃西宁、碾伯、大通等三十四县厅的灾民，并蠲免其额赋。乾隆三十三年（1768）三月，赈济甘肃西宁、碾伯、大通等十二州县于乾隆二十三年水灾之饥民。冬十月，"免甘肃西宁、碾伯、大通（等）十二州县乾隆三十二年冰雹、水、霜灾地银五百两有奇，粮三千五百石有奇，草三万九千束有奇"⑦。乾隆三十四年（1769）三月，赈恤甘肃巴燕戎格厅、西宁、

---

① 顾祖成等编：《清实录藏族史料（三）·高宗实录》卷六二五，拉萨：西藏人民出版社，1982年，第1293页。

② 《清实录（十七）·高宗纯皇帝实录（九）》卷六五九，北京：中华书局，1986年，第374页。

③ 顾祖成等编：《清实录藏族史料（三）·高宗实录》卷六八八，拉萨：西藏人民出版社，1982年，第1307页。

④ 《清实录（十七）·高宗纯皇帝实录（九）》卷七〇六，北京：中华书局，1986年，第889页。

⑤ 顾祖成等编：《清实录藏族史料（三）·高宗实录》卷七二二，拉萨：西藏人民出版社，1982年，第1332页。

⑥ 顾祖成等编：《清实录藏族史料（三）·高宗实录》卷七九〇，拉萨：西藏人民出版社，1982年，第1365页。

⑦ 顾祖成等编：《清实录藏族史料（三）·高宗实录》卷八二〇，拉萨：西藏人民出版社，1982年，第1368页。

碾伯等二十九州县厅，于乾隆三十三年所受水、旱、霜、雹灾的灾民。八月，"赈恤甘肃循化厅、巴燕戎格厅、西宁、碾伯、大通（等）二十一厅州县，本年被旱贫民，缓征新旧额赋"①。十一月，赈恤了甘肃巴燕戎格厅、西宁、大通等二十四州县厅，于本年因受水、雹、旱、霜等自然灾害的饥民，并决定缓征其该交的新旧额赋。乾隆三十五年（1770）三月，"豁除甘肃西宁、大通二县，被水冲压地十地四顷十一亩有奇额赋"②。同时，赈恤甘肃、巴燕戎格厅、西宁、大通等三十四厅州县水旱霜雹等灾贫民，缓征额赋。十一月庚戌，"蠲免甘肃……巴燕戎格厅、西宁、大通……三十四厅州县卫，被雹水旱霜灾额赋"③。乾隆三十六年（1771）上半年，甘肃地区天灾，六月戊戌，陕甘总督文绶奏：甘肃赈务，现申明定例，立法稽查，以专责成。到八月癸巳，决定"赈恤甘肃循化（等）二十州厅县，本年旱灾贫民，并予缓征"④。乾隆三十七年（1772）六月，又增补蠲免了乾隆三十四年因旱灾而受难的甘肃循化厅等二十五厅州县饥民的正耗银。该年十一月，"赈贷甘肃……大通……巴燕戎格厅、西宁等三十一厅州县本年水旱雹灾饥民"⑤。乾隆三十八年（1773）三月，赈恤甘肃巴燕戎格厅、西宁、大通等地于乾隆三十七年受灾贫民的口粮等。乾隆三十九年（1774）春正月，赈恤西宁、大通等七个地于去年受霜、雹灾的灾民。十一月，"抚恤甘肃西宁、大通等十五厅州县本年水雹灾民，并予缓征"⑥。乾隆四十年（1775）四月，"蠲缓甘肃西宁、大通（等）十五州县旱灾额赋，被灾重者，分别赈恤，并借给籽粮"⑦。同年八月，"赈恤甘肃循化厅，西宁、碾伯、大通、巴燕戎格厅（等）三十一厅州县本年旱灾雹灾饥民，并予缓征"⑧。十

① 顾祖成等编：《清实录藏族史料（三）·高宗实录》卷八四一，拉萨：西藏人民出版社，1982年，第1374页。

② 顾祖成等编：《清实录藏族史料（三）·高宗实录》卷五八八，拉萨：西藏人民出版社，1982年，第1376页。

③ 《清实录（一九）·高宗纯皇帝实录（一九）》卷八七二，北京：中华书局，1986年，第700–701页。

④ 《清实录（一九）·高宗纯皇帝实录（一九）》卷八九一，北京：中华书局，1986年，第950页。

⑤ 顾祖成等编：《清实录藏族史料（四）·高宗实录》卷九二〇，拉萨：西藏人民出版社，1982年，第1793页。

⑥ 《清实录（二〇）·高宗纯皇帝实录（一二）》卷九七〇，北京：中华书局，1986年，第1247页。

⑦ 顾祖成等编：《清实录藏族史料（五）·高宗实录》卷九八一，拉萨：西藏人民出版社，1982年，第2572页。

⑧ 顾祖成等编：《清实录藏族史料（六）·高宗实录》卷九八九，拉萨：西藏人民出版社，1982年，第2634页。

月，"蠲免甘肃西宁、大通（等）十七州县厅，乾隆三十九年水雹霜灾，额赋有差"[①]。

从以上内容看，乾隆中期在解决民生问题，减轻青海地区人民负担，让青海人民休养生息的同时，在陕甘总督杨应琚的治理下，还着力节省了青海地区的各种经费，足见杨应琚治理青海之细腻程度。杨应琚治理青海地区之细致，还体现在他对青海各方面状况的详细了解上。总体而言，此时青海地区的安定程度还未达到清政府的预期，尤其与青海地区邻近的四川发生的大小金川之乱，还需从青海地区调兵，为免发生意外，清政府决定对青海地区实施各种照顾性政策，以便其稳定发展。

（二）商业贸易

乾隆二十六年三月壬戌，对于与内地之间的贸易，都统多尔济观察到西宁边外多巴—栋科尔—尼兰锡兰山（今日月山）这条路线，原本为贸易之线，山外为青海之地，禁止越山贸易。但因准噶尔蒙古的叛乱被荡平，新疆回部开始向化，以前被禁止的内地商人越山贸易，又开始开通，但规定必须由西宁驻扎大臣给予蒙古汉字印照，填写经商者姓名、人数，而守边的官兵，必须对其严办稽查，验照放行，那些做小本生意的零散商人，仍旧按规定禁止其进入。但若官兵疏忽致无执照或带禁物出口者，被抓后除交地方官治罪外，还要处理守边官兵。

二、加强对官员的管理及行政设置

（一）对派往青海地区官员等的相关规定

因青海地区战略位置的重要性，清政府对派往青海官员的能力特别重视，同时也对官员们在青海任职时的作为有一定的期待。乾隆二十一年六月乙巳，"户部议覆：大学士管陕甘总督黄廷桂疏称，酌定西宁、肃州、哈密等处供应各款：一、西宁、肃州办供青海、哈密、瓜州等处致祭，并颁诏人员，应需盐菜口粮骡头等项，向不画一，请照西宁进藏等次例，列为九等供支；一、由京差往西宁各寺赍送布施人员，亦请照致祭颁诏例，画一支给；一、西、肃两路，照看夷使贸易人员，分别口内口外，供支盘费

---

① 顾祖成等编：《清实录藏族史料（六）·高宗实录》卷九九三，拉萨：西藏人民出版社，1982 年，第 2668－2669 页。

骡头等项。如差派京员照看贸易者，按照知府、参将等次一例支给；一、派往青海办理亲王旗务人员，系长处口外，三年始行更换。马驼锅帐，设有不周，体统攸关，请照前议供支，均应如所请。从之"①。因青海地处偏僻，物产奇缺，且民风强悍，又非安定之地，故对派往青海的官员兵弁给予一些优惠，以解其担忧，增加其入青之积极性。九月丁巳，又"铸给陕西长武、西安州……西宁镇前营、后营……设都司十三缺关防……以安西提督李绳武为镇海将军"②。乾隆二十三年六月甲申，大学士管川陕总督黄廷桂以为，西路大军口粮增多，且于明年将添派官兵二万，预备一岁口粮……拨十万石，分运哈密、巴里坤存贮，交收备用。乾隆二十四年八月丁未，杨应琚又提出陕甘赏恤兵丁，而赏恤之银来自陕甘各商。杨应琚还于乾隆二十八年二月癸丑，对于凉、庄两地的汉军官兵提出："凉、庄汉军官兵出旗事宜：一愿为民者，准呈明凉、庄地方官，给印票、行文所往地方，一体考试、婚配、立业；一愿补绿营者，查系领催马甲，并有马匠役头目，补马粮。系步兵、匠兵、养育兵，补步粮，就近于甘抚标、陕甘提标及陕提属之靖逆标，宁夏、凉州、西宁、肃州、沙州五镇所属营匀补，即于食粮处入籍；一调补兵，穷苦闻散户口，照闽省汉军调补例，分别给赏，准领回自立马匹；一出旗官员分别送部引见，咨部改补，及世职、进士、举、贡生、监并候补、候选、降调、捐职衔等员，均归入汉班考试、补用。从之。"③通过以上规定，给予汉军官兵一定的优惠，鼓励了汉族官兵的士气。

但在给予派往甘肃青海地区人员相关优惠的同时，也对他们提出了一些要求，以防在享受优惠条件时滋生腐败。如乾隆三十六年六月戊戌，"署陕甘总督文绶奏：甘省赈务，现申明定例，立法稽查，以专责成，以除弊窦"④。对派往青海地区的官员，从赈册首尾、州县散赈、办赈之员、监赈之员、州县侵冒赈务各方面做了要求。从整体而言，除了对派往甘肃的人员给予一些优惠政策之外，也提出了廉政的要求，若违反相关规定，将会受到严惩。

① 《清实录（十五）·高宗纯皇帝实录（七）》卷五一四，北京：中华书局，1986年，第498页。
② 《清实录（十五）·高宗纯皇帝实录（七）》卷五二三，北京：中华书局，1986年，第593页。
③ 《清实录（十七）·高宗纯皇帝实录（九）》卷六八一，北京：中华书局，1986年，第624－625页。
④ 《清实录（一九）·高宗纯皇帝实录（一一）》卷八八七，北京：中华书局，1986年，第887－888页。

（二）加强青海地区的建制

为了进一步加强对青海地区的控制，此时清政府还加强了青海地区的建制。如乾隆二十六年四月丁亥，"吏部议覆，陕甘总督杨应琚疏称，前议裁大通卫、归德所之卫备。查大通在西宁府治西北，东西二百七十余里，南北四百三十余里，幅员甚广，卫备既裁，距各属州县并皆窵远，自应遵旨另设州县等语，应如所请。将距西宁窵远之北川新添堡等处十八村庄，拨归大通管理，改为县治。知县之外，清政府应设训导、典史各一员。查高台县，现设教谕、训导各一员，该县留教谕一员，其训导移新设之县，请添设典史一员，改设之县，地处极边，请定为沿边繁难要缺，在外于现任知县内，拣选调补。至归德所，距西宁三百余里，请改设西宁县丞分驻，该处亦系临边要地，所改县丞员缺，应请于现任县丞经历内，拣选调补。从之"①。通过以上措施，清朝对青海的建制逐步规范化。乾隆二十七年八月辛丑，进一步加强对大通县的建制，具体为"吏部等部会议，调任甘肃巡抚明德疏称：大通卫改设县治，归德所改设县丞各事宜：一、新设大通县、西宁县县丞，所管地方，仍照大通卫、归德所原辖地界；一、新设大通县，定为沿边繁难要缺，西宁县归德县丞，仍定为边缺；一、请铸给大通县印信，大通县儒学（印）记。西宁县县丞分驻归德，兼管屯番粮务关防；一、大通卫旧守备署改为县署，教职、典史新设，各建署一所。又归德所，向无卫署，今改设县丞，应添建；一、大通卫原设向阳驿，应归大通县经管，均应如所请。从之"②。此后，大通县、归德所之建制进一步规范化，清政府从而加强了对两地的控制。乾隆二十九年十二月，陕甘总督杨应琚奏称："西宁镇属之亦杂石营及千户庄等处，改归南川营兼辖……"③乾隆三十四年三月，"兵部议准，陕甘总督明山疏称：……西宁镇属巴燕戎格营游击及抚番通判，各关防原颁系摆羊戎营、厅。又西宁镇属哈拉库图尔营守备条记，原颁系河拉库托营，并应照依今定字样，改铸颁给。从之"④，又加强对西宁属巴燕戎格营、哈拉库图尔营的官员设置及管理。

除了加强对青海地区的建制之外，清政府还很注重青海地区官员的设

---

① 《清实录（一七）·高宗纯皇帝实录（九）》卷六三五，北京：中华书局，1986年，第88页。

② 《清实录（一七）·高宗纯皇帝实录（九）》卷六六八，北京：中华书局，1986年，第470页。

③ 《清实录（一七）·高宗纯皇帝实录（九）》卷七二四，北京：中华书局，1986年，第1070页。

④ 《清实录（一九）·高宗纯皇帝实录（一一）》卷八三〇，北京：中华书局，1986年，第74页。

置和任命，以及关注蒙古会盟。乾隆二十八年二月，"军机大臣等议奏：查西宁特派大臣驻扎，原为噶斯一路蒙古兵柴达木等处立卡及照料青海蒙古会盟。今准夷回部平定，西域各卡兵裁撤，青海蒙古番子安静多年，除会盟外，平日无事。查西宁向系一年一次会盟，后经都统众佛保奏，请改为二年。青海蒙古等游牧地方，距会盟处远者颇多，如改为三年，事体并无贻误，蒙古等亦可省往返费，应遵旨裁西宁办事大臣交理藩院，至三年会盟之年，开列在京侍郎副都统、御前侍卫、乾清门侍卫职名具奏，恭候钦派驰驿至西宁，由西宁出口，令彼处总兵、道员，照会明例所需赏项、筵宴、缎匹等物拨发，派官兵随往。再查西宁除办事大臣，尚有理藩院章京一员，笔帖式三员，转递青海蒙古报部事件，迎送藏内来使来京，承办玉舒①番子事件，不可无人，请仍留办事章京一，其笔帖式裁二。从之"②。因考虑到青海地区逐渐稳定，故裁撤一些卡兵，并将一年一次的会盟改为三年一次，以节省会盟者的开支。秋七月戊辰，因为以前对官员的裁撤，导致玉树地区缺少主事官员，经过妥善思考后，决定继续派主事官员去处理玉树及其附近的其他事务，"谕：据留保住奏称，青海地方，西南界连川藏，沿边与内地合州、沙州接壤，凡民人唐古忒交涉命盗及玉舒番子、扎萨克等支领俸饷，承袭官职，并征收巴彦囊产等部落马匹赋税，办理藏使行粮等项，非给与印信，恐致滋弊贻误，应请颁给西宁办事章京关防等语。前因西宁无事，不必专驻大臣，是以将副都统撤回，止留部院章京一员，带领笔帖式一员，在彼办理事务。今因大臣撤回，地方官员即有妄行给票舞弊情事，看来必须仍设大员，诸事方有裨益。七十五著赏给副都统职衔，前往办事。该处现在乏人，七十五不必来热河请训，即于京师领带撤回原印，驰驿前往，所有该处一切事件，俱著照旧办理"③。重新往玉树地区派员，一方面是为了加强对此地藏族部落的管理；另一方面，因以前撤回此地大臣，致使出现营私舞弊之事端，为了稳定，又派大臣前往该地。

---

① 玉舒，即今青海省玉树藏族自治州。本书正文中统一为"玉树"，引文中保持原记载。
② 顾祖成等编：《清实录藏族史料（三）·高宗实录》卷六八〇，拉萨：西藏人民出版社，1982 年，第 1305 页。
③ 顾祖成等编：《清实录藏族史料（三）·高宗实录》卷六九〇，拉萨：西藏人民出版社，1982 年，第 1310 – 1311 页。

三、处理蒙藏及藏区社会内部矛盾

（一）裁撤在青海防卫蒙古部落之兵

在青海地区渐趋稳定之际，青海官员经过权衡，又决定裁撤相关地方之布防兵力。乾隆二十四年六月庚午，陕甘总督杨应琚以为："西宁青海之得卜特尔、伊克柴达木等处设卡，原以防范准夷。今伊犁已入版图，口外各处驻兵卡隘，人迹不到，请自今年八月防兵回汛时即停。其青海蒙古，仍各于驻牧边界防守，下军机大臣议……所有噶斯口至青海各卡，派蒙古及西宁镇官兵防守，事属空设，应一例裁撤，其蒙古官兵二百四员名，即于各边界防守，听管理青海事务大臣查察。西宁镇标官兵一百四员名，庄浪满营官兵二十四员名，均撤回本营。从之。"① 十月癸卯，裁撤由西宁至噶斯通伊犁之得卜特尔等处二十三卡。除了上书撤兵建议之外，杨应琚还于七月丁丑上书提出将甘肃巡抚改为甘肃提督，管理巡抚之事；将甘抚中军参将改为甘督中军参将，而杨应琚著补放甘肃总督。陕西提镇营务，并听甘肃总督节制；其甘肃提镇营务，川陕总督不必节制。通过此措施，甘青地区进入了由陕甘总督杨应琚悉心治理从而进一步稳定的时朝。

之后，乾隆二十六年在青海地区贵德县与大通县建立后，整个青海地区相对较为安定，因此又开始裁撤部分地方官员，如乾隆二十八年，军机处认为准噶尔叛乱已被平息，西域地区裁撤了各卡及守卫士兵，而青海蒙古已渐趋稳定，西宁派大臣驻扎于噶斯一路的蒙古兵在柴达木等地设卡，目的是保障青海蒙古会盟的顺利进行。但因青海蒙古居地离会盟地较为遥远，故提出将青海蒙古之会盟，由一年一次改为三年一次。这样对会盟事宜没有延误，又节省了往返费用。基于以上考虑，决定会盟之事由西宁办事大臣交给理藩院办理，到三年会盟期时，开列在京侍郎副都统、御前侍卫、乾清门侍卫等人到西宁，从西宁出发往会盟地，西宁总兵、道员办理会盟所需的赏赐之物、筵席、缎匹等，由官兵随行保护。另外，西宁地区除设有办事大臣之外，还设有理藩院章京 1 名，笔帖式 3 名，主要任务为转递青海蒙古所发生之事，迎送西藏使者入京，并承办玉树藏族部落事宜。因此，建议保留办事章京 1 名，但裁撤笔帖式 2 名。从此而言，清政府对西宁地区的情况了解得非常到位。至乾隆三十二年，清政府认为，现今之青

---

① 《清实录（一六）·高宗纯皇帝实录（八）》卷五八九，北京：中华书局，1986 年，第 546 页。

海地区，没有大事发生。从官员设置来看，该地区既设有总督，又设有办事大臣，提议将一些就近发生的事情，交给总督处理，这样会省时省力。因此，提议裁撤"驻扎青海办理番子事务大臣"，并将其以前所管理之事务，交由陕甘总督负责管理。从这次进一步提出裁汰官员之事来看，平定了罗卜藏丹津叛乱之后，清政府对青海地区的治理已经卓有成效。

除以上外，清政府还处理了准噶尔要求到青海地区驻牧之事。乾隆二十一年正月，出现了准噶尔部落纳噶察属下噶藏从伊犁迁来青海驻牧之事，他们自称原系班禅额尔德尼旧人，恳请仍旧往柴达木居住。经过周密调查，该年四月癸亥，清政府认为准噶尔地方因连年收入不景气，出现了部落间互相抢劫之事，反映了各部落生活状况不能自理的事实。同时，又认识到若让准噶尔各部落及时进行耕种，发展农耕，同时牧养牲畜，这样1~2年间，准噶尔部落便可解决生计问题。但如果只以抢劫作为维持生活的手段，那些富裕的人一旦被抢，也会加入抢劫者行列，从而导致抢劫之事频发，无法控制。因此，又思考如何施行一些福利之举，消除贫富分化。基于此，要求尔台吉宰桑等，务必要约束所属部落之民众，让他们禁止劫夺、辛勤力作、互相帮助、互相扶持。五月己巳，清政府委婉拒绝了原系准噶尔地方的纳噶察之弟乌勒木济欲移居青海地区的请求，认为其请求去往青海居住放牧一事，按理说没有问题，但他们属于世居准噶尔地方的人，已经完全适应了当地水土等，若迁移到青海，也许会产生水土不服等问题。从此事之处理来看，清政府还是在预防蒙藏之间交往过密，滋生事端。

（二）继续关注厄鲁特蒙古，清理叛党余孽

乾隆二十三年正月甲午，清政府得到消息，新疆地区之叛贼余党，分路逃窜。据阿里衮的调查，沙喇斯、玛呼斯等贼人逃往爱什玛山之东南，大致在呼尔塔克山、罗布诺尔等处藏身。对此，清政府立即设兵布防，"呼尔塔克山与罗布诺尔相近等语，因披览地图，呼尔塔克山、罗布诺尔等处，与鲁克察克相近，未知阿里衮曾否行文雅尔哈善等。可传谕雅尔哈善在鲁克察克一带，留心访查。此时阿里衮若已追及贼人，固善。倘又逃往他处，或向噶斯一路，已调青海蒙古兵丁豫备堵截。再呼尔塔克山等处，既与鲁克察克相近，去巴里坤亦当不远，巴里坤大臣等亦应远设卡座，加意瞭望，如有贼人踪迹，即行搜剿，似此分途防范，贼众自难藏匿"①，让官员认真设防，肃清叛党势力。三月壬辰，从喀尔喀亲王桑寨多尔济处得到消息，逆贼阿睦尔撒纳逃到"沙俄"出痘身死，并认为："是大功将次告成，虽尚有玛哈沁等贼，此次进剿，即可扫除。著传谕集福等向青海蒙古，通行晓示前命扎拉丰阿等，于青海豫备堵截贼众，看来即有逋逃，必非大队。若扎拉丰阿等，派兵准备追剿，少涉张皇，则蒙古等未免惊惧，可酌量情形。如全无踪迹，即当回京。现在办理情形若何，作速具奏。"② 对于叛党余孽，继续派兵追剿，维护西北稳定。

（三）继续关注与处理郭罗克的抢劫活动

尽管此时整个青海地区相对较为安定，有些地方的官员开始被裁撤，乾隆前期抢劫不断的郭罗克部落也比较稳定，但于乾隆二十三年十一月，"蒙固勒津部落的乌尔津、策塔尔、扎乌土百户吹塔尔等，交纳马匹银两，至青海之伊玛图地方，为郭罗克贼匪劫夺，已咨川督查办。再头等台吉纳木锡哩等四扎萨克，因避郭罗克贼匪，弃其旧游牧内徙等语。乌尔津等本年应交银两既被劫夺，著加恩宽免。郭罗克贼匪行劫，集福既咨行川督，开泰自必查办。至纳木锡哩等扎萨克，应各居伊旧游牧，若有郭罗克贼匪抢劫牲畜，即派人设卡防守，何得遽行内徙。著寄信集福，晓谕青海扎萨克等，令其退居旧游牧，于郭罗克经过要路，设卡防守，遇贼奋力擒剿，俾知儆惕"③。此次发生的郭罗克抢劫，其实包含两件事情，一为郭罗克对蒙古勒津部落纳贡银两的抢劫，二为头等台吉纳木锡哩等四扎萨克，因避让郭罗克的抢劫活动，内徙游牧之事。在这次郭罗克的抢劫活动中，清政府其实更加关注蒙古部落的内徙，据集福巡察青海扎萨克等游牧了解到："今岁雨泽透足，水草丰美，牲畜肥壮。所有扎萨克蒙古等，俱安居乐业等语，览奏欣慰。青海扎萨克等，近年并未出兵，今岁复值雨泽透足，牧畜肥壮，购买马匹，谅必易得。著寄信集福即赴青海，晓谕众扎萨克等，于伊等马匹内挑取肥壮者，或二千匹，或一千匹，按数给价，解

---

① 《清实录（一六）·高宗纯皇帝实录（八）》卷五五四，北京：中华书局，1986 年，第 8 - 9 页。

② 《清实录（一六）·高宗纯皇帝实录（八）》卷五五八，北京：中华书局，1986 年，第 70 - 71 页。

③ 顾祖成等编：《清实录藏族史料（三）·高宗实录》卷五七五，拉萨：西藏人民出版社，1982 年，第 1284 页。

赴肃州，以备需用。"① 因此，处理蒙古四扎萨克内徙时态度较为坚决，不允许蒙古部落内徙，要求其应"各居伊等旧游牧"之地，并且向四扎萨克征马，以扩充西北骑兵实力。后于乾隆二十四年三月，青海王公等因办送马两千匹，并情愿捐输马七百余匹，驼三百二十余只。由此看来，清政府的威信与威慑力，在青海蒙古族中已经渐渐建立起来，宣扬政府在场之举，已初显成效。

而对郭罗克的抢劫活动，乾隆二十八年十月，"钦差刑科给事中副都统衔七十五奏：据青海扎萨克君王索诺木丹津呈请：由四川出派大臣一员，聚集郭罗克百户等，带领该扎萨克等约地会盟。嗣后青海蒙古及郭罗克番子等，倘有盗窃案件，将为首一二人，从重惩治，法律既定，庶盗风可以渐绝，恳请代奏等语。查郭罗克番子习于攘夺，往往阻截西藏大路，抢掠唐古忒、蒙古，被劫之人因距西宁、西藏、四川较远，走告无路。前任大臣等虽曾咨拿，因不知贼匪姓名，从未捕获。但该番虽习于为盗，然久服王化，若再开导训饬，俾共知宪章，或可改恶习，请咨商总督阿尔泰，可否照索诺木丹津所请，聚集郭罗克百户会盟之处，俟阿尔泰查明移咨到日，请旨办理。报闻"②。面对郭罗克的抢劫活动，清政府想尽一切办法，先是下令对带头抢劫者进行严惩，但因为郭罗克地处偏僻，很多时候无法查找到真凶；之后又想办法召集郭罗克百户会盟，令其严管属下，想让百户通过严格管理来杜绝抢劫活动。到乾隆二十九年三月，据七十五奏：在调查郭罗克的抢劫活动中了解到，番人郭罗克玛克苏尔衮布，其父曾由提督岳钟琪任命为头目管束，不致散处为匪，故而认为若将此人授为头目，则可以约束抢劫活动。由此来看，对郭罗克的抢劫活动，清政府依旧想用让当地人来严加管束的办法来解决此事。

郭罗克的抢劫活动，因其地处偏远，神出鬼没，给清政府带来了较大麻烦。乾隆二十九年八月，"工部尚书署四川总督阿桂奏：乾隆九年，督臣庆复于郭罗克善后事宜案内，请令松潘、泰宁派遣千、把各一员，各带兵二十名，于郭罗克、革赍两处地方，侦察巡驻。并派兵十五名，于小阿树等五处，安设塘递，以通消息等因在案。乾隆十八年，又经督臣黄廷桂，以革赍原驻把总一员，兵二十名，数少难以兼顾。请令泰宁协副将，转饬

① 《清实录（一六）·高宗纯皇帝实录（八）》卷五七五，北京：中华书局，1986 年，第 313 页。
② 顾祖成等编：《清实录藏族史料（三）·高宗实录》卷六九七，拉萨：西藏人民出版社，1982 年，第 1317 页。

德尔格等三土司，加派土兵，交驻防官兵督率，于夏秋数月，一体巡防。其驻防郭罗克把总一员，兵二十名，移驻阿坝之色住卡地方，以资防护。塘兵十五名，酌留九名，分设三塘以通文报等因亦在案。臣此次巡边，查得色住卡地方，在黄胜关外十有余日之程。而革赍亦去打箭炉窎远。自设防兵以来，不惟郭罗克抢劫如故。而被劫之案，亦从未有经防兵缉获者，盖孤悬番地，力弱兵单，每岁徒费口粮盐菜等项银一千余两，竟成虚设。应请将此两处弁兵及安设台站之处，均行停止。酌令该镇、协于每年八九月夹坝肆行之时，各派谙练千把一员，各带兵二十名，酌给口粮盐菜，赴色住卡。革赍地方，令阿坝及德尔格等土司，就近添拨土兵，协同于郭罗克接壤地方巡查一次。其有控告盗劫之案，易于查办者，该弁即为剖断完结。倘案情稍大，即报明该管镇、协，秉公速办，均于十月内即行撤回。得旨允行"①。从本次处理郭罗克抢劫活动派兵布防的总结来看，清政府对治理抢劫活动真是下了功夫，但尽管派兵严防死护，却是效果甚微，抢劫活动还在继续进行。这是因为郭罗克地广人稀，加上其迁徙的游牧生活，导致治理效果甚微。

乾隆二十九年十一月乙卯，青海办事大臣七十五奏："郭罗克番匪，将阿哩克牧畜掠去，被守卡兵截住，杀死多人，生擒二十余名，解送西宁，奏请正法。"②本次郭罗克部落又抢劫另一个藏族部落阿里克族，最终事败被擒。另外，七十五还提出，防范郭罗克的抢劫事宜，可让青海各扎萨克执行，即"出派索诺木丹津等六扎萨克，自今年二月至明年三月，分为三班，轮流坐卡进行防范。待抢劫之事被肃清，再将设卡兵撤回"。此建议还没有被采纳，后于乾隆三十年九月，"谕：据理藩院奏：贝子那木扎勒车凌等报，郭罗克潜进伊等游牧，肆行抢劫。若举兵往攻，恐附近之唐古忒等必疑我等任意妄为，不免生事。恳请由院转奏，颁给执照。如郭罗克等肆掠，即行剿杀等语。那木扎勒车凌等若举兵往攻郭罗克，诚恐唐古忒等疑惧，所见尚是。但郭罗克肆行抢掠，自应严惩，亦不必给与执照，将此晓谕。俾协力剿杀，庶各游牧可得宁谧，擒获生口，解交驻扎西宁大臣办理。并谕青海各扎萨克等，一体遵行"③。此时，清政府通过深思，采取了让蒙

---

① 顾祖成等编：《清实录藏族史料（三）·高宗实录》卷七一七，拉萨：西藏人民出版社，1982 年，第 1328－1329 页。

② 顾祖成等编：《清实录藏族史料（三）·高宗实录》卷七二二，拉萨：西藏人民出版社，1982 年，第 1332－1333 页。

③ 顾祖成等编：《清实录藏族史料（三）·高宗实录》卷七四四，拉萨：西藏人民出版社，1982 年，第 1339－1340 页。

古部落武力限制郭罗克抢劫活动的策略，而且没有按照青海办事大臣七十五的建议，让蒙古部落对郭罗克抢劫的限制成为官方支持下进行的武力活动。后来于乾隆三十一年（1766）七月，清政府将郭罗克抢劫一事交由川省大臣处置：一方面，于乾隆三十一年与青海厄鲁特王公扎萨克等会盟，决定将附近郭罗克居住之众扎萨克等内迁，归于别扎萨克游牧安置①；另一方面，此事交松潘总兵德兴等处理，派员前往郭罗克部落，严查训饬②。同时指出，在本次抢劫活动中，一些扎萨克因疏防卡座，最终被革去扎萨克称号。但至乾隆三十九年，又发生了郭罗克部落及噶布舒部落杀死青海公礼塔尔属下蒙古阿萨，刺伤察罕，抢去马牛羊只等事。③ 通过调查，得知此次抢劫中有专门的引路人，或是厄鲁特蒙古人，或是藏人，并反映出前任官员并没有清查此问题。总体来看，对郭罗克部落抢劫活动的处理，还存在不少问题。

四、重视大通县府学

青海地区的教育状况，此时仍旧有待完善。乾隆三十三年八月丙子，"礼部等部议覆，陕甘总督吴达善疏称：大通卫改县以后，额取文童二名，并无拨府，亦未设立廪增。查大通未改县以前，取进文童，拨归西宁府学，府学增廪各四十名，原准其考补，今收隶县学，而府学廪增，并未减额大通取进，又不拨府。应将西宁府学廪增额内，各拨二名，归大通县学作缺，六年一贡，其廪粮一并移支。应如所请。从之"④，由此看出，除了西宁府外，大通县之教育也开始逐渐为清政府所关注。

总之，从整个乾隆中期对青海藏区社会的治理来看，其治理重点表现在两个方面，一方面关注青海蒙古状况，谨慎处理蒙藏部落之间的纠纷；另一方面，对青海藏族部落的治理，逐步趋于正规化，尤其对郭罗克部落的抢劫活动的治理越来越常规化。在其治理下，尽管还存在种种问题，但对郭罗克部落抢劫活动的治理开始逐步走上正规渠道。

---

① 《清实录（一八）·高宗纯皇帝实录（一〇）》卷七六八，北京：中华书局，1986 年，第434 页。

② 顾祖成等编：《清实录藏族史料（三）·高宗实录》卷七六九，拉萨：西藏人民出版社，1982 年，第 1353 – 1354 页。

③ 顾祖成等编：《清实录藏族史料（三）·高宗实录》卷九五九，拉萨：西藏人民出版社，1982 年，第 2375 – 2378 页。

④ 《清实录（一八）·高宗纯皇帝实录（一〇）》卷八一七，北京：中华书局，1986 年，第1074 页。

第三节　乾隆朝后期对青海藏区社会治理的逐步规范化

经过乾隆前期、中期的治理，尽管阶级矛盾日益尖锐，可全国形势和以前边疆地区的危机四伏相比，还算正常。但乾隆在位后期（1776—1796），清朝的统治者开始奢靡，吏治有所败坏，阶级矛盾激化，多地爆发此起彼伏的反清起义，如乾隆四十六年（1781）爆发了西北地区苏四十三领导的回民起义，五十二年（1787）爆发了台湾起义及湖南苗民起义，五十六年（1791）再次爆发喀尔喀对后藏地区的觊觎和攻击事件，六十年（1795）爆发了湘黔苗民起义，等等，清朝统治可谓危机四伏。也由此时开始，清朝势力由强盛转向衰落，且清政府的闭关锁国政策在此时也达到了高峰，严重拉大了和西方近代化国家的差距，从全球而言清政府的统治又出现了更为严重的危机。此外，此时国内文字狱比康熙、雍正时期更加严酷。但对青海地区的治理，仍旧在有条不紊地进行，从而进一步规范化。

一、继续减免额赋，减轻人民负担

乾隆后期，在国内阶级矛盾激化，人民反清运动此起彼伏之际，清廷对青海地区依旧采取减少各种苛捐杂税，减轻人民负担的做法。乾隆四十一年（1776）八月，因连年干旱，再加上雹、霜灾害，决定赈恤甘肃西宁等二十九州县厅，缓征其新旧额赋。十一月，"赈恤甘肃……碾伯、大通……十四州县，及分防州同，并予缓征"①。十二月，"赈恤甘肃……西宁……二十九厅州县、分防州判、县丞本年旱灾贫民"②。乾隆四十二年（1777）四月，因乾隆四十年的旱、雹灾害，赈恤甘肃循化、巴燕戎格、碾伯、大通等三十一厅州县饥民。七月，又豁免了甘肃西宁等二十九厅州县于乾隆四十一年夏天遭受旱灾后的地亩额赋。八月，"赈恤甘肃西宁、碾

---

① 《清实录（二一）·高宗纯皇帝实录（一三）》卷一〇二〇，北京：中华书局，1986 年，第 677 页。

② 顾祖成等编：《清实录藏族史料（六）·高宗实录》卷一〇二二，拉萨：西藏人民出版社，1982 年，第 2898 – 2899 页。

伯、大通、巴燕戎格（等）三十二厅州县卫，本年旱灾贫民，并予缓征"①。十二月，"赈恤甘肃巴燕戎格、西宁、碾伯、大通（等）三十二厅州县，本年被旱灾民"②。乾隆四十三年（1778）七月，因旱灾，赈恤甘肃循化等二十七厅州县灾民。十月丙子，"蠲免甘肃巴燕戎格、西宁、碾伯、大通（等）三十二厅州县乾隆四十二年旱灾地亩额赋有差"③。十二月，因水、旱、霜、雹等自然灾害，赈恤甘肃西宁等十七厅州县灾民，并缓征其新旧额赋。十二月，"赈恤甘肃循化（等）三十七厅州县，本年雹灾旱灾贫民，并蠲缓额赋有差"④。乾隆四十四年（1779）四月，"赈甘肃西宁（等）十七州县厅本年雹水霜灾饥民"⑤。八月，因受虫、雹、水灾，赈恤甘肃西宁、碾伯等十五厅州县贫民，并蠲免本年度额赋。同时，还于该月己卯下令豁除了西宁乾隆四十三年的额赋。十一月，"赈恤甘肃……缓征循化、大通（等）十三厅州县乾隆三十八年以后未完额赋，暨各年民欠籽种口粮"⑥。乾隆四十五年（1780）十二月，"蠲免甘肃西宁、碾伯（等）三十五厅州县乾隆四十四年水灾地亩额赋"⑦。该月还豁除平番、碾伯被水冲地三十三顷多额赋，以及赈恤西宁等十八州县厅本年水灾饥民。乾隆四十六年三月，蠲免碾伯等十五州县厅乾隆四十五年水雹等灾额赋有差，缓征蠲剩银。乾隆四十九年（1784）七月，将连城、红山及碾伯县各土民前欠籽种口粮银一并豁免。乾隆五十二年八月，"巴燕戎格、西宁等十二处，随勘不成灾，而收成未免歉薄，所有应征新旧正借银两，亦分别缓征；如今冬明春，有缺籽乏食者，酌量接济……"⑧

从以上内容来看，尽管国内统治危机爆发，国际上已经处于各方面落

① 顾祖成等编：《清实录藏族史料（六）·高宗实录》卷一〇三九，拉萨：西藏人民出版社，1982年，第3907—3908页。
② 顾祖成等编：《清实录藏族史料（六）·高宗实录》卷一〇四七，拉萨：西藏人民出版社，1982年，第2910页。
③ 顾祖成等编：《清实录藏族史料（六）·高宗实录》卷一〇六九，拉萨：西藏人民出版社，1982年，第2918页。
④ 《清实录（二二）·高宗纯皇帝实录（一四）》卷一〇七三，北京：中华书局，1986年，第404页。
⑤ 顾祖成等编：《清实录藏族史料（六）·高宗实录》卷一〇八一，拉萨：西藏人民出版社，1982年，第2933—2934页。
⑥ 《清实录（二二）·高宗纯皇帝实录（一四）》卷一〇九五，北京：中华书局，1986年，第689页。
⑦ 顾祖成等编：《清实录藏族史料（六）·高宗实录》卷一一一七，拉萨：西藏人民出版社，1982年，第2989—2990页。
⑧ 顾祖成等编：《清实录藏族史料（六）·高宗实录》卷一二八七，拉萨：西藏人民出版社，1982年，第3059—3060页。

后的状态，但清政府于此时仍旧通过继续减免赋役实施政策，减轻青海各族人民的生活负担，稳定青海民心。

二、谨慎处理蒙、藏、回间的矛盾及藏区社会内部纠纷

（一）对蒙藏部落纠纷的处理

乾隆后期，蒙藏部落之间纠纷渐起，这说明康熙朝实行的"扶番抑蒙"策略收到成效，青海藏族部落已逐渐摆脱蒙古统治登上历史舞台。乾隆四十年十一月，清政府下令继续严查之前所发生的"青海公礼塔尔被戕案"，之后得知，青海公礼塔尔为郭罗克藏族人所杀。青海公礼塔尔被杀一事，触动了封建统治者之逆鳞，即"以下犯上"。针对此，乾隆四十一年九月，清政府派理藩院郎中阿林前往四川，与四川派出的保宁府知府倭什布、参将李天贵等人，欲严肃处理此事。到达郭罗克地方后，经过调查，给该地土司下令必须将凶犯斯枯尔拉布坦等人捉拿归案。但土司玛克苏尔衮布却以凶犯逃走，无法捉拿为由，并将凶犯住处拆毁，仅捉拿了几名凶犯亲属，使官兵撤回。清朝官员认为，捉拿的犯人家属均为妇女儿童，且该土司还说愿出钱赔赃服罪，土司的行为不符合用威严压制藏族部落的策略，并认为土司不作为，有欺压之嫌。于十月，又在阿坝增兵五百名，继续向郭罗克部落施加压力。十一月，清政府又将倭什布、李天贵等人撤职，另派松茂道礼赴郭罗克查办此案。第二年七月，在继续处理青海公礼塔尔被杀一案中发觉，土司玛克苏尔衮布尽管连日跟随侦缉凶犯，但态度暧昧，并非诚心实意。基于此，将该土司扣押，并将追剿任务交给其弟。然而到了本年十二月，该土司在被扣押期间，因水土不服而亡。最终青海公礼塔尔被杀一案以赔命的方式被了结。但此事反映出，清政府对于这种"以下犯上"之案件，穷追不舍，严厉处置，维护了统治阶级的利益。以土司及凶犯之命赔青海公之命，从一定程度上杜绝了此事升级为民族矛盾的可能；清政府对此事的穷追不舍也从一定程度上震慑了青海蒙藏部落。在此事的后续处理中，还于乾隆四十一年九月，将在本案中失职的理藩院郎中阿林、保宁府知府倭什布以及参将李天贵三人，俱著交部严加议处。乾隆四十七年（1782）七月，关于蒙古屡被"番子"所抢一事，陕甘总督李侍尧认为，蒙古被抢完全是因为蒙古积贫积弱，懦怯无能。对此，清政府要求陕甘总督李侍尧须严饬所属，选派"熟番"上紧缉拿务获，毋致正犯远飏，以示惩儆。并要求蒙古各自防守边界，毋致被贼番抢劫，徒恃地方官为之缉贼

可也。

经过清政府严肃处理青海公礼塔尔被杀一案，青海蒙藏部落暂时处于一个稳定期。后来，直到乾隆五十四年（1789）九月，发生了贵德番民劫夺蒙古牲畜一案，即"循化番众纠伙抢掳青海扎萨克台吉沙喇布提理游牧牲畜"一案。然而，此案件直到乾隆五十六年三月才得以解决。经调查得知，抢劫者为贵德藏族部落，此案中，第一，清朝官员办事拖拉，即事发近两年后才开始抓捕罪犯；第二，抢劫者伤人抢夺牲畜，但又披露出一个细节，即青海郡王所属蒙古哄诱抢劫者劫掠蒙古牛羊。清政府非常严厉地将拿获的贼首叶噶、丹律、垂布藏等人正法，然而其内情令清政府非常气恼，其中垂布藏、阿都等人系青海郡王所属蒙古，他们竟然哄诱番民抢掠牲畜，尤其是蒙古部落日常不能自顾牲畜，不谨防设卡，抢劫事发，立即报官，故决定严厉处置此事。本次抢劫之事令乾隆帝很生气，三月，"朕思从前郭罗克劫掳西宁番众，而甘肃番众，复行劫掳青海蒙古。此皆由青海蒙古番民，素性懦弱，不能自顾游牧，以致数被劫掳。及被掳后，又不能自行追捕，惟凭报官代缉，已属恶习，且难免有捏报数目情事。著传谕奎舒将去岁被劫实在数目，查明覆奏。仍著晓谕该番等：数年以来，或甘肃番民劫掳青海蒙古，或郭罗克番民劫掳西宁番众，代缉纷纷，甚属无谓。嗣后如有不自行防范，至彼劫掳，而又图利捏报，则断不为办理。如此晓谕，庶伊等各知儆惧，加意防范，而被劫之事自鲜矣"①。乾隆帝认为，面对被抢劫事宜，蒙古部落应该自己负责自己的安危，不能形成只依赖官兵弹压的恶习，若不再加以防范，以后官兵不再办理蒙古被抢劫事宜，其实是要求蒙古奋起保护自己。七月，勒保、奎舒提出："至西宁办事大臣，仅管青海蒙古番众，其附近蒙古地方之贵德、循化等处，亦应归西宁办事大臣兼管，如遇有行窃事件，缉办较易。循化设有同知一员，贵德仅设有县丞一员。贵德地方，亦应照循化地方改设同知管辖。"② 通过将循化、贵德交由西宁办事大臣管辖，来加强对循化、贵德藏族部落社会的管理。最终于九月，"军机大臣议覆：陕甘总督勒保、青海办事大臣奎舒等奏：请将循化、贵德两处生熟各番，统归西宁办事大臣兼管，嗣后番地应纳番粮及与汉民交涉命盗案件，仍归循化、贵德文员照例办理，由该管上司核转，会

---

① 顾祖成等编：《清实录藏族史料（七）·高宗实录》卷一三七四，拉萨：西藏人民出版社，1982 年，第 3247－3249 页。

② 顾祖成等编：《清实录藏族史料（七）·高宗实录》卷一三八二，拉萨：西藏人民出版社，1982 年，第 3252－3253 页。

同题咨完结。其番子抢掠蒙古之案，径由西宁办事大臣，就近缉拿，应如所请。但熟番内向设有千户、百户、乡约管辖，而生番并无头目，其应如何设立之处，仍令该督等再行悉心筹酌，会议具奏。至千户、百户等头目内，果有奋勉缉贼之人，应令奎舒奏明，赏戴蓝翎，以示鼓励。此后蒙古等不能自行拿获赃贼，事后指为外来番贼呈报缉拿者，概不与之办理。再查西宁镇总兵，驻扎同城，嗣后如有案情稍大，需派官兵之事，应令西宁办事大臣酌量檄调。从之"①。十一月，陕甘总督勒保遵旨将甘肃贵德县丞，改设同知。另外，关于"生番"内如何设置进行管理的问题，于该年十二月得到解决，"又奏：军机大臣议将蒙古边界番众归并西宁办事大臣兼管，应于生番内设立千户、百户头目管束，令臣酌议。……应请暂仍其旧，惟饬地方官广为化导，俾稍知法度，俟情意渐孚，然后将番众所钦服者，赏给千户、百户职衔，责令管策……"②因循化、贵德"生番"与内地语言不通，心生疑惧，不肯入城见官，故决定先让地方官暂时对"生番"广为化导，等时机成熟，立即设置千百户等对其属下进行监管。直到乾隆五十九年（1794）五月甲午规定：嗣后贵德、循化等处遇有盗贼案件，著地方文武官员，听西宁办事大臣指示办理。六月辛未，勒保还奏：拿获劫掠过客养只，及叠劫蒙古牲畜之番贼，审明正法一折。可见贵德、循化番民抢夺蒙古牲畜一案之影响。

（二）处理藏回冲突

乾隆四十四年三月，循化县又发生藏回之间的矛盾，即"郎家族番民惨杀撒拉回民多命案"，"谕军机大臣等，据勒尔谨奏：兰州府循化同知所辖之郎家族番民，惨杀撒拉回民多命，获犯审拟，分别正法发遣一折。所办总不成事，已于折内批示矣。此案郎家族番人，惨杀回民五命，且敢将被杀之尸，剥皮支解，凶恶已极。自应将现获各犯，严讯明确，即于番境，集众正法枭示，庶足以警凶顽而戢残暴……勒尔谨著传旨严行申饬，仍著将拟遣各犯，俱行押赴番境，同者黑隆本、乙舍完的一并正法示众，并将该头人，拟以管辖不严之罪，酌令罚赎。俾知凛畏，庶足做戒将来……寻奏遵旨将原拟发遣伊犁为奴七犯，改同者黑隆本、乙舍完的，委员押赴番

① 顾祖成等编：《清实录藏族史料（七）·高宗实录》卷一三八六，拉萨：西藏人民出版社，1982 年，第 3270 - 3271 页。

② 顾祖成等编：《清实录藏族史料（七）·高宗实录》卷一三九三，拉萨：西藏人民出版社，1982 年，第 3342 - 3343 页。

境，正法示众，并传饬该头人约束不严之罪，令其罚赎。得旨：览"①。在循化厅郎家族番人对撒拉回民的惨杀事件中，清朝官员决定严惩郎家族番人，并推翻前人判案结果，且举报最初处理此事不力的官员勒尔谨。后将拿获的参与此事中的郭罗克番子六名发往烟瘴地方，以示惩罚，并且详悉宣谕郭罗克头人，务须管教所属番人，止让在伊本境打牲，如敢潜越蒙古地界，犯有抢劫伤人之事，必严拿就获。即无偷窃之案，但经越界潜往者，一经拿获，均照此发往烟瘴，不稍宽贷。在此事中，清政府对郭罗克的相关规定与处理非常严厉，体现出此时清政府在青海地区"抑番"之策的实施。

（三）处理郭罗克对其他藏族部落的抢劫

尽管清政府此时在花功夫解决和处理郭罗克的抢劫活动，但仍旧屡禁不止。乾隆五十年（1785）九月癸丑，又发生郭罗克抢劫阿里克牲畜一案，即"谕军机大臣等：据保宁等奏：郭罗克窃掠阿哩克牲畜，贼番楼沟吉、班第、松塔尔、卜塔尔四犯，审拟斩决一折。郭罗克番人素性犷悍，该犯等赴阿哩克边界，潜肆掳掠，并拒捕伤人，必须从重严办，以昭炯戒。楼沟吉、班第、松塔尔、卜塔尔四犯，自应不分首从，即行处斩。至参将李天贵奉派出口查办，督同该土司等拿获贼番，并将临时捕杀之贼人首级割献。该参将甚为出力，著传谕保宁等赏缎一匹，以示嘉奖。再折内所称，管束不严之土司、土目本应严加议处，姑念遵谕拿获正贼，应免置议。该土司等尚属恭顺，并酌量分别赏给缎匹，以示鼓励。该将军等即宣示谕旨，以该土司等献出贼番，尚知畏法，不特宽宥其议处，并特加赏赉。俾知感激天恩，实力管束所属番人，不致再出为匪，是亦抚驭外番之道。其案内尚有不知姓名部落贼番数人，仍饬郭罗克并邻境各土司，严行缉获，定拟完结。将此传谕保宁等知之"②。在本次处理郭罗克抢劫阿里克牲畜一案中，清政府依旧刚柔并济，除了斩杀匪首之外，对土司、土目等人给予批评，但同时因其尚属恭顺又给予奖励。其实这种"又打又拉"之举，是没办法的办法，毕竟郭罗克地区还是需要这些土司、土目进行管理，不能对其太严厉，但也绝不能太放纵。

---

① 顾祖成等编：《清实录藏族史料（七）·高宗实录》卷一〇七八，拉萨：西藏人民出版社，1982 年，第 3930－3931 页。

② 顾祖成等编：《清实录藏族史料（六）·高宗实录》卷一二三八，拉萨：西藏人民出版社，1982 年，第 3044－3045 页。

乾隆五十二年十二月，郭罗克抢劫阿里克一案有了后续，"又谕：据保宁等奏：拿获郭罗克抢掠拒捕番犯，审明定拟一折。内称：讯据贼犯色赖、蚌借供称，除同行窃掠各番俱已供明外，其受伤逃散伙贼，不知何往。至同时窃掠，约共百十人，并不知部落姓名等语。此案郭罗克番人，肆行抢掠，现据获犯供出同伙百有十人之多，乃获犯到案，及捕杀伤毙者，不过数人，其余各番尚未就获，不足以示惩儆。除色赖、蚌借二犯，自应即行正法传首外，至李世杰此时谅已抵任。著传谕该督及成德，严饬该土司，实力查拿，务将逸犯拿获多名，迅速报解，从重办理，俾番众共知儆畏。……再保宁等奏：据郭罗克土司土目等禀称，该番等性好偷掠，青海在卡座以外，实难管束。求吩咐阿哩克等，不得过卡游牧牲畜，免致生事，保宁已咨明普福转饬阿哩克等约束等语。该处番人，性好偷掠，该土司等禀请勿令阿哩克人，出卡外牧放牲畜，其言虽系诿卸，尚近情理，除另降清字谕旨传知普福外，将此各谕令知之……并饬该处郡王纳罕达尔济等一体遵行，如有违例，一经抢掠，不但不为办理，并将被掠之人治罪。普福当随时留心查办"①。从对本次抢劫活动的处理来看，一方面严惩匪首，将其斩首示众；另一方面，严格要求被抢者阿里克族自己注意，不得过卡游牧牲畜，否则被抢之人也要被治罪，并严令各土司、土目，速行擒献逃亡之抢劫者。至乾隆五十三年（1788）八月，清政府对本次郭罗克抢劫事宜的处理，取得了较为完满的成果，"谕军机大臣等：据李世杰等奏，续获郭罗克抢掠夷匪，审明办理一折。内称上、中、下三土司，畏惧王法，随同差弁，于郭罗克各处寨落，竭力探访，都已周遍，现在再无一人可以擒献，愿出具甘结，并严禁手下番人，永远不到阿哩克地方滋事。所有派往官兵，已行撤回等语。上、中、下寨落郭罗克，业经官兵督饬土司搜拿，其已回者，现俱就获。此外逸匪，据土司等出结，实未潜回，此不过遮饰之词。但所有派往官兵，虽毋庸在彼久驻。惟仍当严饬该土司留心擒献，并派员不时前往探访饬查，一有逸犯逃回，立即掩捕，从重办理。朕意明春仍派兵前往，责以半年之中，岂无逸贼逃回，实力查拿一番，则土司等知惧，或复获数贼，亦未可知。将此随报便传谕知之"②。上、中、下三寨落郭罗克慑于清朝军威，以其土司、土目等人为首，纷纷出面积极捉拿抢劫夷匪

———————
① 顾祖成等编：《清实录藏族史料（六）·高宗实录》卷一二九五，拉萨：西藏人民出版社，1982年，第3063—3065页。
② 顾祖成等编：《清实录藏族史料（六）·高宗实录》卷一三一一，拉萨：西藏人民出版社，1982年，第3091—3093页。

交给清军处置，向清朝表示臣服。

最后于乾隆五十四年（1789）九月，"谕军机大臣曰：李世杰等奏，续获郭罗克抢夺番匪，审明正法一折。此案匪犯，前已拿获七名正法，并格毙六名，现又经官兵督同土目等拿获三名，格杀一名。并据该土司头人等，再三哀吁，情愿严禁手下人等，嗣后再不敢赴青海地方滋事，亦只可如此而止。著传谕李世杰等：即将派出官兵撤回，不必在彼久驻，为穷搜之举。惟须晓谕该土司等，以此次业蒙大皇帝恩典，不复追究，尔土司等应知感激，嗣后务严禁属下人等，不得仍前滋事。若再有似此抢夺之案，必当按名拿获，不能宽贷。其擒献匪犯之土目，并酌加奖赏。如此恩威并用，庶夷番各知感惕，自不敢复滋事端，方为妥善"①。直至此时，经过四年，本次郭罗克抢劫阿里克一案才告一段落。本次处理中，除清兵压境武力弹压，斩首领头目盗窃者之外，仍旧以发挥土司、土目的作用为主，并对主动立功之土司、土目进行奖赏，其实，武力弹压的目的只是在郭罗克中壮大清政府的影响，以宣示清政府在郭罗克地区的在场及统辖权，更重要的是清政府加强并加紧利用郭罗克土司、土目来管辖当地人。

但郭罗克抢劫之事由来已久，本次处理中其答应不再去阿里克部落抢劫，到乾隆五十六年三月，郭罗克又去抢劫了尼雅木错部落，"又谕：据成德奏：尼雅木错部落被郭罗克番子抢去牛三千四百只、羊三千五百五十只，并抢去马匹、军器等物。现派参游大员，酌带妥干兵目，前往郭罗克地方，传集土司头人，严行查拿等语……著传谕该将军等，选派熟谙番情大员，亲往郭罗克查缉，务将此次抢夺贼番首伙，全行拿获，从严究办。至尼雅木错被抢牛羊至六千余只之多，恐系该番人等希冀多得赔偿，浮开赃数具报，均未可定。除降旨令奎舒查明咨会川省，并著传谕成德等饬谕查办各员，确切查明办理，毋任冒混"②。但在调查尼雅木错部落遭抢劫一事中，九月，成德等人调查到："四川德尔格穷番会潜伏到尼雅木错、玉舒等地，探知有赴藏者回至本地，纠众掠取牲畜财物。著交奎舒，通饬尼雅木错、玉舒所属各番土千户百户，各宜严密搜查，若拿获，交由德尔格土妇（德尔格女王）严加约束。"即有些抢劫活动，其实并非郭罗克人所为，只是因为郭罗克部落抢劫之恶名远播，最终被他人嫁祸的。

---

① 顾祖成等编：《清实录藏族史料（七）·高宗实录》卷一三三八，拉萨：西藏人民出版社，1982 年，第 3219－3220 页。

② 顾祖成等编：《清实录藏族史料（七）·高宗实录》卷一三七四，拉萨：西藏人民出版社，1982 年，第 3247－3249 页。

三、加强在青海地区的军事布置

（一）在青海地区增兵、减兵及设卡

为了进一步加强对青海地区的管辖与控制，再加上乾隆二十六年苏四十三反清起义的发生，清朝又决定在青海地区增加兵力。乾隆四十六年八月，"军机大臣议覆：钦差大学士公阿桂等奏称：遵旨酌添陕甘兵额，改设将备事宜。该省控制边陲，番回杂处，自应声势联络，营伍充实，方资弹压……西宁镇，添二百五名……外此紧要营堡，如河州属之循化……大通……镇海、归德、南川……巴燕戎格……碾伯，共计甘肃添兵六千五百八十二名……循化应添参将一员，于镇海裁移。添中军守备一员，于哈拉库图尔裁移。添千把总各一员，于中卫裁移，添额外外委一员，于该营拨补。镇海应添游记一员，徙驻丹噶尔，于循化裁移。以旧有千总作为中军，哈拉库图尔应添千总一员，于大通裁移。归德应添把总一员，于永安裁移，添额外外委一员，于该营拨补……均应如所请，至西安提标弁兵，业请改隶都标毋庸增设总兵。……循化……各营堡，俱归河州镇统辖……其西宁镇总兵员缺紧要，著兴奎调补"①。尽管总体上此时清朝对青海地区的管理不像前朝那么谨慎有力度，而显得有所放松，但从增兵一事来看，因苏四十三反清起义的发生，清政府仍旧很警惕青海地区的局势。

至乾隆四十七年十二月丁卯，陕甘总督李侍尧奏称，酌定分贮添铸炮位事宜，"查甘州、固原提属，河州……西宁……各项大炮共六百四十六位，实在堪用者一百三十三位，内大神威炮六十一位，又大将军、红衣、雷公等名目，共炮七十二位。其用与大神威炮相仿，即可抵作大神炮之用，酌量于臣标，及西宁抚标，各贮十六位，河州……西宁……七镇标，各贮十位，至劈山大炮一项，酌量止就低抚提镇大标枪手兵丁，每二百名，铸造一位酌给，并令各营每年将存贮大炮，以春秋二季轮流演放，并将劈山炮同枪手兵丁，时常操演"②。总体来说，乾隆后期在西宁地区增强军事力量之举，一方面是清朝觉察到回民因新旧教派之争恐将起祸端，在有准备的情况下，最后清朝于乾隆四十三年始，支持回教老教派，最终镇压了以

---

① 《清实录（二三）·高宗纯皇帝实录（一五）》卷一一三九，北京：中华书局，1986年，第244－245页。

② 《清实录（二三）·高宗纯皇帝实录（一五）》卷一一七〇，北京：中华书局，1986年，第691－692页。

苏四十三为首的新教派；另一方面，此时清朝还观察到廓尔喀对西藏心怀
叵测，决定在西宁增兵支援西藏，最终也于乾隆五十二年、五十七年两次
击退了廓尔喀对西藏的入侵，维护了国家的尊严，保证了国家领土不受外
敌侵犯。

青海局势随着苏四十三反清起义被平息而逐渐稳定，乾隆五十年夏四
月朔，清政府决定减贵德营兵，具体为"兵部议准：陕甘总督福康安等奏
称：西宁镇属贵德营，极边寒苦，商贩稀少，价值昂贵，兵丁月饷不敷食
用，因而召募维艰，请将现设马兵三百五十九名内，酌减一百十九名，改
设步兵，其现设守兵三百六十二名，全行改设步兵，应如所请。其酌减马
兵改设步兵所遗马一百十九匹，应令该督另行咨部报销。从之"①。同时，
又于乾隆五十四年九月辛丑，"查乾隆四十九年，甘肃循化等三营，从边内
募往新兵，每名给房一间。……找甘肃循化等三营制，每兵给房一间"②。
通过此规定，一方面减轻了清政府的军费开支；另一方面也提高了循化三
营士兵的生活条件，在一定程度上鼓舞了士气。

另外，为了防范青海地区蒙藏又生事端，对以前所设卡哨进行合理化
安排与调整，乾隆五十一年七月，"又谕：据普福奏：遵旨于青海之阿什干
等处，应设五卡之处。于会盟之便，亲行察阅，并将此晓谕索诺木多尔济
等。索诺木多尔济等心悦诚服，从前设卡派兵驻扎，并未分别远近，将西
南两路人等，调于极远之阿什干等处。今酌量伊等力所能及，改定就近驻
防等语，普福如此更定，甚属得宜。看来从前并未计及伊等劳苦，率意调
遣分驻，以致该游牧人等力不能支，始行请彻卡座。福禄在彼，何不亲往
查验，即率行代奏耶。著交普福，照伊所奏办理外，仍将普福奏折，钞寄
福禄阅看"③。在青海阿什干等地方设立了五卡，以防止意外发生。另于九
月，"西藏办事大臣普福奏：黄河北岸奎屯、西哩克等五卡，为巡防贵德、
循化、河州、洮州、松潘等处番众偷渡而设，向不论远近，均派纳罕达尔
济等五旗兵驻守。今据扎萨克郡王台吉等请，将纳罕达尔济、察罕诺扪汗、
隆本等三旗，就近驻奎屯、西哩克等卡。罗布藏丹津、衮楚克等二旗，就
近驻郭罗克等卡，既免兵丁换班往返，且于熟悉之地，防范易周。仍饬纳

---

① 《清实录（二四）·高宗纯皇帝实录（一六）》卷一二二八，北京：中华书局，1986 年，
第 455 页。

② 《清实录（二五）·高宗纯皇帝实录（一七）》卷一三三九，北京：中华书局，1986 年，
第 1152 – 1153 页。

③ 《清实录（二四）·高宗纯皇帝实录（一六）》卷一二五九，北京：中华书局，1986 年，
第 727 页。

罕达尔济统辖，不时稽察。报闻"①。通过这些措施，一方面节省了兵力，另一方面使卡哨之间的联系紧密起来，进一步加强了对这些地区蒙藏部落的监管。

设置卡哨的目的，正如乾隆五十九年六月奎舒覆奏："河外卡座，系防范贵德、循化番众；河内卡座，系防范郭罗克。内有五卡，于冰冻时各添兵五十名，以杜河外郭密众番偷渡，冰融后即不抽彻。于蒙古生计，仍无妨碍。至西宁驻扎大臣，例有会盟及查阅旗务等事，就便亲查一次，自不致滋累蒙古，而番众益加畏惧等语。所奏自属实在情形，著谕知特克慎令即遵照办理。"② 卡哨的设置，一定程度上阻止了蒙藏部落偷渡游牧之事，也从侧面预防了因渡河偷牧而出现的蒙藏部落间的纠纷。

（二）整顿吏治，对失职官员进行严肃处理

乾隆后期，国内阶级矛盾激化，官员之间互相检举，后任检举前任之事时有发生。如前所述，在乾隆四十年发生了"青海公礼塔尔被戕案"，清政府于冬十一月乙酉，对处理该案件的福禄的失职行为进行处理，"谕：朕以福禄系班第之子，特加恩擢用侍郎，派往西宁办事，伊应感激朕恩，益加奋勉。乃抵西宁以后，诸事糊涂。即青海公礼塔尔被戕一案，未能审出实情，惟信礼塔尔下人一面之词，颟顸了事，殊不胜任。福禄著革职，发往伊犁充当苦差，自备资斧，效力赎罪"③，通过检举，除了福禄被革职并充当苦差外，还处理了在此案件中办事不力的理藩院郎中阿林，四川省保宁府知府倭什布以及参将李天贵，将此三人著交部严加议处。乾隆四十四年处理"郎家族番民惨杀撒拉回民多命案"中，"勒尔谨何竟置之不问？亦属疏漏。至勒尔谨一闻循化同知禀报，自应即差大员，带领兵役，前往缉捕，乃先遣通丁喇嘛往谕，继则操演枪炮藤牌，遥示兵威，实觉可笑。该督从前查办河州王伏林一案，颇能妥速。今办此案，舛谬无能，与前案如出两人，殊不可解"④，后任对勒尔谨对此事处理不当进行举报。乾隆四十

① 顾祖成等编：《清实录藏族史料（六）·高宗实录》卷一二六五，拉萨：西藏人民出版社，1982年，第3050–3051页。

② 顾祖成等编：《清实录藏族史料（六）·高宗实录》卷一四五四，拉萨：西藏人民出版社，1982年，第3595–3596页。

③ 《清实录（二一）·高宗纯皇帝实录（一三）》卷九九六，北京：中华书局，1986年，第327页。

④ 顾祖成等编：《清实录藏族史料（六）·高宗实录》卷一〇七八，拉萨：西藏人民出版社，1982年，第2930–2931页。

六年七月，王亶望、勒尔谨、王廷赞等人因"改收折色，冒赈开销，上下通同一气，赃私累累"而被治罪。

（三）在"熟番"内招募屯丁

这一时期，清政府还进一步加强了对"熟番"的控制与管理。乾隆五十三年五月丁丑，"钦差协办大学士陕甘总督办理将军事务公福康安奏熟番募补屯丁事宜：一、全郡熟番九十三社。约可挑壮丁四千名，请分为大屯四处，每屯安设四百人；小屯八处，每屯安设三百人，作为额缺，即令在本社防守。户小之社，或数村归并，或附入大社，其立屯之地，应酌量地势，按照番社多寡，与营汛官兵，声息联络；一、屯弁照四川屯练之例。南北两路，额设屯千总二员，统领番众；屯把总四员，分管各屯；每屯设屯外委一员，即在番社头目内，择其曾经出力及素所信服者，由总兵拣选充补。详明督抚，给与札付，报部存案；一、番界内山。现有未垦及入官埔地八千八百余甲，请将屯丁每名拨给二甲。外委每员三甲，把总每员五甲，千总每员十甲，自行垦种，免其纳赋；一、埔地民番界址混淆。现在丈出已垦一万一千二百甲内，民买番地，业经抽有番租，请照同安县下沙科则，按亩纳银，免其输粟。其集集埔、虎仔坑、三貂、琅峤等处，民人私垦尤多，亦准一例升科。自此次清查后，立石定界，永禁偷越；一、屯丁习用器械。应呈报总兵，逐加印烙。于每年巡查时，点验一次；一、番民既挑补兵丁。应将一切徭役，概免承应。下军机大臣议行"①。从以上规定来看，对"熟番"的治理，已与内地民众无异，其已成为清朝的编民，清政府除了向其征收正常的赋税外，还向其征兵役。

四、支持和关注藏传佛教

通过前几代皇帝的治理，清政府已经深刻认识到藏传佛教在青藏藏区社会内部所起的作用，故加大了对其关注力度。乾隆四十三年九月丙辰，"四川成都将军特成额奏，据绰斯甲布及布拉克底、巴旺等土司禀称，该土司地方俱兴建喇嘛庙，学改黄教。又巴旺土司将幼子二人送广法寺学习经典。批：好事也"②。十二月壬戌，章嘉呼图克图奏称，班禅额尔德尼情愿

---

① 《清实录（二五）·高宗纯皇帝实录（一七）》卷一三〇五，北京：中华书局，1986年，第558－559页。

② 顾祖成等编：《清实录藏族史料（六）·高宗实录》卷一〇六七，拉萨：西藏人民出版社，1982年，第2917－2918页。

来京入谨为大皇帝七十万寿称祝，清政府立即密切关注此事，从班禅额尔德尼自乾隆四十四年六月从西藏启程开始，一直关注其行踪，并让官员一路护理，如五月壬子行至青海塔尔寺，仔细安排其行程及一路上之住宿供顿等所需，"（署陕甘总督陕西巡抚毕沅）又奏，查班禅额尔德尼从青海交界之日月山进口，至塔尔寺，计程一百五十里，分作四站。该处俱有公廨民房，只须量加修整。明春从塔尔寺至营盘水出口，入贺兰山界，计程七百五十里，分作十九站。平番以南，多有公馆可住。平番以北，俱系草地，只可支搭蒙古包帐房，按站住宿。但此系明岁经行之地，尚可从容酌办。至今年到塔尔寺居住过冬，一切支应款待，及备办需用物件等项，头绪繁多，均需早为停当。现议章程，俟督臣勒尔谨回甘时，查明妥办。得旨：彼尚不能回任，即回任亦未能似汝详悉料理，但不须过当太费耳"①。清政府除了密切关注班禅一行的行程外，还在一路上派兵护卫班禅入京。另外，还关注东科尔呼图克图找寻转世灵童一事，乾隆四十八年七月丙午，"又谕：阅留保住查奏：前辈东科尔呼图克图圆寂后，四川地方出有呼毕勒罕一人，因不明确，其徒俱未往迎。又西宁陇窝地方，出有呼毕勒罕一人，其徒以旧有经卷、铃杵等物与看，皆能认识，且能呼各徒名字，业经迎到寺中坐床，现今在藏学艺。前班禅额尔德尼来时，又称去年四川所出呼毕勒罕属真，伊二人究竟不知孰真孰假，著传谕章嘉呼图克图查明，并将二人所学孰胜之处，遇便奏闻"②。对于四川、西宁陇窝两地查访到的东科尔呼图克图两位转世灵童的真假问题十分关注。此外，还于乾隆五十一年（1786）四月，嘉奖圆寂的章嘉呼图克图，"谕曰：章嘉呼图克图掌印多年，阐扬黄教，安抚众生，留心经律。昨据佛尔卿额奏称呼图克图于四月初二日圆寂等语，朕心深为悼惜。著制造金塔一座，从其素愿，永于镇海寺供设。一切事宜，妥为照料。并于前藏施银一千两，后藏施银五百两，交留保住、阿旺簇勒提木，令为熬茶诵经费用。此项银两，即动用该处库项，至所管印信，亦从其遗言，令阿旺簇勒提木掌管。闻阿旺簇勒提木每有欲来京师之愿，前因彼处事关紧要，未从其请，今值呼图克图之事，留保住奉到此旨，即令其急速前来，并将此旨谕令阅看"③，并允许已经圆寂的章

① 顾祖成等编：《清实录藏族史料（六）·高宗实录》卷一〇八三，拉萨：西藏人民出版社，1982年，第2936-2937页。

② 顾祖成等编：《清实录藏族史料（六）·高宗实录》卷一一八五，拉萨：西藏人民出版社，1982年，第3023页。

③ 顾祖成等编：《清实录藏族史料（六）·高宗实录》卷一二五二，拉萨：西藏人民出版社，1982年，第3048页。

嘉呼图克图之亲信阿旺簇勒提木来京朝见。

乾隆五十一年九月，清政府又了解到青海唐古忒喇嘛陇布诺们汗欲赴藏礼拜达赖喇嘛一事，并立即关注此事，"臣（普福）以从前呼图克图之呼毕勒罕须入觐后，始可赴藏等因晓谕，乃伊不遵引例，径自私行前往，应请议处等语。陇布诺们汗系出家人，尚非扎萨克王公可比。如扎萨克王公等，未经入觐，即赴藏礼拜达赖喇嘛，自属不可。今陇布诺们汗或因未经出痘，不可前来，其违例不遵晓谕，私行前往，著从宽免议。且朕深悉黄教喇嘛，原有赴藏学艺之例，嗣后无论已经入觐与否，有欲赴藏者，照例给与路引，毋庸拘呼图克图之例。留保住、普福等，将此传谕达赖喇嘛及青海游牧喇嘛蒙古等知之，以示朕广兴黄教至意。并著普福于陇布诺们汗，自藏回时，严加申饬，令其勿再妄行。嗣后有欲赴藏者，毋得不领路引，私自赴藏之处，一并宣谕知之"①，并给出指示，本次赴藏拜见达赖喇嘛者原本喇嘛，可不予深究，但以后不准其妄行，并且其他人等赴藏拜见达赖喇嘛者必须领路引，不得私自入藏。乾隆五十八年正月，在福康安等奏酌筹藏内善后章程中正式规定："一、青海蒙古王公等差人赴藏延喇嘛诵经，向不尽禀知驻藏大臣，请嗣后令西宁办事大臣行文到藏，由驻藏大臣给照，咨明西宁办事大臣，互相稽核。"② 对于蒙古王公等入藏请喇嘛诵经一事，需经西宁办事大臣批准才可，其实还是在防范蒙藏借诵经之事再生其他事端。

乾隆五十九年正月，奖励了在任副扎萨克达喇嘛一职期间，因阐扬黄教多年，于署理达喇嘛印务，又能专心钻研藏族佛教经典的果莽呼图克图二百两银子，一条大手帕，二十条小手帕，二束香以及布施。从以上来看，经过多年了解与管理，清政府已很清楚地认识到藏传佛教在青藏地区蒙藏人民心目中的地位，故一直很重视其动静。

五、派福康安由青海往西藏调研

乾隆五十六年十一月，谕军机大臣等，现令福康安前赴西藏，由青海一路行走。此行其实是福康安领兵去防范廓尔喀对西藏的进攻，但值得注意的是，一路上，尤其在青海境内，福康安明察暗访，较为充分地了解了

---

① 顾祖成等编：《清实录藏族史料（六）·高宗实录》卷一二六五，拉萨：西藏人民出版社，1982 年，第 3050 – 3051 页。

② 顾祖成等编：《清实录藏族史料（六）·高宗实录》卷一四二一，拉萨：西藏人民出版社，1982 年，第 3528 – 3530 页。

青海的地理状况及政治状况，也对近年来青海官员处理青海事宜的表现进行明察暗访，同时也清查了青海蒙藏部落与廓尔喀之间有无联系。最终在乾隆五十七年（1792）六月，福康安击败廓尔喀军并出境作战。八月，廓尔喀战败乞降，福康安班师。九月，清政府令福康安、孙士毅等定西藏善后事宜，并定金奔巴瓶掣签制度。

六、在贵德厅设置学校

面对青海地区教育水平落后的情况，清政府于乾隆六十年十一月甲戌决定在贵德厅设立学校：

礼部议覆：调任陕甘总督勒保奏称，西宁府属贵德厅专立学校各事宜：一、文庙并泮池应建造。请饬选空闲地方估计，在司库候拨兵饷内动支，其移驻训导衙署，即将西宁府训导衙署估变移建；一、祭乐舞器亦动库饷制造。一、书籍应颁发。请行知武英殿，俟便员赴京请领。一、祭款应额设。查循化厅学，春秋额设祭祀银四十五两，请照例支领办销；一、训导应在外拣调。贵德在万山之中，民情犷悍，请定为边缺，于现任内拣员调补，照循化厅例，五年俸满，咨报升用。并设攒典一名，役满考职；一、条记应由部颁发。请给贵德厅儒学条记，其西宁府所裁训导原用西宁府儒学印记，仍留教授管理，毋庸缴销；一、学额应酌定。循化厅岁考取进文武童各四名，科考文童四名，请照例额设。即由该厅考送府试，从前已进文武生员，有籍隶贵德者，拨归该学管理，即由文理弓马较逊通省之泾州、灵台、清水、成县四学额内，各抽拨文童一名，武童一名；一、廪增应额设。西宁府学，设廪增各三十八名，请各抽二名，拨入贵德。至童生赴考，例由廪保。其改归该厅学之已进生员内，如现有廪生，即令具保，无则请暂照地邻保结例送考，俟一二年考补有人，再令保结。其出贡年分，俟人文充盛，再行咨请；一、门斗斋夫应拨设。该县训导系西宁府学裁移，其俸薪请照给。复于府学拨门斗斋夫各一名，添门斗一名，工食银两，照西宁府学例支给；一、廪生饩粮应议给。西宁府学每岁额给禀饩七石九斗九升九合二勺，闰月六斗六

升六合六勺。今贵德拨设廪生二名，请照给。均应如所请，
从之。①

从乾隆四十一年至乾隆六十年期间来看，整个乾隆后期因廓尔喀野心
毕露，觊觎西藏地区，为了稳妥起见，清政府以青海地区为后方，在此增
兵布防，同时也平息了西北地区的苏四十三起义。这次增兵，一方面维护
了西藏乃至西北地区的稳定，另一方面也对青海藏区社会形成了一定的威
慑。这也成为此阶段清政府处理青海藏区社会蒙藏矛盾，藏族社会内部矛
盾等较为顺利的主要原因。从各个案件的处理过程来看，以军威慑服且恩
威并施成为治理青海藏区社会的主要方式，如此也使青海藏区较为平衡地
控制于清政府手中。

第四节　乾隆朝治理青海藏区社会的策略②

清朝初期，年羹尧于雍正二年平定罗卜藏丹津叛乱后，于当年七月上
奏，经雍正帝批准准备实行《十三条》《十二事》③，雍正十二年，制定
《番例六十八条》；雍正二年十月，上奏改西宁厅为西宁府，改西宁府下西
宁卫为西宁县，碾伯所改为碾伯县，在西宁北设大通卫，俱隶西宁府管辖，
西宁府仍隶属甘肃省管辖。④ 雍正三年在西宁置"钦差办理青海蒙古番子事
务大臣"，即"青海办事大臣"，后统称为"西宁办事大臣"⑤，主管青海蒙
藏部落事务。在行政建置方面，乾隆三年，将原属临洮府的贵德所守御千
总改隶西宁府，原隶河州镇的贵德营都司改隶西宁镇；乾隆九年，设巴燕
戎格厅，隶属西宁府，最高长官为通判；乾隆二十六年（1761），改大通卫
为县；同年，改归德为贵德，改设为县，置县丞；乾隆五十六年，改贵德

---

① 《清实录（二七）·高宗纯皇帝实录（一九）》卷一四九一，北京：中华书局，1986 年，
第 958 – 959 页。

② 该部分以《乾隆朝对青海藏区社会的治理政策及策略探讨》为题，发表在《青海民族大学
学报》2012 年第 4 期。

③ 顾祖成等编：《清实录藏族史料（一）·高宗实录》卷二十，拉萨：西藏人民出版社，
1982 年，第 295 – 299 页。

④ 《清实录（七）·高宗纯皇帝实录（一）》卷二十五，北京：中华书局，1986 年，第 396 –
397 页。

⑤ 周伟洲：《西宁办事大臣考》，《西北民族大学学报》2011 年第 1 期。

县为贵德厅，属西宁府；乾隆五十九年（1794），西宁府官员属西宁办事大臣管辖；雍正八年，设循化营，属甘肃省河州管辖。乾隆五十七年，正式设循化厅，隶属西宁府调遣；乾隆五十九年起，循化厅官员属西宁办事大臣管辖。

此外，在罗卜藏丹津事件以后的雍正朝，年羹尧因犯错误被处理之后，青海的善后工作主要由岳钟琪主持，清朝在青海一直较为严格地实行以上经年羹尧实地考察而制定的相关政策。实施过程中，岳钟琪对青海地区藏族部落首领恩威并举，奖惩严明。而青海藏区社会则因刚刚经历战乱，在清朝强大的军事力量、有弹性的政策的限制和治理下，暂时处于一个较为平稳的过渡时期。

一、乾隆朝时期的青海藏区社会

（一）乾隆前期对青海地区社会的治理

自乾隆元年始，因雍正朝的治理，青海地区局势暂时相对稳定，清政府开始裁撤在青官员以及驻青军队，"总理事务大臣等奏……西宁原驻大臣一员，办理青海藏蕃古、番子事务。只兴讫朱，始增驻大臣章京等，今既撤兵，应于德龄、赛楞、三达礼三员中，留一员，余并撤回"①。然而政府裁撤官员、军队之举，立即引起西北其他官员的担心，在这些官员的请求和建议及在继续恩威并举的政策下，青海地区有关地方又派官员、兵丁回去驻扎。雍正朝平息了罗卜藏丹津叛乱后，尽管加强了对青海藏区社会的治理，从而使此地处于暂时的稳定发展之中，但一些有志大臣仍旧预感到此地治理之不易，即局势容易出现反复。因此，他们仍旧重视青海藏区社会的安危，并没有放松管控。

此时，尽管清政府已经将青海地区的管辖权完全控制在手中，但因地理、地貌、气候，尤其是地广人稀等原因，对青海藏区社会的管控，无法与内地相同，这便导致青海藏区社会时有乱事发生。如在乾隆前期管理稍有放松之际，便出现了属于四川行省管辖的郭罗克部落对青海蒙藏部落的抢劫活动，即乾隆五年，郭罗克土司丹增所管番子甲噶等，在西宁各地方

---

① 《清实录（九）·高宗纯皇帝实录（一）》卷一七，北京：中华书局，1986 年，第443 - 444 页。

抢夺蒙古帐房马匹。① 针对这次抢劫，乾隆六年川陕总督尹继善提出了分设各宅土司，以资弹压；颁给打牲号片，以便稽查的"商办郭罗克土司事宜"，决定在郭罗克设置土司，让土司来管理郭罗克藏族部落。然而，这种具有羁縻性质的政策并不能从根源上消除郭罗克的抢劫活动，乾隆八年，郭罗克又抢劫了与其毗邻的玉树族，时"玉树族百户楚瑚鲁台吉之子达什策令禀称，所属番人米拉等二十五户，被郭罗克贼番抢夺马牛牲畜，糊口无资，所有应纳马贡，求暂免二三年……"②。郭罗克的抢劫活动，引起了政府的重视，考虑到郭罗克地处高寒，物产稀少，经过考察，政府决定在与郭罗克相近之柏木桥地方实行农耕③，发展其经济，安抚郭罗克，以求其少生是非。同时，玉树族因上报被郭罗克抢劫，清政府决定每年应纳之马贡，可以给予其宽免五年，此举减轻了玉树族的经济负担。另，清政府还决定由四川提督郑文焕带兵往郭罗克地方处理郭罗克事宜。然而处理之初，郭罗克因清兵至而畏从，但不久抢劫又起。派兵镇压杀其滋事头目后，稍安，后又起抢劫之事。如乾隆十六年，班禅额尔德尼派往京城的使者又遭到郭罗克的抢劫及伤害。面对郭罗克的嚣张行为，第二年岳钟琪授意清兵于郭罗克附近的松潘地区集结。在清兵的威压下，郭罗克首领立即表态听命于清政府，这次抢劫活动得到较为圆满的解决。此外，尽管此时对郭罗克抢劫的治理收到一定效果，然而雍正二年平息罗卜藏丹津叛乱后，主犯罗卜藏丹津一直没有归案，仍在外潜逃，很有可能卷土重来，这成为清政府在西北地区的一个隐患。经过不懈追查，终于在乾隆二十年，罗卜藏丹津被捉拿归案，押解到北京，但清政府并没有处死罗卜藏丹津。此事的处理，一方面沉重打击了蒙古在青藏地区的势力；另一方面，清政府继续采取怀柔羁縻之策，很多蒙古王公贵族自此纷纷归顺清朝。至此，青海蒙古渐趋于安定，而清政府也去除了青海地区的心腹大患。

总之，从乾隆前期对青海藏区社会的治理来看，除了在罗卜藏丹津事件后逐步实施一些防范措施，将青海地区紧紧掌控在自己的统辖范围之内外，应对郭罗克部落的抢劫活动是另一大重点。

---

① 顾祖成等编：《清实录藏族史料（一）·高宗实录》卷一一三，拉萨：西藏人民出版社，1982 年，第 403－404 页。

② 顾祖成等编：《清实录藏族史料（一）·高宗实录》卷一八五，拉萨：西藏人民出版社，1982 年，第 434－435 页。

③ 顾祖成等编：《清实录藏族史料（一）·高宗实录》卷一八九，拉萨：西藏人民出版社，1982 年，第 440－441 页。

(二) 乾隆中期的青海藏区社会状况

进入乾隆中期，清朝对青海的建制逐步规范化，如贵德县与大通县的建立，此时整个青海地区相对安定，因此开始裁撤部分地方官员。乾隆二十八年，因查原西宁府，除办事大臣外，尚有理藩院章京一员，笔帖式三员，转递青海蒙古报部事件，迎送藏内来使来京，承办玉树番子事件，不可无人。军机大臣请求仍留办事章京一，其笔帖式裁二。① 至乾隆三十二年，又谕："现今青海无甚事件，不必特设大臣办理事务，且该省又有总督，就近著交总督监管，甚属简便，不致掣肘。将驻扎青海办理番子事务大臣之缺裁汰，归于陕甘总督管理……"② 从进一步裁汰官员之事来看，平定了罗卜藏丹津叛乱之后，清朝对青海地区的治理已经卓有成效，青海形势渐趋于稳定。

经过清政府的悉心治理，青海地区出现了和以前相比少有的安定局面，就连令清政府特别头痛的郭罗克部落，其抢劫之事也渐少。然而，平静之下仍有波澜。如乾隆二十三年，蒙固勒津部落的乌尔津、策塔尔、扎乌土百户吹塔尔等，仍出现了"交纳马匹银两，至青海之伊玛图地方，为郭罗克贼匪劫夺……"③ 的情况。乾隆二十八年，钦差刑科给事中副都统衔七十五汇报，四川派一名官员集结了郭罗克百户等人与蒙古会盟清查此事。之后规定，若以后蒙古、郭罗克再发生抢劫事件，一定将为首的人严肃惩治，并认为已订立了惩治条款，往后可慢慢减少抢劫之事。然而这种治理并没有消除郭罗克的抢劫活动，乾隆二十九年十一月，青海办事大臣上报郭罗克又抢劫了附近的阿里克部落，抢劫中被守卫士兵截住，杀死了3人活捉20余人，并将其押解到西宁，请求正法一事。后又于乾隆三十年，贝子那木扎勒车凌等报，郭罗克潜进伊等游牧，肆行抢劫……④终此事交由川省大臣处置：一方面，于乾隆三十一年与青海厄鲁特王、公、扎萨克等会盟，会议将附近郭罗克居住之众扎萨克等内迁，归于别扎萨克游

---

① 顾祖成等编：《清实录藏族史料（三）·高宗实录》卷六八〇，拉萨：西藏人民出版社，1982年，第1304 – 1305页。

② 顾祖成等编：《清实录藏族史料（三）·高宗实录》卷七九四，拉萨：西藏人民出版社，1982年，第1365 – 1366页。

③ 顾祖成等编：《清实录藏族史料（三）·高宗实录》卷五七五，拉萨：西藏人民出版社，1982年，第1284页。

④ 顾祖成等编：《清实录藏族史料（三）·高宗实录》卷七四四，拉萨：西藏人民出版社，1982年，第1339 – 1340页。

牧安置;① 另一方面，此事交松潘总兵德兴等，派员前往郭罗克部落，严查训饬②。尽管清政府想方设法在防范郭罗克抢劫，但至乾隆三十九年，郭罗克与噶布舒藏族部落杀死、打伤了青海蒙古王公礼塔尔属下之人，并抢劫了其牛马羊等财物。

从乾隆中期来看，清政府很注意对青海蒙古族的管辖和治理，也加紧了对青海藏区社会的治理，尤其对郭罗克抢劫活动的治理开始有条不紊，在其治理下，郭罗克的抢劫活动较前日渐减少。

（三）乾隆后期对青海藏区社会治理的逐步规范化

乾隆后期，清朝又开始在青海地区增加兵力。如乾隆四十六年，遵旨酌添陕甘兵额，改设将备事宜中，认为西宁地区事关边防（主要指西藏）安危，且该地区藏族、回族杂居，乃一多民族聚居区。因此，必须加强对此地防守队伍的派任，对此地多加关注，以发挥其重要的战略作用。基于此，认为应该在西宁镇增派 205 名守兵，一些重要的营堡，比如循化、大通、镇海、贵德、南川、巴燕戎格、碾伯等地应该增添兵力；另应在循化增添参将 1 名、中军守备 1 名、千把总务 1 名，额外外委 2 名；镇海增添游击 1 名，驻丹噶尔城，并将以前的千总改为中军；哈拉库图尔添千总 1 名，贵德添把总 1 名、额外外委 1 名；保安添把总 1 名。尽管总体上此时清朝对青海的管理有所放松，但仍旧很警惕青海的局势，所以有了本次增员的安排。清政府还加强了青海地区军事物资方面的准备。乾隆四十三年，陕甘总督李侍尧提出在西北添加炮位的建议，先调查了西北地区相关地点炮位的情况，得知登记炮位多，但能用者却很少，因此决定添补西北地区炮位，其中包括西宁地区炮及炮位的铸造及添补。之后下令若添补到位，在春秋两个季节加紧演习，同时操练演习劈山炮与枪手。清政府应该是提前预感到了一些事情，结果证明，此举真为有的放矢。这种在西北及西宁地区增兵设员及增强武装力量之行为，为乾隆朝后期平定西北回民新旧教派之争引起的事端以及打击廓尔喀对西藏的野心，起到了防范的作用。一旦事发，清军已准备就绪，并很快做出行动，为维护西藏、稳定西北起到了关键性的作用。

---

① 顾祖成等编:《清实录藏族史料（三）·高宗实录》卷七六八，拉萨：西藏人民出版社，1982 年，第 1350 – 1353 页。

② 顾祖成等编:《清实录藏族史料（三）·高宗实录》卷七六九，拉萨：西藏人民出版社，1982 年，第 1353 – 1354 页。

在青海藏区方面，清朝一方面致力于处理蒙藏部落之间因抢劫、草场纠纷等引起的矛盾。乾隆四十年，（青海蒙古）扎萨克公礼塔尔出猎遇贼被害。后经严查，知为郭罗克番民所杀。乾隆四十一年九月，清政府令土司玛克苏尔衮布捉拿凶犯，但因凶犯逃匿，一直捉拿不到。乾隆四十二年，将该土司扣留至四川，土司因水土不服而亡。后土司之弟将凶犯、从犯缉获并正法，最后以凶犯、土司之命顶扎萨克公礼塔尔命而结束。就此事之始末而言，土司玛克苏尔衮布在缉拿凶犯的问题上，态度比较暧昧，有包庇本族凶犯之意，清朝官员察觉到此事后立即采取强硬手段扣押土司，最终此事得到妥善处理。这种处理方法，一方面平息了此次杀人事件，杜绝其升级为蒙藏之间的民族矛盾；另一方面也对郭罗克其他土司产生了震慑作用。乾隆四十七年，又出现青海蒙古被番子抢掳牲畜案。乾隆五十六年，循化番众纠伙抢掳青海扎萨克台吉沙喇布提理游牧牲畜。沙喇布提理带兵前往拒敌，中枪身毙，将"贼番"掳去马匹夺回，贼众溃散，随尾至贵德番地，访得"贼番"姓名，已饬属指名缉拿，严办示惩等语。经调查得知，因掳掠青海蒙古牲畜，致伤人命，尚非有心戕害，然而此等事情不能姑息。因此向郎杆番目都拉等，访得"贼番"姓名，务须尽数拿获，严加惩办，以昭炯戒，毋使一人漏网。另外，注重对藏族部落间因抢劫、草场纠纷引起的矛盾的处理。如乾隆五十年郭罗克窃掠阿里克牲畜，终不分首从，处斩四名罪犯，奖励在捉拿罪犯时有立功表现的参将李天贵以及有关土司。乾隆五十二年，拿获抢掠阿里克的郭罗克人两名，后从二人处查知所有参与抢劫之人。另乾隆五十六年，尼雅木错部落被郭罗克番子抢去牛三千四百只，羊三千五百五十只，并抢去马匹、军器械等物，派参游大员酌带若干兵目，前往郭罗克地方，传集土司头人，严行查拿等。

整个乾隆后期，在青海地区增兵尽管主要是为了防范西藏的廓尔喀入侵与镇压苏四十三起义，但随着此时清朝在西宁军事力量的加强，在一定程度上对青海藏区社会形成一种威慑。也正因如此，在处理蒙藏及藏族部落之间的争端问题上，乾隆朝后期在政策手段等方面显得游刃有余，对青海藏区社会的治理日益显得有条不紊。

二、乾隆时期对青海藏区社会的治理政策及策略探讨

乾隆十年，清政府派人去查玉树户口；乾隆十一年，清政府清查了西

宁府、碾伯县、大通卫、贵德所、玉树之户口，[①] 从而开始采取较为细致的措施进行治理，进而基本掌控了青海地区。[②] 此时的青海藏区社会，尽管也有因清政府相关政策与规定的实施而引发的一些矛盾，但基本处于稳定发展时期。纵观清代乾隆朝前、中、后期对青海藏区社会的治理，有以下一些措施与特点：

（一）政治方面以处理好蒙藏关系及藏区社会部落之间的冲突为主

第一，继续清朝康雍年间在青海地区实行的土司制度下千百户的设立，且赏罚分明，以加紧对青海藏区社会的治理和控制。如乾隆六年，针对郭罗克部落，遵旨商办设置土司事宜，最后决定，裁撤"庸懦无能""素行奸狡"的上郭罗克土户，在这两个地方又分设多名土司，发给他们土百户的牌子；另外挑选一些向化、有功之人，命其为副土司，协助土司管理本部落。乾隆十年，西宁番族内百长都被赏戴金顶，照佐杂例。还于乾隆五十六年在处理完有循化番众参与的抢劫蒙古牛羊事宜后，下令在"生番"内也考虑设立千百户、乡约等进行管理。

另外，在青海藏区社会，我们还应关注"僧职土司""僧职千百户"。在今天的青海果洛藏族中有俗语"山顶之上是日月，土官之上是活佛"[③]。可见，活佛的位置在土官之上，即活佛、土官（襄佐、千百户等）。究其原因，在藏族人心目中，佛是大于一切的。"这种以活佛、法台或堪布、僧官（都纲）为主，兼理附属部落、村寨属民的'政教合一'制"[④]，即为学者们所言之"僧职土司"[⑤]。青海藏族聚居区的僧职土司，按清代所封官员的品级来讲，其实并非土司，而大多是在土司下所设之千百户，且百户居多。罗卜藏丹津事件后，清政府规定：每千家委一"千户"，每百家委一"百户"，不足百户的委一"百长"或"干保"。在青海藏族聚居区，基于藏族群众对藏传佛教的虔诚信仰，形成政教合一统治体系下的一种特殊现象，即土司制度下的千百户的设置，这种制度主要存在于青海之半农半牧区、牧业区之中，即"生番"和"野番"的生活区域之中。如在青海东南部的

① （清）杨应琚：《西宁府新志》卷十六《田赋·户口》，西宁：青海人民出版社，1988年，第405–411页。

② 杨卫：《论清代初期对青海藏族社会的治理》，《青海民族研究》2011年第3期。

③ 吴均：《论安木多地区的政教合一制度》，《青海民族学院学报》1982年第4期。

④ （清）智观巴·贡却乎丹巴绕吉著，吴均等译：《安多政教史》，兰州：甘肃民族出版社，1999年，第80页。

⑤ 王继光：《安多藏区僧职土司初探》，《西北民族研究》1994年第1期。

隆务藏族，以设置土司制度下的囊所为主。"隆务寺①首任国师罗哲森格之父隆钦多代本在元末时期就被称为昂锁，管理热贡十二族，他的后裔代代承袭昂锁之职。"② 隆务十二族由隆务囊所府直接管辖，而隆务囊所又受隆务寺夏日仓活佛管辖。囊所下有千百户，千百户下设置与其他地方相同。另据记载，隆务地区还有一种"完加"制度。③ 此制度也属于一种政教合一的制度，完加"拿铃铛便是佛，不拿铃铛便是官"，在缺少部落头人的状况下，完加成为部落的统辖者。完加下设格贵、翁则。部落内的一切诉讼事宜，都由完加会议决定。此会议可处理隆务藏族部落内部事务，亦可处理隆务寺管辖下各寺院之内部事务。其统治阶级为完加、各种僧职人员（法台、襄佐、堪布、格西、格贵、翁则），被统治阶级为一般僧人、部落民众。僧职千百户的相关权利及规定与土司制度下的规定是相同的，如年羹尧提出的《十三条》所载："其一、奏称青海各部落人等，宜分别功罪，以加赏罚也。"④ 也就是说，在千百户职务的任免上，按其功劳或过失进行升职或降职。关于传承，正如学者所说，"安多地区的僧职土司（格鲁派）同俗界土司一样，最基本的特征还是家族世袭制。不过，鉴于宗教的戒律，僧人出家，不得婚娶，无子可传，其承袭关系是叔侄相传"⑤。格鲁派僧职土司的职务由其家族子弟承袭，其他允许结婚的教派可由嫡长子承袭。雍正二年，罗卜藏丹津事件后，清朝对藏传佛教进行了整顿，但因藏族人对藏传佛教的虔诚信仰，尽管相关规定对僧职千百户进行了诸多限制，但其实因在藏族人心中佛大于一切，所以藏族民众还是心甘情愿接受其统治，故僧职千百户仍旧在其属民中行使着一些特殊权力，但已经不像以前一样属于自治性质的政治实体了。笔者以为，清代青海藏族聚居区的僧职千百户可分为两种，其一为集宗教、政权于一身，即集活佛、襄佐（或囊所）于一身的；其二为同一家族的两个人（或为兄弟，或为叔侄），一位执掌本部落的政权（即襄佐，或千户、百户），另一位为当地寺院的活佛，二者因本家族的共同利益，在所有事情中都能达成一致。其中后面一种形式在青

---

① 隆务寺，在青海省黄南藏族自治州同仁县隆务镇。寺滨隆务河东岸。寺内原有大经堂一所，气势雄伟，系明天启二年（1622）建，上悬"西域胜境"匾额一方。早在同仁县建置以前，该处即为甘青各民族互市之所。

② 崔永红：《土司与土官》，西宁：青海人民出版社，2004 年。

③ 《黄南藏族自治州概况》编写组、《黄南藏族自治州概况》修订本编写组编：《黄南藏族自治州概况》，北京：民族出版社，2009 年，第 81 - 85 页。

④ 顾祖成等编：《清实录藏族史料（一）·世宗实录》卷二十，拉萨：西藏人民出版社，1982 年，第 295 - 299 页。

⑤ 王继光：《安多藏区僧职土司初探》，《西北民族研究》1994 年第 1 期。

海藏族部落中出现得较多，可以说，清代在"生番"和"野番"部落中，大都实行后一种形式。尤其是青海的藏族部落，往往以同一家族为主体在一起游牧，故而僧职千百户多出自部落之中的主体家族内。这种情况再加上政府的扶持以及对藏传佛教的虔诚信仰，下层民众毫无怨言地接受其役使。所以，受政府控制的僧职千百户，在一定程度上帮助政府为维护青海地区的安定、团结作出了较大贡献。这样一来，自雍正年间在全国范围内已经逐步实行"改土归流"之策，但在青海藏区社会仍旧推行土司制度。当然这主要是因为青海地域辽阔，而游牧民族逐水草而居，不便政府直接管理；另因青海藏区社会与西藏联系特别紧密，故清朝继续采取此具有羁縻性质的土司制度，"以夷制夷"，加强对青海藏区社会的治理和控制。

第二，在处理有可能引起蒙藏矛盾的事务上，下了很大功夫。具体表现在：严惩罪犯，奖励立功者。乾隆前期，在青海蒙古牲畜被抢之事上，清朝以为"青海游牧，屡经番子抢掳，实因蒙古等懦怯无能所致。著传谕该督：只须严饬所属，选派熟番，上紧缉拿务获，毋致正犯远飏，以示惩儆。将此并谕令留保住知之，令其晓谕众蒙古等，各自防守边界，毋致被贼番抢劫，徒恃地方官为之缉贼可也"[1]。一方面派"熟番"首领去清查此事；另一方面要求青海蒙古族必须要自己保护自己，不能只依靠地方官。早在乾隆四十四年，扎萨克台吉罗布藏丹津率蒙古兵俘获前来偷盗牲畜的郭罗克番，并告知郭罗克头目，"务须管教所属番人，止许在伊本境打牲，如敢潜越蒙古地界，犯有抢劫伤人之事，必严拿就获，立即正法。即无偷窃之案，但经越界潜往者，一经拿获，均照此发往烟瘴，不稍宽贷"[2]。由此可知，此时在青海地区已经发生了蒙藏为争夺游牧地而产生的纠纷，这些事已经引起了清朝的重视。至乾隆五十六年三月乙亥，勒保又上奏折，折中说：又拿获上次偷盗蒙古牲畜的贼人，事隔一年之久，说明该督并不督饬所属，认真迅速查拿，殊属延玩。勒保著传旨申饬，至多尔吉沙木、格笼棍布，系伙同林沁，在蒙古地方抢夺牲畜之犯，必须饬属严缉务获，毋使远飏漏网。况格笼棍布，自系喇嘛，随同抢劫，尤属可恶，拿获后更当从重办理。在折内所称索诺本，并非番语，想系索诺木之讹。该督庸劣

---

① 《清实录（二三）·高宗纯皇帝实录（一五）》卷一一六一，北京：中华书局，1986年，第553页。

② 《清实录（二二）·高宗纯皇帝实录（一四）》卷一〇七九，北京：中华书局，1986年，第498页。

幕友，不谙番语，将木字误填一画，以致错误。① 抢劫蒙古牲畜之事并未草草罢休，勒保很负责地继续细查此事，终于乾隆五十六年三月查知，这次抢劫之事，有贵德番民参与。"贵德番民，胆敢纠众伤人，劫夺牲畜，其情甚为可恶。今将拿获之叶噶、丹律、垂布藏等正法。但此案内垂布藏、阿都均系青海郡王所属蒙古，而反哄诱番民，劫掳牛只，更属可恶。青海蒙古平素不能自顾牲畜，又不谨防卡座，一经被掳，即凭报官办理，实属恶习，前已屡经晓示。今反哄诱番民，劫掳本处牲畜，其情尤可痛恨，若不严行禁止，成何事体。著传谕奎舒，将未获之蒙古阿都等，严行查拿，审明从重治罪。"②

针对乾隆五十六年循化番众参与抢劫蒙古之事，清朝认为"西宁办事大臣仅管辖青海蒙古番众，其附近蒙古地方之贵德、循化等处，亦应归西宁办事大臣兼管，如遇有行窃事件，缉办较易。而循化旧设有同知一员，贵德仅设有县丞一员，贵德地方亦应照循化改设同知管辖。著交勒保、奎舒将附近西宁地方番众，应如何归并钦差大臣管辖，贵德地方应如何改设同知之处，会同妥议具奏。至纳罕达尔济，拿获循化所属沙布隆部落番夷罗扎克布沙木等三人，既无行窃，复不匿盗，俱行指名举出，尚知法禁。如将伊等过事穷鞫，番众闻之，恐嗣后再遇此等事件，反至互相隐匿。奎舒用心过当，欲求详尽，反失机宜，此其不晓事体也。将此传谕奎舒外，并交勒保，俟罗扎克布沙木等，解到兰州时，只须问明情由，安慰赏赐，遣回游牧，该卡管辖不善之梅楞旺沁革退，兵丁责惩，沙喇布提理赏给银两之外，著照奎舒所奏办理"③。在大臣向乾隆帝提出解决问题的建议之后，乾隆帝很快作出回应，贵德照循化改设同知管辖番夷之处并赏给循化贵德番众内的百户夷目五六品顶戴，对其中捕盗奋勉出众者，酌量奏请赏戴蓝翎，这些百户夷目都交由西宁办事大臣差遣。自乾隆五十六年九月，贵德、循化两地"生熟番"由以前甘肃行省管辖均改归西宁办事大臣管辖。同时还规定：嗣后番地应纳番粮，及与汉民交涉命盗案件，仍归循化、贵德文员照例办理，由该上司核转会同题咨完结。其番子抢掠蒙古之案，经由西宁办事大臣就近缉拿。同时，对"熟番""生番"内的设置做了探讨，即

---

① 《清实录（二六）·高宗纯皇帝实录（一八）》卷一三七四，北京：中华书局，1986 年，第 437 页。

② 顾祖成等编：《清实录藏族史料（七）·高宗实录》卷一三七四，拉萨：西藏人民出版社，1982 年，第 3249 页。

③ 顾祖成等编：《清实录藏族史料（七）·高宗实录》卷一三八二，拉萨：西藏人民出版社，1982 年，第 3252 - 3253 页。

"熟番"中已有千百户、乡约等设置，并由其对该地进行管控，然而"生番"中并没有这种设置，具体由青海官员继续商议。另外，对缉拿罪犯、办事得力的千百户，让官员上报并赏其戴蓝翎的奖励。而以后青海蒙古面对抢劫却不抵抗，事后指认为外地藏族部落抢劫请求缉拿抢劫者的，一概不予办理。对于较大案情的处理，需要官兵增援的，西宁镇总兵与西宁办事大臣共同商议决定。① 从此，除"熟番"外，"生番"地区也逐渐纳入清朝的统辖与治理之下。

此外，设立关卡、建立营堡，增派兵丁，严格管理蒙藏部落。乾隆三年，兵部议准大学士管川陕总督事查郎阿奏折，决定在西宁府属碾伯县属之摆羊戎、扎什巴、甘都堂、其亦杂石庄等处，分别派官兵驻扎；贵德所分隶之处清水河以北属贵德，改隶西宁；丹噶尔营筑一小堡，归丹噶尔参将统辖，等等。从乾隆前期在青海所设置的关卡、营堡来看，清朝甘肃的官员对青海地区的情况掌握得非常准确，正因为这些设置，使青海地区避免了很多节外生枝的事情。至乾隆四十八年三月乙未，青海办事大臣留保住奏：黄河以内扎萨克等游牧，自东南至沿边迤北那兰萨兰地方，与郭密等番子接壤，去年因黄河结冰处较多，将黄河以内二十五年扎萨克游牧，防范官兵二千名，令专管之王索诺木多尔济等督率设卡防守。兹据索诺木多尔济等至西宁呈报：上年设卡以来，并无窃发之盗，于我等甚为有益，因公议于喀巴克等五卡，每卡安兵五十名。自本年二月起，四月一次轮换，至十月间冻结时，再于此五卡各添兵五十名，协同防守，二月冰开，撤回五十名，以五十名驻防。伏思青海蒙古，安居无事，渐至玩愒，历奉训谕，颇知愧勉，今以兵二千名守卡，应如所请。② 乾隆五十一年七月己未，据普福奏：遵旨于青海之阿什干等地，应设五卡之处，于会盟之便，亲行查阅，并将此晓谕索诺木多尔济等，索诺木多尔济等心悦诚服。③ 同年，西藏办事大臣普福的上书中说，为了防止青海地区贵德、循化等地藏族部落渡河抢劫蒙古部落而设立的黄河北岸奎屯、西哩克等 5 个关卡，都交付于蒙古纳罕达尔济等五旗共同驻守。乾隆五十九年三月甲寅，防范郭罗克"番子"等驻守卡座官兵，应行更换……著传谕特克慎，嗣后每年更换兵丁时，或春

---

① 顾祖成等编：《清实录藏族史料（七）·高宗实录》卷一三八六，拉萨：西藏人民出版社，1982 年，第 3270－3271 页。

② 《清实录（二三）·高宗纯皇帝实录（一五）》卷一一七六，北京：中华书局，1986 年，第 762 页。

③ 《清实录（二四）·高宗纯皇帝实录（一六）》卷一二五九，北京：中华书局，1986 年，第 927 页。

或秋，亲往查勘一次。又称撤回添设防范郭密等处番人卡座兵丁，所奏亦不明晰。此项卡座，于冰冻后添设兵丁，原专为防范郭密番人等偷渡窃掠，但冰融后或亦不免有偷渡盗窃等事，须不时查巡。著传谕特克慎，此项兵丁，即冰融后，亦无庸撤回。① 不久，特克慎奏：郭密地方所有卡座，请俟冰化时停其安设，并抽撤续添兵丁，仍令西宁驻扎大臣，每年清查一次等语。黑河外岸设有卡座，原以杜众番冰冻偷渡，第伊等出没无常，即冰融时，岂不能乘筏而济，况将兵丁抽撤，必致匪窃更多……奎舒前往该处驻扎数年，情形自所熟悉，著将各卡座防范何处部落及驻扎大臣巡查，有无裨益之处，详细具奏。经奎舒详细查知，黄河外的关卡，是为防止贵德、循化藏族部落抢劫蒙古部落而设；而黄河内的关卡，是为防范郭罗克的抢劫而设。内设有 5 个关卡，应该在河面结冰时再派 50 名巡视兵丁，来防止郭密藏族部落的渡河抢劫。在河面解冻后仍旧派兵驻守，以便保护蒙古部落日常生活不受抢劫者扰乱。同时，在西宁派驻大臣，于会盟及巡视检查之际，对 5 个关卡再清查一次，以减轻蒙古部落负担，震慑附近藏族部落。乾隆后期所设置的关卡、营堡，主要产生了两个作用：其一，防止蒙藏之间的接触，一方面防止抢劫事件的屡次发生，另一方面也为了防范蒙藏之间有过多联系，以免酿成与罗卜藏丹津叛乱相类似的恶性事件。其二，还防范因新旧教派之争而引起的事端以及防范西藏边界线外的廓尔喀对西藏的觊觎。

第三，在处理郭罗克部落对周边部落的抢劫活动时，所采取的力度也比较大。如乾隆前期，因郭罗克部落对西宁、玉树藏族部落的抢劫活动，于乾隆九年，大学士鄂尔泰等议奏"川陕总督公庆复奏郭罗克善后事宜"，规定："一、各地有荒地可耕，而水草可以孳生羊马……一、各寨穷番三百一十九户，其中有牛、籽无资者，酌量借给。一、打牲立以期限……一、大兵虽撤，而要口均应稽查……一、越境抢夺，已照盗一赔二，立结在案……一、番民竞争之事，随时剖晰……一、上、中、下三郭罗克事务，请将输诚悔过、擒贼自效之土目丹增、甲喀蚌、革亚主持办理……一、土目宗族子侄，若有为匪犯法，而土目知情故纵，一体坐罪……"② 又如乾隆五十二年，阿里克部落被抢劫之后，传谕严饬该土司，实力查拿，务将逸

———————

① 《清实录（二七）·高宗纯皇帝实录（一九）》卷一四四九，北京：中华书局，1986 年，第 330－331 页。

② 顾祖成等编：《清实录藏族史料（一）·高宗实录》卷二一七，拉萨：西藏人民出版社，1982 年，第 463－465 页。

犯拿获，迅速报解，从重办理，俾番众共知儆畏。如此等事，总应以严为主，不可姑息示弱。后郭罗克土司土目等禀称，番民穷困，见卡座之外，有牧放马匹，遂肆行抢掠。请饬阿里克等，令其约束所属，不得过卡游牧牲畜，免致生事。面对抢劫活动，清政府决定严查，于乾隆五十三年派官员调查处理，得知：郭罗克有上、中、下三地土司，目前这三人已经保证族内再无抢劫者，且向清政府保证，以后一定严格要求部落之人，绝不再去抢劫阿里克部落。这表现出三位土司畏惧王法、极力向化的一面。对此，官兵已准备撤回。而对于郭罗克三地，官兵也已督促三地土司继续追查逃走的抢劫者，并不定时派人去进行验证、探访，一旦逃跑者回来，必须立即抓捕，且从重处罚。乾隆帝认为，到第二年春天再派兵去捉拿逃犯，因为无论如何不可能有半年时间不回家的人。本次花大力气抓捕逃犯主要想让土司知道害怕，意在督促其抓捕更多逃亡的抢劫者。在严查中，派兵前往以示震慑，并要求当地土司倾尽全力配合捉拿逃犯。再如乾隆五十六年，玉树地区的尼雅木错部落被抢，对于这次抢劫，乾隆帝除传谕鄂辉等人严缉务获外，"朕思从前郭罗克劫掳西宁番众，而甘肃番众，复行劫掳青海蒙古，此皆由青海蒙古番民素性懦弱，不能自古游牧，以致数次被掳，及被掳后，又不能自行追捕，惟凭报官代缉，已属恶习，且难免有捏报数目情事。著传谕奎舒，将去岁被劫实在数目，查明覆奏。仍著晓谕该番民等，数年以来，或甘肃番民劫掳青海蒙古，或郭罗克番民劫掳西宁番众，代缉纷纷，其甚无谓，嗣后如有不自行防范，至被劫掳，而又图利捏报，则断不为办理。如此晓谕，庶伊等各知儆惧，加意防范，而被劫之事自鲜矣"①。政府官员在处理抢劫活动中发现，欲除抢劫，还需被抢劫者自强，不能只汇报政府、靠政府处理，所以要求蒙古自己加强防范。关于郭罗克抢劫一事，我们需要明白，抢劫是游牧经济中收入来源的一部分。尤其在郭罗克地方，地理、气候环境恶劣，物产奇缺，藏人物质生活及其他资源非常匮乏，为了生存下去，抢劫物资也是其生活手段之一。

第四，通过会盟等方式，加强对蒙藏部落的治理。乾隆二年，规定玉树每两年差章京一员、守备一员，带绿旗兵二十名、蒙古兵五十名在结古会盟一次；② 另如乾隆七年，西宁办事员外郎高亮称居住于木鲁乌苏地方，受西宁管辖的多伦、鄂托克、古察等部落，因民风粗犷，互相不服，故而

---

① 顾祖成等编：《清实录藏族史料（七）·高宗实录》卷一三七四，拉萨：西藏人民出版社，1982年，第3247－3249页。

② 周希武：《玉树调查记》，西宁：青海人民出版社，1986年，第68页。

长年争斗不息，尤其所处地域广袤，没有城池设置，很难管理。基于此，应每年派章京、守备各一员，前往该地组织这些部落会盟一次，将有利于管理、稽查该地状况。会盟表面上是将不易集中管理之各游牧部落首领聚集在一起商讨族内事务，其实是清政府借会盟名义了解与掌握各部落内情。

第五，在对青海藏区社会的治理中，到乾隆后期，随着了解的逐渐加深，清朝将其分为"生番""熟番"，并因此采用不同的治理方法。如乾隆五十三年，钦差协办大学士陕甘总督办理将军事务公福康安奏"熟番"募补屯丁事宜，其中对"全熟番"聚居地的93社，规定可挑选壮丁4 000名，将其分为大屯4处，小屯8处，分别安置400人、300人来防护本屯。人数较少的社，几个合并归入大社。设立屯的地方，依照地势及社的多少，与官兵时常联系，以防不测；屯弁的设置，依照四川分为南北两路，设屯千总2名，为各社之首，下设屯把总4名，分别驻守各屯。每屯又设屯外委员1名，其人选以在社头目中因办事得力、有威望者为主，由屯把总选任，上报给督抚批准并存档；对社内未开垦也未登记入册的8 800余甲土地，拨给屯丁每人2甲，外委每人3甲，把总每人5甲，千总每人10甲，由其自行耕种，并免收租税；因地界混淆，经详细测量后得知，已开垦土地有一万一千二百甲以内。有些内地之民买社地耕种，向社人交租者，按照同安县下沙科则之例，按亩交粮，并免其输粟。而集集埔、虎仔坑、三貂、琅峤等地方，内地人私垦土地的较多，也让其"一例升科"。通过本次清查，"立石定界"，以后永不能偷越地界开垦土地；屯丁使用的器械，上报给总兵，加上印烙后发放，每年巡察时清点一次；在社内挑补兵丁，将其一切徭役，概面承应。从以上规定来看，清朝对于"熟番"的治理已经与周围汉族无异。而对于"生番"的治理，乾隆五十六年，军机大臣认为，把蒙古聚地边界的藏族部落划归到西宁办事大臣的管辖之下，并应该在"生番"中设置千户、百户、头目，由其进行管束。另外，对于居住在循化、贵德的"生番"，因其居地在深山之中，让其就附近水草游牧。另因其语言与内地不通，他们也从不愿入城见官员。基于此，传令他们见官肯定避而不见；若官员做主为他们选择，他们又会生出种种疑惑，导致惊慌失措。故应在此地设置头目，让其在此安居，让地方官慢慢对其进行教化，等到一定时候，从他们中找出大家都信服、拥护的人，封其为千百户等职衔，由千百户等进行管理。对于"生番"，清朝官员们认识到还需要慢慢引导，逐步让其更为归化，然后再封其首领、头人为千百户的基础上，让千百户管理本族，逐步让其归附，最终成为"熟番"。

（二）经济方面以扶持为主

青海地区因其特殊的高原气候、地理地貌环境等因素，无论农业还是畜牧业，尤其是藏区社会的主业畜牧业，遭受的自然灾害比较多。[①] 故从乾隆元年开始，政府就在尽力减免相关赋税。如乾隆帝因感到甘肃百姓连年承办军需，后因缺雨闹旱灾，决定让甘肃督抚抚绥人民，除发米谷外，所借口粮种子全都免除，并警告不许官员中饱私囊。同时，还降旨全数豁免甘肃全部应征钱粮，并对受灾群众加以赈恤，毋致失所；减免甘肃在雍正十二年以前的所欠钱粮，雍正十三年未收完之钱粮均减免五分。乾隆时期，青海地区是自然灾害多发地带，藏区社会也因此而备受清朝照顾，很多时候赋役全免。如乾隆四年，免甘肃碾伯县乾隆三年虫灾额赋十分之二；下川口堡极贫民加赈三月，次贫民加赈一月；凡受水雹之州县，无论成灾与否，全免乾隆四年应征地丁钱粮。乾隆六年，赈济碾伯等十四州县受雹灾水灾贫民。乾隆十年，免去西宁属之玉树等族的马贡银两，等等。在整个乾隆朝，这种因自然灾害减免青海藏区社会赋税、赈济贫民之策，不胜枚举。

另外，清政府还积极支持新农产品品种在大通县农业生产中的种植和新农具的推广，以加强当地农业经济的发展。如乾隆二年，"宽免甘肃大通协永安营兵丁试种无成应赔籽种农器银一百七十两有奇"[②]。

此外，鼓励"熟番"开垦耕地，还鼓励"生番"也在条件允许的地理环境下进行农耕。如乾隆六年记载，归德所康、杨、李三宅屯民，于雍正十三年开垦水地八顷三十七亩有奇；乾隆八年，大通卫因有水旱均可耕种之田地，故照民垦种；而碾伯之摆羊戎地方，因垦户三百余家无法全都居住在城中，同意其中一些人去城外垦殖，并在城外建筑土堡居住；囊思多沟的耕地也被开发；乾隆八年，又开垦上、中郭罗克地方之耕地，约计可播籽种二百零五石，且此地畜牧业易孳生，但因人穷，使此地三百二十一户各行担保，借牛本籽种，等等。这些奖励农耕、畜牧之法，一方面开发了青海地区，另一方面也使青海地区的农业、畜牧业经济繁荣发展。

（三）文化教育方面的鼓励与照顾

因青海地区地处边远，文化教育方面和内地相比一直处于比较落后的

---

① 杨卫：《清末民初玉树地区经济问题研究》，《青海民族大学学报》2012年第2期。
② 《清实录（九）·高宗纯皇帝实录（一）》卷五九，北京：中华书局，1986年，第953页。

状态，青海藏区社会在文化教育方面更甚。乾隆十二年，佥事杨应琚、知府刘弘绪、千总彭缊在贵德创立义学。① 到乾隆六十年，由陕甘总督勒保奏称"西宁府属贵德厅专立学校各事宜"，其内容主要如下：第一，拨款建造西宁文庙与泮池于空闲地方。第二，拨库饷制造祭祀用器具。第三，让官员颁发书籍，并让入京官员领回书籍。第四，应有专门的祭祀款项，并查知循化厅学，每年有春秋祭祀银 45 两，此项以后保留。第五，因贵德处于大山之中，且此地民情民风彪悍，训导在现任内调补，但要依照循化厅案例，五年期满后申报续用。另设攒典 1 名，服务期满再行考核。第六，关于条记，由部颁发。西宁府裁下之训导继续用原西宁府儒学印记，仍留教授管理权，并请给贵德厅颁发条记。第七，学生数应商议决定。循化厅照例设学生人数，以前学生籍贯为贵德者，现归贵德学管理。第八，廪增应额设。廪增人员主要用于保障考生赴考。第九，继续设门斗斋夫。第十，廪出饩粮应该继续保证供给。通过以上扶持教育之举，发展西宁、大通、贵德的教育。

（四）在宗教信仰上继续扶持藏传佛教格鲁派

在治理青海时，清政府已认识到藏传佛教信仰对青海蒙藏部落的重要性，故非常重视并关注藏传佛教的发展状况。乾隆四十三年，"据绰斯甲布及布拉克底、巴旺等土司禀称，该土司地方，俱兴建喇嘛庙，学改黄教。又巴旺土司，将幼子二人送广法寺学习经典"②，积极支持藏族对藏传佛教的虔诚信仰。乾隆四十四年，受章嘉呼图克图的游说，班禅将从西藏来京，清政府安排一路行程。另外，清政府还特别关心活佛转世。乾隆四十八年，东科尔呼图克图圆寂后，出现了 2 名转世灵童，一在四川，一在今西宁陇窝（当指今黄南藏族自治州政府所在地隆务镇）。然而孰真孰不真却各有说法。班禅额尔德尼见过四川的转世灵童，认为这是真的；但青海所出转世灵童，能认出前世所用过的经卷、铃杵等法器，而且能叫出其各位徒弟的名字，并被迎到寺中坐床，目前已赴藏学习。面对争论，清政府很谨慎，便传令章嘉呼图克图去查明真相。

除以上外，还表彰奖励有贡献的宗教界人士。如乾隆五十一年，章嘉

---

① 姚钧：《贵德县志稿》，张新羽主编：《中国西藏及甘青川边方志汇编》，北京：学苑出版社，2002 年，第 132 页。

② 顾祖成等编：《清实录藏族史料（六）·高宗实录》卷一〇六七，拉萨：西藏人民出版社，1982 年，第 2917—2918 页。

呼图克图圆寂后，清政府认为其"掌印多年，阐扬黄教，安抚众心，留心经律"。故决定为其建造一座金塔，供于镇海寺之中，并给前藏地区布施银两一千两，后藏地区五百两，作为熬茶诵经费用。之后，又非常关心章嘉呼图克图灵童转世问题，如于乾隆五十五年，"前世章嘉呼图克图，久居京师，广阐黄教，现今呼毕勒罕出世，闻其秉质聪敏……兹闻出痘妥顺，朕心欣悦，特派乾清门侍卫佛儿卿额，驰驿前赴西宁，赍朕常佩护身吉祥佛一尊，并御用珍珠记年琥珀数珠一串，表一枚，大荷包一对，小荷包四个，赏与呼毕勒罕，作为贺仪，仍将呼毕勒罕出痘妥善之处，晓示噶尔丹锡呼图禅师，通谕诸喇嘛等，俾共欢悦。际此喜庆，不惟嵩祝寺应唪经卷，即各处寺庙，亦宜均为唪诵"①。重视高僧大德圆寂的善后事宜，大力嘉奖其功德，这在一定层面上进一步促进并确定了格鲁派在藏传佛教中的主导地位。

对于赴藏朝拜达赖喇嘛之蒙藏人，从最初"须入觐后，始可赴藏……且朕深悉黄教喇嘛，原有赴藏学艺之例，嗣后无论已经入觐与否，有欲赴藏者，照例给予路引……留保住、普福等，将此传谕达赖喇嘛，及青海游牧喇嘛蒙古等知之，以示朕广兴黄教至意"②，表露出清朝扶持藏传佛教格鲁派的意图，也反映出对青海蒙古王公等人去西藏的戒备心理。

奖励格鲁派领袖。乾隆五十九年，"果莽呼图克图，在副扎萨克达喇嘛任内，阐扬黄教多年，于署理达喇嘛事务，复能专心经典。今闻伊圆寂，朕心深为恻然。著派乾清门侍卫鄂勒哲图，带银二百两，大手帕一，小手帕二十，香二束，前往赏给布施。所遗副扎萨克达喇嘛缺，著锡呼图克图补授"③。尤其对维护祖国利益的格鲁派高僧大德们，在其转世或者圆寂后，标榜其功德，并给予丰厚的赏赐或厚葬等，清政府的这些举动进一步提高了格鲁派在藏传佛教各派系中的主导地位。

总之，从整个乾隆朝来看，主要是雍正朝罗卜藏丹津事件之后，在对青海及青海藏区社会的治理和控制过程中，具体实施雍正朝时所采取的各种策略和设想，即如果说雍正朝提出了治理青海及青海藏区社会的准则和方式的话，那么乾隆朝就是在践行这些措施，并在践行过程中，依据当地

---

① 顾祖成等编：《清实录藏族史料（七）·高宗实录》卷一三四八，拉萨：西藏人民出版社，1982年，第3227－3228页。

② 《清实录（二四）·高宗纯皇帝实录（一六）》卷一二六五，北京：中华书局，1986年，第1043页。

③ 顾祖成等编：《清实录藏族史料（六）·高宗实录》卷一四四五，拉萨：西藏人民出版社，1982年，第3050－3051页。

实情制定出了合适的政策和治理方法，从而将青海及青海藏区社会牢牢控制在自己管辖之下。尤其在政治方面所采取的一些措施及政策，尽管是以雍正时期处理罗卜藏丹津叛乱之后的《十三条》《十二事》以及《番例六十八条》为主，但在具体实施过程中，却没有以此为教条，而是以此为据或应用相关条款，最后达到了事半功倍之效。因此，我们认为，清代乾隆朝对青海的治理方略和政策是很成功的，其采取的相关措施、对策及方法值得研究者关注。

第五章
嘉、道朝对青海藏区社会治理的巩固

经过乾隆皇帝六十多年的悉心治理，全国局势渐趋稳定，但乾隆后期，国内局势又出现一些新的变化。而对于青海地区，在雍正时期经过平息罗卜藏丹津叛乱、防范准噶尔蒙古对青海的攻击之后，从法律方面，通过《十三条》《十二事》以及《番例六十八条》等依俗而治的条文的制定与出台及实施，清政府从厄鲁特蒙古手中逐步接手青海藏区社会治理的历史背景下，乾隆时期对青海地区的治理逐步细化、规范化。但在乾隆后期，清朝的社会矛盾开始激化，阶级斗争突出，整体而言，清朝的统治出现了危机。在整个清朝历史发展中，嘉庆、道光两朝属于清朝由盛至衰的过渡时期。盛，是因前承康乾盛世，嘉庆、道光延续了此盛世。但这两朝也延续了乾隆朝后期出现的国内外社会危机，并且此危机开始加剧，各种社会问题于此时爆发，从而引起阶级矛盾激化，如嘉庆元年（1796）出现了清朝历史上有名的川楚陕农民起义，嘉庆十八年（1813）爆发了北方天理教起义，道光四年（1824）发生了由张格尔领导的新疆回部反清起义，等等，清朝逐渐转衰。此处之转衰，并非指清朝发展到此时各方面倒退了，而是指在国际大背景下，清朝开始处于一种衰势，即相较西方资产阶级革命的完成与资本主义经济大发展，清朝远远落后导致处于衰势。同时，雪上加霜的是国内统治危机也开始呈现出来。此时，嘉庆、道光两朝在乾隆朝的基础上，稳固已有成果的同时，也进一步强化了对青海藏区社会的管辖与治理。

第一节　嘉庆时期青海藏区社会的状况

嘉庆四年（1799）正月，乾隆帝去世，嘉庆帝开始亲政。登上帝位的嘉庆帝，一开始就面临父辈后期统治遗留下来的一些问题，如始于嘉庆元年但还处于乾隆执政时的川楚陕白莲教起义，该教在当时被清政府称为邪教，其发展和影响越来越大，逐步向全国蔓延；嘉庆二年（1797），爆发了西南苗民起义；后来还于嘉庆十五年（1810）爆发了东南海疆的蔡牵起义；嘉庆十八年，北方爆发天理教起义。面对国内危机四伏的形势，嘉庆帝立即着手整饬内政，整肃纲纪，如处置了和珅等人。尽管嘉庆帝十分努力，可清政府的统治终究是"换汤不换药"，无法从根本上挽救于乾隆后期出现的各种社会矛盾激化带来的危机。总体而言，嘉庆时期是清朝由强盛到衰落的转折点，尽管其上承"励精图治、开疆拓宇、四征不庭、揆文奋武"的"康乾盛世"，却下启鸦片战争、甲午战争、八国联军入京而帝后出逃的"道咸衰世"。但在对青海地区蒙藏部落的治理方面，依靠前朝治理的作用和影响，开始逐步规范化并平稳过渡。

一、减免额赋，减轻青海地区蒙藏人民的负担

嘉庆帝未亲政前，年老的乾隆帝仍旧把持着朝政，对青海地区仍旧延续减免赋役等措施，以期安稳。乾隆帝于嘉庆元年二月，念甘肃西宁"地处边陲，著一体加恩将应征番民粮草全行蠲免，屯粮草束蠲免十分之三，俾边檄民番共臻乐利"[①]。十月，"免青海被雪成灾番户应征银三年"[②]。嘉庆帝于嘉庆四年亲政后，还是沿用乾隆时期的政策与策略，对青海地区轻徭薄赋，减免赋税。如嘉庆六年（1810）七月戊戌，"赈恤甘肃被旱灾民，并免西宁、碾伯、两当（等）四十四厅州县所属节年新旧额赋、草束有差"[③]。嘉庆七年（1802）三月，决定缓征甘肃西宁、碾伯等地本年春所征额赋。嘉庆十年（1805）五月，"给甘肃西宁、碾伯、大通（等）州县被水灾民口粮有差"[④]。闰六月，"缓征甘肃西宁、碾伯、大通、巴彦戎格（等）十四厅州县，水灾、旱灾新旧额赋"[⑤]。七月，因受水灾，供给甘肃西宁、碾伯、大通、巴燕戎格（等）七厅县的灾民口粮，以维护其正常生活。嘉庆十一年（1806）正月，因水灾、旱灾，决定先贷种籽、口粮给甘肃西宁、碾伯、大通、巴燕戎格等十三厅州县灾民。九月，"缓征甘肃西宁五县新旧额赋，并贷籽种、口粮"[⑥]。嘉庆十二年（1807）六月，免除了甘肃大通县藏族人因为被抢劫者滋扰，而于本年应纳之粮食及马贡银，并贷给其口粮维持生计。嘉庆十三年（1808）八月，免除了因洪涝灾害，被冲毁耕地六

---

① 顾祖成等编：《清实录藏族史料（八）·仁宗实录》卷二，拉萨：西藏人民出版社，1982年，第3642页。

② 顾祖成等编：《清实录藏族史料（八）·仁宗实录》卷一〇，拉萨：西藏人民出版社，1982年，第3645页。

③ 顾祖成等编：《清实录藏族史料（八）·仁宗实录》卷八五，拉萨：西藏人民出版社，1982年，第3663页。

④ 顾祖成等编：《清实录藏族史料（八）·仁宗实录》卷一三九，拉萨：西藏人民出版社，1982年，第3669页。

⑤ 顾祖成等编：《清实录藏族史料（八）·仁宗实录》卷一四六，拉萨：西藏人民出版社，1982年，第3697页。

⑥ 顾祖成等编：《清实录藏族史料（八）·仁宗实录》卷一六七，拉萨：西藏人民出版社，1982年，第3715页。

顷多的甘肃西宁、碾伯两县应上缴的额赋。嘉庆十三年八月庚子，"赈甘肃西宁、巴燕戎格、大通（等）十三厅州县，被水、被雹灾民，并缓征新旧额赋"①。嘉庆十四年（1809）正月壬戌，"展赈甘肃西宁、巴燕戎格（等）九厅县上年被水、被雹灾民"②。嘉庆二十一年（1816）春正月甲申，因上一年农业歉收，决定贷给甘肃西宁、碾伯、大通等二十五厅州县灾民种籽口粮。夏四月丙子，"贷甘肃西宁大通、碾伯（等）十五厅州县上年旱灾及歉收地方贫民口粮"③。九月戊申，因发生水、雹等自然灾害，决定缓征甘肃西宁等四州县灾民的新旧额赋及草束。十一月丙午朔，因雹、水等灾害，贷给甘肃西宁等十一州县灾民口粮，让其维持生计。嘉庆二十二年（1817）春正月，因上一年农业歉收，贷给甘肃大通等十九厅州县贫民籽种口粮。嘉庆二十三年（1818）九月乙卯，"缓征甘肃西宁、大通（等）四县，被旱被雹被水地亩本年额赋"④。通过以上减免额赋的措施，有效恢复了因罗卜藏丹津事件及之后苏四十三起义被破坏的青海地区的经济，减轻了人民的负担，有利于青海地区的稳定及发展。

二、整顿吏治

乾隆朝后期，国内政治腐败已显现出来，自嘉庆元年爆出和珅私压循化、贵德二厅"贼番"聚众千余抢夺达赖喇嘛商人一事开始，到嘉庆二十二年二月壬午，"谕内阁，和宁等奏查明西宁县私运仓粮，并捏报采买大概情形一折"⑤。对河州知州前任西宁县知县沈仁澍，与已革西宁县知县杨毓锦之间鏐辕交接不清一事做了处理。决定让和宁、帅承瀛提集该革员（沈仁澍），以及沈仁澍家人董幅及仓书人等，秉公严审明确案情，按照法律进行判定。另外，西宁道龙万育、知府锦明近日在同城，却并没有据实禀报此事，难免其二人不存包庇徇私之心，故将两人解任并归案审讯。先福与陈启文揭露杨毓锦隐匿仓粮，不行查究；沈仁澍侵冒银粮，龙万育徇隐不办，亦不据实严参，实属有心徇庇。先福著先行革去顶戴，交部严加议处，

① 顾祖成等编：《清实录藏族史料（八）·仁宗实录》卷二〇〇，拉萨：西藏人民出版社，1982年，第3745页。

② 顾祖成等编：《清实录藏族史料（八）·仁宗实录》卷二〇六，拉萨：西藏人民出版社，1982年，第3749页。

③ 顾祖成等编：《清实录藏族史料（八）·仁宗实录》卷三一八，拉萨：西藏人民出版社，1982年，第3797页。

④ 《清实录（三二）·仁宗睿皇帝实录（五）》卷三四七，北京：中华书局，1986年，第587页。

⑤ 《清实录（三二）·仁宗睿皇帝实录（五）》卷三二七，北京：中华书局，1986年，第311页。

即在兰州听候部议，所有陕甘总督印务，著和宁署理。嘉庆二十三年夏四月丙戌，"前任西宁办事大臣福克精阿以失察家人得赃，降六部郎中"①。家人奴仆贪婪受贿，殃及主人被处理。嘉庆二十三年六月壬辰，"谕军机大臣等，长龄奏审讯东科尔寺呈控前任贵德同知稽承裕，追出番族赔赃钱，不行给领"一案。② 七月壬子，谕内阁，长龄奏：西宁办事大臣纳尔松阿办理蒙古番子事务粗心轻率一折。③ 对于前任官员的失职，后任到位后或者派专员去调查，若事实清楚，确系违规失职，严肃处理。这体现出嘉庆朝政治腐败已出现端倪，国内统治危机逐渐出现。尤其在国际大背景下（工业革命已经完成，列强已兴盛），清朝政府此时已从各方面处于前所未有的劣势。

三、妥善处理蒙藏矛盾及藏族部落内部纠纷

（一）处理藏族部落对蒙古部落的抢劫活动

乾隆帝认识到青海地区地处边陲，兼辖民番，现在即有缉捕劫掠通事之"番贼"，员缺最为紧要，故于嘉庆元年二月乙巳，补鄂云布为甘肃西宁道，以备不测。之后出现西宁办事大臣策拔克处理青海郡王纳罕达尔济等五旗游牧被"生番"抢掠一事，嘉庆元年六月癸卯，"谕军机大臣等：据策拔克奏称：遵旨缮写札谕，遣囊苏喇嘛根敦扎木苏等赴索那克部落，晓谕那木沙木。伊甚属恐惧，不敢出见，遂将马牛赔还，交根敦扎木苏等带回。其刚察部落贼番林布等现已逃避，该部落番子亦甚惶悚，代为赔交马十匹，并称即将林布等拿获解送等语。生番等平日妄行劫夺，固属可恨，然一经接奉札谕即知畏惧，将抢去牲畜加倍赔交，尚属恭顺。如刚察部落番子等将在逃贼匪林布等拿获交出，尤为妥善。至此次止于抢夺通事，并未戕害人命。今既经赔赃，并将贼犯旺提卓特巴获案正法，已足彰宪典，想生番等亦不敢肆行抢劫矣。其故智复萌，再当酌派兵丁通加剿办。策拔克即晓谕该蒙古等，嗣后务当留心防守各卡，并不可任其属下人等惬怯疏忽也。将此并谕令宜绵知之"④。此次抢劫活动，在清朝的威慑下，抢劫者索那克

---

① 《清实录（三二）·仁宗睿皇帝实录（五）》卷三四一，北京：中华书局，1986 年，第 511 页。

② 《清实录（三二）·仁宗睿皇帝实录（五）》卷三四三，北京：中华书局，1986 年，第 545 页。

③ 《清实录（三二）·仁宗睿皇帝实录（五）》卷三四四，北京：中华书局，1986 年，第 555 页。

④ 顾祖成等编：《清实录藏族史料（八）·仁宗实录》卷六，拉萨：西藏人民出版社，1982 年，第 3644－3645 页。

部落、刚察部落将所抢牛马赔还，并在青海郡王的要求下，最后准其"移回尚那克旧游牧"。后来于嘉庆元年十二月丙子，西宁办事大臣策拔克奏："青海郡王纳罕达尔济等五旗游牧，因被生番抢掠，乞移回尚那克旧游牧。允之。"① 此事又引出了被和珅私驳的上年十月十七日奎舒所奏报循化、贵德二厅"贼番"聚众千余抢夺达赖喇嘛商人牛只，杀伤二命，在青海肆行抢掠一案。即嘉庆四年三月己卯，"又谕（军机大臣等）：奎舒奏去岁抢劫达赖喇嘛商人牛只伤人之为首之贼番那木喀经该部落献出，审明即行正法，并将拿获抢劫蒙古五次之贼番堪布沙木等，一并正法一折。生番等胆敢各处抢劫，殊属目无法纪。奎舒审明正法示众，所办甚是。塔斯迪叶部落之众番一见所遣番子喇嘛及熟番等执持谕帖即知畏惧，将贼首那木喀及所掳牛三百余只先行献出，并恳将其余牛只陆续交出，尚属恭顺。俟将牛只全行献出时，亦可不必深究，以此完案。惟奎舒等所遣番子喇嘛系属何名，熟番共有几人，并未声叙。著查明量加赏赐，以示鼓励。又另折奏称：将审明引路偷窃青海喇嘛沙喇布吹木丕勒羊只之蒙古贼人班第、丹怎，或依律拟绞，或拟斩决，请旨办理。殊属错秘谬。班第、丹怎听从绰霍尔班第之言，引路偷窃羊只，与造意行窃者大相悬殊，即依律载偷窃马匹至十匹以上之例拟绞，入于秋审情实，已足蔽辜。而奎舒奏称或拟斩决，请旨即行正法，则将来贼首绰霍尔班第擒获时，奎舒又如何定拟。奎舒乃办理该处事务之人，每事自应秉公断拟。如有不周之处，朕自降旨指示。似此易办之事，漫无定见，惮于费心，则各省所派大员所为何事耶？奎舒著传旨申饬"②。这次抢劫属于"生番"所为，在调查处理此事时，严查所参与"熟番"，并将其抢劫之物追回，相关不明事宜，要求于秋审之时，再作汇报处理。

对于藏族部落对蒙古部落的抢劫活动，嘉庆六年五月丙戌，"谕军机大臣：长麟奏：'筹议青海蒙古地方安设卡伦，诸多未便。'所见甚是。蒙古王公扎萨克本位中国藩卫，若以内地之兵转为外藩防守，不特于理不顺，亦于体制非宜。且以内地官兵前往蒙古地方安设卡伦，必须逾越番境，更属孤悬，鞭长莫及。傥安设卡伦之后，番子仍有劫夺等事，又将如何办理？长麟所论俱系确切情形，著将原折发交台布阅看，若能不烦内地官兵代为

---

① 顾祖成等编：《清实录藏族史料（八）·仁宗实录》卷一二，拉萨：西藏人民出版社，1982年，第3645页。

② 顾祖成等编：《清实录藏族史料（八）·仁宗实录》卷四一，拉萨：西藏人民出版社，1982年，第3648-3649页。

设卡防守，固属甚善。傥蒙古王公等知台布业经奏准，事难中止，亦须定以年限，断无常川在彼驻守之理。应俟大功告竣后，派令晓事大员酌带劲兵前往，于附近内地之处遥为声势。其蒙古边隘仍令蒙古自行安设卡伦，并明谕以一二年后即当撤回，俾蒙古知内地官兵不能常为防守，力图振作，转弱为强，庶番子不敢仍前抢掠。其如何设卡防守之处，并著台布悉心妥议具奏，俟奏到日再降谕旨。将此谕令知之"①。为了防范抢劫事件再发生，清政府就是否要派兵在青海蒙古地方设置卡伦作了权衡，认为设置卡伦一事，若不派内地兵力最好，要求蒙古自己力图振作，转弱为强，自己保护自己不受抢劫之苦。除此之外，还对迁入蒙古游牧地的藏族、汉族进行驱逐及管理，以防另生争端。如嘉庆六年八月丙午，"谕军机大臣等：台布奏：'在蒙古地方居住番族人等，一经官为驱逐，即已陆续搬出。'可见番族人等尚知畏法。惟纳汉达尔济境内有循化合儿族之亦洛合、瓜什济二庄人户，又察罕诺们汗境内有贵德熟番主古录族、揣咱族番众未搬。经台布诘讯，而纳汉达尔济等代为请恩，又令照旧游牧，殊属自相矛盾。前此蒙古王公扎萨克等以番族人等偷窃牲畜、占据帐房，恳求派兵驱逐。及内地大臣带兵到彼，番众即以陆续搬移，本可划清界址，为绥辑蒙古久远之计。今纳汉达尔济等转怜其穷苦，代番众等恳求赏给伊等沿边之地居住。姑如所请，准令亦洛合、瓜什济、揣咱、主古录四族居住卡外。应令纳汉达尔济等一体出具甘结，永保番众不再滋事。傥一二年后仍不安静，不但将四族尽行驱逐严办，亦必将纳汉达尔济等一并治罪。其余已经逐出各番，不准各蒙古王公等再为恳求复行搬回居住。至尖木赞素为番族信服，此次亲诣各族劝谕输诚，尚属出力，著赏戴花翎，将此谕令知之"②。驱逐了一部分迁入蒙古部落游牧地驻牧的藏族部落后，在蒙古王公贵族的要求下还留下来一些人，但清政府命令让蒙古王公出具甘结，以保留下之人不再滋事。

后于嘉庆六年十月，"又谕（军机大臣等）：长麟奏审拟汉民私赴番地谋殴肇衅，并铁布生番挟嫌强夺一折。此案王一、血保等以内地民人私赴番地被逐出境，又挟嫌谋殴，将番众鹞子卖钱分用，以致番子等纠众报复，将伊家牛只财物抢夺泄忿。在番众固属不法，而推其致衅之由，实属汉民滋事。若只将该番严办，转似内地祖护汉民，无以折服番众之心，而此等

---

① 顾祖成等编：《清实录藏族史料（八）·仁宗实录》卷八三，拉萨：西藏人民出版社，1982年，第3661-3662页。

② 顾祖成等编：《清实录藏族史料（八）·仁宗实录》卷八六，拉萨：西藏人民出版社，1982年，第3663-3664页。

滋事汉民亦无所示儆。长麟审拟此案，将汉民王一、血保等三人拟发吉林，番民察克拟发广东，两无偏向。所拟尚为允协，已交刑部核议矣。至折内所称'请将首先被获之番民木兹力一犯宽免治罪'等语，木兹力始虽听纠抢夺，嗣因患病并未同行，且能将案内各犯拿获过半，尚知畏惧。不但该犯罪名应予宽免，并著长麟量加奖赏。所有现在未获各犯，谕令帮同查拿。伊等声息相通易于踪迹，案犯无难弋获也。将此谕令知之"①。在本次抢劫活动中，以调查到的事实为依据，流放挑起事端的汉人及参与的藏人，参与但未参加其中的藏人罪名应予宽免，并量加奖赏，不同情况不同处理，以折服番众之心。

然而抢劫活动仍旧在持续，嘉庆六年十二月，"谕军机大臣等，台布奏'风闻循化厅属果尔的等族番子，又有纠众过河抢劫之信，檄饬循化、贵德文武妥为弹压，并先由贵德派拨民兵六十名前往卡伦防范。其前次奏拨官兵百名，可否准令派往'等语。循化属果尔的等族番子即有纠众过河之信，而沙卜浪、科叉等族番子亦商量过河抢劫，虽经台布派令尖不赞等前往晓谕，但各该处必须安设卡伦，豫为防范。所有官兵百名，自应即令前往，以壮声势。惟此项官兵原为保护蒙古调拨，若仅以老弱充数，不但不能震慑番众，并恐为蒙古所轻视。设稍有疏虞，更属不成事体。著署总兵保清挑选年力壮健并曾经出征兵丁前往守护，方能得力。或不敷弹压，即增添百十名，亦无不可。俟明岁察看情形，再行奏明裁撤。将此谕令知之"②。清政府得到这次抢劫活动的消息之后，立即命人查处，嘉庆七年二月，"西宁办事大臣台布奏：'遵旨派兵设卡，保护蒙古，番众尉威敛戢，不敢过河抢劫，并将卡内番帐设法驱逐。'得旨：番众既畏兵威，渐觉宁谧，何必驱之太迫，逐渐移出卡伦足矣。过一二年，官兵、民兵撤回为是。责成青海众蒙古设兵自卫，方为正办"③。本次抢劫活动并没有造成大的不良后果，清政府做到了防患于未然。此外，能够提前得到抢劫活动的消息一事，也从另一个侧面说明，此时清政府对青海藏区社会的治理，已经有了一定的成效。

此后，蒙古部落继续奏报遭到藏族部落的抢劫，并请求清政府派兵保

---

① 顾祖成等编：《清实录藏族史料（八）·仁宗实录》卷八九，拉萨：西藏人民出版社，1982 年，第 3664－3665 页。

② 顾祖成等编：《清实录藏族史料（八）·仁宗实录》卷九二，拉萨：西藏人民出版社，1982 年，第 3667－3668 页。

③ 顾祖成等编：《清实录藏族史料（八）·仁宗实录》卷九四，拉萨：西藏人民出版社，1982 年，第 3669 页。

护。嘉庆七年七月，清政府作了回复，"谕军机大臣等：台布奏蒙番情形，并将蒙古呈递各条进呈。朕阅纳汉达尔济等所呈，其意总欲内地官兵将番族痛加惩治，殊不知足。台布当明白晓谕以：'蒙古为我朝臣仆，雍正年间于青海设立办事大臣，随时保护。嗣因尔等不能自卫，致有番子抢夺之事，不值频劳内地兵力。高宗纯皇帝屡降谕旨，如再有番子抢夺等事，断不能代伊等办理，仍重治其罪。原欲尔等振作，弗为番族欺压。自大皇帝亲政以来，念尔游牧地方被番族抢占，特派大臣带兵前往，谕令番子将抢夺各物交还，已属格外天恩。及番子出卡后，尔等又不能自防，复蒙大皇帝赏兵守护，恩施绸叠无可复加。今尔等偶有偷窃小事，辄请天兵帮助，实属恃恩妄为。天朝统驭外藩甚多，如额鲁特、土尔扈特、乌梁海等，岂无偷窃之事，从未请天朝发兵搜捕，何独尔等频频烦渎？且番众久隶骈蒌，从无干犯天朝之事。尔等惟当严守疆界，勉力自卫，毋徒恃内地官兵为尔捍御，亦不可与番众有心构衅，致启争端，方不负大皇帝爱护之意。若尔等不知自强，惟思构兵滋事，天朝不但不能相助，并当治罪。'如此剀切晓谕，俾蒙古等怀德畏威，自不敢再行渎请。至添兵移卡诸事，台布当酌量妥办。将此谕令知之"①。清政府将藏族部落抢劫蒙古部落一事之责任推卸给了蒙古部落，认为其不思振作，不能自防，还请政府帮助，实属恃恩妄为。要求青海蒙古部落严守疆界，勉励自卫，否则一并治罪。从这次的处理意见来看，此时清政府仍旧以"扶番抑蒙"之策为主，但同时要求蒙古自强、自防，也从一定程度上反映该策略已逐步倾向于"扶蒙抑番"。也可以说，青海蒙古曾经带来的阴影，并没有因此时其屡遭藏族部落之抢劫，在其完全体现出已经积贫积弱的情况下，令清政府彻底消除之，但藏族部落的抢劫活动，蒙古部落一再上报政府请求庇护，也让清政府头疼，故在处理蒙藏部落之事时，政策逐渐倾向要求蒙古部落自强。

嘉庆八年（1803）四月丙寅，抢劫事又起。"又谕（军机大臣等），台布奏：青海河北二十五旗王索诺木多尔济等前来西宁递呈，以循、贵番贼强横迭次抢劫，恳求办理，台布饬令自行振作，护卫游牧等语，前曾节降谕旨，令各蒙古振作自强，不得转恃内地官兵代为防护。台布于蒙古递呈时，当即面加驳饬，固属正理。但据另篇奏：'贝子齐默特丹巴呈报，三月内有番贼前来抢劫，将伊捉住，剥去帽顶、衣服，枪毙伊妻，枪伤伊媳，

---

① 顾祖成等编：《清实录藏族史料（八）·仁宗实录》卷一〇〇，拉萨：西藏人民出版社，1982年，第3671－3672页。

拿去蒙古男妇五名口，并马、牛、羊只、俸银、缎匹、口粮等项甚多。'且索诺木多尔济等陆续具报被抢牲畜约计马三千五百余匹、牛一万七千余头、驼五百余只、羊十九万一千余只。伊等所失牲畜焉有如许之多？其呈报数目自未必尽确。但番族等胆敢剥去贝子帽顶、衣服，枪毙伊妻，掳掠人口，藐法已极。该处设立办事大臣统辖蒙古番众，俾资弹压，即如内地州、县遇有抢劫民人案件，尚必官为查办。若青海蒙古之贝子现被番贼如此欺凌，竟置之不办，非特使蒙古部落疑为袒护番众，未免寒心，而番众更必肆行无忌，益长刁风，成何事体，亦安用设立办事大臣为耶？都尔嘉现已到任，该贝子等亦必向伊衙门呈告，惟所控各情未知是否真确。著都尔嘉详细访查。如果实有其事，即应严行查办，或令该番众将为首之番献出，从严惩治。若不知畏罪，尚需慑以兵威，都尔嘉酌量再行带兵亲往督办，以儆凶顽，不可姑息了事。仍将如何办理缘由先行具奏。嗣后遇有此等事件应行陈奏者，俱著书写汉字。其寻常事件，仍用清字折。将此谕令知之。"① 这次抢劫事件，引起了清政府的高度重视，因抢劫过程中，藏族部落抢劫者所为过激，竟胆敢剥去蒙古贝子帽顶、衣服，枪毙其妻，掳掠人口，藐法已极，青海蒙古贝子遭到了藏族抢劫者的侮辱，此行为实际上犯了封建王朝最为忌讳的"逆"罪中的"以下犯上"之罪，从而使蒙古贝子得到了清政府的同情，认为番众必肆行无忌，益长刁风。

面对此次抢劫，清政府先严厉批评了青海办事大臣，之后派都尔嘉专门处理此事。又于四月庚辰，再度命理藩院侍郎贡楚克扎布驰往甘肃西宁一带查办此事件。后还派惠龄会筹商办该案。经过都尔嘉、贡楚克扎布及惠龄的详细调查，得知该被抢蒙古系迁来丹噶尔者，贫穷之极，其既遭此播迁，自宜恩加抚恤。于是先安抚了受伤害的蒙古贝子及其家人，之后下令严拿侮辱贝子之抢劫者，并提出蒙古积弱已久，不能自行经理，或代为设法，即在沿河地方令蒙古添设卡伦，驻守巡防。认为"野番"强悍，非仅以空言慑服，势须天兵临朝，伊等方知震惧。必令将凶犯并所抢牲畜、赃物早行献出，真心畏惧，吃咒具结，再不敢复图抢掠。并认为，向来河北二十五旗以黄河为界，河南五旗以沙沟为界，自应于该处安设卡伦，严密防范。之后决定继续以黄河为界，设多处卡伦，饬将木筏提集近蒙古之岸，毋许私渡。八月癸卯，"谕军机大臣等，贡楚克扎布等奏办理番族完竣

① 顾祖成等编：《清实录藏族史料（八）·仁宗实录》卷一一一，拉萨：西藏人民出版社，1982 年，第 3675 - 3676 页。

204

一折，览奏俱悉。循化江什加族番藏匿罪人，阻止众番投出、贡楚克扎布等移营前进，该番竟敢抗拒，经官兵枪箭齐发，击杀二十余人，自应如此办理。此时该番已知畏惧服罪，伙贼二名业经枪毙。其南木加、旦木增二名，仍当设法严拿务获。至赃畜一项，从前蒙古开报之数未必一无虚捏，今据交出四万，为数亦已不少，其余自当责令全交。但恐该番等力量实有不能，亦毋庸过事逼勒，转致再生事端。贡楚克扎布等当善为办理，并一面晓谕各蒙古以'该番等屡次侵扰，今经官兵进击，示以军威，该番即形震慑，献贼交赃。可见从前总由尔等积弱无能，致被凌辱。内地官兵岂能久驻边疆，常为尔等守御？嗣后惟当振作自强，善卫身家，慎勿恃天朝兵力仍前怯懦，或自行召衅。其分界之河口，春夏间设有渡船，总当停泊蒙古界岸，毋许私越彼岸，致被番人潜渡，并严饬蒙古属下等人，不得勾结番众扎筏偷渡，冬间有冰桥行走，亦当设卡巡查，则番众不能擅入蒙古地界，自无从肆其剽窃，而边陲亦可永靖。并著该侍郎等悉心妥议，具奏办理'"①。严肃处理此事之后，清政府终于清醒地认识到，此时青海蒙古势力真的衰败了。基于此认识，十月丁亥，"军机大臣等议准钦差侍郎贡楚克扎布奏：定青海蒙古、野番诸制：一、定界设卡，以资防守。立鄂博，使不得私越；二、设头目，给翎顶，使野番有所约束；三、循化、贵德两厅营令每年会哨，使之震慑；四、民番交易，示定市期，以便稽察；五、劫夺杀伤，以交踪、相验为据，使不得捏报；六、明示劝惩，以靖盗源；七、不容蒙古、野番人户混处，以绝串通；八、两厅营定为三年更替，衡其功过，以专责成。报可"②。之后，清政府通过细查并严令蒙古必须自强、自保，并且蒙藏之间，应以黄河为界。

嘉庆十年十二月壬辰，"寻议上，得旨：据贡楚克扎布等奏会议西宁办事大臣节制兼辖附近镇、道各员，酌定章程一折。西宁镇、道与青海大臣近在同城，向无统属。遇有蒙古、番子交涉事件，仅令贵德厅、营各员专司办理，未免呼应不灵，不足以资弹压。嗣后著照该大臣等所请，西宁文员自道府以下、武员自镇协以下俱归大臣兼辖节制。遇有蒙古、番子交涉事件，即由该大臣主政。其民人地方事务，仍由该督主政。该镇、道等于关涉青海蒙古、番子案件，自当申报青海大臣；若只系寻常地方案件，即

---

① 顾祖成等编：《清实录藏族史料（八）·仁宗实录》卷一二〇，拉萨：西藏人民出版社，1982年，第3691－3692页。

② 顾祖成等编：《清实录藏族史料（八）·仁宗实录》卷一二二，拉萨：西藏人民出版社，1982年，第3693－3694页。

当转报总督，免致牵混干与。至军政大计年分，该镇、道等办理蒙古、番子案件功过，由该大臣出具考语咨会该督，再将该员等平日办理地方事务是否认真，由该督会同参酌举核，以昭核实而示劝惩。余俱照所议行"①。将处理蒙藏纠纷事授权于西宁办事大臣，要其主政，监督执行。

然而，嘉庆十二年四月甲戌，在大通县野马川一带又现"黑番"抢夺"黄番"马匹之事，此事也引起清政府高度重视，下令若兴奎在彼不能得力，即将兴奎撤回，责成长龄、那彦成专办。伊二人自揣办理未能裕如，不妨奏明另派大员前往会办，以期迅速集事。

面对藏族部落渡黄河对蒙古部落的抢劫，嘉庆十二年九月十二日，经过周密调查之后，那彦成会同宁夏将军兴公奎、陕甘总督长公龄奏为筹议《西宁善后章程》（见附录四）事，于十月初五，除了严谕各寺喇嘛不准滥与番子念经一条外，其余准行。在处理藏族部落渡河抢劫蒙古部落一事中，清朝派往青海之官员，也是想尽了办法，嘉庆十三年正月十八日，那彦成会同陕甘总督长公龄奏为遵旨会议复奏事一折中，提及御史徐寅亮条奏青海备番事宜一折，提出由西宁办事大臣调控，替蒙古部落训练军队以抵抗藏族部落渡河抢劫，被清政府以"该蒙古究系外藩，赏罚俱多未便，国家岂有此体制乎"为由否定，说明此时尽管在青海地区已成蒙古势力羸弱之现状，但清政府仍旧对蒙古多有忌讳；还提出将西宁办事大臣移驻贵德、循化、丹噶尔等城，但最终以"以全局而论，则相聚鸯远之地鞭长莫及，转恐顾此失彼，自不若仍循制，足资镇抚"为由否定；在本次剿办抢劫活动中，专门动用了宗教与地方土司势力，在剿办贼匪成功后，于嘉庆十二年九月那彦成还会同宁夏将军兴奎、陕甘总督长公龄奏为查明随营出力之喇嘛、土司保奏事，"又得各喇嘛等深入番地，宣扬教化，使其革心革面，悔罪投诚……所有延嘉呼图克图纳旺丹津甲木错应请赏给札萨克喇嘛职衔……又喇嘛罗布藏并隆务寺之昂锁喇嘛根惇甲木错二名请旨给苏拉喇嘛职衔……又碾伯县土司李世泰所属土千总李国士熟悉番情……可否仰恳天恩赏戴蓝翎，以示鼓励支出"，等等，足见清政府对青海地区蒙藏之间冲突的重视。最后，于嘉庆十三年二月乙亥，决定至该处黄河以北，轮派兵六百名扼要驻守，务令严密巡查，遇有番贼窃掠等事，随时捕缉。考虑到青海蒙古此时已经积贫积弱的事实，暂时决定派兵在黄河北岸布防，以震慑

① 顾祖成等编：《清实录藏族史料（八）·仁宗实录》卷一五四，拉萨：西藏人民出版社，1982 年，第 3604 - 3607 页。

渡河抢劫之藏族部落。同时，继续掌握蒙藏之状况。

这次对蒙古部落遭到藏族部落渡河抢劫事件的处理中，清政府确切认识到青海蒙古与藏族部落之间实力对比上，蒙古已经真正积贫积弱，故而在处理抢劫事件时，先派兵镇守主要关卡，之后严厉要求蒙古必须先自强之后才能自救。后来，于嘉庆二十二年九月癸卯，"谕内阁，纳尔松阿奏：请将拿获抢劫蒙古牲畜番贼之扎萨克台吉，赏加职衔一折。此次扎萨克台吉恩克巴雅尔，闻邻旗报有果洛克番贼抢劫牲畜，即带兵追往，杀毙番贼二名，活捉一名，将牲畜全数夺回，交失主认领，尚属奋勉。惟所获贼人无多，若遽赏加职衔，未免过优。恩克巴雅尔著赏戴花翎……甲辰，谕内阁，此次围场拿获偷牲贼犯多名。昨据哈隆阿面奏，……豫派乌尔衮泰等带领兵丁前往查拿，尚属留心，富明著加恩赏换花翎。获犯之防御乌尔衮泰，著赏戴蓝翎，并加一级，领催常和著赏给银二两。兵丁三十一名，著每人赏给银一两，俱由广储司动用"①。面对在抢劫中奋起反击的扎萨克王公贵族，清政府给予了各种奖励，实际上鼓励青海蒙古族奋起，自己组织兵力反击渡河的藏族部落的抢劫，说明和以前相比较，面对青海蒙古积贫积弱状况的凸显和藏族部落的崛起，清政府对青海蒙藏部落所实行的"扶番抑蒙"之策开始向"扶蒙抑番"转变。

嘉庆二十三年八月，抢劫之事又发，"谕军机大臣等，据纳尔松阿奏：出口祭海会盟之时，接据西宁镇属白塔营都司禀报，蒙古被抢；窜进卡内，又据贝子喇特纳锡第等前后呈报，被"番贼"抢掠；及至丹噶尔途次，适贝子喇特纳锡第、台吉多尔济旺济尔，徒步迎见，哀诉抢劫营盘一空；至东科尔寺地方，据哈拉库图尔营千总禀报，行至日月山卡外珂珂托洛亥地方，遇有番贼十余名，抢去营马一匹及衣物等件，并查得沿海一带，邻旗蒙古尽被番贼抢劫失散。当饬喇嘛察罕诺们汗旗挑派蒙古，沿河堵御；并饬循贵文武堵缉赃贼，续有蒙古王公十家，或亲身或差人前来，俱因被抢投呈。询以别旗王公，据称现在番贼分股乱抢，不知去向等语。西宁边外番族，因蒙古孱弱，屡有抢掠之事。今于会盟之顷，该番贼等胆敢纠党百余人至数百人，四出抢劫。各旗蒙古被其扰害，竟至不能前赴会盟，该番贼等实属披猖。著长龄会同秀宁确查情形具奏，一面督饬文武员弁速缉赃贼，严行惩办，务令知所儆畏，以靖边围。将此谕令知之"②。在会盟之期

① 《清实录（三二）·仁宗睿皇帝实录（五）》卷三三四，北京：中华书局，1986年，第401页。
② 顾祖成等编：《清实录藏族史料（八）·仁宗实录》卷三四五，拉萨：西藏人民出版社，1982年，第3809－3810页。

出现抢劫活动导致蒙古部落无法参加会盟，此事引起了清政府的强烈不满，令严行惩办。处理此事时，出现了官员因对青海形势不了解而误报抢劫情况之事，后经查明后，"青海各旗蒙古，孱弱不能自振，一被番族抢劫，即张大其词将贼数以少报多，冀可多追赃物，此该蒙古等相沿陋习……著长龄、秀宁即督饬文武员弁，将案内番贼认真查缉，追起真赃，审明按律惩办。不可疏纵"①。在决定严惩抢劫者的同时，还处理了在本次抢劫活动中已革西宁道陈启文固执妄揭一案，以示对官员们的惩戒。嘉庆二十四年（1819）十二月，"谕内阁，朱勋等奏：派兵会哨，番目献贼交赃，蒙古地方宁谧一折。甘省循化、贵德两厅边外野番，肆劫蒙古牲畜，抢掠行旅，怙恶不悛。本年经长龄等奏撤防河官兵，改复会哨章程。现据派出文武各员，带领官兵土兵，追捕抢劫回巢番贼，歼毙八名。并带同熟番头目番僧通丁等追获活贼十一名。该野番头目畏惧，自将番贼缚献，交出原抢蒙古人口，并牲畜四千余只，顶经设誓，不敢再出滋事。该省初次办理会哨事宜，尚属认真。加恩著照所请，将此次随往出力之五品翎顶番目尖木赞赏加四品顶戴，番目什朵洛赏给六品顶戴，番僧扎木洛、硕根敦、什加布俱赏给苏拉喇嘛职衔，通丁马进禄、沉木洒、苗进福俱赏给九品顶戴。所用经费银两，准其咨部核销，嗣后该督等于每年派兵会哨时，均饬令实力巡查，勿得日久生懈"②。本次抢劫活动最终因该"野番"头目畏惧，自将"番贼"缚献，交出原抢蒙古人口，并牲畜四千余只，顶经设誓，不敢再出滋事而结束，并且在处理蒙藏纠纷时开始实行会哨事宜。需要注意的是，此事后即嘉庆二十五年二月，还出现"据朱勋奏：西宁道雒昂详揭青海办事大臣秀宁，任意高兴，有碍地方八款，并将原揭咨送军机处呈览，此案著即派长龄前往审办"③ 一事，最后秀宁被严肃处理。

（二）处理郭罗克的抢劫活动

在严肃处理藏族部落过黄河抢劫蒙古部落事宜稍有成效之际，郭罗克抢劫活动又起。嘉庆十三年八月，发生了官兵护送堪布喇嘛，途遇郭罗克抢劫者（即郭罗克达巴、阿尔群、结昂、余什达克、窝隆五处"番子"）行

① 顾祖成等编：《清实录藏族史料（八）·仁宗实录》卷三四八，拉萨：西藏人民出版社，1982 年，第 3811 – 3812 页。

② 顾祖成等编：《清实录藏族史料（八）·仁宗实录》卷三六五，拉萨：西藏人民出版社，1982 年，第 3816 – 3817 页。

③ 顾祖成等编：《清实录藏族史料（八）·仁宗实录》卷三六七，拉萨：西藏人民出版社，1982 年，第 3818 页。

劫一事。但郭罗克的抢劫发生后，"迨经降旨饬拿，川省则以贼在西宁界内潜匿，不为认真查办，西宁则以贼由川省潜来不能越境查拿，彼此互相推诿"。从四川与西宁互相推诿之事来看，处理郭罗克的抢劫活动很令清朝官员头疼。后清政府派专员丰绅挑带精兵数百名及能事将官前往压境处理此事，在长龄、文孚等人的密切配合下，于嘉庆十三年十二月，"四川总督勒保奏报剿擒果罗克贼番竣事，提督丰绅及出力弁下部议叙"[1]。嘉庆十四年二月，"以围捕四川果罗克贼番出力，赏绰斯甲头人安奔等职衔有差"[2]。嘉庆二十年（1815）二月，"成都将军赛冲阿奏：查办果罗克贼番出力土目，赏土目旦借土百户世职"[3]。嘉庆二十三年夏四月，"以捕获四川果洛克贼番，赏给中郭罗克土目索朗丹巴土千户印信，从总督蒋攸铦请也"[4]。由此来看，在处理青海事务中，尤其是本次郭罗克抢劫之事，绰斯甲头人安奔被赏职衔、赏给中郭罗克土目索朗丹巴土千户印信来看，清政府在"由当地人来治理当地人"的土司制度下对青海藏区社会千百户的设置之策，开始显示出一定成效。

四、关注藏传佛教

藏传佛教已成为清政府治理西藏、青海藏区社会必须关注的重点问题。自嘉庆二十四年三月始，开始关注达赖喇嘛灵童的寻找及找到灵童后金瓶掣签选择达赖喇嘛转世灵童之事宜。如对在四川里塘寻访到的达赖喇嘛转世灵童所表现出的各种征兆有疑问，认为不能再出现以前指定一人为灵童之事。故决定将里塘地区找出的灵童，作为可以入金瓶掣签的其中一人，往后若有，报上寻访的灵童，再挑出二位，之后将三个人姓名一同封入金瓶中，按照规定诵经、掣签，并将此决定传达给第穆呼图克图，让其必须按规定的制度和程序来办理解决此事。若再以此事来北京请示，必当治罪。说明出现了一人指任灵童转世一事，而清政府严令按规定办理，体现出清政府对此事之重视。

---

① 顾祖成等编：《清实录藏族史料（八）·仁宗实录》卷二〇五，拉萨：西藏人民出版社，1982 年，第 3749 页。

② 顾祖成等编：《清实录藏族史料（八）·仁宗实录》卷二〇七，拉萨：西藏人民出版社，1982 年，第 3750 页。

③ 顾祖成等编：《清实录藏族史料（八）·仁宗实录》卷三〇三，拉萨：西藏人民出版社，1982 年，第 3785 页。

④ 顾祖成等编：《清实录藏族史料（八）·仁宗实录》卷三四一，拉萨：西藏人民出版社，1982 年，第 3806 页。

　　总之，嘉庆朝对青海藏区社会的治理，除了从经济上继续采取减轻人民负担的措施外，在政治上以处理蒙藏之间抢劫活动及郭罗克的抢劫活动为主，具体治理措施体现在以下几个方面：

　　第一，从资料记载来看，此时对于青海藏族部落社会，清政府已经将其分为"熟番""生番""野番"，如对贵德厅藏族部落的分法为："番族分生、熟、野番三种，熟番五十四族，田赋视齐民；生番十九族，畜牧滋生。野番八族，其汪食代克一族……"①，并依此分法对藏族部落社会进行管束。

　　第二，从相关资料中显示出越来越多的藏族部落名，如塔斯迪叶部落，亦洛合、瓜什济、揣咱、主古录四族，"野番"八族，其汪食代克一族，等等。对藏族部落社会的治理，由以往派官、派员、派兵弹压，到此时开始利用当地头人来治理，并赏给当地头人职衔等事来看，说明在雍正朝罗卜藏丹津反叛事件被平息后，对青海地区所实行的土司制度下千百户的设置，开始取得成效。

　　第三，更值得注意的是，在处理藏族部落抢劫蒙古部落之事中，经过调查，官员们已经认识到对于藏族部落"吃咒具结"的利害关系。

　　第四，充分认识到藏传佛教对治理藏族部落社会的重要性，故派专人关注达赖喇嘛转世灵童的选取工作。

　　第五，认识到青海蒙古部落积贫积弱的现状，面对蒙古部落遭到渡河而来的藏族部落抢劫一事，从政策上由以往的"扶番抑蒙"开始调整为"扶蒙抑番"，并且要求青海蒙古部落必须自强以求自保，有效达到了蒙古、藏族部落势力的互相制衡。

　　第六，从整顿吏治的情况来看，此时的清政府内部已经出现了不少官员贪腐问题，故而清政府鼓励后任揭发前任，并严肃处理官员贪腐问题，这也是当时"文字狱"风行的结果。由此可知，嘉庆年间，清政府对青海藏族部落社会各方面的了解在逐步加深，并且也在逐步加强对其的控制，说明此时清政府对青海藏族部落社会的治理也开始逐步深化。

---

　　① 《二十五史（11）·清史稿（上）》卷六四《地理十一·甘肃·西宁府》，上海：上海古籍出版社、上海书店，1986年，第300页。

第二节　嘉庆朝对青海藏区社会的治理①

清朝历史上，自嘉庆朝以来，步入一个过渡、转折的时期，此为史学界所称"嘉道中衰"之开始。在国内，因刚经历"康乾盛世"的繁荣，嘉庆朝延续着盛世的辉煌，但同时阶级矛盾日益激化，先后发生了川楚陕农民起义、东南海疆的蔡牵起义、天理教起义、白莲教起义等一系列反清起义；而在国际上，西方社会正处于资产阶级革命的巅峰时期，资本主义势力开始在世界范围内发展、壮大，英国对清朝的鸦片战争之炮火已经逐步在打响，致使东南沿海地区出现了声势浩大的禁烟运动，等等。故从国内国际环境而言，此时的清朝已经在各个方面开始出现各种严重的社会问题且各方面发展严重落后于西方，这也造就了其后来悲惨命运的开始。

一、嘉庆时期的青海藏区社会状况

清嘉庆朝以来，国内外矛盾加剧，但清政府仍加紧对青海藏区社会的治理，具体如下：

（一）减免赋税及开垦荒地

嘉庆四年嘉庆帝亲政之后，基本每年都会采取相关措施减轻青海地区人民的负担。据统计，整个嘉庆帝亲政后的22年时间中，采取了20多次减免甘肃西宁、大通、巴燕戎格、碾伯等地各种额赋的举动，基本每年有一次，如嘉庆十一年正月壬子，"贷甘肃……西宁、碾伯、大通、巴燕戎格……环十三厅州县……被水、被旱灾民种籽、口粮"② 等。除此之外，还于嘉庆四年十一月乙卯朔，经由户部议准，陕甘总督松筠疏报"甘肃西宁县开垦旱田六段"③，至嘉庆九年五月辛卯"西宁县开垦地二十三段"④，对

---

① 该部分内容以《清代嘉庆朝对青海藏族部落社会的治理研究》为题，发表于《西南民族大学学报》2021 年第 4 期。

② 顾祖成等编：《清实录藏族史料（一）·仁宗实录》卷一五六，拉萨：西藏人民出版社，1982 年，第 3677 - 3678 页。

③ 《清实录（二八）·仁宗睿皇帝实录（一）》卷五四，北京：中华书局，1986 年，第 692 页。

④ 《清实录（二九）·仁宗睿皇帝实录（二）》卷一二九，北京：中华书局，1986 年，第 740 - 741 页。

西宁地区的荒地进行开垦，以提高农业经济的发展。这些举措，在一定程度上减轻了青海蒙藏人民的负担，也有利于地处边缘的青海地区经济的恢复与发展及稳定。

（二）整顿吏治

在对青海藏区社会进行治理的同时，清政府还对此时青海地区出现的官员腐败、失职等行为进行严惩，对办事得力者进行奖励。嘉庆帝亲政后，惩治了如下官员（见表1）：

表1　嘉庆四年至嘉庆二十五年被惩治官员

时间	被惩治官员
嘉庆四年	奎舒被革职拿问①
嘉庆十年夏四月戊辰	都尔嘉被"带至伊祖墓前监令自缢"②
嘉庆十二年九月甲寅	贡楚克扎布被"著从宽摘去翎枝，降为七品顶戴，仍令其照旧当差"③
嘉庆十三年冬十月己未	于文瑶著先在西宁地方枷号两个月示众，俟满日再发往伊犁效力赎罪④
嘉庆二十一年二月戊寅	西宁办事大臣绪庄因高尔丙一案，"既讯出各情节，实系诬良为窃，并弁兵私用非刑"被撤职
嘉庆二十二年二月壬午	沈仁澍被革职拿问，西宁道龙万育、知府锦明被解任归案质讯。龙万育有心徇庇，先福著先行革去顶戴，交部严加议处⑤

① 因"和珅压搁，擅将原折发回，而奎舒于此等案件，自应据实具奏，乃竟匿不上闻。以致番贼日强，蒙古日弱，似此阘冗无能"。参见顾祖成等编：《清实录藏族史料（八）·仁宗实录》卷五一，拉萨：西藏人民出版社，1982年，第3649－3650页。

② 原本有前科"因贪婪获罪"，又因"疏纵属下，收受赃罚"，从而"西宁办事大臣都尔嘉，以营私斁法革职逮问⋯⋯"参见《清实录（二九）·仁宗睿皇帝实录（二）》卷一四二，北京：中华书局，1986年，第942页。

③ "只因贡楚克扎布轻听浮言，妄行捕捉，是以避匿远扬。"参见《清实录（三十）·仁宗睿皇帝实录（三）》卷一八五，北京：中华书局，1986年，第437－438页。

④ "对于因病逗遛捏报之都司于文瑶奉派护送回藏堪布，因患病不能乘骑定未随同，致使堪布等被劫一事，该革员既辄敢捏称在彼带同官兵打仗夺包，希图冒功卸罪⋯⋯"参见顾祖成等编：《清实录藏族史料（八）·仁宗实录》卷二〇二，拉萨：西藏人民出版社，1982年，第3749页。

⑤ "因前任西宁县知县沈仁澍与已革西宁县知县杨毓锦交代辁辋不清，查明离任三年之久沈仁澍忽遣家人董幅赴西宁私自开仓，西宁县私运仓粮，并捏报采买大概情形一折。"参见《清实录（三二）·仁宗睿皇帝实录（五）》卷三二七，北京：中华书局，1986年，第3749页。

（续上表）

时间	被惩治官员
嘉庆二十三年秋七月壬子	西宁办事大臣纳尔松阿办理蒙古番子事务，粗心轻率①，终被严肃处理
嘉庆二十三年夏四月丙戌	前任西宁办事大臣福克精阿，以失察家人得赃，降六部郎中②
嘉庆二十三年六月壬辰始	陈启文、纳尔松二人发配去乌噜（鲁）木齐效力赎罪③
嘉庆二十五年（1820）二月庚寅	青海办事大臣秀宁，任意高兴，有碍地方八款……④；并清查前往西藏迎接哲布尊丹巴呼毕勒罕一事中，终涉案人员均被处置⑤，等等

除以上外，还奖励了如下官员：

嘉庆五年（1800）二月戊申，因西宁办事大臣台费荫办事得力，授台费荫为头等侍卫。仍留西宁办事，赏州判佘景奎、姜有望同知衔。⑥

嘉庆十二年五月丙午"升任西宁办事大臣贡楚克扎布奏，堵截贼番出力各员都司邵能等，下部议叙，赏通丁罗成印顶戴"⑦。

因那彦成任西宁办事大臣期间治理蒙藏纠纷有功，于嘉庆十三年三月丙辰"赏西宁办事大臣那彦成三品顶戴，为江南副总河"⑧，奖赏并提拔了那彦成。

嘉庆二十四年十二月追剿肆劫蒙古之循化、贵德"野番"一事中立功的人员，"五品翎顶番目尖木赞，赏加四品顶戴；番目什朵洛，赏给六品顶戴；番僧扎木洛硕根敦什加布，俱赏给苏拉喇嘛职衔；通丁马进禄、沉木

---

① 《清实录（三二）·仁宗睿皇帝实录（五）》卷三四三，北京：中华书局，1986年，第311页。

② 《清实录（三二）·仁宗睿皇帝实录（五）》卷三四一，北京：中华书局，1986年，第511页。

③ 因"东科尔寺被抢一案"以"固执妄揭"为由，西宁道陈启文被弹劾，同时清查已革西宁办事大臣纳尔松，查知"（纳尔松）屡次代为陈（启文）奏，又擅发驿递"。参见顾祖成等编：《清实录藏族史料（八）·仁宗实录》卷三五〇，拉萨：西藏人民出版社，1982年，第3813页。

④ 顾祖成等编：《清实录藏族史料（八）·仁宗实录》卷三六七，拉萨：西藏人民出版社，1982年，第3318页。

⑤ 顾祖成等编：《清实录藏族史料（八）·仁宗实录》卷三七三，拉萨：西藏人民出版社，1982年，第3320－3321页。

⑥ 《清实录（二八）·仁宗睿皇帝实录（一）》卷六十，北京：中华书局，1986年，第800页。

⑦ 顾祖成等编：《清实录藏族史料（八）·仁宗实录》卷一九七，拉萨：西藏人民出版社，1982年，第3722页。

⑧ 《清实录（三十）·仁宗睿皇帝实录（三）》卷一九三，北京：中华书局，1986年，第552页。

洒、苗进福俱赏给九品顶戴"①，等等。

从以上来看，也从另一个角度反映出嘉庆时期，官场腐败问题已经凸显。而清政府在尽力惩治贪腐问题，且手段非常强硬，如西宁办事大臣都尔嘉，先以"贪婪获罪"，后又因"疏纵属下，收受赃罚"被查，最后被"带至伊祖墓前监令自缢"。然而，这种强硬的惩罚手段及力度，仍旧无法杜绝官员们的贪腐问题。

（三）处理青海藏区社会的内部矛盾

1. 蒙藏部落之间的冲突

嘉庆帝还未亲政前，于嘉庆元年二月乙巳，青海地区便发生了"生番抢劫青海蒙古郡王纳罕达尔济等五旗游牧部落"之事。乾隆帝命西宁办事大臣策拔克立即对此事展开调查，在清军势力的威慑下，长龄采取"支持河北部落，打击河南藏民"之策，那彦成因调查此事到达西宁，又强行采取让"察罕诺门汗旗重新迁回黄河南岸放牧，并派兵押送"之法。② 嘉庆帝亲政后，于嘉庆四年，此事中抢劫者索那克部落、刚查部落将所抢蒙古部落牛马赔还。最终首贼番那木喀经该部落献出，审明即行正法，并将拿获抢劫蒙古五次之贼番堪布沙木一并正法。③ 同时，清政府还将一些迁至蒙古部落游牧地的藏族部落遣回，以免蒙番混杂居住而生事端。

嘉庆八年四月丙寅，青海河北二十五旗王索诺木多尔济等又遭到循化贵德野番的抢劫，并且在本次抢劫中，贝子齐默特丹被捉住，剥去帽顶、衣服，枪毙伊妻，枪伤伊媳。④ 在本次处理中，清政府对贝子受辱一事态度非常严厉，决定严惩抢劫者，这是因为"野番"在抢劫中剥去贝子衣物，触犯了封建统治者之大忌，此所谓封建统治者深恶痛绝"十恶"中之"谋逆"之罪名，是清政府所不能容忍的。

嘉庆十二年四月甲戌，在大通县野马川一带又现"黑番"抢夺"黄番"马匹之事。清政府立即调满洲、绿营官兵，让兴奎、贡楚克扎布调遣，处理本次抢劫之事。五月甲寅，兴奎、贡楚克扎布奏"碾伯地方接据禀报贼番复至内地抢劫"，并决定立即调官兵相机进剿贼番。

---

① 顾祖成等编：《清实录藏族史料（八）·仁宗实录》卷三六五，拉萨：西藏人民出版社，1982 年，第 3718 页。

② 青海省志编纂委员会编：《青海历史纪要》，西宁：青海人民出版社，1980 年，第 76－77 页。

③ 《清实录（二八）·仁宗睿皇帝实录（一）》卷五四，北京：中华书局，1986 年，第 495 页。

④ 顾祖成等编：《清实录藏族史料（八）·仁宗实录》卷一一一，拉萨：西藏人民出版社，1982 年，第 3675－3676 页。

嘉庆二十三年八月戊子，在"出口祭海会盟"之时，蒙古多部奏报因被循化、贵德藏族部落抢劫，无法前来会盟。[1] 后秀宁认为，此事"无关紧要"，其情形不过如内地之寻常劫案。[2] 嘉庆二十四年十二月癸丑，在派兵会哨中，了解到循化、贵德两厅边外"野番"肆劫蒙古牲畜，抢掠行旅。后经长龄等奏，撤防河官兵，改复会哨章程[3]，派出文武各员带领官兵土兵，追捕抢劫回巢"番贼"，歼毙八名，并带同"熟番"头目"番僧"通丁等，追获活贼十一名。终该"野番"头目畏惧，自将"番贼"缚献，交出原抢蒙古人口，并牲畜四千余只，顶经设誓，不敢再出滋事而结束，蒙古地方宁谧。

2. 藏区社会内部的纠纷

嘉庆四年春正月甲戌，借处理和珅一事，将牵连出的被和珅"原奏驳回，隐匿不办"的于嘉庆三年循化、贵德二厅"贼番"聚众千余，抢夺达赖喇嘛商人牛只，杀伤二命，在青海肆行抢掠一案，于该年三月己卯奏报"去岁抢劫达赖喇嘛商人、牛只，伤人之为首贼番那木喀，经该部落献出，审明即行正法……生番等胆敢各处抢劫，殊属目无法纪，奎舒审明正法示众，所办甚是。塔斯迪叶部落之众番，一见所遣番子喇嘛及"熟番"等执持谕帖，即知畏惧，将贼首那木喀及所掳牛三百余只先行献出，并恳将其余牛只陆续交出，尚属恭顺。俟将牛只全行献出时，亦可不必深究，以完此案……"[4]。但此案的处理，却留下了不少问题。

嘉庆六年十月辛酉，发生"汉民私赴番地谋殴肇衅，并铁布生番挟嫌强夺"之事，经过调查实施之后，长龄对挑起事端的汉人及参与的藏人进行流放，参与但未加入其中的藏人之罪名予以宽免，并量加奖赏，进行不同处理，以折服藏族群众之心。[5]

嘉庆十三年八月壬子，发生了郭罗克达巴、阿尔群、结昂、余什达克、窝隆等五处藏族部落抢劫由官兵护送的入藏堪布喇嘛之事，最终清政府认

① 顾祖成等编：《清实录藏族史料（八）·仁宗实录》卷三四五，拉萨：西藏人民出版社，1982 年，第 3809 – 3810 页。

② 顾祖成等编：《清实录藏族史料（八）·仁宗实录》卷三四五，拉萨：西藏人民出版社，1982 年，第 3810 – 3811 页。

③ 顾祖成等编：《清实录藏族史料（八）·仁宗实录》卷三六五，拉萨：西藏人民出版社，1982 年，第 3816 – 3817 页。

④ 顾祖成等编：《清实录藏族史料（八）·仁宗实录》卷四一，拉萨：西藏人民出版社，1982 年，第 3648 – 3649 页。

⑤ 顾祖成等编：《清实录藏族史料（八）·仁宗实录》卷八九，拉萨：西藏人民出版社，1982 年，第 3664 – 3665 页。

为乃"四川番贼越境滋扰",派兵弹压平息此事。①

嘉庆十八年秋七月丙子,出现了西藏布赉绷寺与西宁地方有布赉绷寺所管噶勒丹彭错岭寺院互争粮户布施之纠纷,清政府派那彦成去查此事,那彦成经过调查后以为"曲在西藏喇嘛"②。

嘉庆十九年(1814)八月辛酉,"本年年班堪布进贡包物,自藏进京,照例调拨蒙古兵五十名、玉舒番兵五十名前往迎接护送。兹于七月十四日,据通丁等禀报,该番兵等驰赴尼牙木错住古地方,尚未接著堪布,突遇四川果罗克及格尔次等,该番贼三百余名,放枪劫夺,将马匹口粮行李等物尽行抢去,并枪伤番兵七名、杀毙番伯长及番兵各一名,余被冲散"③,后来赛冲阿、多隆武二人内酌量一人,遴带弁兵四五百名,迅速前往被掠地方,查明此次劫夺滋事"贼番"巢穴,慑以兵威。令将放枪抢掠之三百余人全行缚献,审明何人为首,何人伤毙官兵,严行惩办,并令将劫去之行李马匹等件,悉数缴出。

嘉庆二十三年秋七月壬子,从长龄弹劾西宁办事大臣纳尔松阿时,牵涉"上年拉卜楞寺喇嘛与隆务昂锁控争寺院,纳尔松阿辄听拉卜楞寺喇嘛之言,札致长龄,欲檄调撒拉尔兵三四千名,将隆务昂锁剿灭"④。

4. 关注藏传佛教

嘉庆朝在治理青海藏族部落社会时,还很重视藏传佛教,如对达赖喇嘛灵童的寻找以及对灵童进行"金瓶掣签"确定等问题非常关注,嘉庆十三年二月乙亥"谕军机大臣等:特清额奏途次接奉谕旨驰赴西藏颁赐达赖喇嘛等赏件,并遵旨明白宣示一折,所论俱是。此次呼毕勒罕出世,诸多征验,实为吉事有祥,殊堪嘉慰。特清额驰抵西藏后,当晓谕班禅额尔德尼、济咙呼图克图等以'从前指称呼毕勒罕出世,率多牵合附会,或仅小著灵验,不足凭信,仰蒙高宗纯皇帝特赏金奔巴瓶,饬令书名封贮,诵经牵掣,以防弊混。今达赖喇嘛甫逾二岁,异常聪慧,早悟前身。似此信而有证,洵为从来所未有。设当高宗纯皇帝时,亦必立沛恩施,无须复令贮

---

① 顾祖成等编:《清实录藏族史料(八)·仁宗实录》卷二〇〇,拉萨:西藏人民出版社,1982年,第3745—3746页。

② (清)那彦成著,宋挺生校注:《那彦成青海奏议》,西宁:青海人民出版社,1997年,第110—114页。

③ 顾祖成等编:《清实录藏族史料(八)·仁宗实录》卷二九四,拉萨:西藏人民出版社,1982年,第3781—3782页。

④ 顾祖成等编:《清实录藏族史料(八)·仁宗实录》卷三四四,拉萨:西藏人民出版社,1982年,第3809页。

瓶牵掣。但此系仅见之事，且征验确凿，毫无疑义，嗣后自应仍照旧章，不得援以为例。倪因稍有端倪即附会妄指，一经查明，必当治以虚捏之罪'并著驻藏大臣等将此旨敬谨存记，一体钦遵办理。仍著特清额于颁赏达赖喇嘛呼毕勒罕时，令通事询问试验如何灵敏出众之处，将实在情形详细复奏"①。文中涉及该转世达赖喇嘛的灵童，因"异常聪慧，早悟前身"，故"无须复令贮瓶牵掣"，并言此为特例以后"自应仍照旧章"，体现出清政府对此事的谨慎与重视。嘉庆二十四年三月，清政府开始对达赖喇嘛转世严格执行"金瓶掣签"制度，以避免别有用心之徒对"灵童转世"一事进行暗箱操作。嘉庆二十五年，还派兵前往西藏迎接哲布尊丹巴呼毕勒罕，等等。

二、嘉庆朝对青海藏区社会的治理手段及策略

嘉庆朝时期，因为在西北地区发生了以新疆为主的回部反清起义，此浪潮波及甘肃青海地区，致使清政府因"回乱"而在青海地区增兵，此举在一定程度上也震慑了青海藏区社会。在此背景下，清政府对青海藏区社会的治理，主要是从如下几方面入手：

（一）为了维护青海藏区社会的稳定，注意整顿吏治，谨防各民族间交往过密，避免不测之事发生

嘉庆朝西宁办事大臣更迭频繁，一方面体现出清政府严整吏治，另一方面表明清朝统治危机于此时已经出现。自嘉庆四年嘉庆帝亲政，派台费荫前往更换西宁办事大臣奎舒开始，到最后一位西宁办事大臣素纳，《嘉庆朝实录》中先后出现17位西宁办事大臣，其中贡楚克扎布、松宁出现过两次。我们以嘉庆朝名臣那彦成为例，最早其因放纵张汉潮起义余党而被贬，后重新被起用。从《那彦成青海奏议》来看，其在嘉庆十二年六月至嘉庆十三年四月为西宁办事大臣，嘉庆十五年四月至嘉庆十七年（1812）十二月为陕甘总督。可以肯定的是，在任以上职务期间，从清政府的角度而言，那彦成对治理蒙藏纠纷、藏区社会内部矛盾等方面，无疑做出了卓越的贡献。但后于嘉庆二十一年，那彦成因在陕甘总督任上"滥用赈粮款项"一事受到后任举报、弹劾，差点被处死。说明嘉庆时期，官场腐败已成为严

---

① 顾祖成等编：《清实录藏族史料（八）·仁宗实录》卷一九二，拉萨：西藏人民出版社，1982年，第3743－3744页。

重的问题，尤其后任举报前任之事频频出现。清政府已经认识到官场腐败的严重后果，故对此查办十分严格，惩罚力度也很大。尽管如此，官员们仍旧难以抵住物欲之诱惑，就如那彦成，也难逃"滥用赈粮款项"之贪婪罪名，最终再度被弃用。

在处理蒙藏事务中，认识到"汉奸"的副作用，故禁止汉、藏、蒙古之间交往过密，以免发生民族间仇杀或其他事端。如在处理"汉民私赴番地谋殴肇衅"一案中，对于汉人私入番地之事，那彦成认为："汉人私入番地来往勾结，不但诓骗资财牲畜，致启番众劫夺之渐。甚且透漏内地消息，指示内地路径，其酿恶不可胜言。嗣后不但通事人等不准私入番地，即内地民人凡有通晓番语者私自前往即系汉奸，亦当普行禁止，以杜勾结。"①严禁"汉奸"深入青海蒙藏区内部，以免因"诈骗""透漏内地消息，指示内地路径"等行为而生出"劫夺"等其他事端。后来于嘉庆二十五年，法礼哈还违规私自"动用青海蒙古乌拉"前往西藏迎接哲布尊丹巴呼毕勒罕而被处理，体现了清政府仍旧防范蒙藏之间交往过密以生不测之心。

总体来看，此时清政府还是希望青海藏区社会蒙藏部落稳定发展的，不愿外人或外来势力介入，更不愿二者交往过密，也不愿蒙藏部落对内地事宜知之甚多，以免滋生其他意外之事。

（二）对于蒙藏纠纷的处理

首先，决定设卡派兵对蒙藏进行监督，同时划定蒙古、藏族部落之间的界限，严禁蒙藏互相越界，以避免引起二者间争斗。为防止藏族部落过河扰乱蒙古部落，决定设置"卡伦"，如嘉庆六年十二月甲辰，循化厅属果尔的、沙卜浪、科叉等族欲纠众过河抢劫蒙古部落，清政府得到消息之后，立即设卡派兵进行威慑，有效防止了本次抢劫之事的发生。嘉庆七年二月，西宁办事大臣派兵设卡，以防藏族部落渡河抢劫蒙古部落。②清政府除了设卡防范藏族部落过河抢劫蒙古部落，还决定逐步将卡内藏族部落迁回原址，同时严格要求蒙古自强自救，不能只依赖清政府派兵弹压、保护。另外，在嘉庆八年四月丙寅，处理青海河北二十五旗王索诺木多尔济等又遭到"循化、贵德野番"的抢劫一案中，立即划分"蒙番疆界"，即"向来河北

---

① （清）那彦成著，宋挺生校注：《那彦成青海奏议》，西宁：青海人民出版社，1997年，第70页。

② 顾祖成等编：《清实录藏族史料（八）·仁宗实录》卷九四，拉萨：西藏人民出版社，1982年，第3669页。

二十五期以黄河为界，河南五期以沙沟为界，自应于该处安设卡伦，严密防范"①。并决定设置鄂博作为分界。通过以上举措，一方面详细调查内部纠纷的起因等，鼓励被抢部落奋起抵抗，以求自保；另一方面派兵弹压，以示清朝军威。此外，《西宁善后章程》相关条款实施后，嘉庆十三年二月乙亥，决定至该处（循化、贵德）黄河以北，轮派兵六百名扼要驻守，务令严密巡查，遇有藏族部落窃掠等事，随时捕缉，同时奖励参与追缴抢劫的藏族部落的蒙古王公。这些做法，在一定程度上也减少或避免了蒙藏部落间的纠纷。

其次，以安抚为主，但同时仍旧防范蒙古势力过大。嘉庆朝延续乾隆朝的政策，从民生方面入手，采取了很多减免青海地区额赋的措施，减轻人民负担。一方面稳住青海地区的撒回部，尽力避免其受新疆"回乱"之影响而滋事；另一方面，做好防范准备，一旦青海地区撒回受新疆"回乱"影响而有所举动，青海地区蒙藏部落社会一定需要稳定，在此前提下，还可利用蒙藏部落势力钳制和对抗青海撒回部滋事。故而，在处理蒙藏纠纷时，调查特别细致。如嘉庆五年六月丙寅，在新任西宁办事大臣台费荫对和珅所压、上任西宁办事大臣奎舒不据实上报的蒙藏纠纷案件时，经调查认识到"统计青海蒙古牲畜，未必百万有余。上年所报被抢之数，亦不过任意虚捏至沿河一带；派兵会哨，原为巡察边境，防范生番；乃该王索诺木多尔济声称属下穷困，不能会哨，更属错谬……"② 等事实。尤其对此事中蒙古亲王索诺木多尔济的处理，明知道该亲王等人谎报了被藏族部落所抢之牲畜数量，因害怕被处理而找借口逃避参加会哨，但最后还是"姑念尔等无知，只将沙津德勒格尔革去台吉，此系格外施恩。至本年会哨，因系初次，故将索诺木多尔济加恩宽免。倘明年仍复如此，决不宽宥"，严肃处理了其他人，但对亲王仅通过警告的方式，以安抚为主，以免因惩治亲王令其滋生其他不必要之事。通过对此类事件的处理，体现出清政府对青海蒙藏纠纷的重视，正如嘉庆六年冬十月丙午，"谕军机大臣等，台布奏筹办河南河北事宜一折。内称蒙古强，实为中国之患；蒙古弱，乃为中国之福。以番制蒙，诚为良策……"③ 此时，清政府绝不愿意蒙古势力再度强大

---

① 顾祖成等编：《清实录藏族史料（八）·仁宗实录》卷一一八，拉萨：西藏人民出版社，1982 年，第 3687 - 3689 页。

② 顾祖成等编：《清实录藏族史料（八）·仁宗实录》卷六九，拉萨：西藏人民出版社，1982 年，第 3656 - 3657 页。

③ 《清实录（二八）·仁宗睿皇帝实录（一）》卷八八，北京：中华书局，1986 年，第 164 页。

起来，说明清朝前期，因蒙古强大进入青藏高原时，藏蒙合建之甘丹颇章政权雄踞青藏高原，给清政府留下了难以磨灭的不良影响。① 因此，基于新疆"回乱"正在进行，清政府还设想，一旦万不得已，将利用蒙藏势力对付"回乱"，故在处理蒙藏纠纷时，对于此事的态度极为谨慎。

最后，鼓励青海蒙古部落自强、自保。在嘉庆四年处理"生番"抢劫青海郡王纳罕达尔济等五旗游牧部落"及因处理和珅牵涉出的循化、贵德二厅"贼番"抢夺达赖喇嘛商人两件事情之际，清政府认识到"番贼日强，蒙古日弱"的事实，于嘉庆五年二月乙酉，"庶蒙古王公扎萨克，各知振作自卫，不致为野番滋扰"②，要求蒙古王公奋起带兵抵抗。同时，还认识到，"（蒙古）若能不烦内地官兵代为设卡防守，固属甚善……其蒙古边隘仍令蒙古自行安设卡伦，并明谕以一、二年后即当撤回，俾蒙古知内地官兵不能常为防守，力图振作，转弱为强，庶番子不敢仍前抢掠……"③ 由于经常派清军前去弹压抢劫事宜，各方面均不划算且有诸多不便。基于此，清政府设想让蒙古部落不要依赖清朝派军驻防，而是自己强大起来对抗藏族部落的抢劫。先在肯定蒙古乃"我朝臣仆"，宣扬政府在场的前提下，要求蒙古部落严守疆界，勉力自卫，不能只依靠内地官兵，也不能与藏族部落勾结起来。若不自强自救，且还经常滋事生非，除了官兵不提供援助外，还将治罪。对于在面对藏族部落的抢劫活动中奋起抵抗的蒙古王公贵族，给予各种奖励以资鼓励。

（三）处理青海藏区社会内部事务时，主要以派兵弹压为主，并勤于细致调查，据事实并以安抚为主进行处理

借处理和珅一事，将牵连出的被和珅"原奏驳回，隐匿不办"的嘉庆三年循化、贵德二厅贼番聚众千余，抢夺达赖喇嘛商人牛只一事，至嘉庆七年六月丙寅谕军机大臣等，据英善等又调查到："班禅额尔德尼差人报称，上年十二月内，达木先降及甲里两处地方，有夹坝七十余名，抢去牛厂百姓牛马等物甚多。现在查明为首夹坝姓名及开明失单，恳祈查办等语。朕详阅折内，该处民人被抢至四十余户。其所开失物单内，马五十余匹，

---

① 杨卫：《顾实汗及其与清朝政权的关系研究》，《西南民族大学学报》2017 年第 9 期。

② 顾祖成等编：《清实录藏族史料（八）·仁宗实录》卷五九，拉萨：西藏人民出版社，1982 年，第 3653 页。

③ 顾祖成等编：《清实录藏族史料（八）·仁宗实录》卷八三，拉萨：西藏人民出版社，1982 年，第 3661 - 3662 页。

牛七百余只，羊一千八百余只。此外尚有衣服、绸缎、氆氇及珊瑚、蜜蜡、松石、珍珠并食物等件，为数甚多。恐非七十余人所能抢劫。其呈报夹坝人数，尚有不实，且将该处百姓伤毙二名。现尚有带伤未愈者，情罪甚重，与白昼抢劫财物、杀伤事主之盗犯无异。边陲重地，不可不严办示惩。惟折内据称夹坝七十余名，系西宁地方头人所管。其总管头人，又系四川地方土司所管，现已分咨西宁办事大臣及四川总督查拿等语。番夷抢劫重情，傥该处地方大臣以事涉两省，不免互相推诿，办理焉能迅速？此案夹坝，查系西宁地方番族之人。该处番族等，向多出外滋事。前此青海蒙古地方，曾被肆扰，经朕饬令该处大臣严行整顿，始行驱出界外。现在该处设有卡座，并有官兵驻守，贼番不敢再至蒙古滋扰，又向毗连之卫藏地方肆其劫夺，实为可恨。著台布即查明夹坝等名姓住址人数，派委妥干之员，按名弋获，并将赃物如数追出，照律严办示儆，勿令漏网……"[1] 从此记载来看，对于本次抢劫一事，清朝官员的调研非常细致且到位，如所被抢牲畜数量、物品、抢劫者人数等，对比案发最初时所上报的数字，均提出异议；另外，因本次抢劫之事涉及两省，如抢劫者属西宁地方头人所管，但地方头人之总管却是四川地方土司。基于此，对于此事到底该由谁来负责，也有明确指示，足见清政府处理此类突发事件的重视及谨慎。

嘉庆八年六月癸酉，对于藏族部落社区的治理，清政府认为"于就近营分调拨官兵一、二千名，以张声势。如尚觉不敷，即酌量加增，或扬言大兵数千即日前来，亦无不可。总须令声威壮盛，使野番闻风慑息，虽不犁庭扫穴，歼戮无遗，亦必令将凶犯并所抢牲畜、赃物早行献出，真心畏惧，吃呪具结，再不敢复图抢掠，方为一劳永逸之计"，[2] 决定以军事震慑为主。同年处理汉民私赴番地谋殴肇衅，并铁布"生番"挟嫌强夺之事时，因"曲在汉人"，"将汉民王一、血保等三人拟发吉林，番民察克拟发广东，两无偏向"。并将有立功表现的"首先被获之番民木兹力一犯宽免治罪"，一方面秉公处理此案，但另一方面宽免了有立功表现的番民木兹力，从侧面向青海藏区社会民众表露出，若对此类事情检举有功，即使犯罪也会从轻处置甚至奖励。

嘉庆十八年，处理西藏布赉绷寺与西宁地方布赉绷寺之纠纷时，清政

① 顾祖成等编：《清实录藏族史料（八）·仁宗实录》卷九九，拉萨：西藏人民出版社，1982年，第3670－3671页。

② 顾祖成等编：《清实录藏族史料（八）·仁宗实录》卷一一四，拉萨：西藏人民出版社，1982年，第3681页。

府派那彦成彻查此事，了解到西藏布赍绷寺乃红教（宁玛派）寺院，而西宁布赍绷寺是黄教（格鲁派）寺院，"曲在西藏""（是黄教）欲欺压红教"；同时，那彦成又上报札乌喇嘛世袭百户顶戴之事，牵涉出在青藏藏区社会，清政府实行土司制度时，其下设置中较为特殊的僧职千百户①问题，足见那彦成处理此事时的严谨与慎重。

嘉庆二十三年，在处理拉卜楞寺喇嘛与隆务昂贙控争寺院一事中，纳尔松欲借撒拉兵剿灭隆务昂贙，因此时"回乱"余波未了，恐引起两个民族间仇杀之事，终纳尔松因此而被处理。可见，面对有可能因民族矛盾而引起的不良后果，清政府仍旧谨慎万分。

（四）积极认识和了解蒙藏民族文化，并依此来加强对蒙藏民族的管辖和治理

清朝统治者在详细了解蒙藏民族生活习性及其民族内部所实行的习惯法后，结合此制定了对于蒙藏之间抢劫活动的相关处罚条例。如嘉庆八年四月丙寅，处理青海河北二十五旗王索诺木多尔济等又遭到循化、贵德野番的抢劫一案时，清楚地认识到，此时青海蒙古已经积贫积弱，无法抵挡藏族部落的抢劫，故而于嘉庆八年十月丁亥，经钦差侍郎贡楚克札布等酌议八条，借对此事的处理，清政府定"青海蒙古、野番诸制"②，其主要内容为：第一，定界。其中设关卡用于防护，立鄂博用于区分地界，不能私自翻越入内；第二，在"野番"中设置头目，以达到逐步教化的效果；第三，在贵德、循化两厅每年都进行一次"会哨"，一方面震慑"野番"，另一方面进一步加紧了解"野番"状况；第四，关于内地与"野番"之间的贸易，定期定点进行，以便掌控与核查；第五，对于抢劫杀人事件，必须以真凭实据为主，且要有具体的事发地及事情调查报告，不能空口无凭乱说；第六，对抢劫偷盗等事的惩罚，必须公布于众。以示劝导、警戒；第七，蒙古、"野番"不能混居在一地，以免两者串通；第八，贵德、循化两厅营寨兵丁，三年一更换。更换时，衡量其功过，并依此来进行赏罚。此制度实施后，对于青海蒙藏部落的管理，清政府开始将自清初以来的"扶番抑蒙"策略转变为"扶蒙抑番"。

---

① 杨卫：《试论清代青海的政教合一制度》，《青海民族大学学报》2011 年第 4 期。

② 顾祖成等编：《清实录藏族史料（八）·仁宗实录》卷一二二，拉萨：西藏人民出版社，1982 年，第 3693 页。

同年六月，认为治理藏族部落社会时，可利用藏族"吃咒"之习俗，力求进一步对其控制、管理。嘉庆十二年九月十二日，面对循化、贵德藏族部落渡黄河对蒙古部落的抢劫行为，那彦成会同宁夏将军兴公奎、陕甘总督长公龄奏为筹议《西宁善后章程》①，其中内容主要涉及对蒙古、藏族部落的治理，尤其防范循化、贵德藏族部落渡河抢劫事宜，如"每年霜降前，循化、贵德两营参游会同两厅各带兵一百名，穿越番地及交界之清水河会哨一次"，等等，利用"会哨"制度，加强对蒙藏部落的管辖和治理。了解到蒙藏部落对青海湖的信仰，台费荫一上任立即对青海事务进行调研，认识到此之重要性，故决定兴修青海龙神碑亭②，以加强蒙藏之"祭海会盟"事宜。

面对清政府管理手段的日趋强硬，青海藏区社会颇受震慑。如嘉庆二十四年十二月，在派兵会哨中，处理循化、贵德两厅边外野番肆劫蒙古牲畜，抢掠行旅一事中，抓获的罪犯让其"顶经设誓"等。在清政府的军事震慑下，上述"野番"头目倍感压力与恐惧，最终将部落内参与抢劫者捉送过来，并送还所抢的蒙古人口以及牲畜财物等，且"顶经赌咒"，保证今后绝不会再滋生抢劫及其他事端。此事后，清政府进一步在处理蒙藏事务过程中，实施"会哨"制度。

在藏传佛教方面，除了和以前一样关注活佛转世之外，继续利用藏传佛教的"教化"效果。如那彦成等人提出《西宁善后章程》后，于嘉庆十二年十月癸酉，嘉庆帝以"（《西宁善后章程》）惟严谕各寺喇嘛不准滥与番子念经一条，于理不通。番族赋性愚顽，幸赖其敬重喇嘛，尚可劝令为善……正可藉以化导冥顽"③为由而否定了这一条，说明清朝统治者很清楚地认识到藏传佛教对蒙藏人民的影响。但同时，从以上内容我们也可以看出，在治理青海藏区社会的相关规定中，与前朝比较，民族习惯法的内容开始减少，很多治理内容及条例开始与内地接轨。这也说明嘉庆朝对青海藏区社会的治理方式在延续前朝的基础上，逐渐与内地同步。

---

① "一、黄河北岸宜拨兵驻守，来往巡查，以臻严密也……一、严禁通事人等私入番地，以免勾结也……一、严谕各寺喇嘛不准滥与番子念经，以生其愧悔之心也……一、蒙古户口丁数宜切实清查，以便稽核也……一、循、贵两厅同知，因请不拘旗、汉人员，以便易于得人也……"参见（清）那彦成著，宋挺生校注：《那彦成青海奏议》，西宁：青海人民出版社，1997 年，第 61 - 69 页。

② 顾祖成等编：《清实录藏族史料（八）·仁宗实录》卷六四，拉萨：西藏人民出版社，1982 年，第 3654 - 3655 页。

③ 顾祖成等编：《清实录藏族史料（八）·仁宗实录》卷一八六，拉萨：西藏人民出版社，1982 年，第 3738 - 3740 页。

通过以上手段，我们认为，嘉庆朝时期对青海藏区社会的治理，主要采取了如下策略：

首先，政治管理方面，扩大了西宁办事大臣的管辖范围及权限，并继续加强对藏区社会土司制度下千百户等的建置。

嘉庆十年十二月壬辰，据贡楚克扎布等奏会议西宁办事大臣节制兼辖附近镇、道各员，酌定章程一折，考虑到"西宁镇、道与青海大臣近在同城，向无统属。遇有蒙古、番子交涉事件，仅令贵德厅、营各员专司办理，未免呼应不灵，不足以资弹压。嗣后著照该大臣等所请，西宁文员自道府以下、武员自镇协以下俱归大臣兼辖节制。遇有蒙古、番子交涉事件，即由该大臣主政。其民人地方事务，仍由该督主政。该镇、道等于关涉青海蒙古、番子案件，自当申报青海大臣；若只系寻常地方案件，即当转报总督，免致牵混干与。至军政大计年分，该镇、道等办理蒙古、番子案件功过，由该大臣出具考语咨会该督，再将该员等平日办理地方事务是否认真，由该督会同参酌举核，以昭核实而示劝惩"①。将处理蒙藏纠纷事授权于西宁办事大臣，要其在青海地区主政，并拥有对处理蒙藏纠纷事宜的监督执行权力。

另外，嘉庆四年九月庚辰，决定"于生番内设一头目。赏给六七品顶戴。俾资弹压。嗣后再有抢掠之事。庶易办理"②。嘉庆七年十二月丁巳，"铸给甘肃西宁县土司指挥同知印"③。嘉庆十三年奖励了冬天"防守冰桥"有功的尖木赞"赏还五品翎顶"，都拉"加赏五品翎顶"④，在处理郭罗克五处藏族部落抢劫了由官兵护送的入藏堪布喇嘛一事后，清政府奖赏了在军事弹压中立功的绰斯甲头人安奔职衔，土目且借土百户世职，中郭罗克土目索朗丹巴土千户印信，反映出对郭罗克抢劫的治理方面，千百户的设置较为普及。总体而言，因青海藏区地处偏远，且地理地貌气候等状况极为复杂，清政府对其治理还是以"当地人治理当地人"为主。

其次，嘉庆初，清政府在对青海蒙藏纠纷的处理中发现，蒙古确实已是"积贫积弱"的现状，从而逐步改变了自清初以来"扶番抑蒙"之策，开始"扶蒙抑番"，并决定暂时先以清军军威来震慑藏族部落，且告知蒙古

① 顾祖成等编：《清实录藏族史料（八）·仁宗实录》卷一五四，拉萨：西藏人民出版社，1982年，第3704－3707页。

② 《清实录（二八）·仁宗睿皇帝实录（一）》卷五二，北京：中华书局，1986年，第675页。

③ 《清实录（二九）·仁宗睿皇帝实录（二）》卷一〇六，北京：中华书局，1986年，第429页。

④ （清）那彦成著，宋挺生校注：《那彦成青海奏议》，西宁：青海人民出版社，1997年，第82页。

部落"况此次官兵等缉捕出力，至有受伤，而该蒙古并未派有一兵随同协捕，竟若置身事外。似此不知轻重，将来设再遇贼番抢劫之案，官兵当置之不顾，并当将西宁办事大臣裁撤，看尔等如何自为捍卫耶!"[1] 先对蒙古部落社会进行威胁恐吓，然后要求蒙古部落自强自保，最终自防自救，否则"官兵当置之不顾，并当将西宁办事大臣裁撤"。很明显的是，此时"扶蒙抑番"策略的实施，并不是立即开始的，而是在进一步处理蒙藏部落之间纠纷的同时，详细了解蒙藏部落状况，明确了青海蒙古部落社会的确衰落和藏族部落社会已逐步崛起，且藏族部落社会势力已经强于蒙古部落社会的前提下，才有意向开始进行此策略的，其目的还是想让青海地区蒙藏部落之间相互制约，不想出现一家独大的局面。

总之，嘉庆朝在整个清朝历史上，是一个承上启下的时期，上承"康乾盛世"，下启"道咸衰世"。其对青海藏区社会的治理，是在前朝的基础上进一步细化的一个过程。前朝的治理效果，于此时完全体现出来，嘉庆朝在此基础上，基本完成了对青海藏区社会治理的平稳过渡。

第三节　道光时期青海藏区社会的状况

嘉庆二十五年八月，道光帝登基亲政。此时清朝已日渐走向衰落，可以说道光朝延续了嘉庆朝遗留下来的一切问题，国内社会矛盾激化，更为严重的是，国际上，资本主义列强的枪口直接对准了国内统治危机四伏的清王朝。为了挽回颓势，道光帝也采取了很多措施，如整顿吏治、治理财政等。但在其统治期间，国内出现了道光四年十月兴起至道光十年（1830）被平息的新疆回部张格尔等人领导的反清起义；道光十一年（1831）发生广东黎民起义，同时英国人违反禁令开始向广东等地输入鸦片，自此拉开清政府禁烟运动的序幕；道光十三年（1833）台湾天地会反清起义、四川彝民起事，同时禁烟运动也在继续进行；道光十八年（1838），清政府派林则徐前往广东禁烟；道光二十年（1840），英国发动了第一次鸦片战争；道光二十二年（1842）中英《南京条约》签订，英国用武力打开清政府的大门，中国自此逐渐沦为半殖民地半封建社会。但此时，地处偏远的青海藏

---

① 《清实录（二九）·仁宗睿皇帝实录（二）》卷一七四，北京：中华书局，1986年，第285页。

区社会，基本没有受到影响，清政府尽管疲于应对国内国际的各种冲击，但对青海藏区社会的治理却有条不紊地进行着。

一、减免青海地区之额赋

道光帝登基之后，也和前任皇帝一样，采取各种减免赋税的措施，如道光元年（1821）十一月，因受灾，缓征甘肃西宁等十厅州县歉收之民众的新旧钱粮草束等。道光二年（1822）春正月甲寅，因上一年水、旱、雹灾，贷给甘肃西宁等二十七州县灾民以籽种口粮，帮其渡过难关。道光三年（1823）春正月丁巳，"除甘肃西宁等十州县正耗银粮草束"①。道光五年（1825）春正月甲午，因自然灾害的影响，贷给甘肃西宁、碾伯、大通等三十九厅州县灾民以口粮籽种。道光七年（1827）春正月辛巳，因上年遭受水、雹等自然灾害，贷给甘肃西宁等十七厅州县灾民以口粮籽种。道光十年十月甲寅，缓征甘肃贵德、碾伯等十四厅州县受雹、水、霜灾民众本年额赋，并供办兵差之循化、丹噶尔、巴燕戎格、西宁、大通等五十二厅州县积欠银粮"②。道光十三年九月，因受雹灾影响，决定缓征甘肃西宁县之新旧额赋。道光十四年（1834）八月，因受旱灾影响，将仓库集粮拿出，借贷给甘肃西宁、碾伯等六厅州县，暂渡难关。道光十七年（1837）十一月，缓征甘肃碾伯等十七厅州县，被雹被水被旱被霜灾区新旧额赋。③道光十九年（1839）冬十月朔，因受水、旱灾的影响，西宁等二十九州县村庄缓征新旧额赋。道光二十年秋七月，"缓征甘肃西宁、碾伯等五厅州县，被震被霜灾区新旧额赋"④。道光二十一年（1841）十一月，"免玉舒番族被雪压毙人户应征银"。癸酉，又因雹、霜、水等自然灾害，缓征甘肃西宁、碾伯等十八州县歉收地区的旧欠额赋。道光二十三年（1843）十一月乙酉，缓征甘肃碾伯等二十四州县歉收村庄新旧额赋。⑤道光二十五年（1845）九月戊子，"免玉舒番族节年积欠马贡银"⑥。道光二十六年

① 顾祖成等编：《清实录藏族史料（八）·宣宗实录》卷四十九，拉萨：西藏人民出版社，1982年，第3882－3883页。

② 顾祖成等编：《清实录藏族史料（八）·宣宗实录》卷一七八，拉萨：西藏人民出版社，1982年，第3937页。

③ 《清实录（三七）·宣宗成皇帝实录（五）》卷三〇三，北京：中华书局，1986年，第721页。

④ 顾祖成等编：《清实录藏族史料（八）·宣宗实录》卷三三六，拉萨：西藏人民出版社，1982年，第4002页。

⑤ 《清实录（三八）·宣宗成皇帝实录（六）》卷三九九，北京：中华书局，1986年，第1144－1145页。

⑥ 《清实录（三九）·宣宗成皇帝实录（七）》卷四二一，北京：中华书局，1986年，第290页。

（1846）十二月朔，"免甘肃督标暨西宁、河州二镇，派剿番匪兵丁借办行装银"①。道光二十七年（1847）十一月甲辰，因雹、水、旱、霜等自然灾害，缓征甘肃西宁、碾伯、大通等二十一州县受灾村庄的新旧正杂额赋。道光二十八年（1848）春正月己卯，贷甘肃西宁、碾伯、大通等七县灾民籽种口粮。② 通过以上措施，减轻了青海地区蒙藏人民的负担。同时，这些减免赋税措施之实行，对于自顾不暇的清政府来说，在一定程度上对稳定青海局势起了较大作用。

二、处理藏族内部及蒙藏草场纠纷

（一）处理郭罗克抢劫

道光帝登基之初就发生了四川格尔族纠合郭罗克藏族部落抢劫玉树藏族部落的事情，道光元年五月戊午，"又谕：素纳奏：据玉舒番子鄂纳车楞等呈报，该番子等去夏贸易回牧，行至玉舒呼喇地方，被四川所管格尔族番贼古萨尔旺扎勒父子合郭洛克番贼瓦喇木滚蕴端等十余人为首，纠约千余人，抢去……伊等逃避回牧后，探明贼首，呈请办理等语。……著蒋攸铦迅即派委干员前往该处，将伤毙番人之贼犯按名查拿，并将抢去银两牛马原赃逐一查起，审明按律办理。如格尔族等有抗拒情事，即派大员带兵前往弹压，务获赃贼，以儆凶顽而安行旅。将此谕令知之"③。冬十月己卯，因郭罗克地方的气候地貌等因素，即若稍涉迁延，转瞬即届严冬，该处山深雪大，以内地官兵久顿穷边之地，设急切不能了事，亦属非宜，决定冰融雪化后，出其不意再行剿洗。抢劫玉树藏族部落一事还未解决，道光二年春正月辛未，又发生西藏年班堪布贡噶扎木巴等禀报喇嘛等进贡，于上年九月二十六日行至西宁当噶尔地方，被番贼二百余人抢去牛只骡马帐房等物。道光二年二月丙申，"谕军机大臣等：呢玛善等奏：……果洛克贼番抢劫玉舒番族一案，业已赃贼并获。其西藏堪布被劫一案，亦据该镇将等前往搜捕，查获原赃，惟该番贼前已闻拿远遁，尚未就获一名，必须悉数捕诛，方足以靖边围而安行旅。彼时因该处雪积尺余，草枯水涸，自不得

---

① 顾祖成等编：《清实录藏族史料（八）·宣宗实录》卷四三七，拉萨：西藏人民出版社，1982年，第4112页。

② 《清实录（三九）·宣宗成皇帝实录（七）》卷四五一，北京：中华书局，1986年，第686页。

③ 顾祖成等编：《清实录藏族史料（八）·宣宗实录》卷一八，拉萨：西藏人民出版社，1982年，第3825－3826页。

不暂时撤兵。该将军等当饬属于冰融雪化后随时察探，一俟关外道路可以逦行，即须调集汉土官兵，前往剿捕……届时当令新任提督桂涵督兵往办，务将该番贼痛加惩治，以儆将来"①。秋七月，查知抢劫西藏堪布一事系达凹等寨所为，清政府决定派兵前去震慑，并下令给成都将军呢玛善等人："如该番贼震慑兵威，将此案正贼，悉行缚献，即就地讯明惩办，取结完案。倘负嵎观望，著即统率官兵，设法剿捕，分路搜拿，务期悉数捕诛，肃清边境"②。九月，呢玛善等带兵剿办郭罗克"番贼"，连获胜仗，并予伤亡兵丁赏恤如例。十月，呢玛善等调集汉土官兵，将"果洛克唐凹等寨番贼叠次擒获土目父子及著名凶贼，悉行就地正法，各路土目番众，咸知畏惧。现在拣择妥实安分之人，承充果洛克土目，边境肃清"③，这两次郭罗克部落的抢劫活动，被清政府及时处理。

道光七年春正月，陕甘总督鄂山等奏，"野番"乘隙偷渡黄河抢劫青海蒙古牲畜，现在酌派官兵追捕驱逐。道光八年（1828）八月，穆兰岱处理玉树雍希叶布族被郭洛克贼番抢劫逃奔青海西南色尔克地方之事，准其令该百户即在色尔克地方暂行驻牧，一俟明岁春融后，即将该百户并其属下番户，一并逐回原牧，毋任日久逗留。同时，穆兰岱还处理六月间四川所属郭罗克贼番二百余人抢劫南柴达木地方驻牧之扎萨克台吉布彦达赖旗下羊二百余只，牛七十余只，贝子喇特纳什第等旗蒙古驮盐牛二百四十余只，阿里克番子马牛一百数十只之事。而南柴达木及玉树地方驻牧蒙古屡有被郭罗克贼番抢劫之案。道光十年二月，昇寅等人拿获抢夺西藏商人等货物之郭洛克首犯桑珠蚌等，该犯被拿获时，辄敢纠众拒捕，当经官兵将抗拒之桑珠蚌等当时格杀，其现获之亦当笑等，于审明后业已分别斩枭，各按罪名定拟。所有搜获原赃，著照向例饬司委估变价，解交西宁，饬令番商承领。

道光十四年三月，鄂山处理前后藏堪布进京，在途屡被郭罗克抢劫，经调查知道，还有些抢劫是西宁地区不安分于驻牧的藏族部落所为。著即责成三郭罗克之该管土千百户，多派土目，按户严行管束，结力稽查，不准各番民以打牲为名，远离巢穴。并严饬该管镇将转饬该管土千百户，严

---

① 顾祖成等编：《清实录藏族史料（八）·宣宗实录》卷三十，拉萨：西藏人民出版社，1982 年，第 3839 页。

② 顾祖成等编：《清实录藏族史料（八）·宣宗实录》卷三十八，拉萨：西藏人民出版社，1982 年，第 3858－3859 页。

③ （清）那彦成著，宋挺生校注：《那彦成青海奏议》，西宁：青海人民出版社，1997 年，第 175 页。

束番众，傥有抗违远出，准令该土司指拿送究，尽法惩治。傥土司徇庇纵容，即由该镇将禀请参办，仍于每年责成该管参将选拔勤能妥弁，严密稽缉，俾各番夷愈知儆畏。另在川省阜和协属之挖树色尔塔格尔次等处，因其距通天河较郭罗克稍近，著该督严饬阜和协副将一体稽查，钤束办理。①夏四月，杨遇春等又派兵护送前后藏贡使安全入藏，以防被抢。十二月丙午，又发生了本年西藏进贡堪布人等被四川郭罗克番贼纠众抢劫之事。

道光十五年（1835）二月发生的抢劫，经四川总督鄂山等派兵严缉正贼，最后照数追出赃物。道光二十一年秋七月，官员恩特亨额等人报告，郭罗克等抢劫蒙古部落牲畜。经该管盟长棍楚克济克默特带兵前往擒剿，歼毙"贼番"多名，夺获被抢牲畜并赏给该管盟长大缎四匹。②

（二）对玉树藏族部落的治理

道光年间，清政府还加强了对玉树藏族部落的治理与管辖。道光二年十二月，"谕内阁：那彦成等奏：玉舒番族，每岁马贡折银，请循旧例交纳一折。青海大臣衙门所管玉舒番族，向有马贡折银，由该番目自赴西宁交纳。嗣于乾隆三十一年，改派主事通丁前往催收，各番族供应较繁，殊滋扰累。那彦成等请循照旧例办理，用示体恤。著照所请：嗣后此项贡马折银，著仍循旧例。责令该总管千百户等，照数凑齐，于每岁九月间，交该处贸易番目，自赴西宁交纳。仍著青海大臣会同西宁镇派员兑收贮库，所有主事通丁催征之例，永行停止至该主事前往会盟之年。如有自备土仪，致送番族及客商私带货物，一并查明究办，以除积弊"③。从此资料记载来看，乾隆年间，玉树藏族部落已经开始向清政府交纳马贡，并处于西宁大臣衙门的管辖之中。

道光三年三月朔，那彦成又处理了堪布喇嘛并玉树德尔格等，进口出口严查携带汉奸之事，"西藏班禅额尔德尼及达赖喇嘛，每年遣使堪布入都进贡，呈递丹书克，其商上人等所带货物人数，本有定额，近来奸徒夹带，

---

① 顾祖成等编：《清实录藏族史料（八）·宣宗实录》卷二五〇，拉萨：西藏人民出版社，1982年，第3956－3957页。

② 顾祖成等编：《清实录藏族史料（八）·宣宗实录》卷三五四，拉萨：西藏人民出版社，1982年，第4009页。

③ （清）那彦成著，宋挺生校注：《那彦成青海奏议》，西宁：青海人民出版社，1987年，第175页。

并有蒙古番子勾结滋事之弊。现当惩办汉奸（内地歇家①，笔者注），驱逐番帐，自不容听其溷迹。嗣后堪布等进京，由驻藏大臣饬将正余各包及货物，照例造册，仍将同行喇嘛及跟役并商上人等，先期咨会陕甘总督及西宁办事大臣。俟到丹噶尔时，该主簿具报该督等会同委员，按册查点，方准进口。回藏时，亦饬令造册查点出口，不许逗留夹带。该堪布到藏，由驻藏大臣照册查点，如有汉奸朦混，即照无票出口例办理……其玉舒德尔格等番族贸易，将货物交官歇家售卖，更易滋弊。该督等奏请：嗣后番族到口，由丹噶尔主簿报明委员，会同营弁，带领歇家，查明人数，方许进口。仍令出具甘结，其出口时，委员查点放行，奸民夹带，除严办本犯外，歇家等一体治罪，俱著照所议行。将此谕令知之"②。严格限制"汉奸"、歇家等人人藏或者随喇嘛进入西藏、青海地区。

道光六年（1826）春正月，杨遇春等人处理了四川德尔格土司头人干预西宁所管玉树巴彦囊谦番族分管人户一案，著瑚松额等另行遴委熟习番情之明干大员前往该处明白开导，永绝葛藤。毋任该土司妄行干预，以息争端而绥边境。③ 道光十八年二月，发生了青海衙门管辖玉树"熟番"内雍希叶布、蒙古尔津、尼雅木错、卡爱尔四族，因被郭洛克番子屡行抢劫，奔赴青海地方投生，之后据盟长棍楚克济克默特等情愿让地驻牧之事。但清政府更为担心的是，尽管得到蒙古盟长的支持，日后能否少生事端犹未可知。④

道光十八年十一月，玉树阿拉尼克隆布族百户喇嘛商洋呼毕勒罕，因独断专行，管理下属无方，被免去百户之职。

道光二十五年秋七月，官员德兴奏报：署总兵庆和，出口会哨，在布哈河地方，突遇番贼两千多人打仗被戕。此事经惠吉、邓廷桢、德兴、林则徐等人先后查办，最后于道光二十六年三月为林则徐等得知，是玉树所

---

① "歇家"一般为当地人或租住当地人房屋来开旅店的外地人，这些人懂少数民族语言，也会汉语，他们了解藏区社会的情况，又掌握内地的情况。一般来说，他们开旅店或租住，一方面自己做生意，另一方面做藏族部落与内地商贩间的介绍人、中介人，从中牟利。

② （清）那彦成著，宋挺生校注：《那彦成青海奏议》，西宁：青海人民出版社，1987年，第218页。

③ 顾祖成等编：《清实录藏族史料（八）·宣宗实录》卷九四，拉萨：西藏人民出版社，1982年，第3905 - 3907页。

④ 顾祖成等编：《清实录藏族史料（八）·宣宗实录》卷三〇六，拉萨：西藏人民出版社，1982年，第3987页。

属之雍希叶布番族勾结郭罗克，派兵出卡，此事中还拿获"汉奸"韩茂才。① 但在查处此事之际，又检举出前任官员富呢扬阿在处理青海番务时夸张粉饰而被处理之事。此事后又发生转折，雍希叶布族"不甘身被贼名，情愿杀贼投效，并责成盟长百户，将户口认真稽查，又买易粮茶，严禁溢额，以杜接济"②。雍希叶布番族主动投诚后，被清政府清查户口，并令本族百户严格管理，将其牢牢控制。

道光二十九年（1849）十一月，青海办事大臣哈勒吉那奏报，道光十八年因所属玉树三十九族"熟番"内雍希叶布、蒙古尔津、尼雅木错、卡爱尔四族番民，屡被四川郭罗克番子抢劫穷蹙，陆续逃奔青海地方"投生"。近年再未被抢，雍希叶布等族情愿回归。由此看来，郭罗克的抢劫活动在这段时间也逐渐减少，这说明在那彦成等官员的精心治理下，郭罗克部落的抢劫活动有所收敛。

（三）那彦成等人处理循化、贵德"野番"渡河抢劫蒙古事宜

道光年间，青海蒙、藏部落之间的矛盾完全爆发出来，说明清政府自顺治朝顾实汗去世之后逐渐开始的"扶番抑蒙"之策于此时卓有成效，藏族部落社会已逐渐摆脱了蒙古部落的控制，那种不知厅卫，唯知有蒙古的局面已彻底被打破，藏族部落社会已完全登上了青海历史舞台。此时在青海藏区社会，蒙古势力已处于劣势，并开始遭受藏族部落社会的挑战甚至排挤。对此，清政府对其治理主要体现为如下几方面：

第一，纠正、弥补长龄处理蒙藏纠纷的失职。道光元年十月辛丑，发生了循化、贵德以汪什代克为首的"野番"渡河抢劫蒙古部落，并在河（黄河）北驻牧之事，"谕军机大臣等：长龄等奏驱逐河北番帐情形一折。循化、贵德所属野番，常有抢掠蒙古之事，若任听在河北插帐居住，则相距密迩。该蒙古等势本孱弱，益难防范。本年夏间，该督等派令官兵赴口外沿河一带驱逐番帐，路遇番贼，竟敢拒捕接仗，幸官兵奋勇剿捕，毙贼十名。并将被掳蒙古及马匹牛羊夺回。惟时助勒盖偷住之汪什代克等九族番子及盐池一带挖盐之番户，均经具结，情愿俟冬令冰结搬移过河，已先退至恭额尔格及阿苏拜山根暂住。现在已交冬令，该督等当饬知该厅营，

---

① 顾祖成等编：《清实录藏族史料（八）·宣宗实录》卷四二七，拉萨：西藏人民出版社，1982年，第4095－4096页。

② 顾祖成等编：《清实录藏族史料（八）·宣宗实录》卷四二八，拉萨：西藏人民出版社，1982年，第4100－4101页。

一俟冰坚可渡，即催令该番族等遵照前约迁移。其余散处插帐之番，次第设法驱逐。倘该番等狡黠延挨，届期背约，该督等察看情形，应如何押令搬徙之处，再行奏明办理。将此谕令知之"①。得知此事，清政府立即派人追查，途中竟然遭到"野番"抵抗，官兵痛剿之后，为避免蒙番部落杂处起其他争端，清政府决定将移驻至黄河北的藏族部落到冬季冰坚可渡之时遣返回原地。十二月，官员朱勋又报：汪什代克等九族及盐池一带挖盐之番户，遵俟冰桥结冻后，饬令尽数渡河。惟今夏驱逐番帐之时，有蕴依、双勿二族，闻风远窜，屡至沿边一带，并窜至大通县边界抢掠，觅踪追捕，剿毙多名。清政府下令：循化、贵德所属"野番"插帐，亟应押令回巢。其闻风远窜之蕴依、双勿两族，尤当严行驱除。

道光二年春正月癸酉，据朱勋等奏："河北插帐之循化等处九族野番及盐池一带挖盐番户，均狡黠背约，抗不回巢。又蕴依、双勿两族勾结循贵及四川野番盘踞抢掠等……"② 三月，军机大臣长龄等人筹办驱逐番帐之事，认为"野番"背约迁延，名为贪恋水草，实图便于抢掠。最后决定调派督标及附近各提镇属官兵八千余名，紧顾东西北三面，分途并进。夏四月庚戌，长龄等奏官兵剿捕番贼情形一折，刚咱③等族番贼，一闻官兵临近，皆向西南逃窜。……截击袭剿，连获胜仗，歼毙番贼一百三十余名，活捉二十余名，夺获贼畜马牛羊无算……④四月、五月，在长龄等人的率领下，清军继续追剿逃散"野番"，五月己亥，长龄等奏番贼悉数歼除，青海全就肃清一折，"甫经两月，将蕴依等二十三族野番，抗拒者尽数馘俘，不留遗孽，逼胁者咸从宽赏，押回原处，恩威并用，国法丕彰。现在黄河以北，全境肃清，蒙古边氓，悉皆安堵……"⑤。六月，长龄等奏青海地方全就肃清，移住蒙番防守一折，并认为"循化、贵德野番，前此盘踞助勒盖、克克乌苏一带……著照所议：助勒盖一带，即令察罕诺们汗移居；克克乌苏一带，饬回阿里克大百户住牧，均各给予执照，俾垂久远。每岁河冰结后，责令分段防河。并于冬春两季，赏给该诺们汗及阿里克大百户置备口

---

① 顾祖成等编：《清实录藏族史料（八）·宣宗实录》卷二五，拉萨：西藏人民出版社，1982 年，第 3830 页。

② 顾祖成等编：《清实录藏族史料（八）·宣宗实录》卷二八，拉萨：西藏人民出版社，1982 年，第 3836 – 3837 页。

③ 刚咱，今青海省海北藏族自治州刚察县之刚察藏族部落，本书正文中统一为"刚察"。

④ 顾祖成等编：《清实录藏族史料（八）·宣宗实录》卷三三，拉萨：西藏人民出版社，1982 年，第 3848 – 3849 页。

⑤ 顾祖成等编：《清实录藏族史料（八）·宣宗实录》卷三六，拉萨：西藏人民出版社，1982 年，第 3855 页。

粮银各一千两，用示体恤……仍责成佐理以资防守，其向年会哨之兵，即行停止。至察罕诺们汗失察属下勾结野番，屡次抢掠，本有应得之咎，姑念此次随营出力，又将该旗贼犯查拿送究，著加恩免议"①。通过本次对藏族部落渡河抢劫并驻牧黄河北一事的治理，清政府还是决定将防范"野番"渡河抢劫驻牧之事交给蒙古部落自己处理。此外，就本次处理藏族部落渡河抢劫及驻牧一事，由长龄等奏《青海善后章程八条》（见附录五）。然而，八月庚戌，藏族部落至河北抢劫蒙古部落之事又起，清政府批评了长龄办理不善，给予惩罚，并将此事交由那彦成处置。

第二，那彦成认真仔细地处理蒙藏纠纷及其他事宜。那彦成到任后，细致调查上述之事，得知"察罕诺们汗即系白佛僧，亦即蒙古二十五旗之一。原牧在循化边外，后移居黄河之南，今又潜住河北，时与野番勾结为奸，移之则驱而为贼，留之则引贼作贼"②。经过调查掌握到具体情况之后，那彦成立即提出：酌安卡隘，严拿汉奸。③ 后来于道光二年十一月再度擒获抢掠扑卡之蒙古番子，审明正法，并暂时添卡设兵管制歇家，"至西宁各城内，向设官歇家，容留蒙番。近复于山僻小路，分开私歇家，销赃易粮，私买军火，自应严行查禁。嗣后城官歇家，无论官私，一律造具花名清册，并循环印簿，由地方官详报备查……"④ 另外，针对纠纷，那彦成还决定添设官兵加以防范，如"添设西宁镇海营副将一员、都司一员、守备一员、千总二员、把总二员、外委七员、兵九百四十一名；……镇海堡千总一员；大通营游击一员；……裁镇海营游击一员，镇海堡守备一员，外委一员，兵九十九名；大通营副将一员，都司一员……余在西宁镇标前、中、左、右、后五营，北川营……"⑤ 在那彦成军事震慑、设卡布兵等措施下，察罕诺们汗于十二月率属悔罪，愿归黄河南原牧。借此契机，那彦成决定，在藏族部落中，按户口的多少，分别设置百户、千户、百总、两百总、十总等职务，而这些职位的任职者，从藏族部落中选出，必须行为端正，办事公平、正直，在部落中有较好的口碑与声望。给予其顶戴，若三年中没有

① 顾祖成等编：《清实录藏族史料（八）·宣宗实录》卷三七，拉萨：西藏人民出版社，1982年，第3856—3858页。
② 顾祖成等编：《清实录藏族史料（八）·宣宗实录》卷四十，拉萨：西藏人民出版社，1982年，第3863—3864页。
③ 顾祖成等编：《清实录藏族史料（八）·宣宗实录》卷四二，拉萨：西藏人民出版社，1982年，第3867—3870页。
④ 顾祖成等编：《清实录藏族史料（八）·宣宗实录》卷四四，拉萨：西藏人民出版社，1982年，第3871—3873页。
⑤ 《清实录（三二）·宣宗成皇帝实录（一）》卷四四，北京：中华书局，1986年，第784页。

过失，发给印照号纸，作为实缺。若确定为没有过失之人，可由千户做主，在贸易、交换事宜中给予优惠。在藏族部落中实施严密的土司制度下的千百户等官职的设置，意欲用当地人管理当地人。

同时，对在抢劫活动中通风报信的"汉奸"，即对私人歇家做了严厉的规定，"汉奸私歇，例无明文，著照所请，嗣后西宁地方，拿获私歇家，除审有不法重情，实犯死罪外，其但在山僻小路，经年累月开设私歇家者，将为首之犯，照私通土苗例，拟发边远充军，为从之犯，拟杖一百，徒三年。所有现获各犯，即照此例严办"①。还严惩了乔装"野番"进行抢劫的罪犯。

经过那彦成的治理，道光三年春正月，所有偷驻黄河北之贵德循化各番族共一万七八千人，及察罕诺们汗所属全数迁回黄河南，在其内设置千百户等进行管辖，并酌移屡被"野番"贺尔族抢劫的比较富裕的黄河南四旗蒙古至黄河北助勒盖一带。渡河抢劫驻牧之事逐渐平息，清政府开始撤卡撤兵。之后安置撤回黄河南之藏族、蒙古族部落，"责成西宁镇道，于春秋二季轮往循贵，点验门牌户口。如有一户逃亡，即尚该管户总严追下落。倘系潜渡河北，询明住所，飞报西宁大臣总督衙门，立往擒拿，严切究办"②。在军事弹压的基础上，那彦成又于该年三月朔上奏折，定商民与蒙古贸易章程，即与黄河北蒙古及黄河南蒙古番子交易，即以现定地界为限，不许径赴蒙番游牧处所收买……其蒙古羊只，每年定以四月至九月，按照指定处所售卖，事竣不准逗留，以杜弊端……此外，甘州之野牛沟、肃州之赤金湖等处，向有"汉奸"偷挖金砂，现经该督等严拿查禁，惟大通县属之札马图官金厂，该匪徒等难保不乘间潜往开采，著即严行封闭，所有应纳正撒课金二十八两零，即停其交纳。③ 三月，那彦成又提出："请赏给野番各族千户、百户、百总，并防河蒙番青稞一折。循化、贵德野番，向系分族而居，本无统束，故易于偷渡黄河北，散漫无稽。现据那彦成等编查户口，分立千户、百户、百总，令其递相管辖，稽察各族番子。易买粮茶，由该千百户等代为请票。遇有为匪不法者，责令擒献究办。兹该督等奏称：野番之千百户等，现在均知管束番众，复献贡马，察其情词肫恳，

① 顾祖成等编：《清实录藏族史料（八）·宣宗实录》卷四六，拉萨：西藏人民出版社，1982年，第3874－3876页。

② 顾祖成等编：《清实录藏族史料（八）·宣宗实录》卷四九，拉萨：西藏人民出版社，1982年，第3881－3882页。

③ 顾祖成等编：《清实录藏族史料（八）·宣宗实录》卷五十，拉萨：西藏人民出版社，1982年，第3884－3886页。

洇为慑伏归诚，自当量予恩施。所有该番目等果能始终不懈，著每年千户一名，赏给青稞十二石；百户一名，赏给青稞八石；百总一名，赏给青稞四石。至循贵黄河渡口二十处，责令察罕诺们汗旗下图萨拉克齐等及野番千百户等把守，亦当分别赏罚，以示劝惩。其最要渡口，如果一年无偷渡之人，赏给青稞二十石；次要渡口，赏给青稞十五石；又次要渡口，赏给青稞十石。倘防守疏懈，致有偷渡，又匿不举报者，查出由何渡口偷渡，即将把守之图萨拉克齐及千百户等，斥革严办。该野番千百户及防河图萨拉克齐等，经此次特加优赉，生计有资，当知感知畏，认真效力，方得长邀恩赏也。懔之"。① 从记载来看，那彦成依旧非常重视土司制度下千百户的设置，并以此来管辖"野番"各族。基于对"野番"很难管理的考虑，一方面，在"野番"中设置千百户、百总等职务，并给予一定奖励，如赏青稞等。通过此手段，让千百户等负起责任，加强其责任心，在一定程度上遏制了偷渡之事的频发；另一方面，在清朝官员的监督下，让在"野番"中设置的千百户、百总对所属番部进行管理，即利用当地人来管理当地人，这些措施大大减轻了清政府的负担。这次处理蒙番纠纷之事，那彦成得到了清政府的奖励。

之后，那彦成更细化了青海地区的工作，如道光三年五月乙未，那彦成提出酌支西宁防兵行装分例；六月乙亥，又处理了河东、河西蒙古争夺地盘一事，最后决定仍旧以则布盖为界，并处理了在此争端中办事不力的正副盟长贝子。清政府又在青海蒙古颁布一些政令来配合那彦成，十一月癸巳，"理藩院奏：蒙古现行例内，抢劫轻于偷窃，而抢夺又与强劫不分。请嗣后青海及各蒙古地方强劫案件，有杀人放火重情，照刑律不分首从皆斩立决，仍于犯事地方枭示；其余盗劫之案，照刑律分别正法发遣；应免死发遣者，俱发烟瘴充当苦差；应拟流者，发福建湖广等省；其抢夺未经伤人得财，数在三人以下者不分首从，发烟瘴充当苦差；如四人以上至九人者，不分首从，俱改发伊犁，分给察哈尔及驻防官兵为奴；但有伤人及捆缚事主者，将喝令下手之犯，拟绞监候，杀人者拟斩立决；其抢夺牲畜在十匹以上者，为首拟斩监候；纠伙至十人以上者，无论伤人与否，为首者拟斩立决，为从均拟绞监候。秋审时，核情定以实缓，均籍没其产畜，

---

① 顾祖成等编：《清实录藏族史料（八）·宣宗实录》卷五十，拉萨：西藏人民出版社，1982 年，第 3886 - 3888 页。

给付事主，仍将该管及地方官照例议处。从之"①。依此例为据，十二月丙午，那彦成等又严肃处理了番子谋杀本管百户一案，将罪犯处斩枭示。道光四年闰七月辛丑，那彦成又在西宁镇属千户庄汛添设塘汛，以重边防，清政府决定："著照所请，自千户庄至阿什贡著添塘汛一处，拨南川营属兵丁十名防守；阿什贡至贵德官渡著添塘汛三处，拨贵德营兵三十名巡缉。此次新添墩塘，现据那彦成等奏明，由营捐修。嗣后岁修之需，仍照例归地方文员办理，以昭画一。该部知道。"② 那彦成的设兵布防之举，得到清政府的认可。

此后，那彦成又对蒙古喇嘛出口赴藏熬茶一事作了规定："沿边各营卡，严禁无票之人，不准出口。惟北口各部落蒙古喇嘛，十人以下，无票赴藏熬茶者甚多，若概令由原处请票，非所以示体恤。然现当立法严禁之时，亦未可令无票之人任意出入。著照所请：嗣后凡有北口各部落蒙古喇嘛赴藏熬茶，十人以上者，仍留原处请票；十人以下，无票出口者，由西宁何处营卡行走，即责令该营卡官弁，详细查验人畜包物数目，报明青海衙门，核给执照。一面移咨驻藏大臣查照，将票缴销，回时由驻藏大臣发给路票，在青海衙门查销，以免繁扰而昭慎密。"③

冬十月癸亥，那彦成又提出额设酬赏银给西宁办事大臣衙门，以为其每年办理蒙古番子事务及巡查兵役，并缉拿贼匪，均须厚赏鼓励。十一月庚寅，因冬天黄河结冰，那彦成又督促派总兵巡哨番地，并派兵防河。道光五年春正月辛亥，那彦成处理了赏给扎萨克职衔的喇嘛伊什多尔济因庇贼（抢劫青盐贼犯）惑众一事，依照律例，革去喇嘛伊什多尔济职衔，剥取其喇嘛黄衣，发遣其往两广极边充军。六月戊辰，那彦成又在边要地方（西宁镇属之康家寨堡），请拨添弁兵，增设塘汛，"准其在该镇属标路各营，抽拨经制外委一员，马步守兵五十名，连原设额外外委马步守兵，共有一百一十五员名，于控制缉防，两有裨益。其巴燕戎格厅属之日兰木地方，为河北渡口要津。南岸野番，尤宜加意防范。并著准其于该处添设塘汛一处，就近派拨巴燕戎格营外委一员、兵十名，随时更换稽查，务期周

---

① 《清实录（三三）·宣宗成皇帝实录（一）》卷六一，北京：中华书局，1986年，第1081-1082页。
② 顾祖成等编：《清实录藏族史料（八）·宣宗实录》卷七一，拉萨：西藏人民出版社，1982年，第3891-3892页。
③ 顾祖成等编：《清实录藏族史料（八）·宣宗实录》卷七一，拉萨：西藏人民出版社，1982年，第3891-3892页。

密，毋得日久生懈"①。在那彦成的悉心治理下，青海蒙藏部落之间的纠纷暂时出现平缓之机。

第三，其他官员对蒙藏事务的治理。道光五年十二月癸丑朔，鄂山等处理偷渡河北番贼之事，按照律例，将偷渡"番贼"歼擒殆尽，之后"著照所请，即令防河官兵，以防代捕。将派出西宁河州二镇兵四百名，官二十员，并察罕托洛亥等处防所例拨添拨兵四百名，交防所副将统领，分布驻扎，备御偷渡野番。即便巡缉逸贼，所有该总兵原带官兵，即撤回归伍，以节縻费。防所千总郭逢泰著即褫革，在防所枷号两个月，以示惩儆，副将胡超著从宽免议"②，对失职官员进行严惩。

道光六年三月壬寅，杨遇春等人审办偷渡番贼一案。六月乙卯，杨遇春等人提议西宁口外防河巡哨经费章程，即"每年六、七、八、九等月，酌派防所官兵三四十员名，在青海东南一带小游巡数次；夏冬二季，于新设察罕托洛亥驻防兵内挑派三百余员名，在青海南北一带大游巡二次。嗣将夏季游巡裁撤，其冬季仍复派巡。巡毕之后，把守冰桥渡口。仍于西宁河州两镇，派拨官兵四百余员名，分布河干防守，俟冰桥融化撤回。又每年四、七、十月，派令循化、贵德二厅营，出口前往河南番地，编查保甲门牌，会哨稽巡。所有一切官兵口食驮脚等项，将原设会哨经费银五千两，留存支销。……河南各族野番，近来颇知敛迹，河北地方亦就肃清，筹议裁减章程。著照所请，将冬季大游巡一次，即行停止，小游巡照旧按月派防外。其余八个月，仍令防所弁兵每月游巡一次。前定驮载银两，无庸删减。至冬令防河官兵，西宁河州二镇，著少派兵二百名，即在防所兵内多派二百名，以符定数。循化、贵德二厅出口稽巡，前定每年各给银五百两，著减为四百两。统自道光六年为始，按照现定章程，每年以五千两为率，不准逾额，以示限制"③。十月，鄂山等人因"贼番"偷渡五次提议将缉捕懈弛之员弁副将万彪、都司胡继勋、守备白玉，分别摘去顶戴降补，并预筹防河事宜一折。道光七年春正月二月，发生西宁栋廓尔地方于上年十月将后藏年班堪布谢哷嘉木赞留牧牲畜毛牛骒马三千八百余头匹尽行抢去，并抢帐房等物，牧放牲畜之喇嘛俗人等间被枪伤等情，清政府下令严查这

---

① 顾祖成等编：《清实录藏族史料（八）·宣宗实录》卷八三，拉萨：西藏人民出版社，1982 年，第 3901 页。

② 顾祖成等编：《清实录藏族史料（八）·宣宗实录》卷九二，拉萨：西藏人民出版社，1982 年，第 3903 - 3904 页。

③ 顾祖成等编：《清实录藏族史料（八）·宣宗实录》卷九九，拉萨：西藏人民出版社，1982 年，第 3909 - 3910 页。

两件事。道光十二年（1832）五月，杨遇春等人处理贵德卡外思昂拉千户所管八大族驻牧循化卡外地面，内有杨弄、古弄、录弄铁哇、合尔哇、东什当、水乃害各番族，聚集多人，骑马持械，各路强劫。清政府令循化同知州判夏曰瑚等，带领撒拉回民一千名、汉土弁兵三百名前往弹压。但道光帝考虑较为谨慎、周全，"朕闻撒拉回民，赋性犷悍，时常械斗，素非安静之徒。向来卡外小有不靖，从未派令前往拒敌，诚以用其力而不稍示以恩，必生怨望。若遽加以将励，而若辈自恃为国出力，其恣肆又有不可胜言者。且回性贪婪，恐未易满其觊觎之意。傥此端一开。将来该回番等互相寻衅仇杀，尤不成事，流弊所滋不可不防之于始"①。对于动用撒拉回民弹压贵德藏族部落一事，道光帝非常重视，担心以后会因此而引发撒拉回民与藏族部落之间的仇杀之事，故要求"当降旨令杨遇春将此次派用撒拉回民，究系何人主见，据实覆奏"。九月，杨遇春等人处理"河南贼番加咱等四族，胆敢于噶布古僻静河沿地方扎筏偷渡，将附近各旗牧放牲畜肆行抢掠"一事。经驻防都司宁显文带兵往捕，致被拒伤官兵。适统领防兵永安营游击冉贵带兵在卡巡查，遇贼接仗，杀毙数贼。督同循化、贵德二厅营，酌带马步兵三百名，亲赴防所，督饬追缉。道光十四年三月，杨遇春查明沿边地方，连年颇属乂安，其扼要之扁都口外又设有察汉俄卜营制，足资弹压巡防。所有每年会哨次数，自应酌量裁减，以节糜费一折。②

道光十九年（1839）秋七月甲寅，"又谕：讷尔经额奏：番贼抢掠蒙古，盟长带兵攻击。……青海地方，突有番贼抢去蒙古牲畜。经该盟长扎萨克郡王车凌端多布带兵追击，枪毙番贼五名，夺回牲畜，并夺获马匹，番贼逃遁。车凌端多布遇事奋勇，实属可嘉，著加恩赏用紫缰，仍交部从优议叙"③。面对藏族部落的抢劫行为，清政府一直鼓励蒙古族部落要自强自保，盟长扎萨克郡王车凌端多布带兵追击自保，刚好符合清政府的意思，故而被奖励。

在处理蒙藏事务时，清政府官员突然发现，主要存在于丹噶尔厅的歇家，是个极不安定的因素，很多贸易中的纠纷均与他们有关。基于此，清政府于道光二十一年秋七月，"谕军机大臣等：据法丰阿奏请禁歇店人等保

① 顾祖成等编：《清实录藏族史料（八）·宣宗实录》卷二一一，拉萨：西藏人民出版社，1982年，第3945－3946页。
② 顾祖成等编：《清实录藏族史料（八）·宣宗实录》卷二五〇，拉萨：西藏人民出版社，1982年，第3955页。
③ 顾祖成等编：《清实录藏族史料（八）·宣宗实录》卷三二四，拉萨：西藏人民出版社，1982年，第3997－3998页。

欠各弊一折。西宁丹噶尔地方，每年冬间，有四川所属德尔格及西宁所属玉舒等番前来贸易。据该大臣饬查近年货多壅滞，恐歇店人等，有保欠拖累等弊，请嗣后严行饬禁，并取具甘结等语，是否可行？有无流弊？著恩特亨额派委妥员详细察看，妥议章程具奏，原折钞给阅看，将此谕令知之。寻奏：番汉贸易，相安已久，并无保欠拖累等弊，未便强禁，现酌拟章程四条：一、番商来丹贸易，有未卖货物，寄存歇店，次年来时，令将货价交清。如有拖欠，准番商禀明地方官，如数比追；一、番商来丹出卖货物，责令歇店将价交清。倘故意拖延骗勒，照诓骗律治罪，仍枷号一个月；一、内地商人赴丹买货，值番商在丹，责令以现银交易，或番商回牧，应由歇店将所存货物，公平交易，俟次年番商来丹，照数清交，不准卖多报少，以示怀柔；一、歇店寄存番货，应比照典商收当之例。如遇失火烧毁，或收藏不谨，被人窃取，或雨水渗漏及虫伤鼠咬，均照原价赔偿。邻火延烧者，酌减十分之二。如被盗抢劫及雨水冲塌成灾，免其赔补。若并未被失，诈言水火盗贼者，除勒限赔偿外，计赃准窃盗论。从之"[1]。以此章程对歇家及番商等作了较为规范的要求，以求减少纠纷。

道光二十二年十一月，富呢扬阿等处理了黄河北东信、群科、克克乌苏等"野番"窜至青海地面，设法搜捕一事。道光二十三年三月，富呢扬阿等决定，亲自带兵处理本次"野番"滋事事宜。秋七月，该部"野番"被降服，而河南"番族"畏法献逃至玛庆雪山之贼，本次"野番"滋事被平息。然而更为重要的是，在本次处理中，德勒克族番则巴错洛，自带属番追赶逃匪，在丹科地方接仗，与官兵两路夹攻，斩获甚众。现在大兵凯撤，该族番向义可嘉，则巴错洛著加恩赏给千户职衔，即令管束该处族番，捍卫边境。[2] 德勒克族内附，是清政府很愿意看到的事，其头人带领该部协助官兵剿匪，这是清政府更加愿意看到的事。因为一直以来，清政府在对青海地区藏族部落的治理中，就是想达到这样的目的与效果。也可以说，经过多年、多位皇帝的精心治理，到此时效果开始显现。面对德勒克族的内附，清政府也是想方设法精心管理，"内附之后，必须妥为抚辑，驾驭得宜，方可收守在四夷之效。著该督会同青海大臣，悉心筹议，毋贻后患。将此谕令知之。寻奏：一、分设百户百总什总等番目，以资钤束；一、责

---

① 顾祖成等编：《清实录藏族史料（八）·宣宗实录》卷三五四，拉萨：西藏人民出版社，1982 年，第 4007 – 4009 页。

② 顾祖成等编：《清实录藏族史料（八）·宣宗实录》卷三九四，拉萨：西藏人民出版社，1982 年，第 4036 – 4039 页。

成保护河北地方，用资绥靖；一、酌定贡马匹数，以肃体制；一、酌赏青稞，俾知鼓励；一、置买粮茶，示以限制；一、清厘户口，以便稽考。下军机大臣会部议。从之"①。对内附的部落妥善安排，对平息"野番"滋事中出力有功劳的部落予以嘉奖，进一步收服，让其进一步服务于清政府。

道光二十四年（1844）三月，发生黄河北番贼偷渡分抢之事，清政府令青海盟长派兵追捕，行至乌兔一带，遇贼十一人打仗，杀死五名，拿获六名……值得注意的是，本次抢劫活动，最终是被青海盟长带兵平息的。②夏四月丙寅，辑瑞等决定西宁、河州二镇，换防官兵，现经裁撤。五月，德兴奏报，什卡族番贼偷渡抢劫，被青海盟长派兵捕斩，贼首被击毙。六月，富呢扬阿等又决定：派拨青海蒙古番子官兵至海南适中之贡额尔盖地方上、中、下三路，协同驻防官兵按季会哨，并由富呢扬阿会同青海大臣随时酌核。③道光二十六年闰五月，布彦泰等人派兵查办黑错四沟番族纠众拒毙官土兵多名，最终黑错寺番匪被清军肃清。道光二十七年秋，官员哈勒吉那奏报"库伦赴藏喀尔喀蒙古官员暨喇嘛人等，在青海被番贼抢劫两次"。经调查认为：该蒙古官员等偶尔驻扎，缓养牲畜，即被番匪抢劫，其防护不力已可概见。八月，左翼盟长呈报遇贼两次，枪毙番贼四名，夺获驼马骡牛二十余匹。并令该盟长等派兵同赴要隘堵御，俟该蒙古行过，再行撤回。该蒙古人等起程进藏，道路尚远，原派绿营兵四十名，颇形单弱，著即添派绿营蒙古官兵，一同照料护送。④该年十二月，布彦泰奏报因"野番"拒捕，而且致使大通马厂的马被抢，请将营员议处此事。最终查明，此事乃都受尕追族在收讨羊毛账时与官员发生冲突所致。道光二十九年十二月，陕甘总督琦善奏：甘肃永昌协、大马营、高古营、碾伯等地方，有贼番出巢抢劫，出没靡常，兵至则纷纷窜归，兵退又四出滋扰，惟有效坚壁清野之法，责成提镇，就近督率营汛员弁，时加防范，一经探有贼踪，即分投迎击，严行掩捕。⑤

---

① 顾祖成等编：《清实录藏族史料（八）·宣宗实录》卷三九四，拉萨：西藏人民出版社，1982年，第4036－4039页。

② 顾祖成等编：《清实录藏族史料（八）·宣宗实录》卷四〇三，拉萨：西藏人民出版社，1982年，第4043－4044页。

③ 顾祖成等编：《清实录藏族史料（八）·宣宗实录》卷四〇六，拉萨：西藏人民出版社，1982年，第4047－4048页。

④ 顾祖成等编：《清实录藏族史料（八）·宣宗实录》卷四四六，拉萨：西藏人民出版社，1982年，第4128－4129页。

⑤《清实录（三九）·宣宗成皇帝实录（七）》卷一一五，北京：中华书局，1986年，第978页。

总之，道光年间，通过那彦成等官员的治理，尽管蒙、藏部落间纷争时有发生，但治理及时，且治理措施较为得当，尤其对纠纷的预判、实情之了解都较为及时，总体来看，此时对蒙藏部落的治理与控制是较为成功的。

三、关注与支持藏传佛教

藏传佛教在蒙、藏人民心中的神圣地位，已被清政府充分认识到，这一阶段，承袭前朝做法，道光朝仍旧非常关注藏传佛教状况。道光二年（1822）二月，"谕内阁：理藩院请定口外喇嘛章程，酌议条例具奏。内如蒙古汗、亲王、郡王、贝勒、贝子、公、扎萨克台吉之子孙，承袭受职后，复愿充当喇嘛，及孤子充当喇嘛，均系蒙古旧俗，相沿已久，自应仍听其便，毋庸明立禁令。至每年呈进丹书克，由中正殿运进，亦系向来旧制，著仍遵循办理。其所议赏给诺们汗职衔之达尔汉喇嘛等，未经转世者，不准给与名号印敕。其呼图克图、诺们汗涅槃后，徒众过五百名者，择人分别赏给职衔督率。又赏有名号印敕及徒众多者，方准其补行入档。至认获呼毕勒罕时，该旗加具印结，报理藩院，方准入瓶掣签。……惟呼图克图涅槃后，择人给与扎萨克喇嘛职衔，诺们汗涅槃后，择人给与达喇嘛职衔。原为督率徒众起见，若该呼图克图、诺们汗转世成立，则督办有人。著将扎萨克喇嘛、达喇嘛各职衔，即行撤销，以昭核实"[1]。根据该规定，僧人身份的蒙古汗、亲王、郡王、贝勒、贝子、公、扎萨克台吉都成为合法身份，而且还对活佛转世、金瓶掣签等作了相关规定，进一步规范了藏传佛教的相关规定。该年夏四月庚戌，继续关注达赖喇嘛之呼毕勒罕及其坐床后事宜，"此次达赖喇嘛之呼毕勒罕，受持小戒，诸事甚为吉祥。……著准其于坐床后再交巴雅尔堪布赍送来京，至巴雅尔堪布，若俟与年班堪布一同赴京，为期太远，并准其照上届成案，由川就道，以利遄行。将此谕令知之"[2]。除此之外，道光二十九年十二月，当大行皇太后去世之后，还让达赖喇嘛、班禅额尔德尼于各庙"拜忏唪经"，做法事以示超度。这又从侧面进一步提高了藏传佛教格鲁派的地位与声望。

总体而言，道光帝对青海地区的治理还是延续了乾嘉时期的细致与谨

---

① 顾祖成等编：《清实录藏族史料（八）·宣宗实录》卷三十，拉萨：西藏人民出版社，1982 年，第 3839－3842 页。

② 顾祖成等编：《清实录藏族史料（八）·宣宗实录》卷三三，拉萨：西藏人民出版社，1982 年，第 3849 页。

慎。尽管国外新兴资本主义势力已经开始对清朝下手，但主要还是在沿海地区偷运鸦片，而清政府仅以禁烟为主，已远远落后于世界发展形势的清政府并未认识到来自西方的威胁与自己面临的危机。清政府对青海地区的治理，主要体现在三个方面：处理郭罗克的抢劫活动、玉树藏族部落事宜以及循化、贵德两厅藏族部落渡河抢劫蒙古部落之事。尽管抢劫活动时有发生，但不得不说，清政府在这三个方面的治理，还是很有效果的。尤其是玉树藏族部落社会成为"熟番"，郭罗克藏族部落已经不像以前被称为"野番"，而贵德、循化两厅"野番"不断内附，从而在资料中可见到越来越多的藏族部落名称。另外，蒙古部落在其首领带领下，开始奋起抵抗"野番"的抢劫等事，说明嘉庆朝至道光朝，清政府采取的"扶蒙抑番"之策开始有了成效。以上表明，道光朝对青海地区的治理是较为成功的。

第四节　道光朝对青海藏区社会的治理

清代历史上，道光朝乃"道咸衰世"之始。从国内环境来看，道光四年，西北地区发生了张格尔叛乱，至道光十年此叛乱才被平息；道光十一年，又出现广东黎民起义，同时英国人开始将走私鸦片输入广东；之后又出现台湾天地会反清起义，四川越巂等地彝民起事。可以说，国内各地反清起义不断，严重削弱了清政府的统治。从国际环境来看，在英国将鸦片输入广东之际，一些爱国将领及官员提倡的禁烟运动一度兴起，出现了林则徐"虎门销烟"之壮举，但同时也严重触动了英国殖民者的利益，两次鸦片战争先后发生，也开始了清政府门户被帝国主义打开，自此逐渐沦为半殖民地半封建社会的悲惨历史命运。

整个道光朝，疲于应对两方面的压力，一方面是国内各种反清叛乱，另一方面是英国输入鸦片及鸦片战争带来的恶果。清政府的统治危机于此时完全爆发出来。道光时期，清政府对于青海藏区社会的治理，逐步开始了任其发展的态度。但目前对道光朝治理青海藏区社会的研究，大多着眼于对此时蒙藏部落之间的纠纷上。本节以道光朝对整个青海藏区的治理为视角，进行探究。

一、道光朝青海藏区社会状况

（一）经济方面继续采取扶持的羁縻政策

道光帝登基之后，因前朝西北回族起义等影响，青海地区的经济发展也遭到一定程度的破坏，再加上连年自然灾害等，天灾人祸下，道光帝也立即采取轻徭薄赋的政策来稳定青海地区局势。据不完全统计，道光帝在位 30 年中，在青海地区减免赋税徭役等近 20 次，通过这些措施，一定程度上减轻了青海地区蒙古、藏族部落的负担，有利于该地区经济的恢复与发展。

（二）对青海藏区社会的治理状况

道光朝时，除了处理藏族部落内部纠纷，加强对玉树藏族部落的管辖外，这一阶段对青海藏区社会的治理，主要体现在对蒙藏纠纷等事宜的处理上，即藏族部落趁着黄河冰冻之际，渡河抢劫蒙古部落之事。但其间也发生青海藏族部落对清政府高压统治不满而导致的反抗，如道光十八年九月辛亥，朗札、阿旺盖桑、策忍札喜、彭错策坡等人密谋滋事，欲"戕害官兵"①，最后此事被清军镇压。还有发生在道光二十五年秋七月庚申朔，清朝官员署总兵庆和，在"出口会哨之际，突遇番贼打仗被戕"② 一事，最后清军于八月镇压了滋事者。道光二十六年闰五月，又发生黑错四沟藏族部落纠众拒毙官士兵一事③，最后清政府派兵出卡，于六月剿匪成功，等等。此时，对青海藏区社会进行治理，主要表现在以下方面：

1. 整治郭罗克的抢劫活动

这一时期，郭罗克藏族部落的抢劫活动仍旧在继续。道光元年五月戊午，四川格尔族纠合郭罗克藏族部落抢劫了玉树藏族部落；七月，由西藏出发去北京的中书英灵以及巴雅尔堪布等，又被郭罗克藏族部落之人抢劫；道光二年春正月，西藏年班堪布贡噶扎木巴等又禀报，去年九月进贡时在丹噶尔地方被抢。经查，仍为郭罗克达凹等寨藏族部落之人所为。对此，清政府决定继续严查。道光二年二月，清政府派官兵前去剿办郭罗克。经

---

① 《清实录（三七）·宣宗成皇帝实录（五）》卷三一四，北京：中华书局，1986 年，第 898 页。

② 《清实录（三九）·宣宗成皇帝实录（七）》卷四一九，北京：中华书局，1986 年，第 252 – 253 页。

③ 顾祖成等编：《清实录藏族史料（八）·宣宗实录》卷四三〇，拉萨：西藏人民出版社，1982 年，第 4102 – 4103 页。

细查，确定为郭罗克达凹等寨所为，十月甲子，官员呢玛善等调集汉土官兵，将"果洛克唐凹等寨番贼叠次擒获土目父子及著名凶贼"就地正法处置，以示震慑。

道光八年六月，发生郭罗克抢劫南柴达木地方驻牧之扎萨克台吉，以及八月抢劫玉树雍希叶布族，使其逃奔青海西南色尔克地方游牧两件事。另外，这一时期南柴达木及玉树地方驻牧的蒙古部落屡次被郭罗克部落之人抢劫，抢劫中甚至有被杀伤亡之事出现。十一月，又报西藏商人在七月被抢劫之事。面对郭罗克的嚣张行为，道光十年二月戊戌，清政府决定派兵镇压，并将抓获的抢劫带头人桑珠蚌等人斩首示众。

道光十四年四月，为防止郭罗克的沿途伺机抢劫，官员还决定派官兵护送"后藏贡使"。然而，十二月，官员又报，十一月西藏进贡堪布因"赍载贡包"过多，又被郭罗克抢劫。道光十五年二月，清政府决定将去年十一月郭罗克抢劫班禅额尔德尼进贡堪布一事交由"四川总督鄂山等严缉正贼，照数追出赃物"。

道光十八年二月辛酉，"郭罗克屡行抢劫青海衙门管辖玉舒熟番内雍希叶布、蒙古尔津、尼牙木错、卡爱尔等四族"①，其奔赴青海地方"投生"，被盟长棍楚克济克默特等收留之事，此事于道光二十九年十一月己酉，以四族回归原地驻牧结束。

2. 加强对玉树藏族部落的治理

道光年间，清政府还加强了对玉树藏族部落社会的管理。玉树藏族部落早于乾隆三十一年受西宁大臣衙门管辖，之后一直向清政府交纳马贡，但多数以折银方式纳贡。道光二年十二月戊辰，那彦成命玉树各千百户将折银集中起来，交给该地区贸易番目，每年九月间交到西宁大臣衙门。② 道光六年春正月丁未，杨遇春等人处理了四川德尔格土司头人干预西宁所管玉树巴彦囊谦番族分管人户一案③，该年十二月经细查，决定让该土司不要妄行干预，以息争端而绥边境。道光八年八月壬申，出现了玉树藏族部落

---

① 顾祖成等编：《清实录藏族史料（八）·宣宗实录》卷三〇六，拉萨：西藏人民出版社，1982 年，第 3987 页。

② （清）那彦成著，宋挺生校注：《那彦成青海奏议》，西宁：青海人民出版社，1997 年，第 173－174 页。

③ 顾祖成等编：《清实录藏族史料（八）·宣宗实录》卷九四，拉萨：西藏人民出版社，1982 年，第 3905－3907 页。

因被郭罗克抢劫，跑去青海西南色尔克地方驻牧一事。[1] 十二月，清政府决定"准其与该百户多尔济旺吉尔，同在色尔克地方暂时住牧"[2]，开春后，再遣返回原址。道光二十五年秋七月庚申朔，玉树所属之雍希叶布族勾结郭罗克，派兵出卡抢劫，此事中还捉拿到"汉奸"韩茂才，后来雍希叶布族主动投诚后，清政府开始清查其户口，并由本族百户严格管理。通过以上治理，清政府加强了对玉树藏族部落社会的控制。

3. 处理蒙藏部落之间的矛盾与纠纷

除以上外，道光年间对青海藏族社会的治理，还将主要精力投入在循化、贵德藏族部落渡河抢劫蒙古部落一事上。[3]

道光元年十月辛丑，发生了循化、贵德两地以汪什代克为首的藏族部落渡河抢劫蒙古部落，并驻牧于黄河以北之事。清政府派官员纠查此事时遭到"野番"的袭击，经过追剿，为避免迁牧河北的藏族部落与原驻蒙古部落之间滋事，决定将移驻至河北的藏族部落到冬季河面封冻可渡河之时遣返回原地。至该年十二月，"催令汪什代克等九族及盐池盘踞之番户，遵照前约，迁移渡河。蕴依、双勿两族，亦即次第设法驱逐。如该野番迟逾背约，著即察看情形，会同酌派官兵，如期押令搬徙。总当熟筹妥计，相机办理，勿使再来抢劫，固不可草率从事，有名无实。亦不可操之过急，激成事端"[4]。然而，到道光二年春正月，以上藏族部落"均狡黠背约，抗不回巢"，而且还发生蕴依、双勿两族"勾结循贵及四川野番盘踞抢掠等"。三月，清政府决定"驱逐番帐，调派官兵"；五月己亥，长龄等奏"番贼悉数歼除，青海全就肃清"，指出蒙古各部必须"勉思振励，自相保卫"，并于六月制定"筹议青海善后章程八条"[5]。

但不久，道光二年八月庚戌，藏族部落至黄河北抢劫蒙古部落之事又

---

① 顾祖成等编：《清实录藏族史料（八）·宣宗实录》卷一四〇，拉萨：西藏人民出版社，1982 年，第 3921 – 3922 页。

② 顾祖成等编：《清实录藏族史料（八）·宣宗实录》卷一四九，拉萨：西藏人民出版社，1982 年，第 3926 – 3927 页。

③ 青海省志编纂委员会编：《青海历史纪要》，西宁：青海人民出版社，1980 年，第 75 – 79 页。

④ 顾祖成等编：《清实录藏族史料（八）·宣宗实录》卷二七，拉萨：西藏人民出版社，1982 年，第 3833 – 3834 页。

⑤ 一、令蒙古体恤属下，以期庶富；一、正蒙古衣冠，以防诡混；一、严查蒙番歇家，以清盗源；一、急筹蒙古生计，以免流离；一、严禁"野番"渡河，以靖边圉；一、选立"野番"头目，以资约束；一、令"野番"垦种田地，以裕生计；一、番地严禁硝磺，以重军火。参见顾祖成等编：《清实录藏族史料（八）·宣宗实录》卷三七，拉萨：西藏人民出版社，1982 年，第 3856 – 3858 页。

起，清政府认为上次长龄等官员处理循化、贵德以汪什代克为首的"野番"渡河抢劫蒙古部落有问题，这次决定让那彦成处理此事。经过其治理，最终于道光五年十二月癸丑朔，鄂山等处理偷渡黄河北"番贼"之事，按照前面那彦成制定的相关律例，将偷渡藏族部落"歼擒殆尽"。

然而，渡河抢劫之事仍旧在持续。道光六年三月，官员请示如何处理偷渡"番贼"却什布加；道光七年春正月，藏族部落乘隙偷渡黄河抢劫蒙古之事又起，清政府立即命人严查；道光十二年五月丙辰，杨弄、古弄、录弄铁哇、合尔哇、东什当、水乃害等属于贵德卡外思昂拉千户所管辖的驻牧于卡扬界的八大藏族部落，又开始聚众抢劫。西宁府官员令循化同知州判夏曰瑚等人，带领撒拉回民兵丁一千名，汉族土弁兵三百名前去镇压本次抢劫活动，这件事引起了道光帝的重视，皇帝害怕最终引发民族间的仇杀而否决了。至该年九月，杨遇春等人又带兵平息了黄河南边加咱等藏族部落在噶布古僻静河沿扎筏偷渡，抢劫河对面蒙古各旗牛羊牲畜的事情。道光十八年十二月，将因滋事驱逐过河的察罕诺们汗一旗移过黄河北。道光二十一年七月，发生郭罗克抢劫营马牲畜，最终被盟长郡王棍楚克济克默特带兵击退一事。

道光二十二年十一月癸亥，以富呢扬阿为首的官员又处理了黄河北的东信、群科、克克乌苏等地方藏族部落流窜到黄河以南之事；次年秋七月辛酉，黄河以南藏族部落将所捉拿的抢劫者交给官员，黄河北抢劫者又遭官兵阻击，终被降服。本次追剿，玉树拉布寺百长喇嘛、尼雅木错族百长派兵在边境防守，而德勒克族也参与，且内附。并于道光二十三年七月对内附蒙藏族部落制定了相关规定，以便管理。

道光二十四年三月庚午，青海盟长派兵追捕偷渡到黄河北抢劫的藏族部落等。该年五月，大兵撤回以后，又发生灭什卡族首领噶布藏挟仇报复，偷渡行抢，因官兵误歼，不堪忍受厅员责处，刚咱族千户完的他尔欲请移居黄河北一事。[1]

道光二十五年十二月，藏族部落又渡河抢劫蒙古部落。[2] 清政府派林则徐处理此事，他"先饬镇将防堵马厂"，之后"分别劝惩""设法添制弹"，经查明本次抢劫为玉树雍希叶布族勾结郭罗克所为，之后派兵进剿。

---

① 顾祖成等编：《清实录藏族史料（八）·宣宗实录》卷四〇五，拉萨：西藏人民出版社，1982 年，第 4045 – 4046 页。

② 顾祖成等编：《清实录藏族史料（八）·宣宗实录》卷四二四，拉萨：西藏人民出版社，1982 年，第 4089 – 4090 页。

道光二十七年秋，先后两次发生库伦赴藏喀尔喀蒙古官员暨喇嘛人等在青海两次被抢牲畜之事①；十二月，又出现"野番拒捕，并厂马被抢"之事，经查明，均为官员失职所导致。

道光二十九年十二月，甘肃永昌协、大马营、高古营、碾伯等地方，有贼番出巢抢劫等。②

（三）关注藏传佛教活佛转世等情况

道光朝延续了清初以来的策略，密切关注藏传佛教，如道光元年五月，因果隆寺（又称郭隆寺，今青海互助佑宁寺）图观（今为土观）活佛的转世灵童欲去西藏修习经法，清政府很重视此事；八月，封赏于每年七月二十五日，遴选在澹泊敬诚殿诵经一天的藏传佛教僧人；九月开始，关注达赖喇嘛圆寂后灵童的找寻工作以及金瓶掣签，为培养下一世达赖喇嘛做好准备。

道光二年闰三月，奖励了因"推衍黄教、训导喇嘛"有功的噶勒丹锡呼图萨玛第巴克什之呼毕勒罕阿旺扎木巴勒粗勒齐木；认定出自四川里塘地区的噶勒桑建灿为达赖喇嘛转世灵童，并奖励了在找寻达赖喇嘛转世灵童一事有功劳的章嘉呼图克图，还对新的达赖喇嘛寄予期望，关心坐床之后达赖喇嘛的一些事宜。

道光三年六月，因"上年西宁办事大臣松廷并未循照旧章办理。率由栋廓尔呼图克图之徒弟呈报，将当噶尔民人王志之子桑济扎布咨送西藏掣出，甚属非是。除将此次掣出民人王志之子不准作为呼毕勒罕外，嗣后务照旧章，断不准在民人幼孩内寻访"③。

道光六年正月，给班禅额尔德尼在扎喜曲达地方新建寺院为"广佑寺"，并赏给班禅额尔德尼的副师傅嘉木巴勒伊什丹贝嘉木磋以诺们汗的名号。并认为对于呼图克图虚衔，"自可随俗从宜，不必禁止"。

道光二十二年十一月，严查"违旨前往喀尔喀地方寻访呼图克图之呼毕勒罕"的额尔德尼商卓特巴那旺吹木玻勒，认为"前辈哲布尊丹巴呼图克图之呼毕勒罕皆出于西藏，是以寻访该呼图克图之呼毕勒罕，仍著达赖

---

① 顾祖成等编：《清实录藏族史料（八）·宣宗实录》卷四四四，拉萨：西藏人民出版社，1982年，第4122－4123页。

② 《清实录（三九）·宣宗成皇帝实录（七）》卷四七五，北京：中华书局，1986年，第3888页。

③ 顾祖成等编：《清实录藏族史料（八）·宣宗实录》卷五三，拉萨：西藏人民出版社，1982年，第978页。

喇嘛班禅额尔德尼由藏寻访，曾经降旨甚明。该商卓特巴自系深知，而又字寄四部落盟长，令其在喀尔喀地方寻访呼毕勒罕，其意何居？实属任性妄为"①，严切关注藏传佛教转世灵童事宜。

道光二十六年五月，关注章嘉呼图克图往西宁劝导番众一事。

二、道光朝对青海藏区社会的治理手段及策略

（一）道光朝对青海藏区社会的治理

道光朝时，因为在西北地区发生了以新疆为主的回部反清起义，此浪潮波及甘肃青海地区，故在此背景下，清政府对青海藏区社会的治理，主要是从以下几方面入手：

第一，增兵设员，加强对青海藏区社会的管理。道光二年十一月丁丑，那彦成在处理回民马噶奴纠集番回抢劫蒙古部落一案时，决定在青海地区"添设西宁镇海营副将一员、都司一员、守备一员、千总二员、把总二员、外委七员、兵九百四十一名；哈拉库图尔营都司一员、把总一员、兵一百五十九名；镇海堡千总一员；大通营游击一员；永安营属黑石头汛千总一员、兵一百名；双俄卜营守备一员、把总一员、外委二员、兵二百名；白塔营属黑林口汛把总一员、外委一员、兵一百名；武胜沟汛把总一员、外委一员、兵一百名；哈玛尔托亥营都司一员、把总一员、外委二员、兵二百名；拨科营守备一员、把总一员、外委一员、兵二百名；裁镇海营游击一员；镇海堡守备一员、外委一员、兵九十九名；大通营副将一员、都司一员；永安营属黑石头汛把总一员，拨入新添额内，余在西宁镇标前、中、左、右、后五营，北川营、甘肃提标、宁夏、凉州、河州、肃州各镇标照数移拨"②。从此增添及裁处兵员之举来看，一方面显示出官员们对青海地区的了解和认识很透彻，另一方面通过此布防，加强了对青海藏区社会的治理力度。十二月，那彦成又制定了"会哨章程"。

除制定以上律例外，道光四年七月辛丑，那彦成继续注重边防，在西宁镇属千户增设塘汛。十一月庚寅，因考虑到黄河河面结冰，督促派总兵"巡哨番地"。道光五年六月戊辰，那彦成又在边要地方（西宁镇属之康家

① 顾祖成等编：《清实录藏族史料（八）·宣宗实录》卷三八五，拉萨：西藏人民出版社，1982 年，第 4025－4026 页。

② 《清实录（三三）·宣宗成皇帝实录（一）》卷四四，北京：中华书局，1986 年，第 784 页。

寨堡），请拨添弁兵，增设塘汛。

道光五年六月，那彦成等人又请求"拨添弁兵"，即因"甘肃西宁镇属之康家寨堡，为汉、回、番民杂处之区，且山后插帐野番，往往勾结熟番乘间出没，地方最为紧要。据该督等查明该处旧设弁兵，除分拨屯防守卡分巡外，该营堡存兵无多，不足以资防缉。著照所请，准其在该镇属标路各营，抽拨经制外委一员，马步守兵五十名，连原设额外外委马步守兵，共有一百一十五员名，于控制缉防，两有裨益。其巴燕戎格厅属之日兰木地方，为河北渡口要津，南岸野番，尤宜加意防范，并著准其于该处添设塘汛一处，就近派拨巴燕戎格营外委一员兵十名"①。

道光十七年（1837）六月，因"野马川地方与大通河迤南边外野番较近，防守宜严"，决定"将河北坡岸立栅把守。并于山崖量设墩卡。酌派兵弁及将各营厂马归并。牧兵分半护群"②。道光十八年八月庚辰，听到西北边疆有些战略要地兵丁装扮演戏剧"太平歌"之事后，清政府认为："西北两路为边防要地，该处将军大臣等，固当廉明表率，即员弁兵丁亦应操防练习，屏斥嬉游，方为有备无患。"③ 决定细查此事，并认为此种恶习必须杜绝。

道光二十四年三月，因剿灭了"河北番贼偷渡分抢"，"将官兵陆续撤回，并留西河两镇官兵一千名"④ 四月，又上"裁撤防兵豫筹归伍一折"，认为"西宁河州二镇，换防官兵，现经裁撤"⑤。

正是经历了西北回部反清起义之后，清政府特别注重青海藏区社会的稳定。因此，其在重要关卡增兵设员之举，从一定程度上也避免了青海藏区社会的动乱，维护了稳定局面。

第二，赏罚分明，以激励官员及蒙藏部落头人为清政府效力的积极性。道光二年四月，官员长龄率兵在托里截击袭剿"野番"，并决定"将打仗夺获牲畜，一半分赏出力官兵，以一半抵支口粮"⑥。并奖励了相关官员，如

---

① 顾祖成等编：《清实录藏族史料（八）·宣宗实录》卷八三，拉萨：西藏人民出版社，1982年，第3980页。

② 顾祖成等编：《清实录藏族史料（八）·宣宗实录》卷二九八，拉萨：西藏人民出版社，1982年，第3901－3981页。

③ 《清实录（三九）·宣宗成皇帝实录（七）》卷三一三，北京：中华书局，1986年，第874页。

④ 顾祖成等编：《清实录藏族史料（八）·宣宗实录》卷四〇三，拉萨：西藏人民出版社，1982年，4043－4044页。

⑤ 《清实录（三九）·宣宗成皇帝实录（七）》卷四〇四，北京：中华书局，1986年，第68页。

⑥ 顾祖成等编：《清实录藏族史料（八）·宣宗实录》卷三三，拉萨：西藏人民出版社，1982年，第3848－3849页。

千总朱贵等被赏戴蓝翎，阵亡已革游击胡文秀赏恤如守备例等，以示对官兵的鼓励。九月乙亥，清政府奖励了带兵剿办郭罗克抢劫的提督桂涵，并对伤亡兵丁赏恤如例。十月，经那彦成查办此事，办事不力的长龄等人受到了相应的惩罚，如"长龄撤去双眼花翎，准戴单眼花翎"。道光四年冬十月，因"每年办理蒙古番子事务及巡查兵役，并缉拿贼匪，均须厚赏鼓励"①，那彦成向清政府提出"酌增青海酬赏银两"，以提高青海官兵办公之积极性。道光五年正月辛亥，那彦成因喇嘛伊什多尔济"庇贼惑众，请求革去其职衔发遣"。另经查该喇嘛"志意骄纵"，且"胆敢于缉捕时勒索银钱，呵斥厅营，并私通信字，受贿包庇抢劫青盐贼犯，恣肆妄为"，最终被"革去扎萨克职衔，剥取黄衣，发往两广极边充军"②。道光六年十月，对于在缉捕渡河抢劫事宜中态度松懈的"副将万彪都司胡继勋、守备白玉俱著摘去顶戴……把总金禄、包士魁防守疏懈，俱著降补外委"③。道光八年三月，决定鼓励"防堵野番出力各员"，对"游击马鸣谦、阿克敦保，署游击都司富森布，千总米兆禄、王永贵、赵玉俭，著与副将周佐胜、游击丁玉柱、都司杨福增、守备徐戊麟"④ 升用加衔。

道光十七年六月，奖励了野马川地方因缉捕抢劫而受伤的署游击周进保，对其以应升之缺升用；把总潘国祥著以千总升补。道光十八年五月，决定"尽管上世达赖喇嘛圆寂，但每年给其的一千两赏银，照旧赏给"。十一月壬子，"玉舒阿拉尼克隆布族百户喇嘛商洋呼毕勒罕，屡与玉舒各族千百户兴讼滋事。甚至带领番子，持械争斗伤人。经该大臣委员查办，该喇嘛抗不遵断，动辄逃往西藏"。基于此，革去该喇嘛百户一职，奖励因于道光十九年秋七月带兵追击抢劫藏族部落的蒙古盟长扎萨克郡王车凌端多布"赏用紫缰"。同时，"代理察汉城副将事都司穆精阿、候补都司李冲、孔元均著实际降一级调用，并摘去顶戴。其由西宁派往协缉之署贵德营游击都司马进禄著摘去顶戴"⑤。道光二十一年七月，处理"郭罗克抢劫营马牲畜，

　① 顾祖成等编：《清实录藏族史料（八）·宣宗实录》卷七四，拉萨：西藏人民出版社，1982 年，第 3893－3894 页。

　② 顾祖成等编：《清实录藏族史料（八）·宣宗实录》卷七八，拉萨：西藏人民出版社，1982 年，第 3897 页。

　③ 《清实录（三四）·宣宗成皇帝实录（二）》卷一〇八，北京：中华书局，1986 年，第 798－799 页。

　④ 顾祖成等编：《清实录藏族史料（八）·宣宗实录》卷一三四，拉萨：西藏人民出版社，1982 年，第 3918－3919 页。

　⑤ 顾祖成等编：《清实录藏族史料（八）·宣宗实录》卷三二四，拉萨：西藏人民出版社，1982 年，第 3997－3998 页。

最终被盟长郡王棍楚克济克默特带兵击退"一事的善后时，奖励了在弹压中立功的蒙古部落盟长。八月，颁给章嘉呼图克图金册。道光二十二年冬十月，因藏族部落"分股抢劫"，清政府组织官兵围剿，"予捕番被戕甘肃都司杨栋有、把总张增科，祭葬恤荫"①。道光二十三年六月，在处理"河南藏族部落渡河抢劫河北蒙古部落"一事中，"玉舒拉布寺百长喇嘛、尼牙木错族百长化拉等，派兵在边境防守，协同剿捕"② 而被鼓励。

道光二十三年秋七月，因主动配合官兵追赶逃匪，德勒克族则巴错洛被授予千户职衔。同时，因"剿办青海野番出力"，"富呢扬阿著加恩赏戴花翎，周悦胜著赏加太子太保衔，徐华清著赏加提督衔"，又"赏甘肃道员唐树义，知府许乃安，知州邵煜，副将站柱，参将毛鸿鹏、吴珍，游击隆盛友、马麟、马进禄、朱成贵、韩仲档、李攀林，都司布克慎、吉连、王集贤、周邦顺、陈桢，守备朱暐南、萧鸣章、赵玉俭、蔺呈莹、李友禄花翎，把总萧进先等蓝翎，余加衔升补有差"。另外，前护察罕托洛亥驻防副将马奉三，因疏防贼番劫掠，"怯懦偾事，马奉三著革职，永不叙用"。③ 九月"以剿办青海野番出力，赏甘肃守备李湖、千总续济花翎，把总王宗训等蓝翎"④。

道光二十四年十月，处理了因"种种欺压达赖喇嘛，残害全藏生灵"的前藏噶勒丹锡呼图萨玛第巴克什、额尔德蒙额诺们汗、阿旺扎木巴勒粗勒齐木，维护了达赖喇嘛作为宗教首领的名誉与地位。

同时，平反几起冤假错案。如道光二十二年发生的"河北番贼偷渡分抢"一事中，该年五月查明刚咱族千户完的他尔因"不堪忍受厅员责处，欲请移居河北"为官兵误歼；九月查明郭罗克为大雪封山时期，并未参与此事。

道光二十五年，清政府经过调查发现，在秋七月"署总兵庆和被杀"一案，以及十一月平定"河北番贼偷渡分抢"后，发现官员"富呢扬阿及周悦胜等种种讳饰不实"，最终两人"现皆身故，所有饰终之典，著一并撤销。周悦胜厥咎尤重，并著将前赏太子太保衔及赐予谥号概行追夺，以为

① 《清实录（三八）·宣宗成皇帝实录（六）》卷三八二，北京：中华书局，1986年，第886页。
② 顾祖成等编：《清实录藏族史料（八）·宣宗实录》卷三九三，拉萨：西藏人民出版社，1982年，第4035－4036页。
③ 顾祖成等编：《清实录藏族史料（八）·宣宗实录》卷三九四，拉萨：西藏人民出版社，1982年，第4036－4039页。
④ 顾祖成等编：《清实录藏族史料（八）·宣宗实录》卷三九七，拉萨：西藏人民出版社，1982年，第4035－4036页。

欺罔冒功者戒"。① 同时，在此事中，因厂马被抢，未报、虚报的官员现任甘肃提督胡超革职留任；前任甘肃提督马腾龙革职，仍注册降三级调用；前任凉州镇总兵现补头等侍卫长年，以降三级并降二级调用；前署肃州镇总兵、现任江南徐州镇总兵顺保，现任肃州镇总兵珠克登，均著降三级调用；前署西宁镇总兵续升、福建提督徐华清，部议降三级调用；现任西宁镇总兵站柱，著降二级留任。② 十二月，林则徐在处理藏族部落渡河抢劫蒙古部落一事中，甘肃护理永固协副将陕西汉凤营游击马希贤，因畏葸巧猾，著即革职；署永昌协都司事红水营守备惠奇、署千总事世袭云骑尉鞠兆祥，因"营弁等疏懈已极"，均著革职；"护永昌协副将隆盛友，著先行摘去顶带"；"护永昌协副将隆盛友于孳马被抢，疏于督防，当降旨摘去顶带"，等等。道光二十六年春正月，又清查到在前述事件中，甘肃护理永固协副将陕西汉凤营游击马希贤畏葸巧猾，著即革职。

从以上赏罚状况来看，主要针对两种人：一为官员与士兵。其目的一方面提高其为政府出力的积极性，另一方面因官员的失职行为，加紧整顿吏治，以进一步加强政府官员的行政能力。二为蒙藏部落活佛、僧人、头人、百户、土目等人，主要从"以夷制夷"这个角度出发。因为此时清政府内忧外患进一步加深，再加上青海藏区社会地处偏僻、地广人稀，不便直接管控，故清政府从未放弃一直以来在此地扶持、寻找代理人的策略。

那彦成等官员对蒙藏部落纠纷悉心治理。首先，继续加强对"汉奸"（内地歇家）的治理。在清朝官员处理青海藏区社会事宜时，发现了"汉奸"的存在及其副作用。针对此，那彦成于道光二年八月受命治理"循化贵德以汪什代克为首的野番渡河抢劫蒙古部落"一事时，经过其详细调查，得知此事为"察罕诺们汗与野番勾结"③ 所为，九月先决定增兵派员进行防范，后于十月提出"酌安卡隘，严拿汉奸，添设官兵，加以防范"。④ 此举导致十二月丁未与抢劫者勾结为奸的察罕诺们汗率属悔罪，愿归黄河南原牧。同时，依据调查结果，道光二年十月，那彦成决定对歇家进行严格的

---

① 顾祖成等编：《清实录藏族史料（八）·宣宗实录》卷四二三，拉萨：西藏人民出版社，1982 年，第 4087 – 4088 页。

② 顾祖成等编：《清实录藏族史料（八）·宣宗实录》卷四二三，拉萨：西藏人民出版社，1982 年，第 4088 – 4089 页。

③ （清）那彦成著，宋挺生校注：《那彦成青海奏议》，西宁：青海人民出版社，1997 年，第 120 – 131 页。

④ （清）那彦成著，宋挺生校注：《那彦成青海奏议》，西宁：青海人民出版社，1997 年，第 132 – 139 页。

限制;十一月,在相关地点增兵设员。经过一段时间的调查,那彦成清醒认识到"贵德所属有生、熟、野番三种:熟番五十四种向来种地纳粮,均能谋食;生番十九种驻居贵德之东南,畜牧为生,亦距河稍远;唯野番八族户口强盛,内有汪什代克一族近已全数移居河北,其余七族现俱插帐河滨,远难控制,难保无接济河北贼番及偷渡为匪等弊,不得不先为清厘。至循化番族旧止生、熟两种。熟番十八族,生番五十二族,大半皆有粮地,又与四川之松潘相近,购办川茶自行运卖,生业较为充裕。而近年叶什群等族亦颇不安分,竟行阑入河北。又该处有拉卜浪、宗卡、隆务三大寺,招住喇嘛不下二三万人,亦不免易藏奸宄,均须逐细编查,清其积弊"①。故于十二月,决定在蒙藏部落内部设置千总、百户等职,规定"今定以千户为大,而千户所管只准三百户,不许增多。但计户数至一千以上,即分为三人管理,势分力弱,自易尊法"②,还制定"易换粮茶章程"③"巡防会哨及稽查山内保甲章程"④,并严惩"装番肆劫"⑤之重犯,继续加强对青海藏区社会的控制管理。

道光三年春正月,所有偷牧黄河北之贵德、循化各番族以及察罕诺们汗都迁回原地,"设立千户、百户等,分别管辖。仍各按户口,与蒙古一律易买粮茶"⑥。对受害蒙藏部落"赏口粮以示怀柔"。三月,"定商民与蒙古贸易章程"⑦;同月,在处理"堪布喇嘛并玉树德尔格等番族,进口出口严查携带汉奸之事"时,决定"嗣后番族到口,由丹噶尔主簿报明委员,会同营弁,带领歇家,查明人数,方许进口。仍令出具甘结,其出口时,委员查点放行,奸民夹带,除严办本犯外,歇家等一体治罪,俱著照所议

①　(清)那彦成著,宋挺生校注:《那彦成青海奏议》,西宁:青海人民出版社,1997年,159－160页。

②　(清)那彦成著,宋挺生校注:《那彦成青海奏议》,西宁:青海人民出版社,1997年,第160页。

③　(清)那彦成著,宋挺生校注:《那彦成青海奏议》,西宁:青海人民出版社,1997年,第161页。

④　(清)那彦成著,宋挺生校注:《那彦成青海奏议》,西宁:青海人民出版社,1997年,第167页。

⑤　(清)那彦成著,宋挺生校注:《那彦成青海奏议》,西宁:青海人民出版社,1997年,第172页。

⑥　顾祖成等编:《清实录藏族史料(八)·宣宗实录》卷四八,拉萨:西藏人民出版社,1982年,第3878－3880页。

⑦　顾祖成等编:《清实录藏族史料(八)·宣宗实录》卷五〇,拉萨:西藏人民出版社,1982年,第3884－3886页。

行……"① 在诸多抢劫案件的处理中，清朝官员查知，私人歇家是个极不安定的因素，他们将很多内部消息提供给藏族部落，从侧面成为藏区抢劫活动的推手，故而决定对其进行种种限制。在以上思想主导下，道光四年闰七月，那彦成对"蒙古喇嘛出口熬茶"事宜作了相关规定，具体为"凡有北口各部落蒙古喇嘛赴藏熬茶十人以上者，仍留原处请票；十人以下，无票出口者，由西宁何处营卡行走，即责令该营卡官弁，详细查验人畜包物数目，报明青海衙门，核给执照。一面移咨驻藏大臣查照，将票缴销，回时由驻藏大臣发给路票，在青海衙门查销，以免繁扰而昭慎密"②。一方面严格控制并关注蒙古喇嘛入藏"熬茶"之事，另一方面严防"汉奸"私贩茶粮，进而滋生是非。

经过那彦成的治理后，清政府对于在蒙藏纠纷中出现的歇家与商贩进行各种规范与整顿，如道光二年十二月丁未，那彦成对歇家规定如下："汉奸私歇，例无明文，著照所请：嗣后西宁地方拿获私歇家，除审有不法重情实犯死罪外，其但在山僻小路，经年累月开设私歇家者，将为首之犯，照私通土苗例，拟发边远充军；为从之犯，拟杖一百，徒三年。所有现获各犯，即照此例严办。"③ 道光二十一年秋七月丙子，因很多抢劫事宜都与贸易有关，其中都涉及商贩与歇家为蒙藏部落提供相关信息之事，故而制定相关律例，治理歇家与商贩，如"法丰阿奏请禁歇店人等保欠各弊一折"，奏折中提出：因西宁丹噶尔地方，每年冬天都会有来自四川德尔格及西宁属玉树等地的藏族商贩前来贸易。但经管事官员查知，近年来货物积压，销售困难，恐怕歇店人员会有"保欠拖累"等事出现，故决定对此进行严格整治。基于以上原因，清政府认为，藏族与汉族之间的贸易往来，由来已久，但基本正常，并未发生"保欠拖累"等事。故此事不能强制整顿，按照以下进行：第一，藏族商人来丹噶尔经商，歇家必须将商品价格如实告之。倘若故意缺斤或瞒报价格，将按照律例以"诓骗"论罪，并"枷号"一个月。第二，内地商人去丹噶尔与藏族商人贸易者，如果藏族商人在场，必须以现银进行交易。如果藏族商人要回牧区，应该由歇家将藏族商人存下的货物进行公平交易。等来年藏族商人回来，全部按实数交接

---

① 顾祖成等编：《清实录藏族史料（八）·宣宗实录》卷五〇，拉萨：西藏人民出版社，1982 年，第 3884 – 3886 页。

② 顾祖成等编：《清实录藏族史料（八）·宣宗实录》卷七一，拉萨：西藏人民出版社，1982 年，第 3891 – 3892 页。

③ 顾祖成等编：《清实录藏族史料（八）·宣宗实录》卷四六，拉萨：西藏人民出版社，1982 年，第 3874 – 3876 页。

清楚，不准少给，此举旨在展示清政府对藏族商人之怀柔之举。第三，歇家寄存的藏族商人的货物，可按照典当商人的收费标准收取费用。如果遇到火灾货物被毁，或歇家收藏不当被人偷走，或因雨泡或遇虫蛀或鼠咬，均要按照原价赔偿给藏族商人。若邻居家火灾毁了货物，赔偿酌情减去十分之二。若被偷或洪水泛滥冲走，歇家可以不用赔偿，但若没有丢失，歇家欺骗因水、火、被盗的，除勒令歇家赔偿外，还须按照盗窃论处。通过种种限制与规定，意图减少蒙藏及藏族部落之间因商品贸易而产生的各种纠纷，以维护青海藏区社会的稳定。尽管采取了以上种种限制之举，仍旧无法完全杜绝其活动，至道光二十五年林则徐处理"渡河抢劫"事件以及玉树所属之雍希叶布族勾结郭罗克派兵出卡抢劫一事中，仍旧发现有"汉奸"参与其中，如在清查时，拿获"汉奸"韩茂才，"番贼汉奸"板什夹、王吉才二名，著暂缓处决等。

其次，继续加强在青海藏区社会内部实施土司制度下的千百户设置。如道光元年十月处理四川格尔族、郭罗克抢劫玉树族一案中，官员呢玛善立即调集官兵，抓获了郭罗克唐凹等案抢劫者及土目父子，并就地正法。此举严重震慑了郭罗克其他土目及民众。之后，他又在当地人中挑选安分、有威望的人充当土目。那彦成在处理蒙藏事务时，于道光二年十二月决定，在藏族部落中，按户口的多少，分别设置百户、千户、百总、两百总、十总等职务。而任职者从藏族部落中选出，选人时，该被选者必须行为端正、正直，在部落中有较好的口碑和声望。选出后，给予其顶戴。若其三年中没有过失，发给印照号纸，作为实缺。并在交换粮草方面给予其一定的优惠。若被确定为没有过失的人，可由千户做主，在贸易及其他交换事宜中给予其一定优惠。① 此即"利用当地人来治理当地人"。政策的实施取得了一定成效，如道光十四年三月，官员鄂山处理郭罗克抢劫时，严令三郭罗克地方土千百户多派些土目到每家每户搜查，务必将抢劫者捉拿归案。而且不准让部民以放牧为名远离居所。且严令此地镇将严管所辖区之土千百户，如若有违抗命令而已远行者，就让该土千百户派人追、抓回来，并依法惩治。假如土千百户等人徇私枉法，或包庇、纵容，就由该地镇将负责处置。同时，要求镇将每年都选出德、能等方面表现较为出色的士兵，让其在日常严密稽查，从而让辖区内的部民对官兵有敬畏之心。另外，四川

---

① 顾祖成等编：《清实录藏族史料（八）·宣宗实录》卷四六，拉萨：西藏人民出版社，1982 年，第 3874 – 3876 页。

离郭罗克较近的挖树色尔塔、格尔茨等地，一并进行排查。清政府在郭罗克地方设置千百户等职务，且多设土目，说明自雍正年间平息罗卜藏丹津叛乱后，在青海蒙藏部落中初步加强设置千百户的策略，于此时已经发挥了应有的作用，且设置更加细化。

最后，制定相关律例，加强对渡河抢劫者的治理。那彦成仍旧积极采取各种措施，如提出酌支西宁防兵行装分例，"勘明两旗蒙古（杭锦旗与厄鲁特）争控地界"①，最后决定仍旧以则布盖为界，并对此争端中办事不力的正副盟长贝子进行处理。此外，因蒙古律例中的弊端，定"抢夺与强劫"之区分，以后处理此类事件时有律可依。即"理藩院奏：蒙古现行例内，抢劫轻于偷窃，而抢夺又与强劫不分。请嗣后青海及各蒙古地方强劫案件，有杀人放火重情，照刑律不分首从皆斩立决，仍于犯事地方枭示；其余盗劫之案，照刑律分别正法发遣；应免死发遣者，俱发烟瘴充当苦差；应拟流者，发福建湖广等省；其抢夺未经伤人得财，数在三人以下者不分首从，发烟瘴充当苦差；如四人以上至九人者，不分首从，俱改发伊犁，分给察哈尔及驻防官兵为奴；但有伤人及捆缚事主者，将喝令下手之犯，拟绞监候，杀人者拟斩立决；其抢夺牲畜在十匹以上者，为首拟斩监候；纠伙至十人以上者，无论伤人与否，为首者拟斩立决，为从均拟绞监候。秋审时，核情定以实缓，均籍没其产畜，给付事主仍将该管及地方官照例议处。从之"②。

通过那彦成等官员的努力，治理循化、贵德藏族部落抢劫河北蒙古部落并移牧黄河北一事，开始有理可据。

第三，重视藏传佛教。自清朝建立以来，通过对青藏地区的治理，清政府很清楚地认识到藏传佛教对青藏藏区社会的巨大影响。因此，道光朝首先仍旧特别关注藏传佛教事宜及其发展状况，对活佛圆寂，转世灵童的寻找、认定工作，僧侣爱国及违法事宜等都特别重视。如道光二年二月，商议"口外喇嘛章程"，认为"内如蒙古汗、亲王、郡王、贝勒、贝子、公、扎萨克台吉之子孙承袭受职后，复愿充当喇嘛及孤子充当喇嘛，均系蒙古旧俗，相沿已久，自应仍听其便，毋庸明立禁令。至每年呈进丹书克，由中正殿运进，亦系向来旧制，著仍遵循办理。其所议赏给诺们汗职衔之达尔汉喇嘛等，未经转世者，不准给与名号印敕。其呼图克图、诺们

---

① 《清实录（三三）·宣宗成皇帝实录（一）》卷五三，北京：中华书局，1986年，第946页。

② 《清实录（三三）·宣宗成皇帝实录（一）》卷六一，北京：中华书局，1986年，第1081–1082页。

汗涅槃后，徒众过五百名者，择人分别赏给职衔督率。又赏有名号、印敕
及徒众多者，方准其补行入档，至认获呼毕勒罕时，该旗加具印结，报理
藩院，方准入瓶掣签。其四川广法寺堪布喇嘛，三年换班，由藏就近更换
各条，均著照所议办理。惟呼图克图涅槃后，择人给与扎萨克喇嘛职衔；
诺们汗涅槃后，择人给与达喇嘛职衔。原为督率徒众起见，若该呼图克
图、诺们汗转世成立，则督办有人。著将扎萨克喇嘛、达喇嘛各职衔，即
行撤销，以昭核实"。① 通过此章程，对蒙古地区活佛转世做了相关规定。
七月，关注栋廓尔寺（今青海湟源东科尔寺）活佛转世、掣签认定一事。
另外，特别注重藏传佛教在青海藏区社会的影响。如道光二十六年五月，
清政府所关注的"章嘉呼图克图来西宁劝导番众"一事，清政府认为"据
称章嘉呼图克图素为番众所敬信，此时拟令迎机化导，揆之事理，原无不
可。惟此事若自出该督之意，随时嘱令该章嘉呼图克图为之讲论化导，庶
于私情公事，两无格碍。如必颁给敕谕，郑重分明，责以训迪。不特与体
制未协，恐转多窒碍难行之处"②。正是认识到章嘉呼图克图在青海藏区社
会信众中的影响，清政府认为此事可行。除以上外，道光二十九年十二月，
皇太后去世之后，道光帝还让达赖喇嘛、班禅额尔德尼于各寺院"拜忏唪
经"，做法事以示超度，从侧面进一步提高了藏传佛教格鲁派的地位与
声望。

（二）道光朝治理青海藏区社会的策略

清政府在处理藏族部落社会内部矛盾时，一方面派兵弹压，以示清朝
军威；另一方面，鼓励被抢部落奋起抵抗，以求自保。此外主要采取了如
下策略：

首先，以安抚、羁縻为主，"以夷制夷"，同时派兵弹压，以求青海
藏区社会稳定。道光年间，仍旧采取了很多减免青海地区额赋的政策，从
民生方面入手，减轻人民负担。一方面稳住青海地区的撒回部，尽力避免
其受新疆回部反清起义影响而滋事；另一方面，做好防范准备，一旦青海
地区撒回受新疆回部起义影响而有所举动，青海地区蒙藏部落社会一定需
要稳定，在此前提下，还可利用蒙藏部落势力钳制和对抗青海撒回部

① 顾祖成等编：《清实录藏族史料（八）·宣宗实录》卷三〇，拉萨：西藏人民出版社，
1982 年，第 3839－3842 页。
② 顾祖成等编：《清实录藏族史料（八）·宣宗实录》卷四二九，拉萨：西藏人民出版社，
1982 年，第 4102 页。

滋事。

这一阶段，清朝初期、中期对青海藏区社会的治理，已卓见成效，很多以前被称为"野番"的藏族部落，于此时纷纷向化，对于这些藏族部落，清政府极力采取措施加强管理，针对此事，清政府立即对参与追缴且内附的藏族部落做了相关规定。对内附之藏族部落，清政府决定设置百户、百总、什总，制定守卫黄河北的任务、议定贡马的数量，为鼓励而赏给其日常生活必需品——青稞、粮茶置买方面的优惠以及认真仔细地清查归附部落的户口等，通过以上规定，归附的藏族部落便被清政府牢牢控制，且作为在当地进行治理的一支力量。① 通过设置土司制度下的千百户、定期贡马、清查户口、会哨等方式，以羁縻之举对内附藏族部落进行管理。如道光二年查办郭罗克抢劫时，在其内部挑选"妥实安分"之人，充当郭罗克土目；道光十四年三月丙戌，官员鄂山着手处理郭罗克抢劫之事。清政府还在接近郭罗克的地方专门派官员进行巡查，以震慑、防止抢劫之事的频发。

除此之外，还充分利用藏传佛教的教化功能，严格控制并扶持藏传佛教格鲁派。内外交困的道光朝，无法集中精力处理青海藏区社会事宜，但清政府很清楚藏传佛教在青海藏区社会的影响力，因此在严格控制之际，羁縻并扶持藏传佛教格鲁派，同时加紧了对千百户的管理，欲通过其影响力"以夷制夷"，加强对青海藏区社会的控制。

其次，处理蒙藏部落社会之间的纠纷时，以"扶蒙抑番"为主，鼓励蒙古部落自强、自保。在此时经常发生的藏族部落渡河对蒙古部落的抢劫事件中，我们可以看出，尽管清政府已经于嘉庆朝开始认识到蒙古部落"积贫积弱"的事实而逐步开始"扶蒙抑番"，力求平衡蒙古、藏族部落之势力，从而达到互相制衡的局面。但此时蒙古部落的势力虽然有所恢复，却还是比不上崛起发展势头较猛的藏族部落。基于此，清政府要求蒙古部落，必须严加守护边疆，且尽力组织兵力以求自保，不能只依靠内地官兵来抵御抢劫者，也绝不能与藏族部落勾结滋事，从而出现种种争端。若青海蒙古在面对抢劫活动中不奋起自保、自救自强，而只想着拥兵滋事，清政府不但不予救济，而且必定严行治罪。对于在面对藏族部落抢劫活动中奋起抵抗的蒙古王公贵族，给予各种奖励以资鼓励。另外，还划定蒙古、

---

① 顾祖成等编：《清实录藏族史料（八）·宣宗实录》卷三九四，拉萨：西藏人民出版社，1982年，第4036－4039页。

藏族部落之间的界限，并设卡派兵监督，严禁蒙藏互相越界，以避免引起二者间的联合滋事或双方的争斗。此外，以习惯法为主，制定了对于蒙藏之间出现的抢劫活动进行处罚的相关条例。

总之，道光朝在整个清朝历史上，是一个承上启下的时期，上承盛世，下启衰世。其对青海藏区社会的治理，是在前朝治理的基础上，进一步细化的一个过程。前朝的治理效果，于此时充分体现出来，道光朝在此基础上，基本完成了对青海藏区社会治理的平稳过渡。

第五节　嘉、道朝对青海藏区社会的治理方式及策略

嘉庆道光两朝，因为在西北地区发生了以新疆为主的回部反清起义，此浪潮波及甘肃青海地区，故在此背景下，清政府对青海藏区社会的治理，主要从以下几方面入手：

第一，以安抚为主。两代皇帝均采取了很多减免青海地区额赋的政策，从民生方面入手，减轻人民负担。一方面稳住青海地区的撒回部，尽力避免其受新疆回部反清起义影响而滋事；另一方面，做好防范准备，一旦青海地区撒回受新疆回部起义影响而有所举动，就可利用蒙藏部落势力钳制和对抗青海撒回部滋事。

第二，处理蒙藏部落社会之间的纠纷时，以"扶蒙抑番"为主，鼓励蒙古部落自强、自保。在藏族部落对蒙古部落的抢劫事件中，要求蒙古王公奋起带兵抵抗，若青海蒙古在面对抢劫活动中不再自保、自救、自强而只想着拥兵滋事，清政府不但不予救济而且必定严行治罪。对于在抢劫活动中奋起抵抗的蒙古王公贵族，给予各种奖励。另外，还划定蒙古、藏族部落之间的界限，并设卡派兵进行监督，严禁蒙藏互相越界，以避免引起二者间争斗。此外，以蒙古、藏族部落习惯法为主，制定了对蒙藏之间出现的抢劫活动进行处罚的相关条例。

第三，在处理藏族部落社会内部矛盾时，一方面派兵弹压，以示清朝军威；另一方面，鼓励被抢部落奋起抵抗，以求自保。同时加强了在藏族部落中千百户的设置，如那彦成在处理蒙藏事务时，于道光二年十二月决定，"所有各番族头目，准其按计户口，百户一人，每管百户；至三百户，归一千户管理。百总一人，每管五十户；两百总，归一百户管理。十总一

人，每管十户；至五十户，归一百总管理。令其公举诚实公直之人充补。其千户等，著照例给予顶戴。俟三年无过，发给印照号纸，作为实缺。至易换粮茶章程，每年准买两次，由千户给呈，该厅营给予照票。如实系良番，方准发铺照买，所需布线等项，亦于票内注明，一同换买"①，即在进行抢劫移牧的藏族部落中设置千户、百户、百总、两百总、一百总、十总等，对藏族部落进行层层控制与管理，沿袭清朝自建立以来治理青海蒙古藏族部落之策略"利用当地人来治理当地人"。这说明自雍正年间平息罗卜藏丹津叛乱后，在青海蒙藏部落中初设千百户的策略，此时已经发挥了应有的作用，并且于此时更加细化。此外，这一阶段，清朝初期对青海藏区社会的治理策略及方法，这时候已卓见成效，很多以前被称为"野番"的藏族部落，于此时纷纷向化，对于这些藏族部落，清政府极力采取种种措施加强管理，如清政府对参与追缴且内附的藏族部落做了相关规定，即清政府认为，对于内附的藏族部落，必须给予妥善的安排及安抚，若对其管控成功，才能让其为国家效力。因此，从其内部设置百户等开始，逐步对其进行约束、教化；还从给其分配守卫任务、让其每年纳马贡数量，给其奖赏青稞、粮茶贸易方面的规定及清查其户口等方面着手，以羁縻之举对内附藏族部落进行管理。

第四，为了维护青海地区蒙藏部落社会的稳定，清政府还十分注意整顿吏治，并关注藏传佛教。同时，对于在蒙藏纠纷中出现的"歇家"与商贩进行治理。

总之，自嘉道年间开始，清朝已经成为西方新兴资本主义国家觊觎的对象，鸦片已于此时开始偷偷输入沿海地区，禁烟事宜已经引起了清政府的重视。到道光二十年，终于发生了"第一次鸦片战争"，清朝的门户被打开，中国社会历史发展进入近代时期。近代以来，清朝政府备受外辱，西方资本主义的脚步纷至沓来，清政府疲于应对外事，对于青海藏区社会的治理，基本无暇顾及。因此这一阶段，对青海藏区社会的治理开始逐步弱化，直至最后任其自然发展。嘉庆、道光朝在整个清朝历史上，是一个承上启下的时期，上承盛世，下启衰世。其对青海藏区社会的治理，是在前朝治理的基础上进一步细化的一个过程。前朝的治理效果，于此时体现出来，嘉庆、道光朝在此基础上，基本完成了对青海藏区社会治理的平稳过渡。

---

① 顾祖成等编：《清实录藏族史料（八）·仁宗实录》卷四十六，拉萨：西藏人民出版社，1982年，第3874－3876页。

第六章
近代清朝对青海藏区社会的治理

自道光二十年始，清政府与英国之间爆发第一次鸦片战争，最终以清政府的失败、《南京条约》的签订而宣告结束，自此中国开始沦为半殖民地半封建社会，揭开了中国近代史的序幕。中国人民除了深受封建王朝的统治与剥削之外，又开始遭受西方资本主义国家的侵略与盘剥，中国革命也开始进入了反帝反封建的旧民主主义革命时期。进入近代以来，清政府最为头疼的是如何应对西方资本主义国家的入侵，也为此进行了一系列尝试，如禁烟运动、师夷长技之洋务运动以及维新变法运动和清末新政，但均以失败告终。同一时期，国内阶级矛盾激化，农民反清运动此起彼伏，如太平天国运动、捻军起义、义和团运动等，这些起义让原本处于风雨飘摇之中的清政府统治雪上加霜，加速了其败亡。在这种时代背景下，青海藏区社会内部抢劫活动依旧，但清政府已经顾不上认真处理这些事情，而其派往青海地区的官员们，也得过且过。整体来看，清政府在这一时期对青海藏区社会的治理较以前严重弱化，而青海藏区社会在这一大背景下，基本处于自然发展的阶段。

第一节　咸丰时期对青海藏区社会的治理

咸丰帝是于道光三十年（1850）通过雍正年间首创的"密储制"登上皇位的，他是一位很有想法、勇于改革创新的皇帝。然而，天不逢时，在其登基之际，清政府所面临的内忧外患全面暴露无遗，并为其带来了灾难性、毁灭性的打击。国际上，面对资本主义国家近代化后强劲的发展势头，清政府的经济、军事实力明显已被西方近代化国家远远抛在身后，注定了清政府挨打的局面。咸丰帝登基后不久，第二次鸦片战争（1856—1860）便爆发了，借此机会，西方资本主义国家加快了侵略中国的步伐。国内也是矛盾重重、危机四伏，如咸丰元年（1851）元月，爆发了席卷全国近十四年之久的太平天国运动，同时于咸丰二年（1852）还爆发了始于黄河、淮河流域，后席卷到皖、豫、鲁、苏、鄂交界地区持续近十八年的捻军起义。此外，还有西北地区沙皇俄国觊觎新疆地区的边患，也让清政府头疼不已。整个咸丰年间，内忧外患充分爆发，咸丰帝采取了挽救统治危机的种种措施，除弊求治、任贤去邪、提拔人才等，力图重振纲纪。尽管以上措施与行动皆意在扭转内外交困的局面，然而为时已晚，清政府的颓势在其面对国内外危机而顾此失彼的前提下已经无法改变。在国际、国内局势十分严峻的背景下，咸丰朝对青海藏区社会的治理也开始显得力不从心。但幸运的是，这段时期，青海地区尽管有循化厅撒拉族民众起事，可青海藏区社会因和外界联系不多，暂时处于一个相对比较平稳的状态。咸丰朝对青海藏区社会的管理主要表现为以下几个方面：

一、减免青海地区额赋

延续前几代皇帝的做法，咸丰帝也于继位后减免青海地区的各种额赋，如咸丰元年十一月癸酉，因受冰、雪、风、旱灾的影响，决定缓征青海地区西宁、大通、碾伯等地未完成的"新旧银粮草束"[1]；咸丰二年十二月丁亥，因水、旱、霜、雹等自然灾害的影响，缓征甘肃西宁等十九州县的新旧额赋[2]；咸丰三年（1853）十一月，又因水、旱、霜、雹灾害，缓征碾伯等十一州县所欠的以往额赋[3]；咸丰六年（1856）十一月丙子，因受水、旱、雹灾影响，缓征西宁等十八州县灾区的新旧额赋[4]；咸丰七年（1857）十二月，又因雹、水、旱灾，缓征碾伯等二十三州县的"新旧钱粮草束"[5]。从上面五条记载来看，咸丰朝对青海地区的管理，主要是因自然灾害而实行的减免赋税政策。在青海地区出现循化厅撒拉族民众起事的情况下，和前朝相比，尽管咸丰朝减免额赋不是很频繁，但仍旧采取了一些措施减轻了青海人民的负担，以安稳民心、安定青海局势。

二、对蒙藏纠纷及藏族部落扰边活动的处置

（一）处理藏族部落对蒙古部落的抢劫活动

此时，蒙藏部落社会间的矛盾也是此起彼伏。道光三十年八月，发生

---

① 顾祖成等编：《清实录藏族史料（八）·文宗实录》卷七九，拉萨：西藏人民出版社，1982年，第4184页。

② 顾祖成等编：《清实录藏族史料（八）·文宗实录》卷七九，拉萨：西藏人民出版社，1982年，第4184页。

③ 顾祖成等编：《清实录藏族史料（八）·文宗实录》卷七九，拉萨：西藏人民出版社，1982年，第4184页。

④ 顾祖成等编：《清实录藏族史料（九）·文宗实录》卷十，拉萨：西藏人民出版社，1982年，第4259页。

⑤ 顾祖成等编：《清实录藏族史料（九）·文宗实录》卷九，拉萨：西藏人民出版社，1982年，第4259页。

了库伦四部落赴藏熬茶之蒙古喇嘛于青海口外扎哈那林地方被"番贼"抢去牧驼之事。由于该地方在青海迤北，路途遥远，故清政府命官员考虑是否派兵护送，或者如何才不致被抢劫。十月，受命处理本次抢劫活动的琦善等人，除了军事弹压抢劫的藏族部落之外，还发觉其中有很多内幕需要继续调查了解，尤其可能存在官方消息泄露、官匪结合等内幕。最后经过武力镇压，至十一月，"又谕：琦善奏河北番回及循化撒拉，悔罪投诚，缚献各贼，审明办理一折。另片奏：谕军机大臣等：据琦善奏搜捕柯柯乌苏群贼，并剿灭雍沙番贼一折。另片奏：各犯解省，并斥革格窝，严查汉奸各等语"①。本月，"又谕：琦善奏河北番回及循化撒拉悔罪投诚，缚献各贼审明办理一折。另片奏：在事出力人员，可否分别保奏等语"②。在清政府的武力弹压下，琦善参与将本次抢劫活动的雍沙番、黑城撒拉回次第剿除，而另外的黄喀洼番族、西宁东路河北一带番回及循化八工撒拉俱已投诚。此外，还对有功之士进行保奏。同时，在琦善反映了相关问题后，咸丰帝将此事托付于该处官员，"即惟该处蒙番杂处，驾驭抚绥……该督务当随地随时，豫筹妥办，总期法立于无弊，患消于未萌。傥经此次剿办之后，反致该处蒙古番族互启猜疑，别滋事端，朕惟该督是问，懔之慎之，将此谕令知之"③。依此而言，皇帝在处理蒙藏纠纷之事上，态度还是很谨慎的，不希望蒙藏部落之间出现猜疑和各种不必要的纠纷。然而，此事并未彻底完结，最后于咸丰二年四月丙午，该抢劫案出现了大转折，"又谕：大学士、军机大臣会同刑部具奏审明甘肃番案各员，分别定拟一折。已革陕甘总督琦善办理雍沙番族，并无抢劫确据，辄行调兵剿洗，已属谬妄，且并未先期奏明，尤属专擅，著发往吉林效力赎罪。其审办此案，并未研究确情，率行定拟斩枭。重罪之已革甘肃布政使张集馨、已革西宁道文桂、已革署兰州府知府步际桐承审此案，始终其事之已革知州赵桂芳、已革知县尹泗均著发往军台效力赎罪；已革游击冷震东非刑逼供，任性妄为，著发往新疆效力赎罪；已革知府桂昌，已革知县姜熊、刘元绩、缑评、李志学，据供承审仅止数日，并未随同定案，著暂行交旗交坊，仍由陕甘总督查明该革员等，曾否取供定案，是否先期出省，咨部分别核办；参将珠克登、

① 顾祖成等编：《清实录藏族史料（八）·文宗实录》卷二〇，拉萨：西藏人民出版社，1982年，第4151－4152页。

② 顾祖成等编：《清实录藏族史料（八）·文宗实录》卷二二，拉萨：西藏人民出版社，1982年，第4153－4154页。

③ 顾祖成等编：《清实录藏族史料（八）·文宗实录》卷二三，拉萨：西藏人民出版社，1982年，第4154－4155页。

都司石长兴、西宁府知府铃祥讯问番案，曾取有认抢草供，并未定谳上详，著一并交部议处；番子群吉等十四名，既讯抚抢劫确据，著免其治罪，仍交陕甘总督分拨不近番界之州县，严加管束，傥有不安本分，逞忿滋事等情，即行从重惩办；前署陕甘总督萨迎阿于特派覆讯之案，并未录取各员供词，遽行拟罪，实属草率；伊子户部员外郎书绅并无审案之责，辄与司员等同坐问供，实属不知检束。萨迎阿、书绅著交部分别议处，其随同审案，漏未取供之刑部郎中梁熙，员外郎觉罗奎栋、武汝清，亦属不合，均著交部议处"①。最初处理此案的官员，竟然大多被处置，而且证明此案为一冤假错案。该抢劫案最后的剧情反转，真应了之前总督萨迎阿对甘肃青海地区形势的判断，即咸丰元年秋七月朔，"谕内阁：萨迎阿奏甘省营务废弛，筹议责成提镇，实力整顿等语。……历任总督粉饰消弭，以致养痈成患，实堪痛恨。番匪出没深山，兵少则抗拒，兵多则逃窜，设卡巡防，严密侦探，最为要务。著即责成该提镇，平日严督将弁，认真操练兵丁，饬令防守弁兵，随时确探。如有野番出掠，飞速传报，该提督迅派将弁带兵赶捕，该镇即亲带弁兵驰往堵剿，必须立时加以惩创，使野番知畏，不敢轻出肆劫。并通饬地方文武，查拿内地奸民，毋令勾结接应，以净根株"②。从此而言，这时派往甘肃西宁地区的部分官员，已不再勤于政事，而有推脱逃避、得过且过之嫌。在了解到此案详细情况之后，清政府又嘉奖了在本次处理抢劫事宜中出力的相关官员，如咸丰二年六月，"以剿办甘肃黑城子撒回出力，赏千总温积桂等蓝翎，守备杨正才等升叙有差，以派办甘肃蒙古番族事件出力，予知县吴春焕等升叙有差"③。以奖励来提高边远地区官员为政府出力办事的积极性。从该案的前后来看，由于青海地区地处偏远，而参与抢劫的藏族部落均为游牧部落，抢劫之后清朝官员处理此事难度极大，因而出现上欺下瞒，造成冤假错案的结局。

但清政府对上述抢劫之事之处理措施，显然仍旧无法消除藏族部落对蒙古部落的抢劫活动。咸丰三年五月，抢劫之事又起，"谕军机大臣等：据吴必淳奏称：青海扎萨克固山贝子格勒克纳木扎勒，于本年正月初三日，带同属下章京蒙古等赴郡领俸办粮，事竣回牧。于二月十八日，行抵都蓝

① 顾祖成等编：《清实录藏族史料（八）·文宗实录》卷六〇，拉萨：西藏人民出版社，1982年，第4175－4176页。
② 顾祖成等编：《清实录藏族史料（八）·文宗实录》卷三七，拉萨：西藏人民出版社，1982年，第4164－4165页。
③《清实录（四〇）·文宗显皇帝实录（一）》卷六三，北京：中华书局，1986年，第841页。

果立乌素庵克地方，突有番贼百余人围抢，该贝子受伤殒命，章京蒙古等七名亦被戕害，并有带伤蒙古十三名，抢去驼马一百三十余匹只"①。蒙古部落连年被藏族部落抢劫，其经济、军事实力遭受重大损失，以至咸丰四年（1854）九月，"西宁办事大臣吴必淳奏：迎接哲布尊丹巴呼图克图呼毕勒罕之库伦蒙古官员，据青海左右两翼正副盟长呈称，蒙古连年被抢，无力派拨兵丁，现已雇募兵丁，护送赴藏"②。作为全民族信仰藏传佛教的青海蒙古部落，在护送哲布尊丹巴呼图克图呼毕勒罕入藏之际，竟然派不出兵丁，足以证明此时青海蒙古势力大大衰弱，也正因其势衰，导致被抢之事频发。

在官员对青海地区治理不力的情况下，咸丰四年二月，又出现拉安、都受等族以投诚为借口，移至黄河北游牧之事，"谕军机大臣等：易棠奏番族饰词投诚，西宁办事大臣姑允所请，以致番族效尤偷渡，现在设法招抚一折。蒙古、番族游牧各有界限，历年以来，野番潜住河北，屡滋事端，早应逐令回巢，以安边圉。乃该办事大臣吴必淳，辄听偷渡河北之拉安族番饰词投诚，借护送堪布之名，欲在河北住坐，且有不准投诚，照旧为匪之语，情词桀骜，显系有挟而求。吴必淳毫无定见，辄允所请，实属谬妄糊涂。该督现已移咨吴必淳，饬令驻防副将及青海两翼盟长等，将偷渡河北番族，相继逐令回巢，自应如此办理。至吴必淳所称，非稍须兵力，不足以杜边衅等语。现在该番族并未滋事，何得率请用兵？著易棠即饬令该厅营督率千百户，将偷渡之都受族等番子招集回巢，并晓谕各番，绝其妄念。仍饬令驻防副将及该盟长等，设法驱逐，务使消患未萌，毋任别生枝节。将此由五百里谕知易棠，并谕吴必淳知之"③。清政府得知此事后，极为重视，想方设法将偷渡的藏族部落劝回原地，此事暂告一段落。然而至咸丰八年（1858）五月，"又谕（军机大臣等）：乐斌奏缕陈番务情形，请饬西宁办事大臣等详查筹办一折。甘肃西宁口外，野番为患。乐斌到任以后，派令署西宁府知府那逊阿古拉派兵剿捕，随有刚咱④等族野番，情愿投

① 《清实录（四一）·文宗显皇帝实录（二）》卷九三，北京：中华书局，1986年，第280－281页。
② 顾祖成等编：《清实录藏族史料（九）·文宗实录》卷一四五，拉萨：西藏人民出版社，1982年，第4222页。
③ 顾祖成等编：《清实录藏族史料（九）·文宗实录》卷一二〇，拉萨：西藏人民出版社，1982年，第4218－4219页。
④ 顾祖成等编：《清实录藏族史料（九）·文宗实录》卷二五三，拉萨：西藏人民出版社，1982年，第4271－4272页。

诚，求将河北地方，赏给住牧，保护蒙古边民。各旗蒙古亦愿将青海迤南戈壁地方。暂行借给住牧，似此权宜办理。原期相安无事，惟野番贪残成性，移至河北后，或不免欺凌蒙古，滋生事端。更恐河南各番，相率效尤，恳求迁徙。自宜慎之于始，以安蒙古生计……应如何定立界址，设法钤束，以杜侵越，及不准再有番族过河，以期日久相安之处，妥议章程具奏，不得迁就目前，致滋后患。将此谕令知之"。这次刚察族借口保护蒙古边民，请求前往黄河北驻牧的要求，引起了清政府的警惕。原则上，因清初蒙藏联合的教训，再加上此时青海蒙古势力已衰等形势，为了避免蒙藏部落一起驻牧引起不必要的纠纷，清政府不允许藏族部落迁至黄河北。然而，咸丰九年六月己亥朔，西宁办事大臣福济得旨，此时只好也只能以羁縻之法处理此事，但"将来蒙、番能否相安，惟在随时妥办。若仍藉端滋事，更可驱逐有辞。著晓谕蒙古，不可自弛武备，赖他人之势以自立。若蒙古能强，堪以敌番，任其自行驱逐亦无不可"[1]。之后于九月丁卯朔，"谕内阁：福济奏番族投诚，地方肃清，并安插户口，善后章程，开单呈览一折。甘肃野番连年滋事，经该大臣亲督员弁出口查勘，开诚布公，歼厥渠魁，宽其胁从，随处核定界址，编查户口，妥为安插。统计八族，共一千七百四十七户，男妇大小一万八千四百二十名口。该番族感激欢呼，交出认赔牲畜及被抢牛马羊各物，呈出承保十事及分守要隘各甘结，地方得以肃清。办理尚属妥速，所有善后事宜，即照奏定章程十条妥为办理。嗣后每年巡查，禁通事之勾引，防歇家之容留，赏罚必明，奉行必力，均责成该管厅营妥为经理，以期日久相安"[2]。内忧外患下疲于应付的清政府，最终以羁縻之策换来青海地区暂时的安定，表面上此时以刚察族为首的环湖八族投诚，之后清政府又奖励了在本次甘肃剿抚中出力的相关官员。至此，青海藏族部落对蒙古部落的抢劫活动以清政府暂时答应让藏族部落（环湖八族）到黄河北驻牧，保护蒙古各部落为由，得以平息。

（二）处理藏族部落的扰边抢劫活动

尽管清政府想方设法处理藏族部落的抢劫事宜，但抢劫活动仍在进行，咸丰二年七月己巳，据舒兴阿奏，甘肃凉州永昌协所属口隘"番贼"滋扰，

---

① 顾祖成等编：《清实录藏族史料（九）·文宗实录》卷二八五，拉萨：西藏人民出版社，1982 年，第 4277 – 4278 页。

② 顾祖成等编：《清实录藏族史料（九）·文宗实录》卷二九三，拉萨：西藏人民出版社，1982 年，第 4278 – 4279 页。

被剿远遁，现饬各营严防。此后，要求西宁镇总兵双锐等人带兵平叛，西宁兵在永安大通等处遏其归路，趁此番匪腹背受敌之时痛加剿洗，以儆凶顽而靖边卡。最终，在两日之间，四战四捷，生擒贼首枭示，并将盈千"番贼"，歼剿殆尽，复叠次缉获"汉奸"多名，分别根究惩治。除了武力镇压之外，面对藏族部落的抢劫，尤其是在国内外危机频频之际，清政府在青海地区也只能尽力派兵严守，以防此类事情再度发生，却不能再像前朝一样，派大兵镇压、剿灭了。

咸丰四年五月甲寅，又出现藏族部落觊觎边卡之事，清政府决定招募猎户，以图防范，"谕内阁：易棠奏请招募猎户，堵御番贼，并试采金砂，以资口食一折。上年甘肃西宁一带，番贼窥伺边卡，节经该督饬令各属，招募猎户人等，随时击退。提督索文于察汉俄博营所管之亦斯们沁地方，招募猎户一千名，并令淘挖金砂，自济口食。……并因该三处均素产金砂，令所募猎户，一半淘试金砂，一半防御番匪，并筹议约束稽查及升科各章程等语。……于亦斯们沁、野牛沟、沙金城等处，共安置猎户三千名，责成总管练总人等实力稽核，毋令混冒。其开采金砂，发给猎户口粮外，并酌定课额年限。均著照所议办理"①。招募猎户，并让其在亦斯们沁淘金砂以自给自足，防范骚扰边卡的藏族部落，一方面反映出清政府财政方面的拮据，另一方面说明清政府在内忧外困下，精力不足，疲于应付，故而只能想方设法暂时应对边患，以求自保。九月甲午，"陕甘总督易棠奏：遵旨请觐。得旨：现在甘省紧要之事甚多，正资汝时时料理，著不必来见，仍俟履任三年，再行照例奏请。又奏：沿边番贼突出抢掠，经兵勇击毙，割取首级，夺获赃械。仍饬所属营汛认真巡防。批：野番出没无常，若深入穷追，固为非计，然似此小有斩获，实不足以示惩创。猎勇尚属得力，亦非赏不行，又概难绳之以律。总在严将弁勇怯之赏罚，审兵勇进止之得失，随时激励办理，以靖边圉，勿宽勿忽"②。至此时，面对内外危机，精疲力竭的清政府对于青海地区藏族部落的扰边抢劫活动，只能以"严将弁勇怯之赏罚，审兵勇进止之得失，随时激励办理，以靖边圉，勿宽勿忽"为主了。但雪上加霜的是，此时西宁兵丁又因待遇问题而滋生事端，咸丰六年六月丁酉，"又谕（军机大臣等）：胜保奏：西宁、宁夏等处兵丁，因请饷滋闹。……并汉回匪党于关内外抢劫，或假冒野番，或勾结番匪，行旅为之裹足，甚至饷银奏折均被抢掠，请饬整顿等语。……至番贼抢劫饷银奏折，虽经易棠具奏，惟是否汉回匪徒假冒野番，抑系勾结番贼入卡抢掠，必当严行查办，以靖地方，断不可养痈贻患，自干咎戾。……经提臣索文拿获随贼番子，讯明实系四川松潘厅之果洛克土番，勾结肃州熟番行劫，当即移咨提臣带兵赴西宁，会同办事大臣协力剿捕。报闻"①。出现清兵冒充"番匪"或与"番匪"勾结抢劫之事，说明清政府严重忽视了边疆士兵的待遇，从侧面反映出此时清朝的统治力已经严重弱化，对边患的控制显得心有余而力不足。

在清政府因处理内忧外患而心力交瘁，又有青海地区循化厅撒拉族民众起事的情况下，藏族部落继续其抢劫活动，咸丰六年九月壬午，"谕内阁：易棠奏剿除番族贼匪，生擒首恶，并分捕余匪一折。甘肃拉安族黑番纠结四川果洛克等番族，占据青海蒙古游牧，并敢窜扰嘉峪关外，抢劫饷鞘折报。经该提督索文亲率兵勇，会同西宁办事大臣东纯驰往剿捕"②。十一月丙子，清政府立即对本次剿捕活动中的有功之士进行嘉奖，以资鼓励。咸丰七年五月癸亥，"谕内阁：乐斌奏剿捕番匪获胜一折。上年甘肃嘉峪关外驿路，时有山内果洛克贼番，出伺行劫。……将潜匿祝鲁果贼番，痛加剿除。本年四月间，探有贼番在素赖地方插帐，复派兵勇前往攻击，贼番抢占雪山抗拒，枪炮对轰，昼夜环击，兵勇复由间道绕至贼后，两面夹攻"③。八月壬子，奖励有功之士。面对官员上报剿捕"番匪"获胜等事，疲于应付的清政府只能给予奖励，不去深究其事。

三、支持和关注藏传佛教

有清以来，清政府已经认识到藏传佛教对蒙藏民族的影响。此时仍旧十分关注其动态，如道光三十年九月壬寅，清政府对卓扎巴地方产生章嘉呼图克图呼毕勒罕一事予以关注，并关注章嘉呼图克图转世灵童的认定事宜。④ 冬十月己未，哲布尊丹巴呼图克图呼毕勒罕转世灵童，归入金瓶掣

---

① 顾祖成等编：《清实录藏族史料（九）·文宗实录》卷二〇一，拉萨：西藏人民出版社，1982 年，第 4255－4256 页。

② 顾祖成等编：《清实录藏族史料（九）·文宗实录》卷二〇八，拉萨：西藏人民出版社，1982 年，第 4258－4259 页。

③ 顾祖成等编：《清实录藏族史料（九）·文宗实录》卷二二五，拉萨：西藏人民出版社，1982 年，第 4264－4265 页。

④ 顾祖成等编：《清实录藏族史料（九）·文宗实录》卷一七，拉萨：西藏人民出版社，1982 年，第 4148－4149 页。

签。咸丰元年辛亥二月壬戌，认定的转世灵童名为哲布尊阿旺吹济旺渠车拉嘉木磋德，咸丰帝著加恩赏给该呼毕勒罕黄手帕一方、佛一尊，大缎四卷。① 咸丰六年九月乙卯朔，清政府对班禅额尔德尼呼毕勒罕寻访事宜予以关注。②

整体来看，咸丰时期，清政府面临国外新兴资本主义国家的冲击，将主要精力用在镇压国内反抗的局面下，外国侵略者纷沓而至，清朝的门户被打开，半殖民地半封建社会的苦难命运大大加深。在这种背景下，清政府在对青海地区藏族部落社会的治理中，无法派出具有很强战斗力的军队去镇压各种抢劫及侵扰边卡活动，只能以羁縻为主，以求青海地区的暂时安定。

第二节　同治朝对青海藏区社会的治理

咸丰十一年（1861），因咸丰帝英年早逝，年仅六岁的同治帝登基，依咸丰帝的遗诏，暂由肃顺等八位大臣辅其执政。该年九月，因八位辅政大臣与同治帝生母叶赫纳拉氏（慈禧太后）之间矛盾重重，慈禧鼓动皇后钮祜禄氏与恭亲王奕訢勾结，发动"辛酉政变"，八位辅政大臣之辅政权力被奕訢与慈禧夺取，自此清朝开始了慈禧、慈安两太后垂帘听政之局面，但最终实权掌握在慈禧太后手中，慈禧太后垂帘听政由此开始。在此期间，国内太平天国运动、捻军起义仍旧如火如荼地进行着；而国外资本主义列强的侵略势力深入中国内地，清政府的封建统治处于风雨飘摇之中。同治十二年（1873），同治帝亲政，但实权仍旧掌握在慈禧太后手中，雪上加霜的是，国内陕甘回民起义及云南回民起事此起彼伏。整个同治年间，青海藏区社会仍旧延续了以往的状况，清政府已经无法应对整个局面，自顾不暇，对青海藏区社会的治理也显得力不从心。

---

① 顾祖成等编：《清实录藏族史料（九）·文宗实录》卷二七，拉萨：西藏人民出版社，1982 年，第 4159 页。

② 顾祖成等编：《清实录藏族史料（九）·文宗实录》卷二〇七，拉萨：西藏人民出版社，1982 年，第 4257 – 4258 页。

一、通过豁免、缓征以减轻人民负担

这一时期，资料记载显示，自顾不暇的清政府采取的减免额赋之举较前朝大大减少。如咸丰十一年九月丁酉，"豁免甘肃西宁、碾伯二县被扰村庄应征粮草"①。同治二年（1863）三月癸亥，缓征受水、霜、风、冻灾害的甘肃碾伯等二十厅州县的新旧钱粮草束。② 这一时期清政府除了要面对青海地区发生的各种自然灾害外，又要疲于应对西北回民的反清起义以及因此而起的西宁撒回反清起事，故内外交困的清政府只能试图通过偶尔减免赋税稳住民心，但此举已是力不从心，均为草草了事，无法减轻青海地区民众的负担。

二、处理西宁撒回反清起事

（一）派兵布防西宁撒回反清起事

年幼的同治帝即位后，辅政大臣们针对因受西北回民反清起义影响而出现的青海地区的循化厅撒回反清起事等，制定了一些防范措施。早在咸丰十一年十一月，乐斌、多慧认为，应在青海地区"设营制，招练番兵，改定边缺，申明旧章四条，以为善后事宜。……西宁道府二缺，初任人员难期熟练，请均改为调补之缺。至该二缺专用满洲蒙古人员，此后但期人地相宜，无论满汉人员，均准酌调升补。惟同时道府二缺内，必须有满洲蒙古一人，不得皆用汉员各等语"③。然而，乐斌对青海撒回反清事宜的办理后来遭到了其他官员的弹劾，认为其办事不力。至同治元年（1862）三月，为了加强对青海地区蒙番部落以及撒回的控制与管理，西宁办事大臣多慧提出实行严禁越卡私贩章程七条："一、蒙番进口办买粮茶，应令官歇家登记循环号簿，报官察核。查有不符，即将官歇家及出卖铺户，照私贩例从重治罪；一、新安番族由青海衙门请票易买粮茶，应饬丹噶尔厅镇海协，令各族千百户，于票尾钤戳，缮写人名货物，呈送地方官核验放行；一、番子进口应令西宁、大通各处官歇店户，另立循环簿二本，详细登记，

---

① 《清实录（四五）·穆宗毅皇帝实录（一）》卷四，北京：中华书局，1986 年，第 131 页。
② 《清实录（四六）·穆宗毅皇帝实录（二）》卷六一，北京：中华书局，1986 年，第 192 页。
③ 顾祖成等编：《清实录藏族史料（九）·穆宗实录》卷十一，拉萨：西藏人民出版社，1982 年，第 4288－4289 页。

于文武衙门一律呈递，并按月报明青海衙门存查；一、粮茶应酌中配搭，每粮一石配茶六封，蒙番一律办理。其单买茶叶者，大票准填十封，小票准填五封。至新安番族止准在丹噶尔办买，以杜窜越；一、私贩黄茶，应饬循化、贵德地方官暨隆福寺番僧，一体拿办。起出货物，分赏出力兵弁；一、蒙番出口，由守卡兵弁搜验放行。如有需索贿纵等弊，从严究办；一、内地民人出口谋生，应责成公正铺商承保，由地方官转详青海衙门给票放行。至入口会营点认，令该厅营县出具的系原人印结，将票缴销，每票止准一次，不准复用。下部议从之"①。此时主要在贸易方面，对青海新近投诚的藏族部落及其他蒙古部落进行严密控制，严禁其交往过密、过频，以防不测之事发生。另外于五月，针对青海地区发生的撒回反清起事中撒回暂时投诚一事，陕甘总督沈兆霖覆提出甘肃善后章程，"一、改设巴燕戎格厅城及所属各要隘都司二员，守备二员，千总三员，把总一员，并添驻兵一千二百五十名；一、招练上下郭密、上十族、下八族番兵共一千名，选择千百户训练，统归营员调遣；一、凡巴燕戎格厅属有警，责成西宁河州两镇总兵官，就近整兵救援；一、准西宁碾伯各村庄，办理团练，以壮官军声势。惟不得欺凌良回，致启衅端；一、准将循化、贵德、丹噶尔三厅同知，巴燕戎格厅通判，均改为边缺，由本省官员升调；一、撒回与西宁回民，分别两教，渐生嫌隙。应申明旧章，不得分寺诵经，亦不得妄分新旧教及添建礼拜寺。仍责成总约回民，随时稽查。从之"②。清政府通过派员增兵、办理团练等方式，一方面预防西宁地区撒回反清起事，另一方面又震慑青海蒙古、藏区社会。然而，就在这种严防死守的背景下，同治二年，循化厅撒回还是展开了反清活动。

（二）妥善处理因撒回反清起事而起的民族矛盾

同治三年（1864）九月，因西宁回众表示投诚，玉通下令解散北川果莽、果隆、吹布藏等寺乡勇，并将团勇散去一半，尚余一半保守寺院暨各村庄，尚非恃众寻衅。塔尔寺练勇，经玉通等叠次劝谕，已有息事之机。③十二月，玉通奏报："青海驻牧之汪什代克族番，伙同曲加洋冲等野番，抢

---

① 顾祖成等编：《清实录藏族史料（九）·穆宗实录》卷二一，拉萨：西藏人民出版社，1982年，第4294-4295页。

② 《清实录（四五）·穆宗毅皇帝实录（一）》卷二七，北京：中华书局，1986年，第736-737页。

③ 顾祖成等编：《清实录藏族史料（九）·穆宗实录》卷一一五，拉萨：西藏人民出版社，1982年，第4348-4349页。

劫甘州营马多匹，经玉通调派弁勇，会同扎萨克王公，探踪追剿获胜，将马匹全行追回，办理尚属认真。青海驻牧各族野番，族众人繁，良莠不等，玉通惟当设法羁縻，严加防范，毋任滋生事端。另外，塔尔寺阿家呼图克图，与回众构衅，未肯散团。玉通现派官绅驰往该寺并小南川各庄，善为排解。即著饬令该官绅妥慎办理，回情狡谲异常，不得因该回暂时相安，遂将团练全行遣撤，致堕狡谋。"① 从此事的处理来看，因为西宁撒回反清起事未被平息，故对于汪什代克与曲加洋冲藏族部落勾结而行的抢劫活动，清朝官员玉通便行羁縻之法以防范为主。同时，从此时主要依靠青海蒙古兵力追剿一事可以看出，蒙古势力和以前相比有所恢复。另外，对于因撒回反清起事引起的撒回与藏族部落之间的仇杀一事，玉通主要采用劝解之法，但也没有撤退因此事而组建的塔尔寺阿家呼图克图为抵御回族而建立的散团，以防撒回再起事。此外，因为在追缴撒回反清起事以及防范汪什代克族、曲加洋冲族等联合抢劫中，蒙古王公参与立功，决定返还蒙古郡王等人自同治元年始一直没有领取的俸银。

同治四年（1865）闰五月，西北地区宁夏回族的反清活动继续如火如荼地进行着，青海蒙古王公及阿家呼图克图等所递禀词称，西宁府城被反清撒回钳制，情形危殆。然而需要说明的是，此时的西北回族反清起事与最初相比已经变味，开始出现回汉民族之间的矛盾。如同治五年（1866）二月，西宁地区出现汉族与回族间"仇衅相寻"之事。对此，清政府指示：抑强扶弱，且在此过程中要恩威并举，不能存在迁就苟且之意图。同治六年（1867）三月，以河州马占鳌为首的反清起义势力进入碾伯地区，扰及西宁，后虽经丹金扎布等晓谕退去，但起义仍旧没有停止，而且汉回仇杀等事仍一触即发。四月庚戌，贵德厅又发生回族反清起义。这一时期，受宁夏、甘肃回族起义的影响，在青海地区，回族反清起义此起彼伏，清政府将主要精力放在平定回族反清起义之事上，正如豫师于同治九年（1870）十一月二十六日所奏："查甘肃军务，积年以来，已如乱丝，而西宁尤甚，非扼其要害，次第稳慎筹布，不但跋前疐后，且虑愈行溃裂。"② 在这种局面下，清政府一方面要想方设法平定西宁循化撒回反清起事，另一方面还担心因此而引起回汉、回藏、回蒙之间的仇杀，以免另生不必要之事端。

---

① 顾祖成等编：《清实录藏族史料（九）·穆宗实录》卷一二三，拉萨：西藏人民出版社，1982 年，第 4351－4352 页。

② 吴丰培编：《豫师青海奏稿》，西宁：青海人民出版社，1981 年，第 39 页。

（三）对青海藏区社会的治理

这一时期，清政府将治理青海地区的主要精力投入平定回族反清一事的同时，藏族部落社会的抢劫活动仍旧在发生，但青海的官员们已疲于应对。如豫师于同治十二年七月七日所奏，库伦蒙古官员人等自西藏迎接哲布尊丹巴呼图克图呼毕勒罕，在派官兵护送的情况下，于青海地方驻牧牲畜被番族抢劫，之后又增派官兵护送之事，所派官兵中，包括玉树番兵六百名，新附八族及阿里克族番兵五百名。[①] 同治十三年（1874）六月，着手准备祭祀鄂敦他拉、黄河源、阿拉克诺尔、玛沁雪山等处，并准备与玉树藏族部落会盟，以及祭祀青海湖及与蒙古部落会盟之事。正因为同治年间青海地区撒回反清不断，清朝官员出力青海事务时，非常谨慎，不想给乱作一团的青海局势再度添乱，尤其在对蒙古、藏族部落的治理中，一方面要利用其力量，另一方面还要维持其安稳。

清朝官员的这种做法，很快得到回应，在光绪二年（1876）对平定撒回反清起事的善后事宜中，豫师上《择尤保奖积年出力青海蒙番折》，对在平乱中立功的蒙古、藏族部落头领等进行了嘉奖，"窃查青海地方边荒，极为辽阔，处处通透内地。自军兴以后，回匪不时纠股，犯扰海疆，大肆抢杀。各旗蒙古王公、贝勒、贝子、台吉等及新附刚咱等族番目，均能攒集蒙番各兵，随时堵击，力挫贼锋。前大臣玉通任内，因西宁各属凶焰孔炽，叠经调派各该旗蒙番兵丁，在于丹噶尔厅、城、塔尔寺、康缠、镇海堡、申中喇课等处地方，援应协剿，斩馘甚多，阵伤蒙番兵丁，亦属不少，均据呈报有案……旋据台吉噶拉布札纳木楚克旗梅楞章京达科及阿里克族番目等呈报，二月十二日，陕回四百余人，窜向该处，当即堵击追剿，杀毙悍贼三十余名，夺获器械骡马锅帐什物在案。其玉舒族番，地处极边，距宁两千余里之遥，频年被业亥隆纳哈运等番扰害，该管巴燕昂谦族千户观木却克拉尔加立督率属番随时防范，维持获保。上年奴才派员前往会盟，曾据该番呈诉积劳情形，并将各该番族积欠应纳贡马银两，亦曾补交……其向化遇忧，殊为恭谨。至内地属番，前当军务吃紧时，亦多会合练勇，叠次剿贼出力，并承办官员购买粮草，以资腾饲，均属著有微劳。现当大乱削平，各该蒙番望泽孔殷，可否吁恳朝廷，特恩准由奴才将积年出力青

---

① 吴丰培编：《豫师青海奏稿》，西宁：青海人民出版社，1981年，第139页。

海蒙番择尤保奖,以示鼓励,出自鸿慈逾格"①,通过奖励等方式进行笼络,将青海蒙藏势力收为己用,去镇、剿撒回之乱,一方面"就地取材",为政府节省了兵力、财政等方面的投入;另一方面利用蒙藏势力制衡撒回。除此之外,还有碾伯县属羊官寺柳家转僧及僧俗番众头目人等,自同治元年起,该转僧捐资倡办团练,叠次堵击窜匪,保守地方,援救邻近庄堡。② 以此而言,此时阿里克、刚察、玉树等藏族部落已经彻底向化,并且清政府在其部落内任命的千百户等人,已听命于清朝,在西宁撒回反清起事时,他们已经作为清政府的兵力出力剿匪。

除以上《清实录》的记载外,我们还从青海省档案馆所藏档案资料中看到一些内容,同治十二年五月十一日《南番卡加寺千户江洛昂为隆哇霸占属庄上循化厅的禀》记载:"情因千户所管麻隆、唐尕、香卡等三庄番子,大事已乱,千户奉各宪大人札谕,调番兵助剿回匪。千户屡次传调,麻隆等三庄番子不遵调遣,是以投诚隆哇红布。千户即向隆哇红布索要投诚番子,而该红布不听千户之言。是以千户与隆哇两家打仗,伤毙千户胞兄完的夸番子二十余人。如今大事抚定,思之无奈,合无仰恳大老爷电情俯准,赏谕隆哇红布,遵照将千户所管隆哇等三庄百姓归千户照旧管束,实沾恩便矣。"③ 面对本次卡加寺千户与隆哇红布因争夺麻隆、唐尕、香卡三庄百姓而争斗一事,官员经过详细调查后,于同治十三年二月对此事做了如下处理:"谕隆哇红布、卡家千户知悉:照得该红布与卡家,千户与隆哇相争三庄案,本府当饬该两造乡老公平评议。嗣据议规前来,本府细加更正,庶几向昭平允,自应依此判断。除将所断条规开列于后外,合行谕知,谕到该红布、千户等一体遵照。务须依断行事,永结合好,毋再争论生非,致干未便。切切!此谕!计开议定条规:一、麻隆每年每家出番斗青禾一斗,又共出酥油十五斤,与卡家寺永远为照;一、香卡堡与卡家寺每年正月作魔难一日;一、麻隆一庄原属卡家寺之部落,仍照旧归卡家管束;一、卡家当年与香卡出卖过田地五十块,仍归卡家寺;一、香卡灌地渠水由卡家河源放通,仍照旧日浇灌,每年与卡家寺作魔难一次,言定香卡地内若不灌水,许将渠沟填塞,卡家亦不得要香卡作魔难;一、唐尕原系隆哇部落,仍归隆哇照旧管辖;一、其余各事仍照旧行事;一、麻隆帐房放牧卡家之草山,仍照旧牧放;一、凡缚下投的百姓,仍各归旧部落;

---

① 吴丰培编:《豫师青海奏稿》,西宁:青海人民出版社,1981年,第150页。
② 吴丰培编:《豫师青海奏稿》,西宁:青海人民出版社,1981年,第154-155页。
③ 《清代循化厅藏事档案》,青海省档案馆藏,档案号:6—永久—271。

一、凡隆哇前日焚杀抢掠卡家寺一切东西，仍照旧规补赔卡家。以上各条若不遵断定，即严惩不贷!"① 青海官员对此事的处理，调研到位，最后基本能做到依照事实处理，从而在藏族部落中建立威信，但一定程度上保护了归顺的南番卡加寺千户的利益，毕竟千户之职是清政府设置的，千户等是其在地方维持稳定的代理人。此外，还需注意的是，在调查本案时，还曾出现"昨巡查至沙沟，据龙哇番目随带多人来见，即以人情法纪反覆面谕，并询其以前霸管部落，今复焚抢情形。该番目抗颜相向，答以此案无须管结，强词夺理，不遵查讯。且称龙哇安靖，勿查履其地"② 的局面，这说明尽管最初清政府在青海地区设置千百户对青海藏区社会产生了一定的积极影响，但此时却出现"番目抗颜相向"，并向官员说此案无须由官员管结，对官员充满了不敬、不屑。以此而言，千百户的设置原本就是为了管控而对边疆少数民族地区采取的羁縻政策，其存在的弊端于此时开始显现。

　　总体来看，受西北地区宁夏、甘肃回族起义的影响，同治年间，清政府对青海地区的治理一开始就以防范西宁地区撒回反清起事为主。此时，藏族部落社会也有一些抢劫活动，但这些活动其实是青海藏族部落社会内部的纠纷，和撒回反清相比不算是大事。另外，在防范、追剿撒回反清过程中，青海蒙古王公率其所属蒙古部落、藏族部落千户率领所属加入了清朝平乱大军之中，并且因为在平乱中立下了汗马功劳而被褒奖。尽管此时清政府的统治已经危在旦夕，但对青海藏族社会的治理上，前几代皇帝的治理效果（如千百户的设置等）于此时发挥出来，尤其在撒回反清起事致使青海地区局势紧张的情况下，相对而言，同治朝时青海藏区社会暂时还处于较为稳定的状态。

---

① 《清代循化厅藏事档案·分府安》，青海省档案馆藏，档案号：6—永久—187。
② 《清代循化厅藏事·分府汪档案》，青海省档案馆藏，档案号：6—永久—350。

第三节　光绪朝对青海藏区社会的治理

同治十三年十二月，年仅四岁的爱新觉罗·载湉（光绪帝）被两宫太后选为皇帝，但由两宫太后垂帘听政，光绪七年（1881）后由慈禧太后一人听政。此期间，主要有光绪三年（1877）左宗棠击败沙皇俄国支持的新疆阿古柏的叛乱，并平定天山南北路，之后清政府在对俄谈判中取得优势，从而收回伊犁和特克斯河地区；光绪九年至十一年（1883—1885），中法战争爆发，清政府不败而败，法国不胜而胜。此时的光绪帝在老师翁同龢等人的指导下，接受对外国侵略者主战的观点，决定反抗外来侵略。光绪十五年（1889）光绪帝开始亲政，但实际大权仍旧由慈禧太后把控。在这种情形下，西方资本主义国家的势力继续席卷并涌入清朝。东亚的日本也蠢蠢欲动，于光绪二十年（1894）挑起了甲午战争，此时光绪帝极力主战，反对妥协，但终因朝廷腐败，以清朝战败、《马关条约》的签订而告终，帝国主义掀起瓜分中国的狂潮。之后，光绪帝积极支持维新派变法，决定通过变法以求自强，光绪二十四年（1898）实行"戊戌变法"，却遭到以慈禧太后为首的保守派的坚决反对与破坏。"戊戌政变"后，变法失败，光绪帝被慈禧太后幽禁在中南海瀛台，大权再度落到慈禧太后手中。面对西方国家的疯狂掠夺，国内兴起"义和团运动"，由反清变为"扶清灭洋"，引起了帝国主义的疯狂报复。光绪二十六年（1900），八国联军侵华战争爆发，最终以清政府失败、签订丧权辱国的《辛丑条约》而告终。在这种国际国内背景下，青海地区也不太平，回族起义仍在进行，藏族部落内部的抢劫、争斗活动也此起彼伏，但官员们对此事推诿成风，其种种表现表明此时清朝统治力量进一步弱化，也暴露出边远地区官员们办事不力的状况。

一、减免青海地方赋税

整个光绪朝，清政府的统治危机急剧加大，但在青海藏区社会，清政府仍旧采取了一些减免额赋、减轻人民负担之举。如光绪七年九月庚戌，

"赏青海附住番众刚咱等八族每年青稞八百四十八石"①，专门赏给投诚的青海湖"环湖八族"藏族日常生活中必不可少的青稞，以示羁縻抚绥。其他减免额赋之举，如光绪七年冬十月，让军机大臣等商议，甘肃西宁等地区受雹灾的灾民，应该加以调剂抚恤。光绪八年（1882）九月，陕甘总督谭钟麟又上奏折报告甘肃西宁等地发生水灾，清政府让其立即妥善抚恤，不要让灾民流离失所。光绪十一年秋七月，西宁办事大臣李慎上奏："本年会盟委员征获玉树各番族马贡银一千二百九十五两零，请发商生息，以资办公下部议行。"②光绪十二年（1886）春正月，因上年受到自然灾害，清政府决定蠲缓甘肃西宁、大通等七州县受灾地方的银两草束。九月，"抚恤甘肃巴燕戎格、西宁、大通河、碾伯（等）十七厅州县被雹被水灾民。折包"③。十二月，"蠲缓甘肃巴燕戎格、西宁、碾伯（等）十厅州县被灾地方钱粮草束。现月"④。光绪十三年（1887）春正月，因自然灾害，清政府决定蠲缓西宁十九个受灾村庄的新旧额赋及租课。光绪十六年（1890）三月，陕甘总督杨昌濬上奏："西宁地震，压伤人口，分别抚恤。报闻"⑤。光绪二十年（1894）正月，陕甘总督杨昌濬上奏言："上年西宁各属被灾情形，暨应蠲缓银粮草束数目，下户部知之。随手"⑥。光绪二十一年（1895）八月，陕甘总督杨昌濬上奏言："甘肃西宁（等地）被灾，现筹抚恤。得旨：所有被水被雹之六厅州县，著饬属分别抚恤，应否蠲缓，即查明具奏"⑦；冬十月庚午，清政府豁免了甘肃循化、西宁、大通、碾伯、巴燕戎格二十二厅州县地区于本年该征的莺粟（罂粟）地税；十二月，"蠲缓甘肃循化、西宁、大通、巴燕戎格、碾伯、贵德、丹噶尔（等）二十厅州县被贼扰害地亩新旧钱粮草束，并各项杂课有差。现月"⑧。光绪二十二年（1896）十一月，因为雹灾，清政府蠲免甘肃西宁、大通、碾伯、巴燕戎

① 顾祖成等编：《清实录藏族史料（九）·德宗实录》卷一三七，拉萨：西藏人民出版社，1982年，第4450页。
② 顾祖成等编：《清实录藏族史料（九）·德宗实录》卷二一一，拉萨：西藏人民出版社，1982年，4470－4471页。
③ 顾祖成等编：《清实录藏族史料（九）·德宗实录》卷二三二，拉萨：西藏人民出版社，1982年，第4481－4482页。
④ 《清实录（五五）·德宗景皇帝实录（四）》卷二三七，北京：中华书局，1986年，第191页。
⑤ 《清实录（五五）·德宗景皇帝实录（四）》卷二八三，北京：中华书局，1986年，第768页。
⑥ 《清实录（五六）·德宗景皇帝实录（五）》卷三三三，北京：中华书局，1986年，第282页。
⑦ 《清实录（五六）·德宗景皇帝实录（五）》卷三七四，北京：中华书局，1986年，第893页。
⑧ 《清实录（五六）·德宗景皇帝实录（五）》卷三八一，北京：中华书局，1986年，第987－988页。

格、循化等九厅州县受灾地方的新旧额赋及杂课。光绪二十三年（1897）十二月，"蠲免甘肃巴燕戎格、循化、碾伯、大通、西宁、贵德（等）十一厅州县正赋杂税。现月"①。光绪二十四年二月，豁免了青海玉树地区阿里克藏族部落的马贡银。光绪二十六年春正月，"蠲缓甘肃巴燕戎格、西宁、大通、贵德、碾伯（等）十二厅州县被灾地方额赋余粮草束。现月"②。光绪二十八年（1902）正月己卯，因受灾，决定蠲缓甘肃西宁、大通等十二厅州县受灾地区的粮赋。光绪二十九年（1903）冬十月，"抚恤甘肃皋……西宁、碾伯……十六厅州县……被雹被水灾民。折包"③。整个光绪年间，主要通过上述蠲免额赋之举，减轻青海地区蒙古、藏族部落之负担，稳定了民心，在一定程度上减轻了蒙藏人民的经济负担，起到了维护青海地区稳定的积极作用。

二、对青海藏区社会"因俗而治"

光绪朝时清朝政府所受外患压力特别大，西方资本主义国家的侵略势力已经逐步深入到清王朝内地。在这种被动的背景下，清政府已自顾不暇，其对青海藏区社会藏族部落的管辖与治理也较前朝松弛，主要依靠青海地区官员以及藏区社会内部千百户来加强对青海藏区社会的治理，具体如下：

（一）整顿吏治，加强对青海地区官员的管理与奖惩

政府统治力度的减弱，部分官员的办事不力，导致地方矛盾激化，从而使地方出现不稳定问题。对此，光绪朝对青海地区官员加强了整治。光绪十一年十二月，循化厅同知达昌，因不恤番民，几酿事变，著即行革职；大通县知县田宝岐，才具平庸，难膺民社，著以教职归部选用。④ 光绪十四年（1888）五月，以剿办贵德番案出力，予甘肃西宁道方鼎录等升叙加衔有差。光绪三十年（1904）八月，西宁办事大臣准良报奏：贵德厅同知余鼎铭戕毙佛僧，激变番俗，激怒番众，几酿巨案，撤任停委五年，以示薄惩。加强对青海地区官员的监察与治理，对办事不力者，立即进行处理，

---

① 《清实录（五七）·德宗景皇帝实录（六）》卷四一三，北京：中华书局，1986 年，第 404 页。
② 顾祖成等编：《清实录藏族史料（九）·德宗实录》卷四五八，拉萨：西藏人民出版社，1982 年，第 4618 页。
③ 顾祖成等编：《清实录藏族史料（九）·德宗实录》卷五二二，拉萨：西藏人民出版社，1982 年，第 4633 页。
④ 《清实录（五四）·德宗景皇帝实录（三）》卷二二二，北京：中华书局，1986 年，第 1113 页。

但总体而言，清朝统治大势已去，青海藏区社会开始逐步处于自然发展
阶段。

（二）处理藏族部落社会内部的纷争

此时，青海藏区社会的内部矛盾进一步激化，成为青海地区不安定因
素的重要表现之一，如光绪元年（1875），循化厅藏族部落社会内部开始滋
事，如三月发生了南番卡家寺江洛昂千户才知目捏力哇遭到隆哇、沙沟部
落联合围打，卡家寺千户请求处理"①之事，清政府命官员对此事进行盘
查，但此事几经反复，最后于光绪五年（1879）四月，签订"卡加为与沙
沟和解所立字据"②"沙沟所立永远和气字据"③，之后以字据中所言"蒙恩
临番当堂核断，千户才知目人命八个，百姓人命两个，共合人命十个，赔
补抢去财物银八十一两……一并交清并无拖欠，两相和好，立写永无葛藤
字据，恐后无凭字据为证"而暂时得以平息。

光绪二年四月，因地方变乱，王化不及，拉卜楞寺所辖业亥隆并玉树
藏族部落内札五百户、迭大百户、格尔吉百户、拉哈受百户及大小百户长
等族不服管教，为了纳马贡银两，嘉木样④呼图克图上《加木样呼图克图为
恳请赏发谕示的禀》⑤，清政府答应了嘉木样呼图克图的请求，并要求其照
旧约束所管番族，不许额外加增族分，并俯赐从新赏业该僧管理各番族，
照旧归该寺约束，以免争端。

光绪五年六月，谕军机大臣等，喜昌奏川属郭罗克暨西藏藏族部落，
屡次抢劫西宁所属之玉树地方番众，抢掠牲畜伤毙番众，让恒训、丁宝桢、
松潪等人严行惩办。⑥对于郭罗克的抢劫，清政府其实很清楚，果匪野番，
抢掠为生，此拿彼窜，非会办不能得手。对此，清政府决定以汉番弁兵认
真探访、跟踪缉捕，并咨行成都将军、四川总督、西宁办事大臣，一体
会拿。

光绪七年八月，发生了循化厅保安营藏族部落双朋、刚察两族因争草

---

① 《清代循化厅藏事档案》，青海省档案馆藏，档案号：7—永久—2661。
② 《清代循化厅藏事档案》，青海省档案馆藏，档案号：7—永久—2676。
③ 《清代循化厅藏事档案》，青海省档案馆藏，档案号：7—永久—2676。
④ 嘉木样，旧作"加木样"，本书正文中统一为"嘉木样"。
⑤ 《清代循化厅藏事档案·分府安》，青海省档案馆藏，档案号：7—永久—258。
⑥ 顾祖成等编：《清实录藏族史料（九）·德宗实录》卷九六，拉萨：西藏人民出版社，
1982年，第4428－4429页。

山而出现的纠纷，① 最后在边都寺夕尕仓等的担保下，二者的草山之争暂时得以平息。

光绪十一年四月，循化厅保安营狼家牙路庄与双朋娘加庄藏族部落因偷窃而发生械斗，最终，"查尔狼家、双朋拉卡各番庄，附居保安堡城，夙被王化，皆知理法，并非数百里外之生番可比。此次尔两造因何首先启衅，因何故放火杀人，并因何不遵沈都阃派弁弹压，动辄聚众滋事？不独目无官长，抑且目无王法，天下岂有如是之任性害理，自酿大孽者乎？本应详请大宪发兵剿办，痛加惩治，以杜蠢尔乱萌，姑念本府身居民上，夙以爱民为心，不忍不教而诛。除会派妥干弁员总书役前赴该处确切查验、禀覆核办外，合行谕饬。谕到仰该狼家、双朋还布老人等一律遵照，听候弁员总书役等到彼妥为开导，毋得恃众抗违，执拗益重罪戾"②。资料显示，处理此事时，主要从口头上警告两个藏族部落，并以原本该对两个部落进行军事武力弹压，但因其已被王化、知礼法，不忍不教而诛为由结案。七月，还发生卑塘庄藏族被尕堡庄藏族抢杀一案。但十一月，卑塘庄未收麦田又被尕堡、和蓝众人践踏殆尽。至光绪十二年八月，此事以"至卑塘与尕堡应拿靠头小布十匹，限每年八月内交清；应砍黑茨五年以上者不准砍剁，著卑塘看守，五年以下地内以及盖堡黑茨准其尕堡地主砍剁，以绝彼此藉势启衅之端。至于和蓝一庄，仍令照旧归卑塘行事，尕堡不得再行交结，卑塘亦不准念其旧恶，从此一了百了，各除其忿，永享太平之乐，各为良善之民，本府有厚望焉。倘再有坏人暗地挑唆起事，约会尔两庄匪人结党为仇者，许尔两庄头人据实禀究，若尔僧人、头人、红布等不肯实心弹压，暗行袒护纵庇者，本府定将尔僧人、头人、红布等严行惩办，绝不宽恕"③而结案，并且将以后维护两庄太平的任务交给两庄僧人、头人与红布，若有人胆敢偏袒，绝对严惩，不予宽恕。

光绪十五年五月，发生了隆务寺属下投奔拉卜楞寺，引起两寺属民发生冲突的事，自五月二十九日至六月下旬，发生了黑错控告被拉卜楞、买吾、江洛焚杀暨拉卜楞、隆务、沙沟、隆哇、火力藏各寺纠兵互相报复焚杀一案，最终于光绪十六年正月，以"两造应行赔偿各件，讯明订抵。其卡家寺江洛捏力哇及拉卜楞、沙沟、黑错等寺管事头目本应立予重处，敬念恭遇皇上亲政覃恩，该番目等一经到案，均各悔罪乞恩宽其一线，严行

---

① 《清代循化厅藏事档案·抚番府张》，青海省档案馆藏，档案号：7—永久—2714。
② 《清代循化厅藏事档案》，青海省档案馆藏，档案号：7—永久—4396。
③ 《清代循化厅藏事档案》，青海省档案馆藏，档案号：7—永久—2756。

责革，永远不准复充，并由嘉木样等结保，以后永不滋事。其余各犯分别责惩。拉卜楞寺主嘉木样呼图克图未能预为防范约束属番，致成焚杀大案，本有应得之咎，姑念先期外出，且一经传讯，即由蒙地驰回，结案之后缴旧据，当非终始执迷不悟，从宽免议取具。各番族等切结完案，一面会衔出示严切晓谕"① 得到暂时解决，并让嘉木样等结保，以后永不滋事。

光绪十六年三月甲申，萨凌阿报奏："玉树番族，屡被川藏番匪欺凌，恳留委员，查办。据称主事锡拉绷阿等，前往玉树番族会盟，查办词讼事件，该番各族千户等，诉称近年屡被川番抢劫。藏番需索，并川番强派支应等情。该主事等查传该土司等对质，乃抗不到案。玉树番族，苦留该委员等，将欺凌前案查办了结。……玉树番族，叠被川藏番匪抢掠勒索，亟应严行查办。著岐元、刘秉璋、长庚、升泰遴选妥员，确切查明，分别惩治，以弭后患。"② 此事于夏四月甲寅得到解决，"谕内阁：长庚奏讯明瞻番首犯，请旨正法，并饬拿逸犯一折。瞻对叛番巴宗喇嘛，首先造意煽乱，勾结野番，夺寨逐官，情罪重大。现经长庚等审讯明确，即著正法枭示，以昭炯戒。逸犯色乌机，著长庚、岐元等会同萨凌阿，分饬接任番官，并接壤各番部，一体缉拿，务获讯办。至撒拉阿噶一犯，于起事时虽属知情，惟自委员到瞻，该犯即遵谕归诚。随同开导番民，复枪毙撒拉雍珠，著加恩免罪。此次查办番务，破寨擒渠，边境粹定，办理尚为妥速。所有在事出力各员弁，著长庚等，会同岐元、刘秉璋择尤保奖，毋许冒滥。并著将番地轻减赋役章程及善后事宜，妥筹办理，以靖边圉。另片奏：请饬严拿逆番得登工布等语，著岐元、刘秉璋、杨昌濬、萨凌阿，通饬果洛克附近番部，严拿惩办"③。经调查，"叛番"巴宗喇嘛勾结"野番"滋事，被枭首示众，逃犯色乌机，被令严拿，更为重要的是严拿逃犯之事主要是下令由郭罗克附近番部来完成。冬十月，在《长庚奏酌议瞻对善后事宜一折》中，长庚认为，瞻对地方的藏族部落，以前一直以安抚为主，但安抚多次依然有叛乱，总体上是官员办理不善造成的。因此，长庚认为，严禁官员受理土司上报的事情，也不准土司去瞻对向官员告状，且土司不能擅自拥兵。而驻瞻对的官员由驻藏大臣挑选任命，任务为防护地方安宁等。另严

① 《清代循化厅藏事档案》，青海档案馆藏，档案号：7—永久—2965。
② 顾祖成等编：《清实录藏族史料（九）·德宗实录》卷二八三，拉萨：西藏人民出版社，1982年，第4520－4521页。
③ 顾祖成等编：《清实录藏族史料（九）·德宗实录》卷二八四，拉萨：西藏人民出版社，1982年，第4522页。

禁官员审理密件时勒索玉树藏族部落，对其以开导安抚并蠲免兵费等进行羁縻之举。从本次事件来看，官员、土司之间因处理过程中出现了问题，清朝官员初步认识到青海藏族部落社会中千百户等的设置已经出现了问题，故而决定逐步限制其权力。

光绪十七年（1891）六月庚子，"又奏：核减商上应收玉树番族兵费，以纾重累。并严饬德尔格特土司，不得串同番官，藉势欺凌玉树番族，如所请行。折包"①。为防止意外发生，严禁土司串通番官处理藏族部落间的纠纷。

光绪十八年（1892）六月丁亥朔，"谕军机大臣等：杨昌濬、奎顺奏查明川属番案大概情形一折。据称拉卜楞寺呼图克图嘉木样被控各节，现已派员究办。惟棒周系川属热档坝土百户之侄，是否逃回该坝，抑窜入果洛克番族，均属川省所辖，请饬该将军总督，就近缉拿讯办等语。此案日久未结，必应迅将棒周严拿到案。即著雅尔坚、刘秉璋迅饬所属，严密查拿，归案审办。并著杨昌濬等，督饬派出之员，认真查办，总期妥速办结，毋得彼此推诿……再事耽延……陕甘总督杨昌濬等奏：改派副将杨志胜等，会办玉树德格番案，报闻。折包"②。从本案的办理来看，因郭罗克地处偏远，本属四川，故青海官员认为郭罗克抢劫之事应由四川管理，有一种推诿的态度，对于玉树德格番案，陕甘总督决定派员专门处理。由此可以看出，因为清朝统治危机的出现，官员们对于难以办理之事，出现了推卸责任的做法。光绪十九年（1893）三月己酉，"成都将军恭寿等奏：派员会办青海玉树番族频年被川省德尔格土司欺凌磕索各案，一律清结。请将川甘两省出力人员，量予保奖"③。事情处理完之后立即向政府索要奖赏，这也从侧面反映出清朝统治力的衰弱。

光绪二十年秋七月戊子，"又谕：总理各国事务衙门奏：法国游历士吕推行抵西宁，被番屯枪伤，捆投通天河淹毙，先将筹办情形具奏一折。吕推被伤身死，前经杨昌濬电达总理衙门，据称通天河距西宁二十余里，业经该衙门电令迅饬地方官寻觅尸身，拿办正凶。嗣复接杨昌濬覆称通天河系四川地界，值此炎天，寻觅尸身，尤为不易等语。通天河距四川窎远，

---

① 顾祖成等编：《清实录藏族史料（九）·德宗实录》卷二九八，拉萨：西藏人民出版社，1982年，第4528－4529页。

② 顾祖成等编：《清实录藏族史料（九）·德宗实录》卷三一二，拉萨：西藏人民出版社，1982年，第4535－4536页。

③ 顾祖成等编：《清实录藏族史料（九）·德宗实录》卷三二二，拉萨：西藏人民出版社，1982年，第4539－4540页。

去西宁仅二十余里。吕推系在西宁地方身死，自应仍由该处寻觅。著杨昌濬、奎顺迅速遴派妥员，会同地方官沿途寻获吕推尸身，并缉拿正凶，按律惩办。此事关系中外交涉，必应迅筹了结，免生枝节，该督等务须妥速办理，毋稍迁延。原折均著钞给阅看，将此各谕令知之。寻陕甘总督杨昌濬等奏：吕推由西藏赴青海，取道野番，因拉番马被戕，现在查办各情形，下所司知之。折包"①。在处理该案时，尽管清政府以为此事关系到中外交涉，必应迅筹了结，免生枝节，但青海官员与四川官员又是相互推诿。

光绪二十三年二月己卯，甘肃省循化厅属拉卜楞寺藏族僧人依仗该寺人多且地处偏远，其所属部落很多又与四川省毗邻，而且属于四川省的很多藏族部落已被拉卜楞寺通过藏传佛教的控制纳入自己的势力范围中。经官员夏毓秀前往查办，该寺藏族僧人将所占藏族村寨一律退还并赔偿银两，此事办理尚为妥协。即著恭寿、鹿传霖两人督饬夏毓秀转饬该土千百户各安驻牧，不得再听勾结。并将札盖二十一户积案，速为清理。其棒周一犯，仍饬严缉，务获惩办，以绝根株。②

光绪二十八年五月庚午，西宁办事大臣阔普通武奏：派员前赴玉树番旗会盟，办竣各旗积案，远番靖谧，边备可期久安。得旨：著将该番旗随时加意抚绥，以安边圉。

因为清政府的统治颓势，对青海地区的治理，无法做到像以前一样有条不紊，只能对青海藏区社会采取抚绥之策，从而腾出手来应对外辱。光绪三十年六月乙亥，西宁办事大臣准良上奏言："剔除积弊，以苏番困。请嗣后番民贩运牲畜货物，准令自行出售；易换粮茶，统由地方经理，以专责成；仍由奴才衙门，缮颁印票，饬该厅县等具领转发，酌收票费，以便稽查而杜冒滥。得旨：著照所请，发给印票，严禁需索。折包"③。在清政府尚且无法保全自己的时候，开始放松对青海的治理。

光绪三十年八月庚午，"谕军机大臣等：西藏为我朝二百余年藩属，该处地大物博，久为外人垂涎。近日英兵入藏，迫胁番众立约，情形叵测，亟应思患豫防，补救筹维，端在开垦实边，练兵讲武，期挽利权而资抵御，

① 顾祖成等编：《清实录藏族史料（九）·德宗实录》卷三四四，拉萨：西藏人民出版社，1982 年，第 4551－4552 页。
② 顾祖成等编：《清实录藏族史料（九）·德宗实录》卷四〇一，拉萨：西藏人民出版社，1982 年，第 4586－4587 页。
③ 顾祖成等编：《清实录藏族史料（九）·德宗实录》卷五三二，拉萨：西藏人民出版社，1982 年，第 4637－4638 页。

方足以自固藩篱。……北至青海界一带著延祉，认真经理"①。对于蒙藏部落，清政府想方设法安抚，并决定勘查当地可耕种的土地，让蒙藏部落进行屯垦与游牧，实行"寓兵于农"的策略，并想在此开矿招工，目的是训练当地人，提防英国人突然用兵西藏。

至光绪三十三年（1907）六月丙子，西宁办事大臣庆恕上奏言："遵议青海边务情形：一、设官，宜因时变通；一、立学，宜设法劝办；一、驻兵，宜择地防守，并俟改省后，再将垦田开矿各事，次第举办，下考察政治馆知之。折包"②。从庆恕的奏折来看，此时清政府采取的治理青海地区的措施，主要是设官管理、派兵布防以及劝办教育三种方式。

（三）对藏族部落抢劫蒙古族部落的处理

除了藏族部落间矛盾频发之外，蒙藏部落间的纠纷也成为青海地区的不稳定因素之一。如光绪元年六月初三，《循化厅为不准隆务四族渡河抢劫的谕》③ 中，据隆务寺昂锁报，加咱、贺尔、叶什郡、沙卜浪、思慢受等族欲过河行抢，命令隆务寺昂锁、加咱等四族千户等开导弹压外，合行饬差查办，让四族务须安静住坐，不许过河行抢为非滋事，倘有不遵者，著该歇役等即将该管千户等押令来辕听候本分府严加究办，去役毋得迟延干咎，速速须票；九月庚子，还处理了青海蒙古台吉达什多布吉台吉旗下，杀毙汪什代海族千户及抢劫，引起柴达木蒙古、藏族部落（汪什代海族与刚察族）之间的纠纷，最后决定将该首犯合力得为在营前正法，并传首海疆示众，其从犯三名，讯系误为纠约，情罪较轻，又据两翼正副盟长及各番目共同具保，恳免处死。④ 并饬达什多布吉台吉认真约束，毋任再滋事端。十二月壬申，前藏囊素被郭罗克在曲那麻地方劫掠但查办无获，因事发地在四川，交由四川省办理此案。

光绪二年五月辛卯朔，豫师请求奖励因积年堵击"回匪"有功之青海蒙番王公台吉等，后来于光绪四年（1878）四月辛巳，拉旺多布吉台吉被任命为该副盟长等，⑤ 清政府一直在蒙藏部落之内寻找和培养自己的代言

① 顾祖成等编：《清实录藏族史料（九）·德宗实录》卷五三四，拉萨：西藏人民出版社，1982年，第4639－4640页。

② 《清实录（五九）·德宗景皇帝实录（八）》卷五七五，北京：中华书局，1986年，第611－612页。

③ 《清代循化厅藏事档案·分府安》，青海省档案馆藏，档案号：7—永久—2663。

④ 吴丰培编：《豫师青海奏稿》，西宁：青海人民出版社，1981年，第150页。

⑤ 《清实录（五三）·德宗景皇帝实录（二）》卷七一，北京：中华书局，1986年，第96页。

人。光绪二年七月戊寅，派豫师处理藏差被郭罗克在托托水地方抢劫，以及同治十三年春堪布罗桑粗瓶在曲那麻地方被掠两件事。

光绪三年六月，《青海大臣豫为蒙番争斗给循化厅的札》①载：河南郡王台吉等被隆务寺属多哇族叠次抢劫该郡王台吉旗蒙古牲畜，杀伤人命，后来抢劫事又升级，多哇族又抢走了台吉之妹。至光绪七年七月，此事与多哇族抢劫其他藏族部落（贺尔族、管受族）之事一并得到处理，即在嘉木样活佛的担保下，多哇族赔偿蒙古郡王、贺尔族、管受族的相关损失，并因抢郡王之妹而拉马搭缎赔罪，最终多哇族投诚到嘉木样活佛管理之下，并答应：多哇仰嘉木样呼图克图遵照，始终担保永远遵守佛法，安静驻牧，承纳贡粮，再不滋生事端。该年十一月，官员杨昌濬、福锟又办西宁循化厅属番众内多哇族与蒙古事宜。在清政府的军事威慑下，多哇族最终归案听审，认罪赔偿，并勘定二者山界。清政府要求多哇与蒙古各守界址，毋任再生事端。②

光绪八年五月，隆务昂锁带兵攻打河南郡王，遭到河南郡王带兵反击，并将隆务昂锁杀死。之后隆务寺出面，要带兵攻打河南郡王，藏族部落请求清政府立即处理此事。光绪九年七月，此事得到拉加寺双洒活佛的调解，最终于光绪十一年七月十四日"以查隆务寺僧俗被蒙古戕毙多命虽死咎由自取，究系蒙古郡王不能约束所部先行抢夺所致，该郡王本有应得之咎，惟现在按照番例甘认罚服尽数赔偿具清"③。

光绪十五年五月，西宁办事大臣萨凌阿报奏："查明巴燕戎格一带，防务周妥。惟青海地阔兵单，野番肆掠，应俟设法整顿，以安游牧。"秋七月，西宁办事大臣萨凌阿报奏："番僧聚众械斗，派员前往查办，迅即弹压解散，并饬拿匪首讯明惩办。"④

光绪二十一年甘青地区又现撒回反清起事，清政府在青海地区开始致力于派兵追剿撒回。在此压力下，十一月，西宁办事大臣奎顺以西宁道路堵塞为由，决定本年的青海祀典以及蒙古王公等会盟暂缓举行。光绪二十二年八月，西宁办事大臣奎顺报奏："回匪前窜青海各旗蒙古王公等，甫经被扰，现虽据报肃清，为时未久，防范难疏，未便传调，拟将本年青海祀

① 《清代循化厅藏事档案》，青海省档案馆藏，档案号：7—永久—2665。
② 《清实录（五三）·德宗景皇帝实录（二）》卷一三九，北京：中华书局，1986年，第994页。
③ 《清代循化厅藏事档案》，青海省档案馆藏，档案号：7—永久—2743。
④ 顾祖成等编：《清实录藏族史料（九）·德宗实录》卷二七二，拉萨：西藏人民出版社，1982年，第4513页。

典并蒙古王公等会盟，仍请暂缓，俟下届再行照例举办。"①

光绪二十六年八月，西宁办事大臣阔普通武上奏：按以前惯例祭青海湖神，并与外藩蒙古进行会盟。

从此时蒙藏纠纷中蒙古开始占有优势来看，嘉道年间由"扶番抑蒙"向"扶蒙抑番"转变的政策已初见效果，至光绪年间，蒙古已经改变了自雍正朝以来"积贫积弱"的局面。

三、鼓励发展大通县教育

一直以来，青海地区的教育是较落后的，光绪十六年三月，"陕甘总督杨昌濬等奏：请拨甘肃西宁、大通二县学额，以广登进而励士气"②，此举进一步发展了青海西宁、大通地区的教育。

总体而言，光绪朝时，面对外辱，清政府已经自顾不暇，对于青海地区，更是无法腾出过多的精力来加强治理，再加上此时甘宁青地区的撒回反清起事的打击，官员们治理青海藏区社会时，面对困难之事（如郭罗克抢劫等事）的各种推诿之举，都说明此时清朝政府对青海藏区社会的治理，已经处于低谷的时期。另外，在这段时间，青海官员们主要处理的事务为甘青撒回反清起事，对于藏族部落内部的争斗，尤其是循化厅属隆务寺与拉卜楞寺所辖藏族部落之间的各种争斗，以及循化厅藏族部落与蒙古部落之间的争斗，多利用藏族部落之活佛及千百户力量，以抚绥之法进行平息，这无法从根本上解决问题，只能暂时平息斗争，也反映出清政府面对外辱，对边远地区的控制与管理逐渐弱化的事实。

第四节　宣统时期的青海藏区社会

光绪三十四年（1908）十一月，爱新觉罗·溥仪继位，次年正月初一，改元宣统。此时清政府的封建统治在国际资本主义势力以及国内各种激化的矛盾的打击下，已经彻底走上了穷途末路。面对西方资本主义国家的各种打击，清朝统治者清楚地认识到自身的弱势，于宣统元年（1909）派人

---

① 《清实录（五七）·德宗景皇帝实录（六）》卷二七二，北京：中华书局，1986年，第149页。
② 《清实录（五五）·德宗景皇帝实录（四）》卷二八三，北京：中华书局，1986年，第767页。

去西方国家考察，之后宣布"预备立宪"并欲分十年实施新政，同时于宣统三年（1911）颁布"宪政十三条例"，并仿照西方国家组建内阁，但换汤不换药，所谓内阁，只是"皇族内阁"。一切迹象表明，清政府气数已尽，国内各种起义频频发生，如宣统三年广州发生的黄花岗起义，四川爆发的"保路运动"。到后来辛亥革命成功，至该年十一月十三日，中华民国正式成立，废除"宣统"年号，改为"中华民国"纪元。宣统三年十二月廿五日，即公元1912年2月12日，隆裕太后下诏退位，清朝结束了长达260余年的封建专制统治，也宣告了两千余年来中国封建专制的帝制王朝终于结束。宣统帝在位三年期间，对青海藏区社会的治理只是流于表面，官员们也是各种应付，可以说此时的青海藏区社会，基本完全处于一种自然发展的状态。

一、通过减免赋税减轻人民负担

宣统帝继位后，对青海地区仍旧实行减免额赋的措施。如光绪三十四年十二月壬申，因受灾，蠲缓甘肃碾伯等七厅县地亩粮租。[1] 宣统元年夏四月丙申，因甘肃连年旱歉，"碾伯……及各土司，先后报灾。现在粮少价昂，饥民哀号乞命，牲畜多致饿仆等语。览奏殊堪悯恻，加恩著赏给帑银六万两，由度支部给发。著该督派委妥员，按照所属灾区，查明户口灾情轻重，分往散放，务使实惠均沾，毋任失所，用副朝廷轸念灾黎至意。现月"[2]。十一月戊申，因水、雹、虫、旱等自然灾害，蠲缓西宁等四十一厅州县村庄钱粮租赋及杂课有差。[3] 面对青海地区出现的自然灾害，清政府仍旧减免此地区赋税，减轻了青海人民的负担。

二、实施新政以加强对青海藏区社会的治理

宣统元年二月丙子，为了加强对青海的治理，清政府决定在青海试垦，并在西宁设局，派员总办垦务。此时清政府想通过办理屯垦等事务，加强对整个青海地区的控制。二月庚寅，当迎接达赖喇嘛入藏的西藏藏族将兵欲来青海时，清政府得到一些藏兵内部的相关消息，之后立即下令让官员查问达赖喇嘛所聘练兵教习十余人中，是否存在假借蒙古人之名的俄国人，

---

① 《清实录（六〇）·（附）宣统政纪》卷五，北京：中华书局，1986年，第90页。
② 《清实录（六〇）·（附）宣统政纪》卷一二，北京：中华书局，1986年，第245页。
③ 《清实录（六〇）·（附）宣统政纪》卷二五，北京：中华书局，1986年，第456页。

其军火多购自西宁何人之手。从此事来看，清政府怀疑达赖喇嘛与沙皇俄国之间有勾结，害怕藏兵到西宁接达赖喇嘛会有其他目的，也说明西藏地区此时处于不稳定状态。

该年闰二月，清政府也在青海地区开始试行新政，如邮电方面，"筹设甘肃至青海至前藏电线，……大修西北各省电线。筹画扩充改良各省电镫电话"①。另外，还于本月甲辰在青海地区规定选举事宜，"查内外盟及青海西北路回部西藏之王公世爵内，计汗五人，王四十三人，贝勒三十一人，贝子四十九人，公七十三人，札萨克、台吉、塔布囊七十八人，总共为二百七十九人。拟请设立专额议员，其员数由资政院核定，奏请派充。以练习其学问政事之才，为储备开通藩属之用，此项急办者一也。又凡已经设县之各蒙旗，官民能通汉语，有一定之居处财产者，均得有选举、被选举之权。应否另定专额，抑或与汉民一律选举，应由宪政编查馆核定。其未经设县之各蒙旗，言语不通，居处无定，另订合宜办法，此项急办者二也。以上两端为本年筹备之起点，其余俟各旗报告催齐，再行统筹全局，分列事项，妥定章程"②。

九月，整顿吏治，碾伯县知县杨麟瑞因气习浮诞、工于取巧，开缺另补。西宁县典史华廷洵，荒谬无耻，罔知检束；试用巡检田瑞麟，办事糊涂，形同聋瞆，均著即行革职。统捐局文案委员试用知州张鸣鸾，粗戾任性，罔识商艰，著以府经县丞降补。

十一月，因了解到西藏达赖喇嘛与英俄两国交往过密，要求陕甘总督、西宁办事大臣清查此前发生的西宁地区私济军火给达赖喇嘛一事。

宣统二年（1910）三月，"西宁办事大臣庆恕奏：试办青海垦务，现在查出荒地，招户认领，从容劝导，务以蒙、番、汉民相安为宗旨。下部知之"③。十二月，西宁办事大臣庆恕奏："历陈试办青海垦务情形。自今年春闲，派员分赴黄河西北两处勘放。河南共放出磨渠沟等处，荒地一万余亩；河北共放出蒙古群科等处，荒地五万余亩。惟委员回宁后，群科章京陡然率众抢掠垦户粮食，现已弹压平靖。惟蒙番民情反覆，有兵则俯首听命，兵退则故态复萌。臣开局后只有前任陕甘总督派拨千总颜镇南，率巡防步

---

① 顾祖成等编：《清实录藏族史料（九）·恭宗实录》卷十，拉萨：西藏人民出版社，1982年，第4700页。

② 顾祖成等编：《清实录藏族史料（九）·恭宗实录》卷十，拉萨：西藏人民出版社，1982年，第4701页。

③ 顾祖成等编：《清实录藏族史料（九）·恭宗实录》卷三三，拉萨：西藏人民出版社，1982年，第4732页。

队一百二十名来宁，不敷分布。请饬陕甘总督札饬该千总，募足一旗之数，庶几镇慑远夷，不惟开垦，亦可固边。并请将原定照费裁撤，以顺舆情。明春当再派员分班前往，先放河北洞阔尔寺及千布录、郭密各旗荒地，俟河北放竣，再议勘放河南之地，由近及远，循序渐进，庶不致务广而荒。"①在青海地区黄河南、北两岸实行屯垦，很多荒地被开垦，但同时反映出一个问题，即官员在场时，蒙古、藏族部落表现比较顺服，一旦官员离开则立即抢掠垦户粮食。基于此，请陕甘总督招募一旗，"镇慑远夷，不惟开垦，亦可固边"。由此可知，此时蒙藏部落社会内部的抢劫活动一直在进行着。

宣统三年二月，四川总督赵尔巽等奏："德格、春科、高日三土司，改土归流，建置道府州县，设治章程……与俄洛西宁毗连之杂渠卡，设知县一员，名曰石渠县。"②由此来看，土司制度自清初实行以来，到此时，其弊端已经完全暴露出来，故而决定对德格土司实行"改土归流"。

该年六月，甘肃黄河，现已开通各船只，由西宁至兰州，由兰州至包头，均属行驶稳速，仅旬日程。③资料显示，由西宁到兰州、兰州到包头开通了水运。但依目前来看，西宁至兰州开水运是事倍功半之事，不知那时的官员怎么会说"行使稳速"的。

八月，"陕甘总督长庚奏：甘省裁汰绿防各营，诸多窒碍……番有生、熟两种，生者最不易制，此患之切于边陲者也……又有护解饷银、军火、人犯各差，且多分列沿边区域，如……贵德、循化……各营堡，或三面临番，或四面皆番。驻兵于番回撒拉之中，非生长边徼，习其风土语言，路径熟悉，驰骋骁健者，断难得力。今若遽将制兵裁撤，则应行防守之城堡关卡，并番撒往来之各隘口，必形空虚。万一番人负固，恐裁之易而复之难，即另募防勇填扎，非惟水土不宜，逃亡难免，且绿营兵月饷银九钱，勇营三两三钱，以勇易兵，亦不合算。此裁绿营之难也，防营为军兴后留镇地方之兵……甘省僻处西陲，非有大枝劲旅居中坐镇，不足以应事变。而各处会匪，尤应有精卒劲骑，分布各路。以剿办擒拿，其在番撒错居地方，亦须有兵常川住守。此就现在情势，应行筹备，以资镇守必不可少之兵，也查上年陆军部奏准裁绿营办法，内称可以挑练之兵或改充巡防，或

---

① 《清实录（六〇）·（附）宣统政纪》卷四八，北京：中华书局，1986年，第856页。

② 顾祖成等编：《清实录藏族史料（九）·恭宗实录》卷四九，拉萨：西藏人民出版社，1982年，第4743-4744页。

③ 《清实录（六〇）·（附）宣统政纪》卷五六，北京：中华书局，1986年，第1008页。

改习警察，或征入陆军，又度支部咨覆试办。宣统三年豫算，亦称甘省绿营。应自宣统三年酌量裁撤，伏思陆军征兵之制，必土著有家属者方准验收。无如甘肃兵燹之余民多亡散，又连年荒歉，故征兵迄无人应，各防营勇丁，又多客籍。今欲整顿军队，惟兵家子弟尚可用。甘肃自古为边塞成守之地，其子弟习于马步枪箭，各有家室，罕闻逃逸，性朴实勇敢，多强壮耐劳。现拟挑选二十五岁以下合格者，遵章改充巡防队，无论裁官裁兵，总须符合二成之数。其有驻扎沿边要隘，或在回区番境，万难裁撤者，当由臣随时具奏，分别办理"①。在整个甘肃省裁汰撤兵之时，对青海地区驻扎在延边要隘之地及驻扎在回族、藏族聚居地的兵力，仍旧不敢裁撤，因为万一藏族部落因依恃居地之险峻而滋事，恐裁之易而复之难。

三、关注藏传佛教

继续关注藏传佛教状况，如光绪三十四年（1908）十一月，因达赖喇嘛水土不服，清政府命其在西宁塔尔寺候封。宣统元年闰二月，因塔尔寺阿嘉呼图克图不但不守清规，又背国恩，意将黄教泯灭，饮酒、吸烟、打围，清政府欲将其呼图克图名号斥革。

宣统二年正月辛酉，面对达赖喇嘛的一些不当言行，清政府派兵入藏，"此次川兵入藏，专为弹压地方，保护开埠，藏人本无庸疑虑。讵该达赖回藏后，布散流言，藉端抗阻，诬诋大臣，停止供给。迭宜经剀切开导，置若罔闻。……且查该达赖反覆狡诈，自外生成，实属上负国恩，下辜众望，不足为各呼图克图之领袖。阿旺罗布藏吐布丹甲错济寨曲却勒朗结，著即革去达赖喇嘛名号，以示惩处。嗣后无论逃往何处，及是否回藏，均视与齐民无异，并著驻藏大臣迅即访寻灵异幼子数人，缮写名签，照案入于金瓶，掣定作为前代达赖喇嘛之真正呼毕勒罕……"

总体来看，宣统帝在位三年期间，清政府对全国的统治大势已去，在青海地区，对青海藏区社会的治理，已经谈不上运用强有力的手段，主要是无法派出足够的兵力，只是让青海地区的官员以防范为主。此时的青海藏区社会，清政府分其为"生番"和"熟番"，已经没有了以前"野番"的划分，说明通过清朝中后期的治理，藏族部落社会大多已向化。只是这时候，清朝统治力量已经不够了，从而使青海藏区社会处于一种在千百户

---

① 顾祖成等编：《清实录藏族史料（九）·恭宗实录》卷六一，拉萨：西藏人民出版社，1982 年，第 4751－4752 页。

管辖下的较为自然的发展阶段。另外，宣统帝即位后，立即施行新政，尽管在青海地区也有一些新政举动，但可惜因时间短，这些新政举措草草了事，没有了下文。此外，随着清朝政府统治力的减弱，青藏地区藏传佛教势力也开始随着时局变化而出现一些较为特殊的状况。

第五节　咸丰、同治、光绪、宣统朝对青海藏区社会治理的弱化

一、近代以来青海社会状况

咸丰登基时，第一次鸦片战争已经结束，声势浩大的太平天国运动与捻军起义席卷全国，而国外西方资本主义列强自打开清朝门户后，酝酿着更大的侵华阴谋，且其步伐日益加快。此时的青海地区受嘉道时期新疆回部反清起事影响而起的撒回反清斗争正在酝酿中，蒙藏部落社会之间及藏族部落社会内部的纠纷仍旧在继续。

（一）咸丰朝整顿青海吏治及藏族部落的扰边活动

疲于应对外辱的咸丰朝，将治理青海地区的希望寄托在青海同地方官员身上，但于咸丰二年，出现琦善等官员处理蒙藏纠纷时，在没有调查清楚案件的情况下，独断擅行，造成冤假错案之事。[1] 虽经另派官员处理进行极力补救，但此事反映出有些官员面对国内国际形势大乱之局面时，开始应付差事，不再像以前的官员一样，认真、谨慎地处理青海蒙藏事务。另外，此时期还出现藏族部落扰乱边卡之事，如咸丰二年出现的甘肃凉州永昌协所属口隘被藏族部落滋扰，之后清政府派兵镇压之事。[2] 咸丰四年，再度出现青海地区藏族部落觊觎边卡之事。[3]

---

① 《清实录（四〇）·文宗显皇帝实录（一）》卷六〇，北京：中华书局，1986年，第793–794页。

② 《清实录（四〇）·文宗显皇帝实录（八）》卷六七，北京：中华书局，1986年，第4175–4176页。

③ 顾祖成等编：《清实录藏族史料（九）·文宗实录》卷一三〇，拉萨：西藏人民出版社，1982年，第4220–4221页。

咸丰时期，藏族部落对蒙古部落的抢劫活动，使蒙古部落经济军事实力受到严重破坏，以致到咸丰四年，蒙古部落竟然派不出接迎哲布尊丹巴呼图克图呼毕勒罕入藏的护卫军士。另外，咸丰三年发生了黄河南岸藏族部落以种种借口遣居到北岸蒙古游牧地驻牧之事，至咸丰八年，以清政府采取羁縻之策，暂时答允环湖八族到河北游牧而告结束。

（二）咸丰、同治年间的撒回反清起事

咸丰年间，西宁地区自咸丰十年（1860）十月发生了撒回反清起事，具体原因为民族压迫、宗教歧视及地方官操纵的地主团练的欺凌，西宁地区回族、撒拉族在华寺门宦著名阿訇马文义的领导下掀起反抗斗争，进攻丹噶尔、巴燕戎格以及西宁等处，碾伯、大通回民风起而响应。陕甘总督乐斌派兵镇压失败，被清廷革职。咸丰十一年至同治元年，新任总督沈照霖先后两次赴碾伯、巴燕戎格指挥官兵镇压，连遭挫败。同治初年陕甘回民起义爆发，西宁地区的回族、撒拉族起义与其他各处起义者互相联络，成为陕甘回民起义的一部分。同治二年七月再次攻打丹噶尔厅城，围攻西宁府城等处。西宁办事大臣玉通无力镇压，于九月间与马文义、马桂源达成"抚议"，解散团练，保举马桂源任循化厅同知。同治四年五月，丹噶尔厅同知富亮借口穆夫提门宦将要起事，调集兵勇团练大杀城内回族穆斯林，马文义便组织华寺门宦和穆夫提门宦联合起来，攻占该厅城附近各处庄堡，起义声势扩大，西宁府属地大部分被起义军控制。玉通被迫再作让步，报请朝廷分别任马桂源、马本源兄弟为西宁知府和护西宁镇兵篆，起义者实际上掌握了西宁的军政大权。在马桂源保护下，马文义率起义军攻打各处。同治七年正月，马文义率数千名起义军攻取贵德厅城，击毙同知承顺，并在城内"书写汉回通谋官逼民反禀词"。同治八年（1869），起义军进攻威远堡、碾伯、平番，占据平戎驿，又派数千骑应援马化龙领导的宁夏回民起义军，与河州、肃州起义军互相支援，并与妥得磷领导的新疆回民起义互通声气。同治十年（1871）四月，马文义病逝，所部归马永福。此后西宁地区的起义在马桂源、马本源领导下坚持到同治十二年春被清军镇压，起义失败。[①] 但失败后仍旧在继续，起义贯穿同治朝始末。在应对撒回反清的同时，清政府也采取了一些措施，如同治元年提出实行《严禁越卡私贩章程

---

① 参见"马文义起义"，360百科，https：//baike.so.com/doc/9885122 – 10232245.html。

七条》①，对青海地区经济贸易进行控制，进而从政治上约束撒回，同时这些措施在一定程度上也约束了蒙古、藏族部落。因撒回暂时表示投诚，还于该年制定《甘肃善后章程》②，通过派员增兵、办理团练等方式，预防撒回叛乱，同时震慑蒙古、藏族部落。但撒回反清活动时断时续，并且在西宁地区也出现撒回与藏族部落、蒙古部落之间互相仇杀之事。同治三年十二月，发生汪什代克族伙同曲加洋冲等"野番"抢劫甘州营马之事，③ 此事中蒙古扎萨克王公参与了追剿，最终因撒回反清仍在继续，为防止滋生其他事端，官员玉通以羁縻之策解决了这次抢劫活动。

同治年间，青海蒙古部落之势力开始有所恢复，在弹压撒回反清之事中，蒙古、藏族部落也开始参与进来，与清军并肩作战。同时在与藏族部落之间的矛盾中，蒙古部落开始出兵反抗，自救自保。

（三）光绪朝对蒙藏、藏族部落之间纠纷的治理

光绪时期，西方资本主义列强加快了侵略清朝的步伐，地处边疆的青海地区，藏族部落间的矛盾、蒙藏部落之间的矛盾也层出不穷。其中藏族部落之间的争斗，在循化厅更为激烈，尤其是循化厅保安营所辖之隆务寺与拉卜楞寺所属藏族部落之间的纠纷，如光绪元年三月发生的隆哇、沙沟部落联合攻打卡家寺千户；④ 光绪年间，多次发生藏族部落对蒙古部落的抢劫活动，如光绪元年六月初三，隆务寺昂锁所属加咱、贺尔、叶什郡、沙卜浪、思慢受等族欲要过河行抢蒙古；光绪二年四月发生的拉卜楞寺所辖业亥隆番子并玉树番族大小百户长等族不服管教；⑤ 光绪三年六月，河南郡王台吉等被隆务寺属多哇族叠次抢劫；光绪七年八月，循化厅保安营藏族部落双朋、刚察两族因争草山而出现纠纷；⑥ 光绪八年五月，隆务昂锁带兵攻打河南郡王；光绪十一年四月，循化厅保安营狼家牙路庄与双朋娘加庄藏族部落因偷窃而发生械斗；⑦ 光绪十五年五月，发生了隆务寺属下投奔拉卜楞寺，引起两寺属民的冲突械斗，⑧ 等等。另外，还有光绪五年六月，郭

① 《清实录（四五）·穆宗毅皇帝实录（一）》卷二一，北京：中华书局，1986 年，第 584 页。
② 《清实录（四五）·穆宗毅皇帝实录（一）》卷二七，北京：中华书局，1986 年，第 736 页。
③ 顾祖成等编：《清实录藏族史料（九）·穆宗实录》卷一二三，拉萨：西藏人民出版社，1982 年，第 4351 - 4352 页。
④ 《清代循化厅藏事档案》，青海省档案馆藏，档案号：7—永久—2661。
⑤ 《清代循化厅藏事档案·分府安》，青海省档案馆藏，档案号：7—永久—258。
⑥ 《清代循化厅藏事档案·抚番府张》，青海省档案馆藏，档案号：7—永久—2714。
⑦ 《清代循化厅藏事档案》，青海省档案馆藏，档案号：7—永久—4396。
⑧ 《清代循化厅藏事档案》，青海省档案馆藏，档案号：7—永久—4379。

罗克抢劫玉树部落;① 光绪十六年三月,玉树番族屡被川藏番匪欺凌,②
等等。

（四） 宣统新政及青海藏区社会的自然发展

宣统时期,清政府的统治大势已去,尽管宣统帝亲政后立即施行了新政,
并且也涉及青海地区,但新政却基本成为空谈。如宣统元年,决定在青海试
垦,③ 但在第二年发觉,官员在场时,蒙藏部落表现得很顺服,一旦官员不
在场,立即开始抢掠垦户粮食,④ 这意味着清朝统治力完全弱化。

二、近代以来清政府对青海藏区社会的治理

近代以来,清政府对青海藏区社会的治理,主要从以下几方面入手:

第一,继续实行土司制度下千百户的设置及对其羁縻利用。千百户的
设置于此时发挥了积极作用,如同治三年十二月,扎萨克王公参与处理汪
什代克族番伙同曲加洋冲等"野番"抢劫甘州营马多匹一事;同治十二年
七月,自西藏迎接哲布尊丹巴呼图克图呼毕勒罕时,除官兵之外,还有玉
树番兵六百名,新附八族及阿里克族番兵五百名维持秩序;光绪十一年四
月,处理狼家牙路庄与双朋娘加庄藏族部落械斗时,以其已被王化、知礼
法,不忍不教而诛为由,未对双方作过多惩罚,等等。这些都说明尽管藏
族部落社会内部纠纷不断,可一些藏族部落在其千百户的治理下,开始内
附。但我们也明显看到,此时利用千百户来治理藏族部落和清朝中期有所
不同。如咸丰年间,利用千百户等治理蒙古、藏族部落社会时,清政府明
显认识到下层民众只服从千百户的命令,对清朝官员的命令置若罔闻。这
反映了在政治方面,因近代以来西方资本主义列强的崛起,清政府面临着
任人宰割的局面,国内也因为阶级矛盾激化而农民起义不断,清政府对青
海蒙古、藏族部落的管理已经开始弱化。到同治年间,清政府将主要精力
投入到防范青海地区撒回反清起事及因此而引起的撒回与蒙古、藏族部落
间仇杀等事情上,已无力派出有效的军事力量去应对藏族部落社会内部及
蒙藏部落间的纷争,对其治理基本以羁縻之法即以千百户等处理为主。

同时,此时已出现土目不听官员管教之事,如同治十二年五月,处理

① 《清实录（五三）·德宗景皇帝实录（二）》卷九六,北京：中华书局,1986 年,第 428 页。
② 《清实录（五五）·德宗景皇帝实录（四）》卷二八三,北京：中华书局,1986 年,第 772 页。
③ 《清实录（六〇）·（附）宣统政纪》卷八,北京：中华书局,1986 年,第 156 页。
④ 《清实录（六〇）·（附）宣统政纪》卷四八,北京：中华书局,1986 年,第 856 页。

卡加、龙哇纠纷时，龙哇番目抗颜相向，并说：龙哇安靖，勿查履其地。①
光绪时期，藏族部落内部、藏族与蒙古部落之间时有争斗出现，清朝官员
在处理这些争斗时，最终认识到千百户在地方上已经形成一股势力，民众
多只认千百户而不认官员。因此，在处理光绪十五年五月隆务寺属下投奔
拉卜楞寺一事时，至冬十月，"长庚奏酌议瞻对善后事宜，请饬妥筹办理一
折。瞻对番族，从前屡抚屡叛，总由藏官办理不善之故。此次该番滋事一
案，业经查办完竣，亟应妥筹善后，以期永远相安。长庚所陈：严禁番官，
不准受理土司事务。土司亦毋得赴瞻具控番官，土司不准擅自动兵。驻瞻
番官由驻藏大臣拣选奏补，随员定以额数，分防地方，奏明分设……并将
应禁苛政，酌拟八条，请饬妥议各节。……另片奏严禁审官勒索玉树番族，
并开导商上蠲除兵费等语，并著升泰等一并酌核奏办"②，官员开始提出对
土司等人有所限制及防范的想法，然而，在当时的国际国内背景下，这种
限制作用不大，对于这段时间青海地区的蒙藏事务，清政府仍旧只能以多
依靠千百户的力量对其所属藏族部落进行管辖为主。

第二，"扶蒙抑番"策略开始卓有成效。近代以来，在清政府的鼓励
下，自立自强的蒙古部落此时已经能够组织自己的兵力进行抵抗并自保、
自救。如光绪二年，清政府奖励了在同治末年平定撒回起事中立功的蒙古、
藏族部落头领；光绪八年，河南郡王杀死隆务昂锁，等等。这说明，自罗
卜藏丹津反叛后势力被严重削弱的青海地区蒙古族势力此时得到了一定的
恢复，并且受清政府指挥，能处理一些纠纷。

第三，在处理蒙藏事务时，还注重利用藏传佛教势力。如光绪年间的
循化厅档案中，在处理狼家牙路庄与双朋娘加庄藏族部落械斗后续事件时，
将以后维护两庄安稳的任务交给两庄僧人、头人与红布；③ 光绪十五年五
月，因隆务寺属下投奔拉卜楞寺，最后让嘉木样活佛等结保，以后永不滋
事。④ 一直以来，清政府较为正确地认识到藏传佛教对藏区社会的作用，尤
其随着其统治力的弱化，在处理蒙藏事务时，利用活佛的力量，让其参与
对藏区社会的治理，也属明智之举。

第四，在经济上免除各种额赋，减轻青海蒙藏人民的负担。如光绪二

---

① 《清代循化厅藏事档案·分府汪》，青海省档案馆藏，档案号：6—永久—350。

② 顾祖成等编：《清实录藏族史料（九）·德宗实录》卷二九〇，拉萨：西藏人民出版社，
1982 年，第 4526 页。

③ 《清代循化厅藏事档案》，青海省档案馆藏，档案号：7—永久—2756。

④ 《清代循化厅藏事档案》，青海省档案馆藏，档案号：7—永久—2965。

十四年二月，豁免青海玉树阿里克番族马贡银①等。

　　总之，近代以来，清政府面临着非常严重的内忧外患，对全国的统治力逐步弱化，其本质问题是相较于西方发达资本主义国家的崛起，清政府各方面都已落后，然而以慈禧太后为首的顽固派势力，仍旧不思改革，极力维护自己的专制统治，做着"天朝上国"的美梦。在外辱日益加重的背景下，清朝很多官员们也不思进取，得过且过，其行政能力也日渐弱化，青海地区对藏族部落社会的管理亦是如此。再加上此时国内反清起义纷起，清朝政府对青海藏区社会的治理，到光绪、宣统时主要发展为以依靠千百户的治理为主，基本上也就是在千百户等人的管辖下任由其自然发展。

---

　　① 顾祖成等编：《清实录藏族史料（九）·德宗实录》卷四一五，拉萨：西藏人民出版社，1982 年，第 4609 页。

结　语

　　总体来看，在清军入关前的清天聪九年（1635），青藏高原上以顾实汗与五世达赖喇嘛为首建立的甘丹颇章政权，就开始了与清朝前身——后金政权之间的交往，一直到宣统年间共270多年的时间里，清朝政府对青海藏区社会的治理，经历了以下五个阶段：

　　第一阶段，清朝建立之初对青藏藏区社会的初步认识。我们将此时间段定位于皇太极、顺治、康熙朝时期。这一时期的关键人物为顾实汗、五世达赖喇嘛、康熙帝。实际上，这一时期青海藏区社会主要处于和硕特蒙古顾实汗势力的管辖之下，清朝对其主要实行羁縻治理。也就是说，清政府认识到，在当时，和硕特蒙古的稳定与否直接决定了青海藏区社会是否稳定。

　　清初对青海藏族部落乃至整个青藏地区的关注远远超过前代，究其主因，在于明末清初，厄鲁特部和硕特蒙古势力开始进入青藏地区，且与青藏地区藏族部落之间的关系越来越密切。至顺治十三年，顾实汗去世后，北方以噶尔丹为首的准噶尔蒙古对青藏地区的觊觎，成为清朝在青藏地区施政的严重威胁。同时，青海的和硕特蒙古势力与准噶尔蒙古之间联系紧密，此时青藏地区显示出即将会有动荡出现的趋势。

　　随着整个国内形势的渐趋稳定，清政府也开始加强对青藏地区的关注，并开始关注青海的蒙藏族部落。清政府先于康熙三十年平息了噶尔丹与策妄阿拉布坦对青藏地区的军事攻击。接着，清政府借此契机，在青藏地区正式实施"扶番抑蒙"策略，其中"扶番"是为了扶持藏族，让蒙藏势力平衡，从而达到蒙藏之间互相制约、制衡的效果；而"抑蒙"是因和硕特蒙古在青海地区势力太过强大，故欲通过此手段，对其采取政治方面的限制与打压。此策略在康熙统治中后期开始大幅度实施，说明此时清政府已经基本解除了国内的其他危机，开始重视青海藏区社会，这是对西北地区蒙藏部落进行治理的战略需要，也是保持西北边境长期安定的重要策略之一，此治理策略在清代随着蒙古族和藏族势力的盛与衰之变化而变化。

　　另外，清初政府对青海藏区社会藏族部落的治理过程，大致呈现出由松到紧的特点，即顺治、康熙年间，因国内局势还不稳定，暂时无暇顾及青海地区，尤其是当顾实汗与五世达赖喇嘛主动向清朝示好时，清朝对青海地区的蒙藏族的治理便主要以沿用明代旧制（羁縻政策）为主。此时，清朝政府在青藏地区的治理区域也较为有限，主要是西宁卫控制下的一些藏族部落。同时，清政府通过对青海蒙藏部落的治理，初步认识到清朝初期青海藏区社会的状况为"惟知有蒙古，而不知有厅卫营伍官员"① 的事实。

第二阶段，清朝对青海藏区社会治理的转折。此阶段为雍正时期，关键人物为以年羹尧、岳钟琪为代表的青海地区将领及青海蒙古亲王罗卜藏丹津。康熙后期，在平定噶尔丹对青藏地区的觊觎的善后事宜中，清政府有意地打压青海和硕特蒙古亲王罗卜藏丹津，从而打击其欲"以青海、西藏旧皆为领土，思恢复先业"的想法。同时，清政府设卡布防，以防患于未然。故至雍正初年，当罗卜藏丹津发动叛乱时，在清朝将领年羹尧、岳钟琪等人的精心筹谋下，其行动被清政府掌握，以致此事的发生、平定完全按照清政府所预想的轨迹而行。

罗卜藏丹津事件的善后事宜中，清政府正式着手加强对青海地区乃至藏区社会的管辖，如在藏族部落中设立土司制度下的千百户等职位；设置青海办事大臣；对藏传佛教采取扶持的态度，发挥藏传佛教对青海藏区社会管理中的作用等，逐渐将青海地区掌控于自己手中。

此外，罗卜藏丹津事件之后，青海藏区社会之藏族部落的发展状况，开始出现在人们视野中。在清代对青海藏族的管辖中，我们还应该注意到，因归化程度的不同，清政府采取的政策与策略也有所不同，即清政府将青海藏区社会之藏族部落分为"熟番""生番""野番"，并采取不同的方式加以管理。总体而言，此阶段清政府对于青海藏区社会藏族部落的治理，仍旧延续之前所实行的羁縻抚绥之法，并继续实行"扶番抑蒙"之策。

第三阶段，清朝对青海藏区社会治理的加强。此阶段为乾隆时期，此时期的关键人物为杨应琚等官员。因"扶番抑蒙"政策的实施，乾隆时期，青海藏区社会藏族部落的势力得到恢复和发展，而蒙古部落势力逐渐衰落下去。因此，自乾隆朝中后期开始，不断出现藏族部落抢劫蒙古部落之事。这说明自清初以来实行的"扶番抑蒙"之策开始取得成效，但也造成了蒙古部落势力持续衰落、藏族部落势力继续加强的事实。事物的发展总有两面性，这也造成清代在以后直至宣统时期必须面对藏族部落抢劫蒙古部落之事。

另外，属于四川管辖的被称为"野番"的郭罗克藏族部落对青海藏族部落的抢劫活动自康熙年间就已存在，到乾隆朝更加突出，清政府除了派

---

① 顾祖成等编：《清实录藏族史料（一）·世宗实录》卷二〇，拉萨：西藏人民出版社，1982年，第295-299页。

兵进行武力弹压，设卡增兵加以防范之外，还加强了在郭罗克藏族部落中千百户、土目等的设置，千百户的设置继续发挥着作用。

此外，因苏四十三反清起义的爆发，清朝政府加强了青海地区的布兵设防，一定程度上也维护了青海社会的稳定。总之，在乾隆帝的励精图治和杨应琚等青海官员的悉心治理下，乾隆年间对整个青海地区的治理得以强化，在延续前朝成果的前提下，这一阶段清政府对青海藏区社会的治理是较为成功的。

第四阶段，清朝对青海藏区社会治理的平稳过渡。此时期为嘉庆、道光时期，关键人物有那彦成。此阶段在清朝历史上为承上启下之阶段，即上承康乾盛世，下启道光衰世。这一时期，国内矛盾开始激化，各地反清起义此起彼伏，而国际上西方资本主义国家的侵略矛头已经对准了清王朝。受新疆回部反清起义的影响，青海地区撒回反清起事不断发生，以那彦成为首的青海官员的主要任务就是应对此情况，同时处理藏族部落内部及其渡河抢劫蒙古部落之事。清政府在采用派兵弹压、设卡增兵等措施防范撒回反清的同时，也对蒙藏部落起了震慑作用。在蒙藏纠纷中，可以发觉蒙古部落于此时已经积贫积弱，说明清初以来的"扶番抑蒙"策略在此时显示出其成效。但同时，随着青海藏区社会藏族部落势力的增强，其对蒙古部落的抢劫活动接二连三地发生，令清政府头疼万分。对此，清政府立即通过划定疆界、派兵弹压等方式进行处理。基于此，清政府对蒙藏部落的治理策略开始发生变化，鼓励蒙古部落自强自救，也由此转而实行"扶蒙抑番"之策。同时，加强对青海藏区社会千百户的设置及管辖，仍旧利用千百户来管理其所属藏族部落。总体而言，这一阶段清政府对青海藏区社会的治理，是在乾隆朝较为成功的治理基础上的一个平稳过渡阶段。

第五阶段，清朝对青海藏区社会治理的弱化。此为近代以来的咸丰、同治、光绪、宣统时期。此时，清朝面临着非常严峻的国内外形势，即国际上西方资本主义列强加紧了对清朝的侵略与掠夺，而国内因阶级矛盾激化，致使反清起义不断发生，这些都严重冲击着清王朝的统治体系。就青海而言，于咸丰末年就开始出现的撒回反清起事，使清政府疲于应对。同时，官员们面对青海藏族社会内部的矛盾（如郭罗克的抢劫）时，出现了办事不力、互相推诿的情况。另据档案资料显示，光绪年间处理青海藏区藏族部落间的矛盾时，疲于应对的清政府官员们一直在动用藏传佛教活佛的力量及千百户来进行管理。而此时，又出现了藏族部落属民只听千百户，不理睬清朝官员命令的势头，说明自雍正年间罗卜藏丹津事件后被加强的土司制度下千百户的设置于此时已经出现问题。然而大势已去，清政府在疲于应对国内外乱事之际，已无力对青海藏区社会治理中出现的问题进行纠正，到宣统年间只能任青海藏区社会自然发展。

从以上清朝政府对青海藏区社会治理的五个阶段来看，以下几个问题是清朝治理青海藏区社会的关键步骤：

其一，第一阶段是清政府认识青藏藏区社会实际情况的阶段，此时青海藏区社会处于以厄鲁特蒙古顾实汗为首的甘丹颇章政权的控制之下，正如资料所载，青海藏区社会藏族部落，"惟知有蒙古，而不知有厅卫营伍官员"。这种局面是清政府不愿看到的，其必须维护自己的统治利益，想方设法改变这种情况，从而达到让青海藏区社会"惟知有清朝政府"的局面。同时，也让蒙藏部落知道，蒙古族、藏族也都是清朝之属民。为了达到这一目的，清朝统治者在认清青藏高原的现实状况之后，考虑到青藏高原地处边缘地带，而且当时多以蒙古部落控制藏族部落为主导，再加上清初全国形势还不稳定，清政府也无法立即腾出手来处理青藏事务，故决定对蒙藏联合的甘丹颇章政权先施以羁縻政策。如在顾实汗掌控西藏之后，皇太极在给顾实汗的信中，对顾实汗实际控制西藏之事，言"闻有违道法而行者，尔已惩创之也"。同时，提出请藏传佛教高僧认真弘法，以期青藏地区能够安宁。在承认顾实汗控制西藏的事实、实施羁縻政策的同时，更重要的是向顾实汗宣布清朝政府对西藏的主权，并宣告其仅为清政府在西藏施政的代言人。顺治帝时此策略的实施更为明显，如顺治元年，秉承前朝意愿，顺治帝再度邀请达赖喇嘛"入京弘法"，到了顺治九年，在班禅呼图克图、第巴、顾实汗等人的劝说、劝导下，五世达赖喇嘛终于率顾实汗和班禅的代表去北京。具体而言，此时清政府清醒地认识到达赖喇嘛在青藏藏区社会的地位和作用，但也很清楚青藏地区的军事势力主要控制在以顾实汗为首的和硕特蒙古手中。故招达赖喇嘛入京，有其政治意图：一方面向顾实汗、达赖喇嘛宣告，青藏地区是属于大清王朝的，甘丹颇章政权只是清政府在青藏地区施政的代言人，从而确立其宗主身份；另一方面，向入京的达赖喇嘛详细了解青藏高原的具体情况，并借此机会进一步提高达赖喇嘛在青藏藏区的地位与身份，通过羁縻方式，进一步扩大达赖喇嘛在青藏地区的影响。

总之，通过顺治、康熙年间对蒙藏联盟的甘丹颇章政权下辖的青藏藏区社会进行羁縻性质的治理，清朝政府达到了向其宣告青藏地区属于清王朝，甘丹颇章政权只是替中央政权在此地进行管理的地方性政权的目的，同时也达到了向其宣告清朝政府在场的目的。其后，在处理噶尔丹与策妄阿拉布坦对青藏高原觊觎而出兵时，康熙帝开始设置西藏驻藏大臣，即康熙四十八年，派临时大臣赫寿赴拉萨监理甘丹颇章政权的政务；康熙五十九年粉碎了噶尔丹与策妄阿拉布坦对青藏地区的觊觎阴谋，后命岳钟琪、延信等大臣先后留守西藏拉萨，于雍正六年设置驻藏大臣成为定制。驻藏大臣的设置，进一步向青藏地区蒙藏部落宣告了清朝政府的在场。后来，清政府于雍正初年平定罗卜藏丹津事件，之后于雍正三年设置西宁办事大臣，也向青海藏区社会宣告了清朝政府的在场。

其二，清初，蒙藏联盟的甘丹颇章政权在青藏地区的存在，令清政府十分忌惮。如前所言，在宣告对青藏高原地区的所有权的同时，清朝政府也和其他封建专制王朝一样，对青藏高原蒙藏势力采取分化政策。分化、分而治之，是中国历史上中央封建专制王权对少数民族地区政权采取的一贯措施，在采取此措施时，羁縻政策也同时进行。在对青海藏区社会实施这一策略时，主要体现在"扶番抑蒙""扶蒙抑番"政策的转化之中。这是一个隐性的执行策略。可以说，在整个清代，政府对蒙藏部落的治理都是在此策略指引下进行的。通过此策略的实施，清政府在青海藏区社会处理蒙藏关系时，主要以控制蒙藏之间势力的均衡为主，使其此消彼长，互相制约，严格防范再次出现蒙藏部落中一家独大控制另一家，或与另一家结盟的局面。关于"扶番抑蒙"，如顺治九年，达赖喇嘛"入京弘法"，顺治十年，顺治帝册封达赖喇嘛为"西天大善自在佛所领天下释教普通瓦赤拉怛喇达赖喇嘛"并赐金印，自此建立了达赖喇嘛活佛转世系统。此事以中央政府的名义进一步提高达赖喇嘛在青藏藏区社会中的地位和影响，一方面具有羁縻性质，起到了"扶番"的作用；另一方面，面对当时蒙藏联盟的甘丹颇章政权的存在，此做法也在一定程度上达到了分化蒙藏联盟的效果。然而，更为巧合的是，自顾实汗去世后，发生了噶尔丹与策妄阿拉布坦在沙皇俄国的支持下，欲将自己势力渗入青藏地区，进而控制青藏地区之事。趁此事件，康熙帝立即派兵镇压，最终平定了这次叛乱。在之后的善后事宜中，进一步采取"抑蒙"之举，对参与平叛的青海和硕特蒙古进行封赏时，没有满足顾实汗孙子罗卜藏丹津的意愿，导致雍正元年罗卜藏丹津暗中勾结策妄阿拉布坦进行反叛活动，清政府立即派兵弹压，最终武力平定了本次叛乱。这次平叛，严重打击和削弱了青海和硕特蒙古的势力，由此和硕特蒙古势力在青海地区逐渐衰落，清政府的"抑蒙"政策取得很大成效。也就在此事件之后，原本处于和硕特蒙古所属的青海藏区藏族部落，以资料中所记载的"熟番""生番""野番"的方式开始出现在人们视野中，说明罗卜藏丹津事件之后，青海藏区社会藏族部落势力开始发展起来。

随着青海藏区社会藏族部落势力的发展，自乾隆年间开始，藏族部落与蒙古部落之间的矛盾开始凸显，一直到嘉道年间，清政府终于认识到青海蒙古部落的确"积贫积弱"，故在处理藏族部落抢劫蒙古部落事宜时，严饬蒙古部落不能一遭抢劫便请求政府解决，严格要求其必须自强以求自保。此时，清政府在对蒙藏部落势力的变化有了清楚认识之后，其蒙藏治理政策调整为"扶蒙抑番"，且"定青海蒙古、野番诸制：一、定界设卡，以资防守。立鄂博，使不得私越；……七、不容蒙古、野番人户混处，以绝串通"①。嘉庆年间，面对蒙藏部落间抢劫事件频发的情况，清政府仍旧决定对蒙藏部落实行划界而居，严防蒙藏混处，以免又生串通之事。这说明，清初蒙藏联盟的甘丹颇章政权对清朝统治者产生了很大的影响，直至清朝中后期，清政府一直在防范此类事件的再度发生，同时也说明对蒙藏分而治之策略一直贯穿清朝统治始末。

其三，在清初制定对蒙藏分而治之的策略，并在雍正年间平定罗卜藏丹津叛乱，对青海藏区社会藏族部落宣告了清朝政府的在场之后，清政府开始了"以我为主"对此地的治理。除了前面所提及的"扶番抑蒙""扶蒙抑番"的隐性策略之外，主要表现为细化治理青海藏区社会的各种措施。首先是在明代的基础上加强在青海藏区社会藏族部落中土司制度下千百户等的设置，即利用当地人来管理当地人，此政策的实施与羁縻政策相配合而行。同时也打破了长久以来和硕特蒙古对青海藏区社会的统辖，也进一步证实由此时开始进行了蒙藏分治。雍正年间千百户的设置得到加强之后，一直到宣统年间，青海藏区社会的千百户都发挥着积极作用。但我们也应该看到，一项制度的实施，有利有弊。尽管那彦成于道光二年十一月对青海藏区社会千百户的设置作了严格规定，即按照所辖户口数分设千户、百户、百总、两百总、十总等职务。若其办事得力，三年中没有过失，将会成为实缺，并在粮草、日常物资交换事宜中得到一些好处，这一切由千户掌握处理等。从以上情况来看，这种千户、百户、两百总、百总、十总等的设置与以前相比愈加细致。这种官职的授予，利用当地头人治理当地人

---

① 顾祖成等编：《清实录藏族史料（八）·仁宗实录》卷一二二，拉萨：西藏人民出版社，1982 年，第 3693－3694 页。

的方法，一度是非常成功的，但到了咸丰、同治年间，其弊端开始显现。基于此，清政府于光绪十六年，开始限制青海土司等的权利，即长庚在处理隆务寺属民投奔拉卜楞寺一案中，认为瞻对地方藏族部落"屡抚屡叛"，与当地官员的办事不力有很大关系，故提出：藏官与土司之间，藏官不接受土司所报事务，土司不能去瞻对找藏官汇报，且土司不能擅自用兵，还规定藏官的派任由驻藏大臣负责等。从此提议内容来看，长庚已认识到土司拥兵及与藏官之间关系亲疏的弊端，故而提出限制土司的相关做法。

同时，在治理青海藏区社会时，以"因俗而治"为主，此乃以蒙藏部落习惯法为主进行治理的羁縻政策。罗卜藏丹津叛乱被平定后，乾隆二年年羹尧所奏之《十三条》《十二事》，十二年制定的《番例六十八条》；嘉庆八年制定的《青海蒙古、野番诸制》，十二年制定的《西宁善后章程》；以及道光二年制定的《青海善后章程八条》等，这些法律条令的制定，从青海藏区社会由雍正间所记载的"熟番""生番""野番"，尤其"野番"具体情况不明，到嘉庆朝记载的"番族分生、熟、野番三种。熟番五十四族，田赋视齐民。生番十九族，畜牧滋生。野番八族，其汪食代克一族……"① 以及有了对"野番"的具体记载。宣统三年八月记载："番有生熟两种，生者最不易制，此患之切于边陲者也……"② 此时的官方资料记载中，已无关于"野番"的记载，说明青海藏区社会藏族部落于此时大多已经向化。且这种向化，在嘉道时期达到巅峰。对此，清政府于道光二十三年对内附番族作了相关规定，即如何管理投诚的藏族部落并将其收为己用。清朝官员先从内部官职（如百户、百总、十总等）设置、给予相关任务和一些优惠政策以及详细清查户口等方面入手，对投诚的藏族部落进行教化，等最终能够完全驾驭这些藏族部落时，才用其守卫边疆。清朝政府对内附青海藏区社会之藏族部落，仍旧以羁縻、抚绥之法，通过设置千百户、清查户口、征收赋税等方式，将其逐步纳入自己的管辖范围之中。

此外，清朝还对青海藏区社会部分藏族部落实行"政教合一"的治理。关于青海地区是否存在政教合一，学术界有争论。吴均先生认为自元明以来，青海地区有"西纳模式""隆务模式""郭隆模式"等政教合一统治的

---

① 《二十五史（一一）·清史稿（上）》卷六四《志三九·地理十一·甘肃·西宁府》，上海：上海古籍出版社、上海书店，1977 年，第 299 页。

② 顾祖成等编：《清实录藏族史料（九）·恭宗实录》卷六一，拉萨：西藏人民出版社，1982 年，第 4751－4752 页。

说法①，但在清代对青海藏区社会的治理中，很少提及这三种模式下其所属藏族部落的治理状况。然而对其中一种僧职土司、千百户，却有涉及，"这种以活佛、法台或堪布、僧官（都纲）为主，兼理附属部落、村寨属民的'政教合一'制"②，即为学者们所言之"僧职土司"③，关于此观点，笔者以为："清代青海藏族聚居区的僧职千百户可分为两种，其一为集宗教、政权于一身，即集活佛、襄佐于一身的；其二为同一家族的两个人（或为兄弟，或为叔侄），一位执掌本部落的政权（即襄佐，或千户或百户），另一位为当地寺院的活佛，二者因本家族的共同利益，在所有事情中都能达成一致。其中后面一种形式在青海藏族部落中出现得较多，可以说，清代在"生番"和"野番"部落中，大都实行后一种形式。尤其是青海的藏族部落，往往以同一家族为主体在一起游牧，故而僧职千百户多出自部落中的主体家族内。这种情况再加上政府的扶持以及对藏传佛教的虔诚信仰，下层民众毫无怨言地接受其役使。所以，受政府控制的僧职千百户，在一定程度上帮助政府，为维护青海地区的安定、团结作出了较大贡献。"④但这仅为个别现象。如其中的"郭隆模式"，在罗卜藏丹津事件中，郭隆寺被清兵焚烧，其后此模式的政教合一统治一度瓦解。政府规定"又有僧职，亦世职，如鸿化、灵藏等寺皆有国师、禅师管理族民，如土司之列。雍正五年，追回敕印，改为都纲，但管本寺僧人，而族民不受其约束矣"⑤。对寺院的政教合一进行了限制，但因对藏传佛教的信仰，这种政教合一统治的影响在当地群众中仍旧存在。

其四，注重对青海地区的建置，以加强对青海藏区社会的治理。从资料来看，清初西宁地区有西宁道，"抚治兵备道，甘肃西宁道，兼治蒙、番，驻西宁"⑥；还有延续明制的整饬西宁兵备道（乾隆之后又称分巡西宁道）；康熙年间还有西宁卫之上西宁厅的建置。可惜仅凭以上建置，清政府对青海藏区社会的了解无更多详细资料支撑，无法作详细分析。另外，继续明代所设西宁卫，康熙朝之前，青海东部湟水中下游地区属西宁卫管辖，

① 吴均：《论安木多地区的政教合一制度》，《青海民族学院学报》1982年第4期。

② （清）智观巴·贡却乎丹巴绕吉著，吴均等译：《安多政教史》，兰州：甘肃民族出版社，1999年，第80页。

③ 王继光：《安多藏区僧职土司初探》，《西北民族研究》1994年第1期。

④ 杨卫：《试论清代青海的政教合一制度》，《青海民族大学学报（社会科学版）》2011年第4期。

⑤ （清）龚景瀚：《循化志》卷五《土司》，转引自张羽新主编：《中国西藏及甘青川滇藏区方志汇编（第35册）》，北京：学苑出版社，2003年。

⑥ 《二十五史（一一）·清史稿》卷一一六《志九十一·官职三外官·道·西宁道》，上海：上海古籍出版社、上海书店，1986年，第442页。

黄河以南今青海省尖扎、贵德等地归河州卫归德千户所管辖，隶属于陕西行都司和陕西布政使司。康熙六年，设甘肃布政使司，青海地区属之。罗卜藏丹津事件后，雍正三年，设置西宁府，并将西宁卫改为西宁县，碾伯所改为碾伯县，设大通卫；雍正八年，设循化营，属甘肃省河州管辖。乾隆年间，加强了对青海藏区社会的治理。建置方面，乾隆三年，将原属临洮府的贵德所守御千总改隶西宁府，原隶河州镇的贵德营都司改隶西宁镇；乾隆九年，设巴燕戎格厅，隶属西宁府，最高长官为通判；乾隆二十六年，改归德为贵德，改设为县，置县丞，乾隆五十六年，改贵德县为贵德厅，属西宁府；乾隆二十六年，改大通卫为县；乾隆二十七年，将河州同知移到循化，设循化厅，属兰州府；乾隆五十七年，正式设循化厅，改为西宁府调遣。

除行政建置外，还有官员设置。雍正三年，设置西宁办事大臣，其最初管辖范围为青海蒙古三十旗和玉树四十族及其游牧之地。乾隆五十六年，循化、贵德二厅所属七十六族"熟番"与七十七族"生番"也归其管辖。乾隆五十九年起，循化厅官员属西宁办事大臣管辖。至道光三年，改属西宁府；乾隆五十九年，循化、贵德两厅官员属西宁办事大臣管辖。嘉庆十一年，西宁镇、道以下官员归西宁办事大臣管理。另外，清朝政府对青海藏区社会藏族部落的治理中，还有重要的土司制度及其下千百户等的设置，如雍正十年对玉树藏族部落社会设置千百户，共计有千户一人，百户三十一人，百长六十九人；嘉庆、道光年间对环湖八族千百户的设置，共计有千户十余人，百户七十一人；康熙六十年，在郭罗克设置千百户；嘉庆二十三年，郭罗克总计有总千户一名、千户三名，百户若干。[①] 因前文多有论述，在此不再赘述。

总之，我们以为，有清一代，对青海藏区社会藏族部落的治理，在咸丰朝之前是非常成功的。咸丰朝之后，随着外辱的不断加深，国内因阶级矛盾激化，反清起义此起彼伏，清政府对青海藏区社会的治理逐步弱化，此时的治理主要由青海官员与清政府在青海藏区社会所设的千百户等进行，尤其随着国势日衰，官员们也逐渐无法控制千百户，以致到宣统年间，任由青海藏区社会藏族部落自然发展。

此外，还需特别注意的一个问题是，清朝对西藏、青海藏区社会的治

---

① 青海省社会科学院历史研究所编：《青海历代建置研究》（内部资料），1987 年，第 280 – 281 页。

理是有区别的。对于西藏藏区社会的治理，具体为皇太极、顺治帝时，先通过前文所述各种方式，向甘丹颇章政权宣告清朝政府对青藏高原藏区社会的主权。之后，在西藏地区，五世达赖喇嘛通过一系列措施，政教合一制度进一步发展，并占据了主导地位。对此，清政府采取了扶持格鲁派、安定蒙藏部落的政策，在康、雍、乾三朝，逐渐加强了对西藏的管理，一方面保留其原来的政教合一体制，另一方面对其进行改革。康熙帝在处理噶尔丹对青藏地区的觊觎时，于康熙四十八年初步尝试设置驻藏大臣，雍正六年，西藏设驻藏大臣成为定制；康熙六十年，西藏实行噶伦制；乾隆十五年，废除郡王制，确立噶厦制，提高了达赖喇嘛的地位，完善噶伦、代本以下官员制度；乾隆二十二年，实行暂代达赖喇嘛的"摄政"制度。后随着《钦定藏内善后章程二十九条》（藏文称为《水牛年文书》）的颁布和实行，完善和发展了西藏地方的政教合一制度，成为清代治理西藏的最高法律。正如资料所载："其地有僧号达赖喇嘛，居拉萨之布达拉庙，号为前藏；有班禅喇嘛，居日喀则城之札什伦布庙，号为后藏。太宗崇德七年，有达赖喇嘛及班禅，重译来贡。未几，为蒙古顾实汗所据。四传至曾孙拉藏汗，而准噶尔并之。康熙五十九年，官兵西讨，歼伪藏王，以西藏地赐达赖喇嘛，使蒙古旧臣颇罗鼐等五人分守。乾隆四年，敕封颇罗鼐为郡王，领藏事。至其子袭封，以罪诛，遂除西藏王爵。设有辅国公三，一等台吉一，噶布伦四，戴琫五，碟巴三，堪布一。设驻藏办事、帮办大臣，分驻前后藏以辖之。其俗称国曰图伯特，又曰唐古忒。"① 另外，经学者们研究，认为卫藏地区政教合一有如下几种模式：第一，款氏模式；第二，郎氏模式；第三，转世模式。② 即清朝政府对西藏藏区社会的治理，主要是在派驻驻藏官员（驻藏大臣）在场的前提下，建立以达赖喇嘛、班禅额尔德尼为首的西藏地方政教合一政权，并采取羁縻之法设置土司、千百户等，"因俗而治"。

而在青海地区，罗卜藏丹津事件之前，因青藏高原藏区社会大多控制于和硕特蒙古之手，故采取羁縻政策，先宣布清政府在场。罗卜藏丹津事件之后，雍正三年在青海设置西宁办事大臣，以其为主，辅之以在青海藏区社会藏族部落中土司制度下千百户的设置，对青海藏区社会进行治理。另外，如前所述，尽管在青海地区也有以"西纳模式""隆务模式""郭隆

---

① 《二十五史（一一）·清史稿（上）》卷八十《志五五·地理二七·西藏》，上海：上海古籍出版社、上海书店，1986 年，第 336 页。

② 吴均：《论安木多地区的政教合一制度》，《青海民族学院学报》1982 年第 4 期。

模式"等政教合一统治的说法，但我们以为，和清代西藏政教合一统治相比，青海这三种模式的政教合一统治无论从设置、规模，还是从作用、影响等方面，均无法达到西藏政教合一的统治效果。而且，据光绪年间循化厅档案所载，"隆务模式"的政教合一制也存在诸多问题，如光绪十五年五月，隆务寺所属投奔拉卜楞寺，引起两寺属民发生冲突等，足见"隆务模式"相对于西藏政教合一模式，对属下藏族部落管控力度的不足。因此，我们以为，清代对于青海藏区的治理，是在"因俗而治"的基础上，采取羁縻之法，基本是按照和内地比较一致的方法对其进行治理的。也就是说，有清一代，对青海藏区社会藏族部落的治理，主要是以西宁办事大臣为主，一方面以羁縻之法"因俗而治"，另一方面逐步将其纳入与其他地区相同的治理模式下。

附　录

附录一　禁约青海十二事

至年羹尧奏请禁约青海十二事：

一、朝见进贡，定有限期。

一、不准自称盟长。

一、番子、唐古特人等，不许扰累。

一、喀尔喀、辉特、图尔古特部落，不许青海占为属下。

一、编设佐领，不可抗违。

一、内外贸易，定地限时。

以上六事，臣等已于善后事宜内议定。

其余六事：

一、背负恩泽，必行剿灭。

一、内地差遣官员，不论品级大小，若捧谕旨，王公等俱行跪接，其余相见俱行宾主礼。

一、恪守分地，不许强占。

一、差员、商贾往过，不许抢掠。

一、父没不许娶继母及强娶兄弟之妇。

一、察罕诺门汗喇嘛庙内，不可妄聚议事。

均应如所请。

得旨：所议甚属周详。依议。

附录二　青海善后事宜十三条

总理事务王大臣等遵旨议覆：抚远大将军年羹尧条奏青海善后事宜十三：

一、奏称青海各部落人等，宜分别功罪，以加赏罚也。从前罗卜藏丹津侵犯内地时，贝勒色卜腾扎尔及贼人侵犯西川南川时，尝报信息，并未出兵协助，即首先投诚，并引策凌诺尔布、罗卜藏察罕等来投；台吉噶尔丹戴青，始终未助贼人，且与贝勒盆苏克汪扎尔力战吹拉克诺木齐，又随大兵出口，亦为效力；扎萨克阿喇布坦，系察罕丹津之婿，随大壮军进剿效力，均应请加封爵，以示鼓励，应如所请。色卜腾扎尔，晋封郡王；噶尔丹戴青，封为固山贝子；阿喇布坦，封为辅国公；又奏称俘获之诺颜格隆，乃图尔古特台吉，今已为喇嘛，随提督岳钟琪在军前效力；贝勒盆苏克汪扎尔，从前虽助逆贼，后知悔过投诚，擒贼赎罪，应与投诚之公策凌诺尔布，留其原封之爵，以示宽大，应如所请，各复伊等原爵。又奏称辅国公罗卜藏察罕、台吉济济克扎布，虽经投顺，从前与贝子阿喇布坦、巴尔朱尔阿喇布坦扰乱内地，请革爵为民；贝勒策凌敦多卜、贝子拉查卜，虽经投诚，但久助逆贼，应降其所封之爵，以示惩戒，应如所请；罗卜藏察罕、济济克扎布，革爵为民；策凌敦多卜降为固山贝子，拉查卜降为镇国公。

一、奏称青海部落，宜分别游牧居住也。请照依内扎萨克编为佐领，以申约束。每百户编一佐领，其不满百户者，为半佐领。将该管台吉俱授为扎萨克，于伊等弟兄内拣选，授为协理台吉。每扎萨克俱设协领、副协领、参领各一员；每佐领俱设佐领骁骑校各一员，领催四名。其一旗有十佐领以上者，添设副协领一员，佐领两员，酌添参领一员。傥蒙俞允，请将一等侍卫副都统达鼐暂留办理。其每年会盟，奏选老成恭顺之人委充盟长，不准妄行私推，以致生事滋扰，均应如所请。

一、奏称朝贡、交易，宜按期定地也。请自雍正三年起，于诸王、台吉内，派定人数，令其自备马驼，由边外赴京请安进贡。青海诸王、贝勒，应分作三班，三年一次，九年一周。其与内地之人互相交易之处，则定以每年二月、八月，二次交易，俱以边外为集，臣选得西宁西川边外，有那拉萨拉地方，请指定为集，不准擅移，届期仍令总兵官饬委营弁领兵督守。如有擅进边墙者，即行惩治，应如所请。但各蒙古需用茶叶、布、面等物，交易之期过远，必致穷乏，应令四季交易；又奏称罗卜藏丹津所属垂寨桑，系首先归顺之人，应令于松潘口外驻牧，授为土百户职衔；丹忠部下寨桑噶隆、色卜腾达什等，率领数百余人赴松潘投顺，现驻潘州，应给以千户、百户文凭，均应如所请。

一、奏称喀尔喀、厄鲁特之四部落，宜不属青海也。查伊等原非被掳之人，今青海诸王、台吉内之投降者，咸归仁化，助逆者，俱已被擒。而喀尔喀内，有随大兵投降者，宜乘此军威远振，将不愿为青海属人之喀尔喀等，照青海例编旗分为佐领，添设扎萨克等，分驻剿灭逆贼之旧地。其情愿归本处者，听其自便，则青海之势可分。而喀尔喀台吉等，无不感恩报效，应如所请。

一、奏称西番人等，宜属内地管辖也。查陕西之甘州、凉州、庄浪、西宁、河州，四川之松潘、打箭炉、里塘、巴塘，云南之中甸等处，皆系西番人等居住牧养之地。自明以来，失其抚治之道，或为喇嘛耕地，或为青海属人，交纳租税，惟知有蒙古，而不知有厅卫营伍官员。今西番人等，尽归仁化，即系内地之良民。应相度地方，添设卫所，以便抚治。将番人心服之头目给与土司、千百户、土司巡检等职衔分管，仍令附近道厅及添设卫所官员管辖，其应纳粮草，较从前数目，请略为减少，以示宽大。至近边居住帐房、逐水草游牧者，仍准伊等照旧游牧，均应如所请。

一、奏称青海等处，宜加约束也。查青海巴尔、喀木、藏、危，乃唐古特四大部落。顾实汗据占此地，以青海地面宽大，可以牧养牲畜。喀木地方，人众粮多，遂将伊子孙分居此二处，伊则在青海游牧居住。喀木地方，为伊等纳贡；藏危二处，从前原施舍为达赖喇嘛、班禅喇嘛香火，今因青海叛逆，取此一带地方，交四川、云南官员管理；达赖喇嘛向差人赴打箭炉贸易，每驮向乂木多、乍丫、巴塘、里塘居住喇嘛，索取银两不等，名为鞍租。至打箭炉，始行纳税，请饬达赖喇嘛等，不准收受鞍租，并饬打箭炉收税官员，亦免其纳税。再每年请赏给达赖喇嘛茶叶五千斤，班禅喇嘛减半赏给，均应如所请。

一、奏称喇嘛庙宇，宜定例稽察也。查西宁各庙喇嘛，多者二三千，少者五六百，遂成藏污纳垢之地。番民纳喇嘛租税，与纳贡无异。而喇嘛复私藏盔甲器械，前罗卜藏丹津侵犯时，喇嘛等带领番民与大兵抗衡，今臣于塔儿寺喇嘛内之老成者，拣选三百名，给与大将军印信执照，谕令学习清规，请嗣后定例。寺庙之房，不得过二百间；喇嘛多者三百人，少者十数人，仍每年稽察二次，令首领喇嘛出具甘结存档。至番民之粮，应俱交地方官管理，每年量各庙用度给发，再加给喇嘛衣服银两，庶可分别其贤否，地方官得以稽察，均应如所请。

一、奏称陕西边防宜严界限也。查边外自黄河入中国之处，至于河州、西宁、兰州、中卫、宁夏、榆林、庄浪、甘州等，其间水草甚佳，林麓茂密，乃弃此不守，以致蒙古等占据大草滩之地，将常宁湖为牧厂，是以各处相通，竟无阻碍。请于西宁之北川边外上下白塔之处自巴尔托海至扁都口一带地方，创修边墙，筑建城堡，则西番人等肆行据攘之区，悉成内地；又肃州之西桃赉河常马尔鄂敦他拉等处，俱膏腴之地，应令民人耕种；布隆吉尔地方，修城驻兵之后可渐至富饶；至宁夏险地，无过于贺兰山。顾实汗之诸孙及额附阿宝等，向俱在山后居住游牧，今竟移至山前，请令阿宝等，严饬所属，仍照前在贺兰山后居住游牧，则山前营盘水、长流水等处，俱为内地，均应如所请。

一、奏称甘州等处，宜添设官弁也。查甘州西宁，疆界相连，应于此二处设立营汛。至于青海巴尔处盐池，自古原系内地，后竟弃为塞外；蒙古等至西藏噶斯等处，必于此处经过，应速取回。于新设边内大通河，设立总兵一员，兵三千名，管辖中左右三营；于大通南边，设立参将一员，兵八百名；大通北边，设立游击一员，兵八百名；盐池地方，设立副将一员及左右都司二营，兵一千六百名；四川边外单噶尔斯地方，移镇海营参将驻扎兵一千名；再拉科暗门等处，各设守备一员，兵二百五十名；恒铃子地方，移南川宋备驻扎兵五百名；南川旧营，留千总一员，兵一百名；至西宁地方，宜改设同知，移西宁通判驻扎盐池，令其办理税务；再河州保安堡，应设游击一员，千把总各一员，兵四百名；归德堡，应添设把总一员，兵二百名，俱隶西宁总兵道员管辖，则蒙古等不敢觊觎，番民等亦有所依伏，均应如所请。

一、奏称打箭炉等处，亦宜添设官弁也。查青海既已平定，应将巴尔喀木处人等，悉行收集。除罗隆宗之东又木多、乍丫地方，俱隶胡土克图管辖外，其余番众头目等，俱应给与印信执照，与内地土司，一体保障；打箭炉之外木雅吉达地方，应设总兵游守千把等官，兵二千名；雅砻江中渡处，设守备一员，千总二员，兵五百名；里塘、巴塘之吹音等处，设守备一员，兵二百名；里塘地处四冲，应设副将一员，都司一员，兵一千二百名；鄂洛地方，各路咽喉，应设参将一员，兵六百名；巴塘系形胜要地，应设游击一员，兵五百名；宗都地当云南孔道，应设参将一员，兵一千名，俱令新设之总兵统辖，以为云南四川两省声援；又青海所属左格等处番人，应亟移于内地；再阿巴之土司头目墨丹住等，带兵进剿屡次建功，应给与安抚司职衔，不隶青海管辖；又黄胜关外潘州旧城，应设游击一员，兵六百名；河巴地方，山河围绕，应设副将一员，都司一员，兵一千五百名；黄河两边渡口，应设守备一员，兵三百名，悉隶松潘总兵统辖；里塘添设同知一员，令其管理兵粮，收纳番民贡赋，则南至滇省，北至陕省，俱可援助，均应如所请。

一、奏称边地弁兵，宜归并裁汰也。查西宁地方，设立总兵，留兵四千，即可敷用，应裁五百名，归并于大通镇属甘、凉、庄浪等处。其余营汛兵丁，可裁一千名；宁夏既添驻满兵，其绿旗兵丁，亦可裁汰一千，改为四营，将后营游、守、千、把等员补入大通镇标；四川重庆、川北二镇，应改设副将、都司、守备、千把等员，裁汰总兵官二员，游击六员；遵义、蘷州两协游击各二员，亦行裁汰，化林副将一员，额兵一千名，应改为游击一员，留兵五百名，均应如所请。

一、奏称边内地方，宜开垦屯种也。查西宁边墙内，俱属可耕之田。布隆吉尔地方，现在修筑城垣，请将直隶、山西、河南、山东、陕西五省军罪人犯，尽行发往大通、布隆吉尔等处，令其开垦；查西宁本处人民，与驻大通三千兵丁之子弟亲戚，情愿往种者，正不乏人；大通河地方，不必发遣犯人；惟布隆吉尔地方，远居边外，愿去之人甚少，应如所请。行文刑部并直隶、山西、河南、山东、陕西五省，金妻军犯内，除盗贼外，有能种地者，即发往布隆吉尔地方。令地方官动支正项钱粮，买给牛具籽种，三年后照例起科。

一、奏称番人部落，宜加抚绥也。今兵事已竣，臣应遵旨回西安，办理三省事务，暂令奋威将军岳钟琪驻扎西宁，留兵四千名，听其管束，其抚远大将军印信，现今策妄阿喇布坦遣使请罪，应俟撤回各路将军时，臣即行恭缴，收贮内库；再甘州地方，黄番各部落，乘此军威，收聚抚绥，亦可抵御青海。臣同岳钟琪会商，俟七八月马匹肥壮时，亲率兵丁，由西宁口外，到甘州地方招抚番民，均应如所请。

附录三　番例六十八条[①]

派定出兵不去

一、出兵派定，若有千户等不去者，罚犏牛五十条，百户等罚犏牛四十条，管束部落之百长等罚犏牛三十条。凡管束部落之头目等带领全寨部落不去者，以军法治罪。指定前往地方，违限一日不到者，千户等罚犏牛七条，百户等罚犏牛五条，管束部落之百长等罚犏牛三条。违限数日者，计日递加罚牛。

---

① 详见周希武编著，吴均校释：《玉树调查记》，西宁：青海人民出版社，1986年，第186-207页。

敌人犯界不齐集剿杀

一、凡敌人侵犯边界，所有寨落凡头目等各将家产、牲畜收回，即带领所属兵丁，速行前往所犯地方齐集。若不齐集者，千户等罚犏牛五十条，百户等罚犏牛四十条，管束部落之百长等罚犏牛三十条。齐集之后，即共同商议，协力剿杀。若千户百户所属之小百长等如不齐集者，可照此例罚服。

部落人逃走

一、凡本寨部落人等齐行逃走者，不拘寨落，照出兵例追赶。如不追赶者，千户等罚犏牛五十条，百户等罚犏牛四十条，管束部落之百长等罚犏牛三十条。

聚众携械同逃

一、凡本寨部落人内，如有二十人以下携带军器逃走者，本寨人等即行追赶，若二十人以上携带军器逃走者，其邻近寨落之头目等酌量逃走人数，即行装束口粮、马匹，无论方向，速行抵剿追赶。如不追赶者，千户等罚犏牛五十条，百户等罚犏牛十条，管束部落之百长等罚犏牛五条。即行据报逃去缘由。如不据报者，千户等罚犏牛七条，百户等罚犏牛五条，百长等罚犏牛三条。

追赶逃人

一、凡追赶逃人之人，有能将为首逃人杀死者，其所得人口，并家产、牲畜，俱给追赶之人。逃人若将他人马匹拐去逃走者，准给追赶之人一半。如为首逃人纵脱，其所得人口，不给追赶之人，仍给逃人之主。若逃人骑他人马匹逃走者，逃人若有妻子、家产、牲畜，抵算赔偿；逃人如无家产，免赔。如系家奴，有家产者，照数抵赔；无家产者，不向伊主追赔。

会盟不到

一、凡会盟已经传知，如有推故不到者，千户等罚犏牛十五条，百户等罚犏牛十条，管束部落之百长等罚犏牛五条；如过期不到者，计日罚犏牛。

越界住牧

一、凡分定地方，有他处千户等移进住牧者，罚犏牛七条，百户等罚犏牛五条，管束部落之百长等罚犏牛五条；系平人户，各罚牛一条。

越界头目罚服

一、凡越过分定疆界，另处追〔游〕牧者，千户等罚犏牛五十条，百户等罚犏牛四十条，管束部落之百长等罚犏牛三十条，小百长等罚犏牛十条；如系平人，有人知觉，即将其人并家产、牲畜，全给所见之人。

奸人妇女

一、平人奸淫平人之妻者，即将其妻罚服（并）取五九牲畜，奸妇交与本夫处死；如不处死者，将罚服牲畜，给与该管头目；若调戏他人妻者，罚服三九牲畜。

谋娶人妻

一、平人将平人所定之妇谋娶者，主婚与谋娶之人，如系头目等，各罚三九；如系平人，各罚一九；其妇离异，仍归前夫。

少纳牲畜计数折鞭

一、凡罚服牲畜，若系无力之人，少纳一头者，鞭二十五，少纳两头者鞭五十，少纳三头者鞭七十五，少纳四头者，鞭一百罪止。

无力纳罚立誓

一、凡称无力完纳罚服牲畜者，令小头目于该部落内，选有颜面之人立誓，具保无力。立誓之后，若被查出者，将查出牲畜罚服外，向立誓之人，罚一九牲畜。

被窃牲畜

一、被窃牲畜，失主认着，若指称有他人所给者，即令其人对质；如其人不行承认，仍令本人立誓；若立誓，失主只将牲畜收回，免其罚服。

头目窝盗

一、千户等隐匿盗贼，罚五九；百户等行窃，罚五〔四〕九，隐匿盗贼罚四九；管束部落之百长等行窃罚三九，隐匿盗贼罚二九牲畜。若隐匿盗贼及行窃之处，不行承认者，令其伯、叔立誓，如无伯、叔，令其伯、叔之子立誓。若头目等本身行窃，革退等级，撤出所管之人，免其抄没其家产、牲畜。

出兵被盗马匹

一、若被贼偷去马匹，于出兵打围之处认着，其人所得果有别故，另抵马一匹，原马牧回。

挟仇出首人罪

一、凡出首人罪，若系挟仇出首，取人牲畜者，千户等罚二九，百户罚一九，管束部落之百长等，罚牲畜五件；将挟仇所取之牲畜，给还原主，其挟仇之人，听其发落。

隐匿盗贼

一、若将贼盗通同隐匿，不行举报者，千户等罚三九，百户等罚二九，管束部落之百长等罚一九。

搜查贼赃

一、凡搜查被窃物件，带领认见搜查，如不容搜查，即坐贼罪。

移放遗留踪迹

一、凡移牧旧地方，于移牧之日有踪迹者，令其立誓。

偷猪狗等畜

一、凡偷猎狗者，罚牲畜五件；盗鸡、鸭、鹅者，罚二岁牛，并还所窃之物。

偷金银皮张等物

一、凡盗窃金、银，貂鼠、水獭皮张等，并财帛布匹，及吃食粮米等物者，俱照数赔还。如所偷之物值二岁牛者，罚二九；值羊价者，罚一九；不足半价者，罚三岁牛。

踪迹分别远近立誓

一、凡踪迹若离人住处一箭以内者，令其立誓；一箭以外者，不令人立誓。

偷杀牲畜

一、若将牲畜偷杀遗去，有人将肉取回者，令其照原物赔偿。若在踪迹以内者，择其小头目立誓；若不立誓，坐以犯踪迹之罪。

告言人罪

一、凡告言人罪，将罚服牲畜，给与出首之人一半。

私报失牲

一、凡暗自私行报言，其牲畜若从他人处得者，将私行报言之人罚二九；所罚牲畜给与立誓之头目，并被牵连之人，各分一半。

纵火熏洞

一、纵火熏洞，有人见者，其人即罚一九牲畜。若延烧致死牲畜，照数赔偿；致死人命，罪三九牲畜。若系无心失火，以致延烧所见之人，罚失火之人牲畜五件；烧死牲畜，照数赔偿；烧死人命，罪一九牲畜。

擅动兵器

一、千户等擅动兵器者，罚二九，百户等罚一九，管束部落之百长等罚牲畜七件，小百长等罚牲畜五件，小头目以及平人罚牲畜三件。

斗殴伤人

一、凡斗殴打架，伤人眼目、手足者罚三九，伤轻平复者可一九，若孕妇堕胎者，罚一九；若用鞭棍、拳头打人者，罚牲畜五件，互相斗殴者，免罚；若折人牙齿罚一九，拔去缨发者，罚牲畜五件。

戏误杀人

一、凡人因戏以致误伤人死者，罚三九牲畜给与死者之家。

砍杀牲畜

一、凡砍杀牲畜者，除赔偿外，罚一九；误射马匹死者，照数加赔，未死者罚二岁牛。

失去牲畜，报知邻近头目找寻

一、凡失去牲畜，三日后报知邻近头目找寻，一匹牲畜谢羊一只。若将所收之牲畜乘骑者，罚牲畜五件；冒称自己者罚三九；错认者罚一九。若无主承认，准其收养，隐匿者罚三九。

收取遗失牲畜

一、凡遗失牲畜，过往之人，不得收取。如有收取者，依窃盗问拟。如羊于所见之日收取者，过一夜，二十只以下，罚羊一只；如多，计二十只，递加罚一只。

犯罪私完

一、凡犯罪发觉，二犯不得私议。如私议完结者，千户等罚三九，百户等罚二九，管束部落之百长等罚一九，小百长等罚牲畜七件，小头目等及平人罚牲畜五件。其该部落头目，将人带至犯罪部落头目处所议办，如迟至二日不给人者，向其头目，按日罚三岁牛。如事未结之先，不得骑取乌拉秣素，事完断结之时，骑取罪番乌拉，按站食用秣素。其所取头目之人役，虽有九九，不得与盗犯之数之外多取。给纳认罪牛一条。其认罪头目之人役，所纳虽有九数，止准取罚服牲畜内三岁牛一条。事结迟至十日不给者，该罪犯部落之千户等，罚犏牛七条，百户等罚犏牛五条，管束部落之百长等，罚犏牛三条。如将所罚牲畜夺回，加倍追罚；如不完结，即行具报。

过往之人，不令歇宿者

一、凡过往之人，如有不令歇宿，以致冻死者，抵赔外罚一九，未死者罚二岁牛；留宿被窃财富者，着落房主赔偿。

恶病传染

一、凡患恶病之人，在人家住歇，其病人卖物以致传染他人身死者，罚三九；病愈者罚一九，未传染者罚牲畜一件。

毁谤头目

一、凡平人公然毁谤千户者，罚二九；毁谤百户者罚一九；毁谤管束部落之百长者，罚牲畜七件。如背后毁谤者，质讯是实，亦照此例问拟。詈骂小百长者，罚牲畜五件；詈骂小头目者，罚牲畜三件。

不设十户头目

一、每十户设立头目一名。如不设立者，千户等罚犏牛七条，百户等罚犏牛五条，管束部落之百长等罚犏牛三条。

私索乌拉秣素

一、凡有信票之额尔沁，准骑乌拉，按站食取秣素。如有不给秣素者，罚牛，不给乌拉者罚二九。若将马匹藏匿者，罚一九。如有无信票之额尔沁，索取乌拉秣素者，准其捆拿，解送西宁。为首头目等，因公差遣之人，或被头目等殴打者，罚三九。平人殴打者，罚一九。

罚服牛马定数

一、凡罚服一九之数：马二匹，犏牛二条，乳牛二条，三岁牛二条，二岁牛一条。五件之数：犏牛一条，乳牛一条，三岁牛一条，二岁牛二条。至追取罚服之人向犯人取三岁牛一条等语，查番地产马甚少，如罚服内应取马匹者，准改给犏牛。

出兵越次先回

一、凡出兵打围及会兵处等，若不守候挨次撤回，自行先回者，千户等罚犏牛七条，百户等罚犏牛五条，管束部落之百长等罚犏牛三条，其跟回同伴之人，每名各罚所骑牲口。

对敌败绩及行军纪律

凡千户、百户、百长等对敌败绩者，将所管之人俱行撤出；如系平人，斩决，并将家产、牲畜、妻子抄没。或头人，或平人，有能奋勇争先破敌者赏。凡头目对敌，或别部落之人败绩，或有一部落头目等能打仗救援者，将败绩之头目等所管部落内，撤出五十户人，赏给打仗之人。若别部落之头目等打仗，或一部落头目等败回者，将败回之千户、百户、百长等革去职衔为平人，将所管之人全行撤出，给与打仗头目等充赏。至一部落人等，或一半打仗，或一半败绩者，将败绩之千户、百户、百长等革去职衔为平人，将所管之人全行撤出，给与该部落打仗之人。如部落内一半战败，一半不能前进者免罪，将败绩之头目等革去等级为平人，所管之人全行撤出，给与部落内无罪之头目并打仗之头目等充赏。若各部落整顿未备，一部落之头目已备打仗者，视其功之大小轻重加赏。凡于旷野之处打仗与对敌进战之处，千户、百户、百长、小头目等，不按队伍，混乱行进；或见敌人稀少，不探虚实，混行驰逐者，罚取所骑马匹，此次所掳之物，不准分给。

凡于排阵对敌之时，整齐队伍，各按队伍，缓行趋进。其进之时，不随本哨而躲避他哨之后；或离本队伍而入他队伍，以及他人进战而立视者，或斩，或抄家，或责，或革职衔，或罚服之处，量其所犯，分别治罪。若队伍已齐进战之时，或有奋先退后之处，有言某队落后，某队奋先者，不准查究。或敌败走应行追赶者，仍拣选强壮兵马追赶。其追赶之时，管束部落之千户、百户、百长等，不得前往追赶，带领旗纛列伍寻踪；或追赶之人，陷入伏兵，或散行追赶，遇接应之兵，该千户、百户、百长等，即行剿杀。凡兵马起身，各按队伍行走，或有一二人去取遗物，前后乱行，并见有醉人，即行责处。毋得遗忘条约，当凛遵行走，毋得喧嚷喊叫。若喧嚷喊叫，该管头目等，加意晓谕各属下队伍，倘见有喧嚷喊叫者，即行责处。若离本队纛帜行走者，即拿一二人，送至该管束部落之千百户、百长等头目等处治罪；拿送之人，赏犏牛一条。凡失火者斩。偷他人鞍、辔、笼头、绊䩞者，坐以盗贼罪，鞭责。凡夜行不许喧嚷及掌号，违者治罪。行兵若有一二人潜行抢掳被杀者，将其妻子充为俘虏，该管之头目治罪。凡有寺庙，不准拆毁。不许杀害行路之人，逆者诛之，顺者养之；不许剥取所得之人之衣裳，拆离夫妻，虽所得之人，不可使用者，亦不得剥取衣裳，不得伤害。凡头目及平人，不得令所掳之人看守马匹，若令看守马匹被其拐马逃走者治罪。凡各处领兵头目，务须安定地方，抚绥番民，严束所属之小头目并兵丁，不可抢夺胡行，不可骚扰良善番民，若能安定地方，抚绥番民者，当奏闻奖赏。倘头目违例，不行约束，任其所属兵丁，抢夺胡行，不分良莠，妄称贼盗者，希图获利，混行杀害者，从重治罪。凡对敌交战之时，有仆倒之人，能扶上马救出者，其扶救之人，若系千户等，给犏牛十条；百户等，给犏牛八条；管束部落之百长等，给犏牛五条；小头目及平人，给犏牛两条。所给犏牛，均令仆倒之人出给。

不拿逃人

一、凡见逃人不行追拿，任其逃去者，千户等罚人七户，百户等罚人五户，管束部落之百长等罚人三户，小百长等罚四九，小头目及平人罚三九。若追拿逃人，格斗致死者，如有所掳之人，给死者之家一名，加罚三九牲畜；若无所掳之人，向该管逃人之为首头目名下，追取三九牲畜赏给。

给逃人马匹

一、凡部落不分管束不管束之头目等知其逃走外番而给马匹骑往者，革去等级，将所属部落撤出；若小百长及小头目等级，家产、牲畜抄没；如系平人，斩，仍将家产、牲畜抄没。

拿获逃人

凡有拿获寨中行走之逃人，逃人之主给与拿获之人二岁牛一条，将逃人鞭一百，若容隐逃人者，罚一九牲畜，给与逃人之主；其容隐逃人之十家长，罚一九牲畜，给与逃人之十家长。

获逃解送

一、凡无论何处逃人，不拘何处头目捉获者，将为首之逃人限二日内，速行解送西宁。如违二日之限者，千户等罚犏牛七条，百户等罚犏牛五条，管束部落之百长等罚犏牛三条。

杀死逃人，头目不报

一、凡将外地逃来之人杀死，而该管千户等隐匿不报者罚人七户，百户等罚人五户，管束部落之百长等罚人三户。若旁人首告者，千户等罚犏牛七条，百户等罚犏牛五条，给与首告之人，并听往所愿之寨落居住。如不承认者，令其伯叔立誓。若小头目及平人将逃来之人截杀者，为首者斩，仍罚三九牲畜，为从者各罚三九牲畜，给与指示之头目；如无指示头目，一半入官，一半赏给首告之人。若头目等将逃来之人截杀者，为首者绞，为从者革去等级，各罚三九牲畜。

头目抢劫杀人

一、凡管束部落之头目等，抢劫物件杀人者，令其抵赔外，千户等罚犏牛五十条，百户等罚犏牛四十条，管束部落之百长等罚犏牛三十条。若用军器或木棍将人殴伤者，给一半身价，罚二九牲畜，千户等罚犏牛五十条，百户等罚犏牛四十条，百长等罚犏牛三十条。若行抢劫而未伤人者，千户等罚犏牛五十条，百户等罚犏牛四十条，百长等罚犏牛三十条给事主收领。若小头目，或平人，或一二人，纠众抢劫物件杀人者，不分首从皆斩，将妻子、家产、牲畜抄没，给与事主之家。若小头目及平人或一二人，纠众盗劫牲畜物件，或事主或旁人知觉追赶，贼盗将人杀伤者，不分首从皆斩，将妻子、财产、牲畜抄没，给与事主之家。若小头目及平人，纠众抢劫物件而未伤人者，其造意及为首二人绞，将妻子、财产抄没；为从之人，各鞭一百，罚三九牲畜，给与事主之家；或小头目或平人，若一人，鞭一百，除妻子外，将家产、牲畜抄没，给与事主之家；若二三人，将为首一人绞，将家产、妻子、牲畜抄没，为从者各鞭一百，罚二九牲畜，给于事主之家。

偷窃四项牲畜

一、凡偷窃他人马匹、骆驼、牛、羊，若一人盗此四项者，不分主仆绞；二人盗窃，将一人斩；三人盗窃，将二人斩；纠众盗窃，将为首二人斩，为从者各鞭一百，罚二九牲畜。其行窃之人，或被事主拘执，或被旁人拿获，将贼人正法，妻子、家产、牲畜抄没，给与失主。如情有可疑者，令其立誓，若立誓，照前例免罪完结；若不立誓，仍将贼人照例正法，妻子免给为奴，将所有牲畜，并向伊主名下追取一九牲畜，给与失主。若各该主自行将贼献出者，仍将贼正法，其妻子免其抄没为奴，止将所有牲畜给失主。

讨贼不与

一、凡拿获发觉贼犯，讨取不与，以致逃脱者，千户等罚五九，百户等罚四九，管束部落之百长罚三九。

头目庇贼，发觉不认

一、凡为首头目，有徇庇贼盗，已经立誓后，其本犯贼赃发觉，而头目等不认徇庇贼盗者，令该头目之伯、叔立誓；如不立誓，千户等罚五九，百户等罚四九，管束部落之百长等罚三九，小百长等罚二九，十家长罚一九。

夺回盗窃牲畜

凡贼盗窃去牲畜，被旁人夺回者，一匹取谢；若二匹以上，十匹以下者，准取一匹；若多，每十匹递加一匹。失主不认被窃不给者，令小头目立誓；若立誓免其取谢，如不立誓准取谢仪。如所获并非盗窃，而捏称之处发觉者，其捏称之人，坐以贼罪。

获贼交头目看守

一、凡捉获盗贼，即交于贼犯之该管部落之头目看守。若十家长行窃，将十家长罚犏牛一条；如十家长将贼出首，照出首例赏十家长牲畜，罚服之处，将十家长罚犏牛一条。①

看守斩犯疏脱

一、凡看守斩犯，罪人疏脱者，将疏脱之小百长等罚三九牲畜，小头目等罚二九牲畜，革退等级，系平人鞭八十。若疏脱看守非死罪之人，疏脱之百长等罚二九牲畜，小头目等罚一九牲畜，系平人鞭六十。所逃之罪犯，若被他人拿获者，将所罚头目之牲畜，赏给拿获之人；未获，将所罚牲畜给予部落之为首头目。

---

① 本条似有脱文，意不甚解。按《雅州府志》卷十三《夷律》篇："一、拿获贼人交该地方头人查问，或在十户内有偷盗他人东西者，罚该管头人牛一头；或十户内被他人偷窃者，窃贼人十一头，给该头人收领。"

抢夺罪犯

一、凡有将斩罪贼犯数人抢夺者,各罚一九牲畜;已夺去者,将为首抢夺之人斩。若抢夺不致死罪之贼犯,夺去者,将为首抢夺之人罚三九,其余各罚一九。

挟仇放火

一、凡头目及平人有挟仇陷害,放火烧死人者。放火之头目绞,除妻子外,将家产、牲畜抄没,给予事主;若系平人斩,除妻子外,将家产、牲畜抄没,给与事主。若烧死牲畜者,将放火之头目革退等级,除妻子外,将家产、牲畜抄没,给与事主;若系平人,鞭一百,除妻子外,将家产、牲畜抄没,给与事主。

打伤奴仆

一、凡人将奴仆用箭射、刀砍及割去耳鼻者,若千户等罚四九,百户等罚三九,管束部落之百长等罚二九,小百长等罚一九,小头目及平人罚牲畜七件;若致死者,照故杀仇杀例治罪。

冒认马匹

一、凡将行人所骑马匹,冒认自己失落牲畜收回者,罚牲畜五件,给与马主收领。

出妻

一、凡出妻者,其妻陪嫁物件,全行给回;除夫妻和睦时花费物件不偿外,现在所有物件,悉行还给。

唐古特人不许远处番回贸易

一、凡唐古特人等,不许私自与远处蒙古、番子、回子人等贸易,若[或]使人贸易,及探望亲属,或出卡伦,邀接货物贸易。如有明知违例,该管头目故纵者,查系从何部落发觉,即将该管部落之千户等罚犏牛五十条,百户等罚犏牛四十条,管束部落之百长等罚犏牛三十条,小百长等革去等级,罚三九;十家长各鞭一百,罚一九牲畜之价。将为首贸易之人绞,抄没家产;为从者各鞭一百,并罚三九牲畜,其财货俱行入官。若出卡伦贸易,或私探亲属,看守卡伦之人不行拿获,被旁人首告者,将卡伦之头目革去等级,财产抄没;放卡之人各鞭一百,罚服三九牲畜,入官比罪。如有首告之人,将罚服牲畜赏给一半,仍听出首之人自行择其愿往之处居住。

拿送逃奴

一、凡家奴逃往他人边界,有能拿获送回者,将逃奴所带之物,一半给予拿获之人,一半给予逃奴之主,将逃人鞭一百。

私报失去牲畜

一、凡丢失牲畜,有暗自私行报信者,原有牲畜即从所指之人处得者,坐以贼罪。

重犯不招认

一、凡有斩犯、重犯之人,坚不承认,并无认见,情有可疑者,令其立誓。

家奴弑主

一、凡家奴弑主人者,凌迟处死。

解送逃人

一、凡将他处逃来之人解送者,赏给缎一匹、毛青布六匹。

私进内地

一、凡千户、百户、百长、小头目等及平人,若进内地不禀明该管之处,私卖军器出口,被关隘查出者,千户等罚三九,百户等罚二九,管束部落之百长等罚一九,小百长等罚牲畜七件,小头目等罚牲畜五件,若系平人鞭八十,将所带军器俱行入官。

偷窃喇嘛牲畜

一、凡偷窃喇嘛牲畜者,将贼人之家产、牲畜入官。

行窃殴死追赶之人

一、凡番民行窃,殴死追赶之人,追九九罚服。

番民自相殴杀

一、凡番民殴死番民,追九九罚服。

附录四 西宁善后章程[①]

窃查循、贵野番不法,屡肆抢劫蒙古,节经随时查办,嘉庆八年又经

---

① 此部分出自(清)那彦成著,宋挺生校注:《那彦成青海奏议》,西宁:青海人民出版社,1997年,第66－69页。

钦差侍郎贡楚克札布等酌议八条，奏蒙允准在案。① 查番子部落涣散，其性贪而多疑，往往同类并凌，不能联为一气。惟知遇强即长，遇弱即掠，即不知礼法，亦不知分别内外，多立条规，愚番仍不能尽悉。与其徒为无益纷扰，莫如固我藩篱，需以柔化，似为稍得要领。兹臣等悉心斟酌，体察番情，复议定五条，恭请示训。如蒙俞允，臣长龄、臣那彦成惟有督率所属实力奉行，不使徒托空言，务期尽收实效，以仰副圣主怀柔外番（藩）、绥靖边围之至意。此外，尚有应行奏办之事，容臣等续行奏闻。谨奏。

谨将善后各条敬缮清单，恭呈御览。

一、黄河北岸宜拨兵驻守，来往巡查，以臻严密也。查嘉庆八年侍郎贡楚克札布等《奏定章程》：每年霜降前，循化、贵德两营参、游会同两厅各带兵一百名，穿越番地及交界之清水河会哨一次。所带兵丁按日准给口粮等因，历年遵办在案。惟官兵约期会哨，番众必有闻知，兵到之处，贼番早已潜踪；兵过之后，仍然四出滋扰。今春大通之事，已可概见。

查黄河冰桥结冻之后，可以踏冰过河，直抵青海之路，共有七处，而适中最要者为鄂伦布喇克。应请于冰桥结冻时，派拨西宁营官兵六百名并派参、游一员带领，在鄂伦布喇克留兵二百名驻守，其余四百名作为四起，分向东西两路，彼来此往，换班梭巡，直至冰化后，再为撤回原营。兵丁按日准给口粮。其会哨之例，即可停止。如此酌量变通，则稽查严密，贼番无隙可乘，庶于边防可收实效矣。

一、严禁通事人等私入番地，以免勾结也。查内地通事熟悉番语，往往私入番族，透漏内地消息，或指示内地道路，藉以诓骗资财牲畜，以致贼番敢于肆逞。应严禁通事人等，若非奉票传唤番民，缉拿番贼，不准私赴番地。并令文武各该衙门造具通事名册，间日点查；如有私自潜赴番地者，即核其犯事轻重，禀明西宁办事大臣衙门，从严惩办。并传谕各族番民：如有通事人等不持官票私入番族者，令该番等送出惩治；倘有隐匿，查出一并治罪。则内地与外番声气隔绝，不致有勾结潜通之弊矣。

一、严谕各寺喇嘛不准滥与番子念经，以生其愧悔之心也。查番性信佛，最重喇嘛念经，祈福消灾，无论贫富皆延请喇嘛讽经。若喇嘛不与讽

---

① 嘉庆八年又经钦差侍郎贡楚克札布等酌议八条，奏蒙允准在案：八年十月丁亥（二十六日）军机大臣议准钦差侍郎贡楚克札布奏定八条："一、定界设卡以资防守，立鄂博使不得越界；一、设头目给翎顶，使野番有所约束；一、循化、贵德两厅、营每年会哨，使之震慑；一、民番交易示定市期，以便稽查；一、劫夺杀伤以交踪相验为据，使不得捏报；一、明示劝惩，以靖盗源；一、不容蒙古、野番人户混处，以绝串通；一、两厅、营定为三年更替，衡其功过，以专责成。报可。"（影印《清实录》册29卷122，第643页）

经，即为同类所鄙弃，此番族向来之风俗也。嗣后应严谕各寺喇嘛，务须分别黑白：若系良善白人，方准与之念经；若系做贼黑人，概不准与念经。倘该喇嘛希图布施不分黑白，滥与念经，一经查出，即将该喇嘛等从严办理，庶可因其性之所近，以生其愧悔之心。查此次用喇嘛办理番情较为得力，嗣后循化各族，即责令隆务寺昂锁喇嘛根惇甲木错稽查约束。倘有不遵者，随时禀报惩办。贵德各族即令喇嘛罗布藏率同尖木赞、隆本等稽查，随时禀报。并令延嘉呼图克图同伊弟什加班智达呼毕勒罕丹津林沁等总司其事，随时禀知西宁办事大臣核办。如此办理，似觉郑重，而层层稽查，不致多生弊窦，较前专用通事人等更为得力矣。

一、蒙古户口丁数宜切实清查，以便稽核也。查《青海衙门定例》，令蒙古王公等将所属各旗丁数造具清册，按三年具报一次，止有壮丁人数，并无老弱妇女。该蒙古所属之人户，东西散处，往往逃入番族，亦无从稽查。每至造报丁册之年，约略造报，仅为具文，其实并非确数。嗣后应严饬该蒙古王公等务须确切查明老幼妇女壮丁人数，造具户口清册，注明年貌，赍送青海衙门查核。如有滋生事故及逃入番族者随时具报，以便登记查办。并令每年岁底造报次，以凭核对，则该蒙古等知所儆惧，留心稽查，庶不致纷纷逃入番族。

至蒙古服色本与番子迥殊。今蒙古率皆穿戴番子衣帽，毫无区别，以致易于混淆，往往蒙古带领番子抢掠者实无从辨其真伪。嗣后应严饬蒙古王公禁止属下人等，不准穿戴番子衣帽；如有不遵，该王公等即加严惩。倘该王公等不能自行严禁，一经查出，将该王公等一并严参示惩。

一、循、贵两厅同知，应请不拘旗、汉人员，以便易于得人也。查嘉庆八年贡楚克札布等《奏定章程》"循、贵两厅同知应用旗员"等语。特以旗员通晓清语，办理蒙、番事件较为熟谙。第通省旗员无多，此内或人地不宜，或碍于处分，一时不能得人，每至出缺，深费周章。窃以文员办理地方，但能实心任事，即可措置得宜。如从前贵德同知姜有望系属汉员，查办番案出力，曾经赏花翎①，原不必定用旗员始能练达边务。嗣后应请循、贵两厅缺出。但择人地相宜之员酌量升调，不必专用旗员，庶易于为地择人，不致为成例所拘矣！

---

① 如前贵德同知姜有望系属汉员，查办番案出力，曾经赏戴花翎：嘉庆六年十月丙午（初三日）上谕："再署同知姜有望素为番众信服。前此带领前往之尖木赞业经赏给花翎，姜有望亦著加恩赏戴，用示奖励。即责令该员妥为安抚，俾番众永臻安帖，不致抢夺滋事。"（影印《清实录》卷88，第164页）

附录五　青海善后章程八条①

　　道光二年己未，协办大学士陕甘总督长龄奏：筹议青海善后章程八条：一、令蒙古体恤属下，以期庶富；一、正蒙古衣冠，以防诡混；一、严查蒙番歇家，以清盗源；一、急筹蒙古生计，以免流离；一、严禁野番渡河，以靖边围；一、选立野番头目，以资约束；一、令野番垦种田地，以裕生计；一、番地严禁硝磺，以重军火。得旨允行。

---

　　①　《清实录·宣宗实录》卷三十七，北京：中华书局，1986年，第622页。

参考文献

一、史志专著

1. （明）刘敏宽、龙膺纂修，王继光辑注：《西宁卫志》，西宁：青海人民出版社，1993 年。

2. （明）张雨：《边政考》，北平图书馆刊本。

3. 《明实录》，台湾"中央研究院"历史语言研究所校印本。

4. 《清实录》，北京：中华书局，1986 年。

5. （清）杨应琚编纂：《西宁府新志》，西宁：青海人民出版社，1988 年。

6. （清）邓承伟修，基生兰续纂修：《西宁府续志》，西宁：青海人民出版社，1985 年。

7. （清）龚景瀚纂修：《循化厅志》，西宁：青海人民出版社，1981 年。

8. （清）张庭武修，杨景升纂：《丹噶尔厅志》，甘肃官报书局，清宣统二年（1910）。

9. （清）李天祥：《碾伯所志》，兰州：兰州古籍书店，1990 年。

10. （清）杨笃：《西宁县新志》，台北：成文出版社，1968 年。

11. （清）长白文孚著，魏明章标注：《青海事宜节略》，西宁：青海人民出版社，1993 年。

12. （清）智观巴·贡却乎丹巴绕吉著，吴均等译：《安多政教史》，兰州：甘肃民族出版社，1999 年。

13. （清）梁份著，赵盛世、王子贞、陈希夷校注：《秦边纪略》，西宁：青海人民出版社，1987 年。

14. （清）魏源：《圣武记》，北京：中华书局，1984 年。

15. （清）顾炎武：《天下郡国利病书》，上海：上海书店，1985 年。

16. （清）阿芒·贡却群派著，贡巴才让译：《汉藏蒙史略》，西宁：青海人民出版社，1988 年。

17.《西藏研究》编辑部编:《西藏志 卫藏通志》,拉萨:西藏人民出版社,1982 年。

18.(清)会典馆编:《钦定大清会典》,北京:中国藏学出版社,2006 年。

19.(清)赵尔巽等:《清史稿》,北京:中华书局,1974 年。

20. 张羽新主编:《中国西藏及甘青川滇藏区方志汇编》,北京:学苑出版社,2003 年。

21.(清)第五世达赖喇嘛著,郭和卿译:《西藏王臣记》,北京:民族出版社,1983 年。

22. 班钦·索南查巴著,黄颢译:《新红史》,拉萨:西藏人民出版社,1984 年。

23. 朗诺·熏奴贝著,郭和卿译:《青史》,拉萨:西藏人民出版社,1985 年。

24. 达仓·班觉桑布著,陈庆英等译:《汉藏史集》,成都:四川人民出版社,1986 年。

25. 周希武编著:《玉树调查记》,西宁:青海人民出版社,1986 年。

26. 季永海、李盘胜、谢志宁翻译点校:《年羹尧满汉奏折译编》,天津:天津古籍出版社,1995 年。

27.(清)那彦成著,宋挺生校注:《那彦成青海奏议》,西宁:青海人民出版社,1997 年。

28. 吴丰培编:《豫师青海奏稿》,西宁:青海人民出版社,1981 年。

29. 朱士嘉编:《玉树县志稿》,民国稿本。

30.(清)袁竹泉:《丹噶尔分府禀稿簿》,光绪稿本。

31. 索文清、陈乃文、陈燮章辑录:《藏族史料集》(四),成都:四川民族出版社,1993 年。

32. 顾祖成等编: 《清实录藏族史料》,拉萨:西藏人民出版社,1982 年。

33. 周务学:《查勘玉树界务报告》。

34. 青海省编辑组编:《青海省藏族蒙古族社会历史调查》,西宁:青海人民出版社,1985 年。

35. 松巴堪布·益西班觉:《青海历史梵曲新音》,西宁:青海民族出版社,1982 年。

36. 刘运新修,廖徯苏、陈之凤、牛培炯等纂:《大通县志》民国八年铅印本，台北：成文出版社，1971 年。

37. 周伟洲：《唐代吐蕃与近代西藏史论稿》，北京：中国藏学出版社，2006 年。

38. 周伟洲：《中国中世西北民族关系研究》，桂林：广西师范大学出版社，2007 年。

39. 周伟洲主编：《英国、俄国与中国西藏》，北京：中国藏学出版社，2000 年。

40. 周伟洲：《藏史论考》，兰州：兰州大学出版社，2010 年。

41. 周伟洲：《周伟洲学术经典文集》，太原：山西人民出版社，2013 年。

42. 周伟洲：《西北民族史研究》，郑州：中州古籍出版社，1995 年。

43. 周伟洲：《陕西通史·民族卷》，西安：陕西师范大学出版社，1998 年。

44. 周伟洲：《边疆民族历史与文物考论》，哈尔滨：黑龙江教育出版社，2001 年。

45. 陈庆英主编：《藏族部落制度研究》，北京：中国藏学出版社，2002 年。

46. 陈庆英主编：《中国藏族部落》，北京：中国藏学出版社，2004 年。

47. 陈光国：《青海藏族史》，西宁：青海人民出版社，1997 年。

48. 黎宗华、李延恺：《安多藏族史略》，西宁：青海民族出版社，1992 年。

49. 蒲文成：《青海佛教史》，西宁：青海人民出版社，2001 年。

50. 翟松天、崔永红：《青海经济史·古代卷》，西宁：青海人民出版社，1998 年。

51. 崔永红、张得祖、杜常顺主编：《青海通史》，西宁：青海人民出版社，1999 年。

52. 东嘎·洛桑赤列著，陈庆英译：《论西藏政教合一制度：藏文文献目录学》，北京：中国藏学出版社，2001 年。

53. 恰白·次旦平措、诺章·吴坚、平措次仁等著，陈庆英、格桑益西、何宗英等译：《西藏通史：松石宝串》，拉萨：西藏社会科学院、中国西藏杂志社、西藏古籍出版社，2008 年。

54. 邓前程：《一统与制宜：明朝藏区施政研究》，北京：人民出版社，2011 年。

55. 阿旺罗桑嘉措著，陈庆英、马连龙、马林译：《五世达赖喇嘛传》，北京：中国藏学出版社，1997 年。

56. 黄奋生编著：《藏族史略》，北京：民族出版社，1985 年。

57. 顾祖成编著：《明清治藏史要》，拉萨：西藏人民出版社；济南：齐鲁书社，1999 年。

58. 高士荣：《西北土司制度研究》，北京：民族出版社，1999 年。

59. 秦永章：《甘宁青地区多民族格局形成史研究》，北京：民族出版社，2005 年。

60. 王辅仁、索文清：《藏族史要》，成都：四川人民出版社，1981 年。

61. 王继光：《安多藏区土司家族谱辑录研究》，北京：民族出版社，2000 年。

62. 王昱、聪喆：《青海简史》，西宁：青海人民出版社，1992 年。

63. 马大正、成崇德：《卫拉特蒙古史纲》，乌鲁木齐：新疆人民出版社，2006 年。

64. 林耀华主编：《民族学通论》，北京：中央民族大学出版社，1997 年。

65. 丹珠昂奔：《藏族文化发展史》，兰州：甘肃教育出版社，2000 年。

66. 格勒：《论藏族的起源与周围民族的关系》，广州：中山大学出版社，1988 年。

67. 邢海宁：《果洛藏族社会》，北京：中国藏学出版社，1994 年。

68. 陈伟：《青海藏族游牧部落社会研究》，西宁：青海人民出版社，1998 年。

69. 王献军：《西藏政教合一制度研究》，兰州：兰州大学出版社，2004 年。

70. 王钟瀚：《中国民族史》，北京：中国社会科学出版社，1994 年。

71. 翁独健：《中国民族关系史纲要》，北京：中国社会科学出版社，2001 年。

72. 《藏学研究论丛》编委会编：《藏学研究论丛》（第 7 辑），拉萨：西藏人民出版社，1995 年。

73. 黎吉生著，李有义译：《西藏简史》，油印本。

74. 梅·戈尔斯坦著，杜永彬译：《喇嘛王国的覆灭》，北京：中国藏学出版社，1989 年。

75. 古伯察著，耿昇译：《鞑靼西藏旅行记》，北京：中国藏学出版社，

2006 年。

76. 玉树藏族自治州地方志编纂委员会编：《玉树州志》，西安：三秦出版社，2005 年。

77. 玉树县地方志编纂委员会编：《玉树县志》，西宁：青海民族出版社，2012 年。

78. 杂多县地方志编纂委员会编：《杂多县志》，西宁：青海人民出版社，2019 年。

79. 称多县地方志编纂委员会编：《称多县志》，西宁：青海人民出版社，2017 年。

80. 果洛藏族自治州地方志编纂委员会编：《果洛州志》，北京：中央民族出版社，2002 年。

81. 玛沁县志编纂委员会编：《玛沁县志》，西宁：青海人民出版社，2005 年。

82. 甘德县志编纂委员会编：《甘德县志》，西安：三秦出版社，2003 年。

83. 久治县志编纂委员会编：《久治县志》，西宁：青海人民出版社，2007 年。

84. 达日县志编纂委员会编：《达日县志》，西安：陕西人民出版社，1993 年。

85. 玛多县志编纂委员会编：《玛多县志》，北京：中国县镇年鉴出版社，2001 年。

86. 海南藏族自治州地方志编纂委员会编：《海南州志》，北京：民族出版社，1997 年。

87. 共和县地方志编纂委员会编：《共和县志》，西宁：青海人民出版社，1991 年。

88. 贵德县地方志编纂委员会编：《贵德县志》，西安：陕西人民出版社，1995 年。

89. 贵南县志编纂委员会编：《贵南县志》，西安：三秦出版社，1996 年。

90. 同德县志编纂委员会编：《同德县志》，北京：民族出版社，1999 年。

91. 兴海县志编纂委员会编：《兴海县志》，西安：三秦出版社，2006 年。

92．海北藏族自治州地方志编纂委员会编：《海北藏族自治州志》，兰州：甘肃人民出版社，1999 年。

93．海晏县志编纂委员会编：《海晏县志》，兰州：甘肃文化出版社，1994 年。

94．祁连县志编纂委员会编：《祁连县志》，兰州：甘肃文化出版社，1993 年。

95．刚察县志编纂委员会编：《刚察县志》，西安：陕西人民出版社，1998 年。

96．门源回族自治县志编纂委员会编：《门源县志》，兰州：甘肃人民出版社，1993 年。

97．黄南藏族自治州地方志编纂委员会编：《黄南州志》，兰州：甘肃人民出版社，1999 年。

98．尖扎县藏族自治州地方志编纂委员会编：《尖扎县州志》，兰州：甘肃人民出版社，2003 年。

99．海西蒙古族藏族自治州地方志编纂委员会编：《海西蒙古族藏族自治州志》，西安：陕西人民出版社，1995 年。

100．互助土族自治县志编纂委员会编：《互助县志》，西安：青海人民出版社，1993 年。

101．乐都土族自治县志编纂委员会编：《乐都县志》，西安：陕西人民出版社，1992 年。

102．大通县志编纂委员会编：《大通县志》，2011 年。

103．湟中县藏族自治州地方志编纂委员会编：《湟中县志》，西宁：青海人民出版社，1990 年。

104．湟源县藏族自治州地方志编纂委员会编：《湟源县志》，西宁：青海人民出版社，1993 年。

二、期刊论文

1．周伟洲：《清驻藏兵制考》，《清史研究》2009 年第 1 期。

2．周伟洲：《西宁办事大臣考》，《西北民族大学学报》（哲学社会科学版）2011 年第 1 期。

3．周伟洲：《清代甘青藏区建制及社会研究》，《中国历史地理论丛》2009 年第 3 期。

4．周伟洲：《甘青地区藏族及其对当地的经济开发》，《青海民族学院学报》2009 年第 1 期。

5. 周伟洲：《清代藏史杂考三则》，《清史研究》2012 年第 1 期。

6. 陈庆英：《青海塔尔寺调查》，《藏学研究论丛》（第 6 辑），1994 年。

7. 陈庆英：《清代金瓶掣签制度的制定及其在西藏的实施》，《西藏民族学院学报（哲学社会科学版）》2006 年第 3 期。

8. 陈庆英：《固始汗和格鲁派在西藏统治的建立和巩固》，《中国藏学》2008 年第 1 期。

9. 陈庆英、蒲文成：《西纳家族、西纳喇嘛和塔尔寺西纳活佛》，《青海社会科学》1985 年第 2 期。

10. 陈庆英：《简论青藏高原文化》，《青海社会科学》1998 年第 3 期。

11. 白文固：《清代对藏传佛教的禁约与整饬》，《中国藏学》2005 年第 3 期。

12. 白文固：《明清的番僧僧纲司述略》，《中国藏学》1992 年第 1 期。

13. 崔永红：《论青海土官、土司制度的历史变迁》，《青海民族学院学报》2004 年第 4 期。

14. 杜常顺：《清道光初年那彦成对青海蒙藏事务的整理》，《青海民族研究》1990 年第 3 期。

15. 杜常顺：《清代丹噶尔贸易的兴起和发展》，《民族研究》1995 年第 1 期。

16. 杜常顺：《论清代青海东部地区的行政变革与地方民族社会》，《民族研究》2011 年第 2 期。

17. 杜常顺：《清代青海盟旗制度与蒙古族社会的衰败》，《青海社会科学》2003 年第 2 期。

18. 杨卫：《从"三果洛的传说"看果洛藏族的族源》，《青海民族研究》2002 年第 2 期。

19. 杨卫：《论清至民国初年玉树藏族部落的变迁及其原因》，《青海民族研究》2010 年第 4 期。

20. 杨卫：《清末民初玉树地区经济问题研究》，《青海民族大学学报》（社会科学版）2010 年第 2 期。

21. 杨卫：《试析清初对青海藏族社会的治理》，《青海民族研究》2011 年第 3 期。

22. 杨卫：《试论清代青海的政教合一制度》，《青海民族大学学报》（社会科学版）2011 年第 4 期。

23. 杨卫：《论清代乾隆朝对青海藏区社会的治理》，《青海民族大学学报》（社会科学版）2012 年第 4 期。

24. 杨卫：《顾实汗及其与清朝政权的关系研究》，《西南民族大学学报》2017 年第 9 期。

25. 杨卫：《清代嘉庆朝对青海藏族部落社会的治理研究》，《西南民族大学学报》（人文社会科学版）2021 年第 4 期。

26. 敖红：《"塔尔寺六族"与塔尔寺》，《青海社会科学》1991 年第 3 期。

27. 敖红：《藏族部落渊源及其文化探析》，《青海社会科学》1992 年第 3 期。

28. 敖红：《论塔尔寺在藏传佛教史上的地位和作用》，《青海社会科学》1992 年第 5 期。

29. 何峰：《从〈番例〉看藏族千百户制度》，《青海民族学院学报》1998 年第 2 期。

30. 何峰：《从〈番例〉看清王朝对青海藏区的管理措施》，《青海社会科学》1996 年第 6 期。

31. 朱普选：《青海藏族千百户制度研究》，《西藏研究》2005 年第 2 期。

32. 桑丁才仁：《论清政府在玉树地区推行的会盟制度》，《西北民族研究》2004 年第 4 期。

33. 马楚坚：《清帝治青政策的转折与突破》，《中国社会科学院满学研究所、北京国际满学研讨会论文集》，1992 年。

34. 吴均：《论安木多地区的政教合一制度》，《青海民族学院学报》1982 年第 4 期。

35. 王钟翰：《年羹尧西征问题——简论雍正西北民族政策》，《青海社会科学》1990 年第 4 期。

36. 蒲文成：《试谈雍正"癸卯之乱"的历史渊源》，《西藏研究》1985 年第 1 期。

37. 陈光国：《论清朝对藏区法制的立法思想和立法原则》，《青海社会科学》1997 年第 3 期。

38. 马戎：《试论藏族的"一妻多夫"婚姻》，《民族研究》2000 年第 2 期。

39. 袁晓文、白珍：《清嘉庆及道光初年青海黄河南岸藏族部落还牧河北述论》，《西南民族学院学报》（哲学社会科学版）1996 年第 2 期。

40. 吕德胜：《清代中期青海藏族"北迁"斗争述论》，《伊犁师范学院学报》2011 年第 3 期。

41. 益希汪秋、白珍:《清道咸年间青海藏族回牧黄河北岸述论》,《西南民族学院学报》(哲学社会科学版) 1996 年第 6 期。

42. 王云、洲塔:《青海藏族阿柔部落兴衰史探析》,《中南民族大学学报》(人文社会科学版) 2010 年第 1 期。

后 记

自 2019 年开始，几经修改，《清朝对青海藏区社会的治理研究》一书终于问世了。这是笔者于 2012 年在青海民族大学任职时申报的国家社会科学基金西部项目，该项目于 2018 年成功结项，之后被纳入 2019 年度国家出版基金"青藏高原东部边缘民族多样性研究（9 卷）"系列之中。但到此专著出版时，笔者已经到了湖南怀化学院任职。

关于该研究，我们以为，清军入关之前，青藏地区建立的蒙藏联盟的甘丹颇章政权，尽管早就派使者表示对后金政权的示好与臣服，但它却成为清军入关后在建立全国统一过程中，西南及西北地区的一大心腹之患。清政府对青海藏区社会的有效治理，是从雍正二年平定青海和硕特蒙古罗卜藏丹津发动的叛乱后开始的。善后措施中，清政府采取了"因俗而治"的羁縻之法，依照蒙藏民族习惯法，制定相关政策法规，并以"扶番抑蒙"的策略，加紧了对青海藏区社会的治理及控制；到嘉庆、道光年间，这种治理效果终于显现出来，青海藏区社会开始处于相对稳定发展之中，并且此时清政府的策略已有所改变，开始了"扶蒙抑番"，以达到青海藏区社会中蒙藏民族之间的平衡，继而相互制约；近代以来，因国内国际因素，清政府自顾不暇，青海藏区社会逐步处于自然发展的状态。通过该研究，我们认识到还有一些内容值得进一步发掘，如明清两代在青海实施的土司制度，该制度始于明代，至雍正四年便在西南地区进行"改土归流"，但青海地区却于雍正二年之后，才开始大力推行该制度下千百户等的设置，直至民国年间逐步废止；另如，清代对青海藏区社会的治理，因清朝本身的发展阶段与特点不同，和对西藏藏区社会的治理相比较，其治理方式、手段也有所不同，这些内容也有必要进一步深究；此外，在这一治理过程中，清政府对政府所派官员及羁縻官员的治理，随着治理的加深而变化，也需要引起重视，进一步研究，等等。在今后的研究中，我们将继续努力！

本书之内容、取材、设想与构思均来自笔者就读于陕西师范大学时的博士学位论文《清代青海藏区社会研究》的启迪。博士学位论文是恩师周伟洲先生依据笔者的特点及特长，给量身打造命名的。攻读博士学位的生涯一开始，在恩师的要求下便进入资料阅读、搜集、整理的过程，一直到论文写作前，这些积淀给学位论文的完成及本书所属课题的申报工作夯实了基础。因此，在该书即将正式出版之际，首先衷心感谢恩师的谆谆教诲，您的言传身教、严格要求，成为学生这辈子科研及人生路上最大的财富！

同时感谢中山大学何国强教授对本研究成果的认可，将其纳入丛书之中！感谢暨南大学出版社在本书编校工作中付出的辛勤努力及帮助！

最后，在本书写作完成后的几遍修改中发现，因各个方面还是存在不足，故在本书撰写、资料应用、内容框架的设置及写作方法等方面，错漏之处难免，在今后的科研中将尽力提升，敬请读者指正！

杨卫

2022 年 2 月于湖南怀化金海花园